조선과 명나라의 사행 외교사
【2】

권내현 기획·조영헌 외 지음

조선과 명나라의
사행 외교사

❷ 의례, 인식, 교류, 주변

푸른역사

이 저서는 대한민국 교육부와 한국학중앙연구원(한국학 진흥사업단)의 한국학 기초 자료 사업 지원을 받아 수행된 연구임(AKS-2020-CDM-1230002).

책머리에

19세기 후반 미국의 법학자 헨리 휘튼Henry Wheaton의 국제법에 관한 저서가 《만국공법萬國公法》이라는 이름으로 조선에 전래되었다. 조선은 《만국공법》에서 표명한 국가 간 평등과 주권 독립의 원칙이 실현되기를 기대했다. 하지만 만국공법은 원칙과 달리 현실에서는 열강에 유리하게 작용하였다. 그 결과 조선은 서구 열강과 일본이 강요한 불평등한 관계를 수용할 수밖에 없었다. 시간이 흘러 제2차 세계대전이 끝난 뒤 설립된 유엔에서는 모든 회원국의 주권 평등 원칙을 명확하게 규정하였다. 하지만 21세기 최강국 미국은 최근 불평등을 넘어 굴욕적인 관세 협상을 전 세계에 강요하고 있다. 대다수 국가는 이러한 조처에 당혹해하면서도 미국의 비위를 맞추며 굴욕을 감수하였다.

　국제법이 만들어지고 보편화한 근현대의 공간에서도 국가 간 힘의 우열이라는 현실은 평등이라는 이상적인 원칙을 수시로 굴절시켰다. 각국은 이익을 최대화하거나 피해를 최소화하는 방식으로 현실에 적응할 뿐이었다. 시간을 거슬러 15~16세기 조선은 멀리 대서양이나 태평양을 넘어서는 곳이 아닌 바로 북쪽에 당대의 초강대국으로 성장했던 명나라와 국경을 맞대고 있었다. 조선은 자국의 안위를 보장받으며 명의 앞선 문화와 경제력을 활용할 전략이 필요했다.

　사행使行은 근대적인 국제관계가 형성되기 이전의 대표적인 외교 행위였다. 명은 주변국에 조공 이외의 공식적인 외교관계를 인정하지 않았으므로 조선 사행은 외교문서와 함께 조공 예물을 전달하고 답례품을 받아 돌아왔다. 조선 왕실의 주요 행사에 초대되었던 명 사행의 가장 중요한 임무는 책봉문서의 전달이었다. 이러한 과정을 통해 조선과 명은 초기의 일시적인 마찰을 극복하고 장기간 상호 안전을 도모할 수 있었다. 더불어 조선 사행은 명의 정세에 관한 정보 파악에 열중하였으며 교역을 통한 이익 확보에도 관심을 가졌다. 양국 사신이 오가며 지적 교류를 넓혀 나간 것은 문화적 자산이 되었다.

따라서 양국 사행은 표면적으로 힘의 우위에 따른 의례 행위임에도 조선의 일방적 희생으로 지탱되지는 않았다. 물론 무역을 통한 경제적 실리의 획득이 사행의 본질도 아니었다. 사행은 까다로운 의례만큼이나 복잡한 성격을 가지고 있었다. 이러한 조명관계에 관해서는 많은 연구가 축적되었고 사행의 성격에 관한 새로운 논의들도 제시되었다. 그런데도 조선과 명의 사행을 다각도로 다룬 저서는 아직 발간되지 않았다.

이 저서는 조명관계를 사행에 초점을 맞추어 다양한 소재를 통해 그 구체적인 면모를 분석한 최초의 성과물이다. 여기에는 고려 시대사, 조선 시대사, 명청사, 미술사, 한문학, 고전문학을 전공하는 13명의 연구자가 참여하였다. 연구자들은 각자의 전공에 따라 주제를 분담하여 분석하고 그 결과물을 매달 진행된 워크숍에서 발표하였다. 워크숍에는 필진 외에도 다수의 전공자가 참여하여 활발한 토론이 이루어졌다.

필자들은 워크숍에서 논의된 사항을 정리하여 개별적인 논문을 완성하였다. 이는 다시 저서 출판을 위한 형태로 원고의 수정을 거쳐 두 권의 책으로 완성되었다. 2021년에 처음 기획이 이루어졌으므로 출판까지는 4년의 세월이 소요된 셈이다. 1권에서는 조선에서 명으로 향한 사행의 시기별 변화, 사행의 운영 양상과 노정, 접경 지역인 평안도와 요동의 사행 지원에 대해 다루었다. 2권에서는 명의 조선 사행, 상호 인식과 이해, 사행 의례와 무역, 주변 지역인 여진, 일본, 여송과의 관계를 살펴보았다.

한국 역사학계는 조명관계를 전형적이고 안정적인 조공·책봉 체제로 간주하였다. 하지만 조명관계의 내용과 성격은 여러 차례 변화 과정을 겪었다. 명은 15세기 후반부터 조선을 예의의 나라로 추켜세우고 우대했지만 고려 말에서 조선 초의 상황은 달랐다. 고려는 명과 전쟁 직전까지 갔음에도 불구하고 기본적으로는 1년 3차례의 사행을 요청하였다. 반면 명은 3년 1차례로 이를 줄이려 하였다. 이러한 갈등은 조선으로까지 이어졌다. 정동훈은 고려의 요청이 경제적·문화적 실리의 차원이 아니라 국가의 안위를 위한 정세 파악에 목적이 있었음을 밝혔다. 이러한 구도는 조선 초까지 이어졌다.

고려에 이어 등장한 조선은 새 왕조의 안위를 위해 명과의 안정적인 관계가 절실했다. 명 역시 수도를 남경에서 북경으로 옮긴 뒤 조선과의 물리적 거리가 가까워지면서 수도의 안보를 외교의 핵심 과제로 설정하였다. 조명관계가 장기적 안정을 구가하기 위해서는 안보에 관한 상호 이해가 충족되어야 했다. 조영헌은 명의 북경 천도를 계기로 조선과 명이 순망치한脣亡齒寒 관계로 전환하였다고 보았다. 임진왜란 당시 명의 파병도 조선이 단지 인접국이거나 모범적인 조공국이어서가 아니라 북경의 안보 때문이라는 인식이다.

명군의 참전으로 일본군의 전세가 불리해지자 명은 일본과의 협상을 통해 전쟁을 조속히 끝내고자 하였다. 하지만 조선은 무력에 의한 일본군의 완전한 축출을 기대했다. 조선은 명 조정에 파견한 사행을 통해 이를 관철하려는 과정에서 명군과 극심한 갈등을 겪었다. 초기의 갈등

이후 장기 안정기에 접어들었던 조명관계는 임진왜란으로 혼란에 빠졌다. 김경태는 전쟁 시기 조선 사행의 빈번한 실패와 변경 사례는 사행이 가진 의례적 요소와 실제 외교적 요소 가운데 후자의 비중이 높아지면서 나타난 현상으로 설명하였다.

명 말기 여진의 성장으로 조명관계는 조청관계로 전환하였다. 조청관계는 형식적으로 조명관계의 연장으로 보이지만 조선은 이미 여진과도 다양한 외교적 교섭을 벌인 전례가 있었다. 특히 정묘호란 이후 조선은 후금과 국교를 수립하고 사행을 파견하였다. 장정수에 의하면 조선은 청과의 관계를 조명관계의 연장이 아닌 여진, 후금에서 이어지는 구도로 이해하고 그 안에서 중화의 합법적 계승자임을 자처했다고 한다. 조명관계에서 여진은 주요한 변수였고 그들과 형성했던 관례가 조청관계로 이어졌다고 할 수 있다.

조선에서 명으로 가는 사행은 정사, 부사, 서장관 등 세 사신 외에 종사관, 종인, 호송군이 포함되어 있었다. 그들은 외교 문제 해결과 정보 습득, 무역의 임무를 맡았다. 구도영은 조선 사행단이 문서의 교환을 중심으로 하는 명의 외교질서에 안주하지 않고 원하는 방향대로 문서가 작성되도록 적극적인 노력을 펼쳤다는 사실을 강조하였다. 이와 함께 다수의 사행 구성원은 명의 정국과 군사 동향과 같은 정보 수집에 주력하였음을 밝혔다.

조선은 명에서 수집한 정보를 바탕으로 조명관계의 구체적인 방향을 설정하거나 외교 현안에 선제적으로 대응하였다. 가장 적극적인 방식으로 대응한 사례는 영락제의 즉위를 축하하는 사행의 파견이었다. 명의 내부 정세를 긴밀하게 파악했던 조선은 정변과 영락제의 즉위에 관한 공식 통보를 받기도 전에 사행을 파견하였다. 이규철에 의하면 이러한 선제적 방식은 명의 반발로 중단되어 공식 통보를 받은 뒤에 사행이 파견되는 관례가 마련되었다고 한다. 새로운 관례는 조명관계의 안정을 바탕으로 장기간 지속되었지만 정보 수집 역시 여전히 중시되었다.

사행 노선은 해로와 육로로 구분되었다. 요동과 요서 지역이 평온할 때는 육로를 이용했으나 원명 교체기나 명청 교체기 같은 혼란 시기에는 해로를 이용했다. 명의 남경으로 가는 사행은 해로와 육로를 모두 이용했지만 북경 천도 이후에는 주로 육로를 이용했다. 육로로 이동할 때는 요동에서 활동했던 여진 세력으로부터 사행을 보호하기 위해 군사력을 동원했다. 정은주는 시기별로 사행의 노정 변화를 면밀하게 검토하고 지도로 재현하여 사행의 이동 경로를 쉽게 파악할 수 있도록 하였다.

양국 사행의 안전한 이동을 위해 동원된 군사를 호송군이라 하였다. 조선의 호송군은 평안도의 군사로 충당하였다. 평안도는 사행 접대와 요동으로 확장된 호송 및 운송 지원, 의주에서 이루어진 명 호송군의 무역 관리라는 부담을 안고 있었다. 평안도의 사행 지원체계는 명, 여진과의 관계 속에서 정비되었다. 권내현은 여진에 대한 군사적 부담이 완화되고 조선 내부의 경제적 욕구가 확대되면서 무역 지원을 강화하는 방향으로 평안도의 역할이 변화하였음을 밝히고 있다.

조선의 평안도가 외교적 역할보다 사행 지원에 충실했다면 명의 요동, 즉 요동도사遼東都司는 양국 간 외교 문제를 실질적으로 조율하기도 했다. 조선은 사행 파견 과정에서 명의 예부나 황제를 만나기 전에 현안을 조율해 줄 대상이 필요했고 명 역시 조선과 가까운 지역에서 외교 사안을 정리해 줄 곳이 필요했다. 이규철은 양국 관계가 안정된 이후 요동도사의 역할과 위상이 확대되어 사행 파견부터 군사업무까지 다양한 사안을 처리했다고 보았다.

임진왜란으로 조명관계에 변화가 발생하고 일상적 의례보다 외교적 실무가 중요해지면서 요동도사의 역할은 더욱 확대되었다. 명과 후금이 전면전으로 치닫던 시기에는 군사 공조를 기반으로 조선과 요동도사의 관계 역시 긴밀해질 수밖에 없었다. 장정수는 역할이 커진 요동도사의 폐단이 지속되는 가운데 1621년 후금의 요동 점령으로 조명관계의 중개지가 소멸되었음을 강조하였다. 이후 동강진東江鎭이 일시적으로 그 기능을 대신하였고 명의 중개지 복원 노력은 계속되었으나 조선의 불신과 청의 공격으로 실패하였다.

명으로 가는 조선 사행의 상층부를 구성한 사신은 문신 관료들이었다. 이들은 돌발 상황에 대처하기 위한 문장력을 갖추고 있어야 했다. 반면 '제국의 중개인' 역할을 한 명의 사신은 문신 외에 황제의 측근인 환관이 다수 포함되어 있었다. 조선에 파견된 사신은 양국 관계를 고려해 특별하게 선발되었다. 조영헌은 명 전기 조선에 파견된 사신에는 조선 출신 환관이 중용되었다가 중기 이후로는 황제권의 변화와 함께 문신 파견이 늘었음을 밝혔다.

조선은 환관보다 문학적 교양이 풍부한 문신을 더 반겼다. 외교적 절차의 수행에 무리가 없고 문화 교류가 활발하게 이루어졌기 때문이다. 그들의 조선에 대한 감상과 지적 교류의 결과물은 《사조선록使朝鮮錄》 등으로 편찬되기도 하였다. 이성형은 전통적인 '인신무외교人臣無外交'의 범위 내에서 일종의 '시부 외교詩賦外交'가 이루어졌음을 강조하였다. 공식적인 외교 의례의 한편에서 이루어진 문화 교류도 부차적이지만 사행의 주요 부분을 구성하였다.

노경희는 명 사신과의 교류가 조선 시단에 남긴 변화 양상을 시기별로 분석하였다. 15세기 세종 연간에 명의 문신이 사신으로 방문하면서 조선 문인들과의 '창화(唱和) 외교'가 관례화하고 조선에서는 율시 중심의 화려한 관각시(館閣詩)가 추구되었다. 관각 문인들은 중종 대에 전성기를 구가하다 명종 대에 문학에 관한 명 사신의 관심이 줄면서 입지가 축소되었다. 전란 이후 17세기 초에는 주지번(朱之蕃) 같은 명의 문신 사신이 연이어 방문한 것을 계기로 최고의 문화 교류가 이루어졌다고 설명한다.

조선 사신들도 명을 방문한 뒤 많은 사행록을 남겼다. 조청관계의 산물인 연행록보다 수는 적지만 대명 사행록 역시 조선 지식인들의 인식이나 감상을 구체적으로 확인할 수 있게 해 준다. 김지현은 16세기 조선 사신들의 명에 대한 관념과 현실 사이의 괴리를 여러 사행록의 분석을 통해 밝혀 냈다. 주자학적 교양을 내재화하고 있었던 조선 사신들은 의례에 어긋나고 기복신앙이 만연한 명의 현실을 비판적으로 바라보았다. 이는 조선 문화에 대한 자부심 고취와 주자학 연구의 심화로 이어졌다.

명에서 조선 사신의 문화 교류는 제약을 받았던 반면 까다로운 외교의례의 준수가 강요되었다. 의례를 중심으로 한 사행의 주요 의식과 절차는 부분적으로 밝혀졌으나 정은주는 그 과정 전반을 상세하게 분석하였다. 조선 사신은 명의 요동, 산해관, 수도 등지에서 거행된 다양한 의례와 연회에 참여하였다. 가장 중요한 조공 의례는 조근(朝覲)과 조참(朝參)으로 구성되었다. 명 내부의 반발에도 불구하고 조선은 다른 나라 사신과 달리 두 의례에 참여하는 우대를 받았다.

조선은 무역에서도 다른 국가와는 다르게 우대를 받았다. 사행이 빈번하게 이루어졌으므로 무역의 기회 또한 많았다. 구도영은 조선의 대명 무역을 사행무역과 비사행무역으로 구분하고 밀무역은 두 개의 영역에서 이루어진 불법 무역을 아우르는 것이라고 강조하였다. 북경 무역은 회동관, 요동 무역은 회원관을 중심으로 이루어졌지만 그 형태나 명의 참여 인원은 다양하였다. 월경무역이나 해상무역과 같은 비사행 무역에는 의주인을 중심으로 한 평안도 사람들이 참여하였다. 그 경험은 향후 지역 상인의 성장에 영향을 주었다.

조명관계를 폭넓게 이해하기 위해서는 양국을 제외한 주변국과의 사행에 대한 검토가 필요하다. 여진은 200여 년간 1,200회 이상 조선에 사행의 한 형태인 내조來朝를 행하였다. 여진은 이를 통해 경제적 혜택을 얻고 조선과의 평화를 유지할 수 있었다. 박정민은 조선이 여진 접대에 큰 비용을 들였지만 그들을 조선의 외교질서에 편입하고 침입을 줄이는 방편으로 활용했다고 보았다. 여진과의 관계는 조선에 대한 명의 입장을 이해하는 데 일정한 도움을 준다.

여진과 달리 조선 전기 조선의 일본 사행은 무로막치 막부와의 대등한 교류를 전제하고 있었다. 조선은 명을 중심으로 한 동아시아 질서 속에서 책봉을 받은 국가 사이의 상호 교류를 추구했다. 하지만 일본의 무관심한 태도로 조선 역시 사행 파견의 의지를 상실해 나갔다. 그런데 김경태에 의하면 명과 일본과의 관계가 조선과 일본과의 관계에 직접적인 영향을 미치지는 않았다고 한다. 조선이 일본과의 실질적인 관계에서 명을 특별하게 고려하지 않았다는 사실은 동아시아 전체를 아우르는 시각에서 조명관계를 검토해야 함을 보여 준다.

명의 주변에 존재했던 여송呂宋은 오랫동안 조공을 중지하다 16세기 후반 돌연 사절단을 파견했다. 명의 주변 국가들은 조공하거나 필요하면 책봉을 요청하였다. 조공과 책봉이 동반된 관계는 명과 인접한 몇 개 국가들에 불과했다. 그 가운데 조선은 명에 의해 공순恭順한 모범국가로 상정되었다. 남민구는 여송을 점령한 스페인이 교역을 목적으로 교섭을 벌였지만 명은 조공을 중단했던 오랑캐가 공순하게 다시 조공한 것으로 포장했다는 사실을 밝혀 냈다. 조선이 명을 상대로 만들어 냈던 이미지는 조선의 필요를 반영한 것이지만 명 역시 이를 활용하고 있었던 것이다.

이상의 내용은 사행을 중심으로 한 조명관계 전반을 조망할 수 있게 한다. 조선과 명은 사행을 통해 일차적으로 상호 안전을 도모하였다. 양국 간 힘의 불균형 속에서 조선은 명이 추구했던 외교질서에 선제적으로 대응하여 모범국가 이미지를 창출하였다. 이 역시 조선의 안위를 보장받기 위한 불가피한 선택이었다. 사행의 파견에서 귀환까지 조선은 막대한 인적·물적 부담을 떠안았지만 자국의 이익을 관철하기 위해 적극적으로 노력하였다. 문화 교류나 무역상의 이익은 그 과정에서 확보한 부수적 실리였다.

그 내용은 시기에 따라 변화하였고 사행의 절차, 노정, 의례, 교류, 인식, 무역 등에 대해 전반적으로 검토해야만 파악할 수 있다. 더불어 양국 사행이 오가는 중개지의 역할이나 주변국과의 관계도 분석해야 조명관계에 대한 이해를 확장할 수 있다. 이 책은 이러한 요구에 일정하게 부응하고 있다. 하지만 여전히 부족하거나 빠진 내용이 남아 있을 것이다. 그럼에도 불구하고 다양한 분야의 연구자들이 조명 사행에 관한 종합적인 연구서를 발간하였다는 점에서 의의를 찾을 수 있을 것이다. 남은 문제는 또 다른 기회의 장을 기다리고자 한다. 마지막으로 까다롭고 상품성 없는 원고를 두 권의 멋진 책으로 만들어 준 푸른역사 박혜숙 대표님과 편집자께 감사를 드린다.

2025년 가을
필자들을 대표하여 권내현 씀

차례 ● 2권

● 책머리에 ………… 005

01 명사의 조선 사행

명의 조선 사행 인원: '제국의 중개인'_조영헌 ………… 018

《사조선록》에 나타난 명 사신의 조선 인상_이성형 ………… 044

02 상호 인식과 이해

조선 전기 명 사신과의 만남과 조선시의 발견:
'배우는 시[學詩]'에서 '조선의 시[東詩]'로_노경희 ………… 076

16세기 대명 사행 속 명 문인 교류와 중국 인식:
16세기 사행록을 중심으로_김지현 ………… 104

03 사행 의례와 물적 교류

조선 사신의 명 사행과 의례 절차의 재구성_정은주 ………… 140

조선 전기 대명 무역의 유형, 절차, 공간_구도영 ………… 180

04 조선과 명의 주변 지역

조선은 왜 여진인을 대접했을까_박정민 ………… 216

조선 시대의 대일 사행_김경태 ………… 260

1575년 명-여송 교섭과 '공순'의 의미:
모범 사례로서의 조명관계에 대한 검토_남민구 ………… 290

● 주 ………… 310
● 찾아보기 ………… 390

차례 • 1권

• 책머리에 ………… 005

01
사행의 시대적 전환

고려-몽골 사행에서 조선-명 사행으로의 전환 _정동훈 ………… 018
북경 천도를 통해 재편된 조명 관계와 '순망치한' _조영헌 ………… 054
임진왜란기의 대명 사행: 전쟁 직전~책봉 결정기 _김경태 ………… 096
조명 사행에서 조청 사행으로:
    조선과 후금의 사신 파견과 접대 _장정수 ………… 146

02
사행 운영과 노정

조선 전기 대명 사행의 조직 운영과 외교적 역할 _구도영 ………… 184
조선 초기 대명 정보의 수집·활용과 사행 파견 _이규철 ………… 222
조선과 명의 사행로 변화와 호행체계 _정은주 ………… 248

03
접경 지역, 평안도와 요동

조선의 대명 사행과 평안도 _권내현 ………… 290
15세기 조선의 대명 사행과 요동도사 _이규철 ………… 318
조명관계의 중개지, 요동아문과 동강진 _장정수 ………… 338

• 주 ………… 376
• 찾아보기 ………… 458

[1]

명사의 조선 사행

조영헌

명의 조선 사행 인원 :
'제국의 중개인'

- 명 '제국의 중개인'은 누구인가
- 명 전기의 환관 외교
- 경태~성화 연간 이후의 문신 외교
- 청 제국의 중개인: 차이와 유사성

명 '제국의 중개인'은 누구인가

꽤 오래전 글이지만, 중국사학자 로이드 이스트만Lloyd E. Eastman(1929~1993)은《중국 사회의 지속과 변화, 1550~1949》라는 책에서 후기 중화 제국의 제국 경영이 일종의 중간 '중개인'들을 영리하게 활용하였음을 지적했다.[1] 주로 사회경제적인 측면에 관한 분석을 바탕으로 한 지적이었지만, 소수의 지배층이 거대한 중국을 지배하고 통치하는 내적 원리를 예리하게 통찰한 견해였다. 총 연장 약 1,800킬로미터에 달하는 거대한 대운하를 유지하며 거대한 제국을 남북으로 통합해 가려는 명과 청의 지배층과 사회 엘리트에 대한 분석에서도 이러한 '제국의 중개인'들을 얼마나 효과적으로 우군화하는지에 따라 제국의 성패가 갈라진다는 점을 확인할 수 있다.[2] 이때 제국의 중개인들은 주로 지역 엘리트를 자임하던 신사紳士층이 손꼽히지만, 거대 상인집단과 환관宦官도 대단히 중요한 역할을 수행했다.

제국의 중개인 가운데 환관은 늘 독특한 위치를 차지한다. 명과 청 제국의 통치자였던 한족의 주씨朱氏나 만주족 아이신 기오로愛新覺羅 가문이 아니었을 뿐 아니라 제국을 뒷받침하는 관료군이나 군대 조직에도 소속되지 않는 집단이었다. 게다가 가장 가까운 거리에서 황제 등 권력자의 수종을 들면서도 후손이 없어서 세력화되어 왕권에 해를 끼치기 어려운 무리였다. 이런 점에서 환관의 존재는 정치적으로 의미가 컸다. 중세 로마 교황 세력에서 결혼이 금지된 성직자들과의 유사성이 언급되기도 한다.[3]

명 제국 시기의 환관은 앞선 원 제국이나 뒤의 청 제국과 달리 대내외적으로 큰 영향력을 발휘했다. 당시 환관들은 기존 통념처럼 황제권력에 기생하며 사리사욕을 위해 권력을 남용하는 사적·암적 존재만은 아니었다. 황제를 옹립하거나 시해할 정도로 정치적 영향력이 강했던 당대唐代 환관들도, 문서 행정을 통해 권력과 유착된 후 군사적 영역과 재정 영역에서 막강한 영향력을 발휘했다.[4] 당 시대와 비교해도 명의 환관들이 개입했던 영역은 더 확대되었다. 명의 환관들은 중요한 문서 행정을 처리하고 지방의 조세를 징수하는 데 참여했다. 거대한 선박을 제조하여 동남아 각지와 인도양까지 왕래하면서 신기한 물산도 조달했다. 궁궐 내 권력을 둘러싸고 문신과 협력과 경쟁을 병행하기도 했다. 그리고 이 글에서 강조하듯, 명 황제의 칙사 자격으로 사방의 주변국에 파견되어 외국과의 조공-책봉 관계 형성과 유지 및 황제의 요구사항을 관철하는 외교관의 역할까지 감당했다. 요컨대 명 시대 환관의 활동은 공식적인 관료군群이 아니었음에도 '제국의 중개인'으로서 재조명이 필요할 정도로 방대하고 그 역할은 심대했다.

이 글은 명이 조선에 파견했던 사행(칙사) 인원에 대한 분석이다. 환관은 그 가운데 핵심적인 이들이었다. 물론 명에서 조선에 파견한 이들 중 환관만 있었던 건 아니다. 276년 명의 역사에서 조선(고려)에 파견된 명의 사행 인원에는 문관도 상당수 있었다.[5] 또한 명의 사행 인원은 그 수와 파견 횟수 면에서 조선이 명에 파견한 사행의 인원 수나 횟수에 비하면 턱없이 적지만, 실제 조명관계에서 조선에서 파견한 사행 인원들에 비해 상대방 국가에 훨씬 인상적인 역할을 수행하곤 했다. 외교적 영향력 면에서 명의 사행 인원이 조선 측 사행 인원에 비교할 수 없는 권력을 갖고 있었기 때문이다. 물론 그 힘의 배후에는 황제의 뜻과 말이 존재했다. 결국 명의 조선 사행 인원들은 조선 측 사행 인사들에 비하여 수적으로는 적지만 200년이 넘는 조명관계에서 대단히 중요한 '제국의 중개인'으로 기능했다.

명 전기의 환관 외교

조선에서 명으로 파견한 부경사신赴京使臣의 정·부사나 명 사신을 접대하는 조선 측 관원들은 모두 최고위 관원인 당상관이 겸직하는 것이 원칙이었다. 그만큼 명과의 외교관계는 조선의 왕권 강화를 위해 국가의 중대사로 간주되었다.[6] 겸직을 통해 정·부사의 품급을 높이는 관행도 이어졌다.[7] 반면 명에서 조선을 비롯하여 조공국인 류큐나 베트남에 파견하는 사신들의 품급은 그리 높지 않았다.[8] 명대 환관에게는 직무의 분류만 있었지 품급品級은 부여되지 않았다. 그럼에도 불구하고 명에서 파견한 명사明使에 대한 한양의 접대연은 외교적으로 중요한 자리였다. 의례적인 문서 전달 외에도 명사에게 협력을 요청하거나 조선의 입장을 황제에게 전달해 달라고 요청하는 등 실무적인 외교 활동이 활발하게 이루어지는 장이었기 때문이다.[9]

다만 조명관계와 조청관계를 완전히 같은 맥락에서 보는 것은 주의를 요한다. 조선의 상대가 한족이 지배하는 나라에서 만주족이 지배하는 나라로 바뀌었기 때문이다. 청의 만주족이 명의 수도 북경을 비롯하여 상당히 많은 제도를 계승하는 것처럼 보이지만, 실제 운영 원리의 경우 명과 차이를 보이는 것이 적지 않음은 최근 신청사新淸史 연구자들이 밝힌 바와 같다. 특히 외교관계는 더 주의를 기울여야 한다.[10]

조명관계에서 사행 경로는 조청관계의 그것과 조금 다르다. 오랫동안 조명관계에서 조선의 사행로는 한양-의주-요양(요동도사)-산해관-북경으로 연결되는 육로가 대표적인 노선으로 간주되었다.[11] 하지만 이는 북경이 수도로 정착된 이후의 경로로, 수도가 남경이었던 '남경시대' 50여 년의 사행로는 해로가 주된 경로였다. 다만 이 시기에도 육로를 이용했던 예외적인 사례도 있었음에 주의해야 한다.

또한 명의 '북경 시대'에도 해로를 이용했던 시기가 있었다. 후금 세력이 요동을 점령하여 육로 사행길이 막혔던 1621년부터 1637년까지 조선 사행단은 해로를 이용하여 북경을 왕래했다.[12] 가령 1634년 소현세자를 세자로 책봉하기 위해 명에서 파견한 사신 노유령盧維寧은 육로가 폐쇄되었기에 해로, 즉 북경-등주-가도-안주를 경유하여 한양에 입경했다.[13] 이처럼 명에서 파견한 사신 역시 조선 사행단과 마찬가지로 명 초기에는 해로를 이용하지만, 영락 연간 이후로는 육로를 이용했으며, 육로가 폐쇄된 17세기 초반에는 해로를 이용했다.

명에서 처음으로 조선에 사신을 파견한 때는 태조 2년(1393) 5월이었다. 홍무제가 파견한 흠차내사 황영기黃永奇와 최연崔淵이 홍무제의 조서를 가지고 한양에 도착했다. 둘 다 조선(고려) 출신 환관이었다. 당시 명은 조선으로 파견하는 사신의 인선 원칙을 대외적으로 공포하지는 않은 듯하다. 하지만 명에서 파견한 초기 사신의 대부분은 환관으로 구성되었다. 가령 1392년에서 1469년까지의 기간은 조명관계에서 외교적 이슈가 집중된 시기였는데, 당시 명에서 파견한 105차례의 사절 가

운데 환관이 주도한 경우가 63차례이고 문관이 주도한 것은 22차례에 불과했다.[14)]

1533년(중종 28) 조선에서는 중국 사신을 접대하면서 환관과 문관을 다음과 같이 구분하고 있었다. 당시 중국 사신에게 필요한 잡물을 준비하는 안건이 제기되자, 한 신료가 "이제 살펴보니 신사년辛巳年(1521) 김의金義와 진호陳浩가 왔을 때 잡물이 가장 많았습니다. 대체로 문신이 사신으로 나오면 잡물이 매우 간소하지만, 태감太監이 사신으로 나오면 잡물이 매우 번다하게 됩니다. 그런데 근래 해마다 흉년이 들었으니, 각 도에 잡물을 예비하게 한다면 백성들이 소요할까 걱정스럽습니다"라고 왕에게 아뢰었다. 그러자 중종이 답하길, "우리나라의 일인 경우에는 태감이 사신으로 오지만, 중국의 일인 경우에는 문관이 온다"고 했다.[15)] 문신과 달리 환관이 사신으로 올 경우 조선에서 준비할 잡물이 매우 많아지는데, 환관은 주로 '조선의 일'을 처리해야 할 때 온다고 본 것이다.

여기서 '조선의 일'이란 대부분 조선 공녀나 화자火者(환관)를 데려가는 일을 지칭했다. 조선의 인력을 강제로 데려가는 부담스러운 업무를 조선(혹은 고려)에서 건너간 환관이 수행하도록 했다는 점이 아이러니였으나, 효율로 따지면 더 효과적이었다. 종주국으로서는 위신이 서지 않지만 필요한 일을 해당 국가에서 보낸 환관을 통해 해결했기 때문이다. 반면 '중국의 일'이란 명 황제의 즉위 조서를 반포하거나 조선 국왕의 즉위를 승인하는 칙서를 전달하는 일로, 앞선 업무에 비하면 자주 있는 일이 아니었다.[16)] 명이 성립한 후 15세기 중엽까지 약 100년 동안 명에 군림했던 홍무제, 영락제, 선덕제, 정통제가 조선에 요구했던 '조선의 일'은 사실상 환관을 통해 전달되는 황제의 '개인적인 비즈니스'

였다는 평가도 있다.[17]

흥미로운 점은 조선에 파견하는 환관 사신의 대부분을 명이 아니라 조선(혹은 고려)에서 차출한 인력 가운데서 선임했다는 사실이다. 원 제국 시기에 악명 높았던 공녀와 화자의 유출이 명 전기에도 이어져서 인력 보충이 가능했다는 점에서 보면 '원의 유산遺産'이라고 할 만하다. 명 전기 조선(고려) 출신 환관은 사실상 조선어 통사通事 일을 하고 황제의 구술을 정확히 조선에 전달할 수 있었다는 점에서 적임자였다.[18] 문서로 남기거나 공개하고 싶지 않은 황제의 요구를 전달하는 데도 조선 출신 환관은 유용했다.

조선 시대 명에 환관(=화자)을 진헌한 경우는 태조부터 성종까지 모두 15차례였고, 《실록》을 통해 확인되는 총수는 207명이었다. 태조 때 5명, 태종 때 108명, 세종 때 66명, 세조 때 9명, 성종 때 19명으로, 특히 태종 시기와 세종 시기에 집중되었다([표 1] 참조). 태종과 세종 대는 명에서도 조선으로 사신을 가장 자주 보낸 시기였다. 조선 초기 매년 한 차례 정도가 평균이었는데, 태종 대에는 재위 18년 동안 사신이 50회 입국하여 매년 평균 2.8차례였고, 그다음은 세종 시기로 재위 32년 동안 36회 사신이 파견되었다. 성종(재위 1469~1495) 이후부터는 양국 간의 외교관계가 원활해지고 화자의 진헌이 더 이상 이루어지지 않았기에, 명 사신 가운데 환관의 입국도 현저하게 감소했다.[19] 1483년(성종 14, 성화 19)에 진호陳浩와 함께 명으로 진헌된 19명의 환관이 마지막이었다.

하지만 [표 2]에서 보듯, 명 중기 이후에도 소수이지만 환관 사신을 파견했고 이는 명말까지 이어졌다. 조선 출신 환관은 명 정덕제의 치세 기간을 끝으로 파견이 중단되었는데, 이는 조선의 화자 진헌이 1483년을 마지막으로 중단되었기 때문이다. 이후 조선에 파견되는 환관 사신은 중국인 환관 가운데서 차출되었다. 명 일대에 걸쳐 조선에 출사했던 환관은 모두 137명이었는데, 그 가운데 조선 출신 환관이 83명으로 60퍼센트에 달했다.[20]

여기서 환관 사신 파견이 조선에만 적용된 것이 아니라는 점을 기억할 필요가 있다. 다만 환관 사신의 조선 파견은 영락제의 독특한 권력 행사 방식과 관련이 깊다. '정난의 변'이라는 쿠데타로 황제에 오른 영락제(재위 1403~1424)가 자신의 집권에 공헌했던 환관을 중용했고, 그

[표 1] 조선 시대 명에 진헌된 화자의 수

진헌 연도	조선 연호	화자 수
1394	태조 3년 5월	5
1403	태종 3년 11월	33
1404	태종 4년 6월	20
1405	태종 5년 7월	8
1407	태종 7년 10월	29
1408	태종 8년 11월	12
1410	태종 10년 10월	2
1417	태종 17년 8월	4
1419	세종 1년 2월	20
1423	세종 5년 9월	24
1427	세종 9년 7월	10
1428	세종 10년 10월	6
1429	세종 11년 7월	6
1456	세조 2년 8월	9
1483	성종 14년 7월	19

* 출처: 정구선, 〈선초鮮初 조선 출신 명明 사신使臣의 행적〉, 113~114쪽.

결과 주변 지역(혹은 외국)으로 외교 수완이 좋은 환관을 대거 사신으로 파견했음은 널리 알려진 사실이다. 가령 재위 원년(1403)에 섬라暹羅로 파견된 이흥李興과 말라카Malacca 및 가지柯枝(인도 코치Kochi)로 파견된 윤경尹慶, 1405년 이후 '서양西洋'으로 계속 파견되었던 정화鄭和와 왕경홍王景弘, 1405년 진랍眞臘에 파견된 왕종王琮, 1407년 서역의 비슈발리크bishbaliq(별실팔리別失八里)에 파견된 이달李達, 1409년 흑룡강 유역에 노아간도사奴兒干都司를 설립하고 시베리아 탐검探檢 작업에 착수했던 이시하亦失哈, 1413년 몽골로 파견된 해동海童, 티베트 지역으로 파견된 후현候顯 등이 대표적 사례다.[21] 영락제의 치세 기간(1402~1424) 모두 75명의 환관이 사신의 자격이나 임무를 띠고 사방으로 파견되었는데,[22] 그 가운데 조선으로 파견된 환관도 포함되어 있다.

명초는 환관이 "중앙을 대변하고 지방을 대응할 수 있는 중요한 조건이었으며, 그것을 근거로 중앙의 정책을 직접적으로 대외 교역을 관리

[표 2] 명대 조선으로 파견한 환관의 국적 통계

황제	조선적朝鮮籍 환관 수	중국적中國籍 환관 수	명 황제	조선적 환관 수	중국적 환관 수
홍무제	14	1	홍치제	4	0
건문제	0	2	정덕제	4	4
영락제	24	24	가정제	0	6
홍희제	2	3	융경제	0	3
선덕제	15	12	만력제	0	4
정통제	0	1	천계제	0	2
경태제	8	0	숭정제	0	1
성화제	12	3	합계	83	54

* 출처: 馬志興, 〈明朝遣往朝鮮使者身份研究〉, 吉林大學碩士學位論文, 2011, 20쪽.

하는 조직으로 연결"하는 순기능을 수행하던 시기였다.²³⁾ 원의 몰락과 명의 등장이라는 새로운 국면의 전개와 함께 주변국과의 관계 재건 및 구축이 절실하던 무렵 환관들은 명 황제의 이익을 관철하는 유능한 '매개자'로 활약했다. 환관은 유교 관념과 책봉-조공 의례에 얽매인 조신朝臣에 비해 유연하게 대외관계를 처리하면서 조공관계를 확대할 수 있었다. 또한 황제의 측근으로 조신들이 감당하기 어려운 업무, 가령 공녀나 화자 등의 조달 등도 거침없이 수행했다.²⁴⁾

이 같은 명초의 '환관 외교eunuch diplomacy'는 조선과 명의 외교관계에도 그대로 적용되었다.²⁵⁾ 1460년대 이후 조선을 제외한 다른 지역과의 외교관계에 환관이 개입하는 일은 사라졌다. 결국 환관 외교 가운데 가장 오랫동안 그리고 가장 많은 인원을 파견한 나라는 조선이었다.²⁶⁾ 이는 영락제의 북경 천도를 통해 새로운 수도(북경)와 지리적으로 가장 가까워진 조선과 명의 특수한 관계, 즉 '순망치한脣亡齒寒'의 관계 속에서도 이해할 수 있다.²⁷⁾

문제는 조선(고려) 출신 환관 사신을 칙사로 영접해야 하는 조선의 심리적·경제적 부담과 실제 현실에서 자주 발생하는 환관 사신의 고압적인 태도였다. 조선인의 눈으로 봤을 때 고려와 조선에서 바친 환관이 사신으로 올 경우 대부분 무례하고 탐욕스러웠다. 가령 1396년(태조 5, 홍무 29)에 사신으로 온 환관 왕례王禮는 말에서 떨어지자 영접관을 탓하면서 매질하고 이를 말리는 접반사까지 모욕했고, 세종 연간에 사신으로 온 환관 창성昌盛은 자신이 원하는 물건을 주지 않는다고 온갖 행패를 부렸다.²⁸⁾

이들을 영접할 때 투입되는 경제적 부담 역시 조선의 큰 골칫거리였다. 당시 조선의 금강산은 불교 성지로 중국과 일본에 알려져 있었고,

조선에 온 명 사신 중에도 금강산 유람을 요청한 자들이 적지 않았다. 조선에서 금강산 유람을 요청하여 다녀온 명 사신은 총 8회에 걸쳐 17명인데, 그 가운데 문신인 고득高得과 진경陳敬을 제외한 15명은 모두 환관이었다. 명 사신이 유람을 요청할 경우 조선은 내부적으로 부정적인 논의가 있을지언정 대부분 수용했다. 이때 명측 사신들의 안전을 보장할 수행원을 동원하고 국빈의 격식에 맞는 경비를 부담하는 일이 줄곧 문제가 되었다.[29]

조선 출신 환관들은 고향 땅에 돌아올 때 자신의 친지를 방문하거나 그들의 소청을 처리해 달라는 부탁을 하기도 했다. 거세되어 명으로 비참하게 바쳐진 그들이 명의 사신이라는 완전히 달라진 신분으로 등장한 것이기에 사실상 금의환향이나 마찬가지였다. 조선 출신 환관들이 사신 자격으로 올 경우 미리 8촌의 족친까지 생사여부를 탐문하는 것이 상례가 되었다. 이는 조선인들에게 적지 않은 심리적 부담이자 노고로 여겨졌다. 일부 조선 출신 환관들은 무리하게 고향 땅에 대한 행정 등급의 승격을 요구해 관철하기도 했다. 가령 세종 연간 환관 윤봉尹鳳의 요청으로 고향 황해도 서흥군이 도호부都護府로 승격되었고, 세조 원년(1455)부터 조선에 파견되었던 환관 정동鄭同의 요청으로 고향 황해도 신천이 현에서 군으로 승격되었다.

이에 대한 조선 측의 불만이 쌓이기 시작하면서 관련 정보가 명 조정에도 알려졌다. 이에 명 선덕제는 1429년 칙서에 없는 무리한 명사明使의 구두 요구에 대해서는 응하지 말라는 칙서를 조선에 보내기까지 했다. 《실록》에 기록된 칙서에 따르면, "지금 이후로 조정에서 보내는 내관內官과 내사內史 등이 왕의 나라에 이르거든, 왕은 다만 예로 대접할 것이요 물품을 주지는 말라. 조정에서 무릇 구하는 물건은 오직 어보御

寶를 찍은 칙서에 의거하여 보내고, 만약 구두로 짐의 말이라고 하면서 구하거나 이치에 맞지 않게 요구하는 것은 모두 들어주지 말라. 왕의 부자父子가 조정을 공경히 섬긴 지 오랜 세월이 지났으며 시간이 갈수록 더욱 신실함을 짐이 잘 아는 바이기에, 좌우의 근친자들이 능히 이간할 바 아니니 왕은 염려하지 말라"는 내용을 담고 있다.[30] 하지만 이러한 조칙은 종주국 명의 위신을 세우기 위한 명분 쌓기일 뿐 실질적인 영향력은 크지 않았다. 당시 칙서가 전달된 직후에도 환관 창성은 자신이 원하는 물건을 조선이 제공하지 않는다며 행패를 부렸다. 칙서에 담긴 공적인 외교와 환관 및 선유성지宣諭聖旨를 활용하는 사적인 외교가 달랐음을 단적으로 보여 주는 사례이다.[31]

그렇다고 조선(고려) 출신 명 환관이 조선에 폐해만 끼쳤던 것은 아니다. 이중적 정체성을 지니고 있어서인지 그들은 때때로 위험을 무릅쓰고 조선에 필요한 정보를 제공하기도 했고, 외교상의 조언을 하기도 했다. 자신들과 별다른 이해관계가 없는 한 가급적 조선의 대명 외교에 도움을 주려고 했음은 물론이다. 가령 윤봉은 조선이 명에 바치던 금·은의 조공 면제에 결정적인 공을 세웠다. 정동은 여진 정벌과 관련된 군사 정보를 얻으려는 조선 사신에게 첩보 사항을 알려 주었다. 정동은 자신에 대한 조선인들의 부정적인 평가를 의식한 듯, "내가 본국을 위하여 주선한 힘을 전하께서 어찌 아시겠으며 재상이 어찌 알겠습니까? 하늘이 홀로 알 뿐"이라 강하게 말하기도 했다.[32]

그들은 공적 의례가 끝난 후 사적으로 조선의 왕과 대면한 자리에서 자신들의 이중적 충성심을 드러내곤 했다. 1468년 조선으로 파견된 환관 강옥姜玉은 근정전 문밖에서 세조를 만났을 때 상석을 양보하려 했다. 당시 강옥은 조선의 왕이 "마땅히 남쪽을 향하여 앉아야 한다"고

양보했으나, 세조는 오히려 "예로부터 황제의 사신을 대접함에 남쪽을 향하는 이치가 없으므로 강옥의 말을 따를 수 없다"고 사양했다. 이에 강옥이 다시 "근정전과 태평관에서 이미 공례公禮를 행하였고, 여기는 전하의 사저입니다. 더구나 우리들은 원래 본국의 노복으로 일신의 골육은 모두 전하의 은혜이오니, 친히 거두시어 어좌를 남쪽으로 향하여 설치하게 하소서"라고 간청하니, 세조 역시 부득이하게 남면南面했다고 한다.[33)] 책봉-조공 관계상 상하의 우열이 분명한 상황에서 조선 출신 환관이자 명 황제를 대리해 온 사신이라는 두 가지 정체성을 지니고 있던 그들의 이중적 모습이었다. 강옥이 언급한 것처럼 공적인 "공례"에서는 명의 사신으로서의 정체성을 보였으나 사적인 '사저私邸'에서는 조선인이라는 정체성을 드러낸 것이다. 1481년 파견된 정동과 김흥金興 또한 성종이 초대한 경회루 잔치에서 이 같은 이중적 정체성의 면모를 선보였다.[34)]

이처럼 이중적 정체성을 지닌 조선(고려) 출신 환관 사신은 명과 조선과의 외교적 사안을 조정하거나 보완하는 '중재자' 역할을 수행했다. 다만 후손이 없어 사후에 자신들의 입장을 기록하거나 변호해 줄 조력자들이 부족했기에 명의 정계에서나 조명관계의 조선 측 자료에서 손쉬운 비판 대상이나 '희생양'이 되기 십상이었다.[35)] 명 후기에는 조선 출신 환관이 더 이상 공급되지 않아서 중국인 환관이 조선에 파견되었는데, 이들 중에도 조선의 외교에 기여한 사례가 있다. 인조반정으로 왕위에 오른 인조의 왕위 찬탈 여부를 의심하던 명 조정은 책봉 카드로 조선을 제어하려고 했다. 이때 "요동 지방이 안정되고 나서 다시 정식으로 책봉한다"는 기존의 성지聖旨가 번복되고 책봉 교섭이 빠르게 이루어졌다. 여기에 명이 파견한 태감 왕민정王敏政과 호량보胡良輔가 상당한 역할을 했다. 유교적 명분과 예에는 상당히 어긋나는 일이었지만 환관 외교를 통해 조선이 원하는 책봉이 빠르게 진행될 수 있었던 것이다. 물론 조선 사신의 집요한 탄원 공세가 영향을 미치긴 했다. 그러나 명에서 환관 위충현魏忠賢의 엄당閹黨이 내각을 장악하여 태감 칙사의 역할이 힘을 발휘한 점도 무시하기 어렵다.[36]

환관 외교가 힘을 발휘하는 시점은 늘 명 조정에서 환관 세력이 관료군과 대등하거나 그 이상의 힘을 구사하는 시기였다. 이러한 중국 정치사의 특징은 명 이전인 원이나 이후인 청에서는 찾기 어렵다는 점에서 조명관계의 특수한 성격이라 볼 수 있다.[37]

경태~성화 연간 이후의 문신 외교

명대는 환관의 정치력과 영향력이 가장 강력했던 시기였지만, 그들의 영향력이 늘 일정하게 유지된 것은 아니었다. 환관의 특성상 황제의 총애를 잃어버리면 그들의 권력과 위세는 사라지게 마련이다. 환관 세력이 득세했던 시기는 대체로 명초부터 정덕제까지의 시기와 명 후기 만력제 이후였다. 조명관계에서 환관의 영향력도 명 정치사에서 환관의 세력 변동과 일정하게 연관되어 있었다. 조선으로 파견하는 명 사신은 15세기 후반, 즉 성화제成化帝(재위 1465~1487)와 홍치제弘治帝(재위 1488~1505)가 다스리던 시기에 환관에서 문신으로 변화하기 시작했다.

문학지사文學之士 출신의 한인 관료 중 조선에 출사한 사례로 주목받는 인물은 1450년(세종 32, 경태 1) 정월 경태제의 즉위를 알리기 위해 조선을 방문한 명의 정사 한림원시강 예겸倪謙이다. 물론 그 이전에도 과거에 합격한 문신 관료가 조선에 출사한 사례는 있었다. 1402년(태종 2, 건문 4) 정사로 파견된 홍려시 행인行人 반문규潘文珪와 1428년(세종 10, 선덕 3) 정사로 파견된 병부원외랑 이약李約은 모두 진사에 3갑甲으로 합격한 문인이었고, 1404년(태종 4, 영락 2) 부사로 파견된 홍려시 서반序班 오수鄔修는 진사에 2갑으로 합격한 문인이었다. 하지만 예겸은 진사의 1갑 출신으로는 처음으로, 그것도 한림원이라는 문원부文苑府에서 파견된 당대의 저명한 문관이라는 점에서 새로운 변화를 상징했다.[38] 명대에 1갑 진사 출신의 문관 사절은 모두 8명으로, 그 명단은 [표 3]과 같다.

예겸은 응천부의 남경 출신으로 예악倪岳의 부친이기도 하다. 예겸은 조선으로 오던 길에 여러 편의 시부詩賦를 지었다. 그를 영접한 조선의 원접사 정인지, 신숙주, 성삼문 등도 여러 편의 시문을 창화唱和했다. 이 시부와 시문은 간추려져 문집으로 엮였다. 바로 조선과 명 사이에 '창화唱和 외교'의 물꼬를 튼 기념비적 작품《봉사조선창화집奉使朝鮮倡和集》이다.[39] 이후 세조 시기에 명의 문관 사신이 조선에 올 때 조선 문신과 나눈 수창酬唱을 모은 시문집《황화집皇華集》을 간행하는 것이 조선에서 관례화되었다. 다만 명나라 문인이《황화집》을 언급한 사례는 극히 드물고, 중국에서 조선 파견 사신의 시집을 '황화'로 일컫는 예도 아직 발견되지 않았다. 조선 조정은 명에 대해 '내복內服'과 동등하게 간주해 달라는 뜻에서 '황화'라는 용어를 사용한 듯하다.[40]

1450년 명에서 정사로 문관 사신을 파견하게 된 것은 중국의 국내 정세 변화와 관련이 깊다. 당시 명은 토목보土木堡의 변(1449)으로 영종英宗(정통제)이 몽골의 포로가 된 상황에서 방계였던 경태제景泰帝가 황제로 즉위했다. 경태제는 자신의 통치 정당성을 확보하기 위해 처음으로 1갑 진사 출신의 저명한 문신 관료를 조선에 파견했다. 이는 명 황제의 필요가 절박한 상황에서 조선의 위상을 높여 주고 우호적인 책봉-조공 관계를 확고히 하려 했던 사례로 해석 가능하다. 즉 중국 측 필요에 따라 조선 왕과 조선 측 입장을 세심하게 고려한 인선의 결과였다.[41]

경태제 다음에 천순제가 붕어한 1464년 성화제成化帝의 즉위를 조선국왕 세조에게 알리는 사절단의 정사로 김식金湜(1411~1494)이 파견된 것도 같은 맥락에서 이해 가능하다. 김식은 과거시험 합격자였을 뿐 아니라 화죽법畵竹法의 명수로 조선에 널리 알려져 있던 명의 문인화가였다. 김식은 1464년 조선 체류 중에 국왕 세조의 소개로 당대 최고의 화

[표 3] 조선에 파견된 1갑 진사 출신의 문관 사신

출사 시기	사신 성명	직관	직무	과거 합격 순위
1450년 (세종 32, 경태 원년)	예겸倪謙	한림원시강 翰林院侍講	정사	탐화探花
1457년 (세조 3년, 천순 원년)	진감陳鑑	한림원수찬 翰林院修撰	정사	방화榜眼
1488년 (성종 19, 홍치 원년)	동월董越	한림원시강	정사	탐화
1506년 (연산 12, 정덕 원년)	서목徐穆	한림원시독 翰林院侍讀	정사	방안
1521년(정덕 16)	당고唐皐	한림원수찬	정사	장원狀元
1547년(가정 16)	공용경龔用卿	한림원수찬	정사	장원
1602년(만력 30)	고천준顧天峻	한림원시강	정사	탐화
1606년(만력 34)	주지번朱之蕃	한림원수찬	정사	장원

* 출전: 馬志興, 〈明朝遣往朝鮮使者身份研究〉, 7쪽.

원이었던 안견에게 '진정한' 대나무의 화법을 알려 주었다고 전해진다. 또한 원접사 박원형朴元亨에게는 소죽병풍素竹屛風을 그리고 그 위에 시를 써서 선물로 전달했다 한다.[42]

이후 고위급 명사 인선에서 문신이 우선적으로 선발되는 추세는 명 후기까지 이어진다. 특별히 문장과 시문에 탁월한지 여부가 중요한 인선 요소로 작용했다. 조선 측 왕이나 신료들과 시문을 나누고 전고典故를 묻는 등 인문 지식을 배경으로 한 요청에 온전한 답을 주어야 체면이 깎이지 않기 때문이었다. 명 천순제天順帝가 조선과 여진의 관계를 주도적으로 조절하기 위해 문신 장녕張寧을 파견할 때 직접 친견하여 당부했던 말을 살펴보자. "듣기에 이유李瑈(세조, 재위 1455~1468)가 책을 읽는다는데, 혹시나 전고에 대해 묻는 경우가 있으면 이는 (무관인) 무충武忠이 답할 수 있는 바가 아니다. 네가 앉을 자리의 차례는 윗자리에 있다."[43] 문관직 7품의 장녕이 무관직 3품의 무충보다 직급이 높은 정사로 파견되어야 하는 이유를 황제가 알려 준 것이다. 《만력야획편萬曆野獲編》에도 조선의 풍속은 시문을 숭상하기에, 조선으로 파견하는 사신을 문학적 소양이 탁월한 자로 선발하지 않으면 무시당할 수 있다는 언급이 있다.[44] 명 전기 환관이 주도하던 외교적 상황에서는 기대하기 어려운 극적 변화였다.

성화제의 치세 기간(재위 1465~1487)은 이러한 변화가 좀 더 분명하게 드러나는 시기였다. 당시 황태자 책립을 조선에 알리기 위해 정사와 부사를 천거할 때의 예를 보자. 예부는 기존에 조선 국왕을 책봉할 때 "조신 가운데 경험이 많아 노련하고 본디 명망이 있는 관원"들을 간택했음을 진언했다. 이에 성화제는 "앞으로 상사賞賜만 있을 때에는 내관(환관)을 임명하여 보내고, 별도의 행례行禮가 있을 때에는 역시 외관을 임명해 보내라"는 성지를 내렸다.[45] 여기서 '외관外官'이란 '내관'인 환관에 대비되는 정규 관원, 즉 조신朝臣을 말한다. 의례와 관련된 일로 조선에 보내는 사신으로 환관이 아니라 노련하고 명망 있는 문신을 선발하게 된 계기를 엿볼 수 있다.

성화제는 명 전기 황제들이 조선에 자주 강요했던 해동청海東靑 등 동물의 진헌에 대해서도 삼가는 태도를 보였다. 1467년 명에서 돌아온 조선 사신을 통해 전달된 성화제의 칙서 내용이다. "지난해 10월에 왕이 김영유金永濡를 보내어 흰 까치[白鵲] 1마리를 진헌하였고, 12월에 조근趙瑾을 보내어 해청海靑 2연連을 진헌했으며, 또 최경례崔敬禮를 보내어 해청 1연을 진헌하여 석 달을 지내는 동안 세 차례나 진공했으니, 왕의 부지런한 정성은 진실로 볼 수 있었다. 그러나 짐이 즉위한 초에 이미 각처에 조서를 내려서 꽃과 나무나 새와 짐승을 진공하는 것을 허락하지 아니하였으며, 하물며 흰 까치는 상서롭고 기이한 물건이고, 해청은 사냥하는 데 쓰이는 바이겠는가?……금후로는 다시 그리하지 말고, 다만 마땅히 상례常禮를 준수하여 진공하라."[46] 물론 성화제의 칙서가 전달된 이후로도 각종 동물의 진헌이나 전달 요청이 완전히 끊어진 것은 아니지만, 성화제의 칙서 이후로 수량과 강도가 약화되었다.

그리고 이듬해인 1468년(성화 4) 조선으로 보내는 정사와 부사에 조선 출신 환관을 파견하는 것을 반대하는 상소가 두 건 접수되었다. 상소를 올린 이는 요동감찰어사 후영侯英과 산동분순요해안찰사첨사 유경俞璟이었다. 후영은 당시 요동 지방이 여진의 침략을 방어하느라 피폐한 상태에서 태감 정동 등 조선 출신 환관들과 그 하속들이 요동을 지나가며 비용을 낭비하고 있으며, 그들이 본래 조선인이기에 조선의 왕 앞에서 확실하게 명의 위세를 떨치지 못하거나 명의 체면을 낮추는 일들이 자주 발생한다는 점을 지적했다. 그는 앞서 1457년 한림원편수 진감眞鑑처럼 "평소 학문이 뛰어나고 명망이 두터운 자"가 조선으로 파견된 사례를 언급하면서, 앞으로는 한림원 관리나 육과급사중, 혹은 행인사行人司 관원 가운데 명사를 선발해서 보낼 것을 주장했다. 예부는 황제에게 보고했고, 황제는 요청을 수락했다.[47]

명 중엽 이후 명의 대조선 외교 주축이 환관에서 문신으로 변화되면서, 양국 사이에는 창화 외교라 불리는 문화적 교류가 중시되었다. 예교와 예제를 기반으로 한 조명관계의 대표적인 특징이었던 창화 외교에서는 조선이 명과 함께 시서예악詩書禮樂을 향유하는 '동문동궤同文同軌'의 나라로 인식되었다는 점이 특히 중요하다. 조선이 문화적으로 중국의 명과 구별이 어려운 나라이자 책봉과 조공의 예를 성실하게 나누는 나라로 명실상부하게 자리매김하는 변화였다.

명이 조선을 '소중화'로 인식한 것은 이르게는 1488년 조선에 파견된 정사 동월董越의 기록에서 확인할 수 있다. 16세기부터 명은 조선을 단순한 번국 차원을 넘어 중화 문명의 동반자 혹은 문화적 파트너로 인식하기 시작했다.[48] 무력에 기반한 몽골 원 제국 시대의 불균형한 여몽관계가 명 전기의 환관 외교를 거쳐 점차 균형적인 관계로 변화한 것이다. 13세기 후반 고려 국왕들은 원치 않던 몽골과의 통혼으로 원 황실의 부마이자 한반도에 설치된 정동행성의 승상丞相이 되어야 했다. 이 같은 고려 국왕들의 위상과 그들이 감내해야 했던 원 제국의 여러 '간섭'의 강도를 고려할 때[49] 명 시기, 특히 명의 대조선 외교 라인이 환관 중심에서 문관 중심으로 변화된 것은 힘의 '불균형'에서 '균형'으로 전환된 것으로 상당한 진전이라고 평가할 수 있다.

물론 문관 사신 가운데 조선의 기대와 달리 거만한 자세를 유지한 사례도 없지 않았다. 조선 문인들과의 수창을 달가워하지 않은 이들이 있는가 하면, 거만한 자세로 술만 마시다 돌아간 이들도 있었다. 사실 고압적인 태도 면에서 조선 출신 환관과 명 출신 문관 사이에 근본적인 차이를 발견하기는 쉽지 않다. 의례 논쟁에서 고압적인 자세를 보였던 공용경이 대표적이다. 공용경은 1537년 조선에 체류하면서 명사가 가지고 온 조서를 맞이하는 국왕과 유생儒生의 의례를 트집 잡아 결국 자신의 뜻을 관철시키는 등 매우 고압적인 태도를 보여서 조선 조신들로부터 비난을 받았다. 하지만 명으로 귀국한 후에는 조선이 예의 바르고 수준 높은 문화를 가진 나라라고 칭송하면서 예부에 조선 사신에 대한 접대를 격상시켜 달라고 건의하는 등 조명관계 개선에 적지 않게 공헌하는 양면적인 모습을 보여 주기도 했다.50)

천계제天啓帝의 황태자 출생을 알리기 위한 정사로 1626년(인조 4, 천계 6) 조선을 방문한 강왈광江曰廣도 한양에 도착하자마자 예론禮論을 개진하면서 상복을 벗고 예복으로 조서를 영접하라고 강요하여 끝내 관철했다.51) 그들이 '평범'한 개인이 아니라 '상국上國'인 명조를 대표하는 인물로서 위계질서를 표현하는 예의 측면을 강조했던 것이기에, 조선 측은 현실적으로 수용 외에 다른 선택이 어려웠을 것이다. 명의 대조선 사신이 환관에서 문신으로 바뀌는 과정에서 그들의 주된 요구가 황제 개인의 요구사항에서 의례 문제로 변화한 것은 분명하다. 하지만 고압적 자세에서 근본적인 차이가 없었던 것은 종주국 사신이라는 그들의 특수한 지위 때문이다.

반면 선물과 접대 영역에서는 뚜렷한 차이를 확인할 수 있다. 선물과 접대에 대한 조선 측의 부담은 정사와 부사 등에 고급 문신이 선발되면서 점차 줄어들었다. 홍치제의 즉위를 알리기 위해 조선에 정사 자격으로 파견된 한림원시강 동월은 조선에 머무는 약 40일 동안 대부분의 선물을 거절한 것으로 유명했다. 이후 명으로 파견되는 조선 사신들은 한동안 방문할 때마다 동월의 안부를 물으며 감사를 표했다고 한다.[52]

하지만 동월의 사례는 그만큼 그 이전에 조선에 온 환관 사신들이 과도한 선물로 부담을 주었음을 보여 주는 것이기도 하다. 예컨대 1572년(선조 5, 융경 6) 11월 만력제의 등극 조서를 가지고 방문했던 한림원 편수 한세능韓世能과 이과급사중 진삼모陳三謨의 경우 서울에 들어온 후 물품을 과도하게 요구했다. 이에 대해 조선에서는 "문사文士가 물화를 요구한 것은 근래에 없던 일[文士之有求請, 近代所無]"이라는 비판적인 언급을 《실록》에 추가했다.[53] 그만큼 조선은 환관이 아닌 문신 사신에 대해 높은 기대감을 가지고 있었다.

• 청 제국의 중개인: 차이와 유사성

조명관계에서 명 제국의 중개인 역할을 했던 명 사신에 이어, 중원에 청이 들어선 이후의 조청관계에도 청 사신은 제국의 중개인 역할을 이어 갔다. 명과 청의 사신을 간략하게 비교하면서 글을 마무리하고자 한다.

청의 조선 사행 인선을 보면 명과 다른 점을 발견하게 된다. 가장 큰 특징은 ① 기인旗人(팔기의 구성원) 출신(=한인 배제), ② 3품 이상의 고급 관료로 구성된 것이다. 당시 조선과 마찬가지로 기인 출신의 3품 이상 문무 고관이 파견되는 곳은 주로 중국의 서쪽과 북부인 몽골과 신강新疆까지 포함된다. 대체로 청의 입관 이전에 동맹을 맺은 지역이다. 조선은 명의 대표적인 조공국이었음에도 불구하고 입관 이전에 병자호란을 통해 강제적으로 청 질서에 포섭되었다는 점에서 몽골, 신강과 함께 한인 관료가 배제되는 조공국에 포함되었다.[54]

하지만 청은 조선과의 외교관계를 몽골·신강과의 외교관계를 담당하던 이번원理藩院에 맡기지 않고, 명과 마찬가지로 예부에서 관할하게 했다. 조선은 관할기구 측면에서 보면 '동남 초승달' 지역에 포함되지만 사행단의 인선 측면에서 보면 '서북 초승달' 지역에 포함되는, 두 개의 초승달 지역의 속성이 중첩되는 특수성을 띠었다.[55] 이러한 청 초기 조선의 이중적인 외교적 위상에서 영감을 받아, 명 초기 고려로의 사신 인선에도 이중적인 성격이 부여되어 있었다는 해석이 등장하기도 했다. 즉 명 초기에 원의 외교적 유산이 많이 남아 있는 곳에는 현지 출신을, 새롭게 관계를 설정한 동남 지역은 환관을 사신으로 파견하는 이원적 시스템을 유지했는데, 고려를 이 두 기준이 중첩되는 공간으로 파악한 것이다.[56]

이러한 여러 해석을 종합하면 조선에 대한 명의 환관 외교와 청의 기인 외교에서 인선의 내용은 명·청이 조선과의 관계를 '특별하게' 중시했음을 보여 준다. 명과 청은 주변의 여러 책봉국을 동등한 원칙에 따라 공평하게 대우하지 않았다. 조선과 같은 책봉국의 위상을 유지했던 안남과 류큐의 경우 황제의 자의적인 결정에 따라 '문죄問罪의 사師'를 파견하거나 예에 어긋한 책봉과 조공을 알면서도 묵인하는 일이 수시로 발생했는데, 유사한 안건에서 조선에 대한 대처는 현저히 다를 때가 많았다. 조선과 비교할 때 류큐나 안남에 대한 중국의 책봉—조공은 '허구의 책봉'이나 '허구의 조공'이라고 불릴 정도로 일방적이거나 자의적인 경우가 많았다. 이는 명이 강조했던 예제적 관계가 일관적인 '체제'가 아니라 상황적 논리에 따라 대단히 유연하고 자의적으로 해석 가능한 '질서'였기 때문이다.

조선은 명과 청 시기에 걸쳐 비교적 일관되게 책봉의 논리에 포섭되어 있었을 뿐 아니라 시간이 흐를수록 예를 내재화하여 오히려 명과 청에 예의 체현을 요구하기까지 했다. 이런 점에서 조선과 명·청은 특수한 관계였다.[57] 물론 청 시대에는 한반도와 중원의 관계가 무력에 의한 지배와 복속의 관계로 시작했다. 반면 명과의 관계는 몽골 원 제국의 무력적 간섭으로부터 '해방'되었다는 점에서 맥락이 다르다. 국제정세의 변화에 민감하면서도 변혁을 도모하던 여말 개경의 귀족 지식인들은 중원의 주도적인 이념이 된 주자학을 실천 윤리로 적극적으로 받아들이며 명과의 관계를 정립해 나갈 수 있었다. 조선을 유교 국가로 설계하며 건국했던 신진 사대부는 더욱 그러했다.[58]

이런 상황에서 조선은 중국으로 보내는 사신뿐 아니라 중국에서 오는 사신의 수준 및 관계에 줄곧 촉각을 곤두세웠다. 아무리 형식이라 하더라도 책봉-조공이라는 예적 질서의 외피를 벗어날 수 없던 현실에서, 예제를 자세히 알고 체화했던 조선은 다른 조공국과 달리 명과 청 모두를 중화답게 만드는 필수적 존재였다.[59] 게다가 조선은 명과 청의 수도 북경과 매우 가까운 지정학적인 환경 속에서 명이나 청 중심의 질서에 안정뿐 아니라 균열까지 일으킬 수 있는 가능성을 지니고 있었다. 이런 이유로 명과 청 역시 조선에서 파견한 사신만큼은 아니더라도 조선에 대한 사신 인선과 파견에서 '특별한' 주의를 기울이지 않을 수 없었다.

하지만 외교의 특성상 사신은 파견국의 이익에 절대적으로 봉사하게 마련이다. 명과 청이 '특별히' 선발해서 파견한 환관과 고위급 기인 역시 조선 입장에서는 양날의 칼과 같은 존재였다. 황제가 환관이나 고위급 기인 등 측근이나 심복을 파견하는 것이 황제의 특수한 요구사항을 전달하거나 조선과의 협상에서 우위를 점하기 위해서일 경우, 조선은 이들을 영접하고 대응하는 과정에서 과도한 긴장과 부담을 경험했다.

반면 황제의 심복이 아니더라도 조선이 선호하는 사신, 대체로 문학적 교양이 풍부한 문신이 사신으로 파견될 경우, 품급의 고하에 상관없이 외교 절차에서 큰 문제가 발생하지 않고 문화적인 교류가 활발하게 이루어지곤 했다. 청이 조선에 파견한 사행의 경우 초기에는 정치적인 성격이 강했지만, 강희제 연간에 접어들면 형식적이고 의례적인 사행이 80퍼센트 이상으로 증가했다.[60] 특히 양국 관계가 안정기에 접어든 18세기 청조 사행은 청 초기에 대단히 민감했던 조선의 대보단大報壇 설치, 명 황제에 대한 제사, 조선 중심의 중화주의 주장 등의 사안에 대해 공식적인 문제를 제기하지 않았다.[61] 또한 칙사로 파견된 청의 기인은 조선에서 뇌물을 요구하거나 각종 명목으로 탈취하긴 했지만, 명에서 파견한 환관에 비하면 그러한 사례는 대체로 줄어들었던 것으로 평가된다. 이는 청조가 삼번三藩의 난과 정씨鄭氏 세력 등을 정복한 이후 조선에 취한 일련의 관용정책과 관련된 것으로, 청조 정권의 정당성을 국제 사회에서 인정받기 위한 외교적 전략의 일환이었다.

이상과 같은 내용을 통해 보면, 명의 환관 외교와 청의 기인 외교 사이에는 차별성이 보이지만 유사성 역시 발견할 수 있다. 이러한 맥락에서 다시 명의 조선 사신 인선을 살피면, 대략 다음과 같은 원리가 적용되었다고 정리할 수 있다.

먼저 ① 명 전기에는 조선 사행 인선에서 조선(고려) 출신 환관을 중용하는 원칙이 적용되고 있었다. ② 이는 (한인) 문신을 배제하려는 의도보다는 언어적인 문제를 쉽게 해결하면서도 조선과의 관계를 주도하려는 대단히 실용적인 선택의 결과였다. 또한 이는 원의 외교적 유산과 밀접한 관련이 있었다. ③ 명 중기 이후에는 환관이 줄고 문신 파견이 늘어났다. 이는 명조 내부의 정치적 변화, 즉 황제의 권력 행사 방식에서 자의적인 부분이 줄어들고 의례적인 부분이 증가하는 현상, 동시에 황권을 견제하는 신권臣權이 강화되는 현상과 맥을 같이한다. 즉 명조 내부에서 발생한 황제권의 성격 변화와 조선으로의 인선 변화 사이에서 일련의 상관관계를 포착할 수 있다.

명 전기 황제들의 자의적인 권력 행사 방식은 '무예 스펙터클martial spectacle'을 중시했던 홍무제, 영락제, 선덕제의 사냥·순행巡幸·대열大閱 등을 통해 체현되었다. 이러한 명 전기 황제권의 성격은 원의 유산으로도 볼 수 있지만, 좀 더 광범위하게는 요-금-원-명-청으로 이어지는 동유라시아 지배권의 연속성 속에서 해석 가능하다.[62] 그리고 이 시기는 환관 외교의 전성기와 겹쳐진다. 대체로 상무적이고 자의적이었던 명 전기의 황제권은 정덕제(재위 1506~1521)를 마지막으로 맥이 끊어지고, 이후 의례적인 형태로 변화되었다.[63]

청 전기에 칙사단의 수행원으로 참여한 조선 통사通事 중 대다수는 귀부하거나 피로被擄되었던 조선인이었다. 이는 명이 초기에 조선 출신 환관을 등용해서 활용했던 방식과 유사하다. 이들 통사 중에는 정명수鄭命壽나 김신달리 가문처럼 통역뿐 아니라 양국의 외교 현안 관련 교섭에 큰 영향력을 행사하던 이들도 적지 않았다.[64] 청 전기 조선과 청나라 사이에 긴장감이 줄어들고 조선 사행 파견이 정치적 성격에서 의례적 성격으로 변화하면서 조선 출신 통사의 역할이 점차 줄어드는 것도 같은 맥락에서 이해 가능하다.

태감(환관).
대만 국립고궁박물원
臺北故宮博物院 소장.

이성형

《사조선록》에 나타난 명 사신의 조선 인상*

- 조선과 명의 외교와 기록
- 《사조선록》의 명 사신과 사행록
- 조선에 대한 명 사신의 다면적 인상
- 《사조선록》의 의의

조선과 명의 외교와 기록

외교의 사전적 의미는 '다른 나라와 정치적·경제적·문화적 관계를 맺는 일'로, 국가가 출현한 이래로 현재까지 중요한 정책 활동의 하나이다. 외교의 가치와 방향은 국시國是를 근간으로 결정된다. 조선의 외교 정책은 '사대교린事大交隣'이었는데, 명은 조선에게 사대 대상이었다. 조선과 명은 건국 초기에 약간의 갈등이 있었지만 이른바 '조공-책봉 관계'가 정착되면서 비교적 평화로운 외교관계를 유지했다.

명은 외국과 자유로운 왕래를 금지하는 쇄국정책을 시행했기 때문에 외교와 무역 등은 주로 사신의 파견으로 이루어졌다. 동양의 외교는 전통적으로 '인신무외교人臣無外交'[1]가 원칙이었다. 명도 사신을 통해 외교문서를 주고받는 전통을 계승했다. 건국 초기에는 외국으로 사신을 파견할 때 환관을 활용해 조선에는 조선 출신 환관을 사신으로 파견했다. 그러나 이들은 대부분 탐욕스러워 많은 문제를 일으켰고, 문화적 대처에서 역량의 한계를 노출했다. 문제의식을 느낀 명은 경태 연간(대종, 재위 1450~1456) 무렵부터 황제의 등극이나 황태자의 책봉, 조선 국왕의 승하 등 외교적으로 중대한 현안이 발생했을 경우 한림·급사중·행인 등의 문신 중에서 문학적 역량이 있는 사람을 사신으로 파견했다. 명의 문신 사신[2]은 24차에 걸쳐 39명이 조선에 파견되었다. 이들은 많은 시문을 남겼는데, 조선에서는 이들과 주고받은 시문을 모아 《황화집皇華集》이라는 기념 문집을 간행했다.[3] 《황화집》은 대체로 명사가 올 때마다 간행되었다.[4] 인조 11년(1633)에 마지막 《황화집》이 만들어졌고, 영조 49년(1773)에 기존의 24차분 《황화집》을 모두 수집해 25책 50권의 《어제서황화집御製序皇華集》을 간행했다.[5] 이처럼 《황화집》은 조선에서 국가 주도로 간행된 공식 기념 문집이었다.

《사조선록使朝鮮錄》은 고려와 조선에 파견된 송·명·청의 사신 중에서 사행록이 확인되는 12명의 저작을 중국 학자인 은몽하殷夢霞와 우호于浩가 모아서 수록한 총서로[6] 현대의 출판물이다. 성화 5년(1469)에 간행된 예겸倪謙의 《요해편遼海編》 판본부터 중화민국 26년(1937)에 간행된 《사조선록》의 《예장총서豫章叢書》본까지 다양한 시기의 판본을 수집하여 2003년 베이징도서관출판사北京圖書館出版社에서 출간됐다. 김한규는 여기에 1만 2,529개의 주석을 달고 번역하여 2012년에 《사조선록 역주》를 출간했다.[7] 《사조선록》에는 명사 동월董越·예겸·장녕張寧·공용경龔用卿·주지번朱之蕃·강왈광姜曰廣 등 6인의 사행록이 수록되어 있다. 이들의 사행록 내용을 살펴보면 명사와 명 지식인의 조선 인상에 대해 이해할 수 있다.

여기에서 필자는 '인식'이라는 용어보다 '인상'이라는 용어를 사용하고자 한다. '인식'의 사전적 의미는 "사물을 분별하고 판단하여 아는 일"로 인간 지식의 총체를 말하며, 일정 범위의 대상에 대한 지식을 뜻하기도 한다. 인식의 토대와 출발점은 인간의 사회적 실천과 실천적 욕구이다. 반면 '인상'의 사전적 의미는 "어떤 대상을 보거나 듣거나 했을 때 그것이 사람의 마음에 주는 느낌이나 그 작용"이다. 명사는 24회에 걸쳐 조선에 왔지만 장기간 공백기가 있어서 불연속적이었을 뿐만 아니라 체류 기간도 짧았기 때문에 조선에 대해 특정 인식을 형성하기는 어려웠을 것이다. 이런 점에서 명사가 조선을 방문했을 때 느꼈던 종합적 소회는 인식보다는 인상에 가깝다.

그렇지만 조선과 밀접했던 외교 상대국인 명의 사행록을 통해 조선에 대한 그들의 인상을 살펴보고 그 특징이나 의의를 찾는 것은 조선에 대한 이해의 범위를 넓히고, 이를 통해 현대적 가치와 교훈을 얻을 수 있다는 점에서 의미가 있다. 현재까지 명사明使의 사행록은 문학이나 역사 분야에서 한두 명사의 사행록을 선정하여 연구가 진행되었지만,[8] 인상의 공통점이나 변화 과정을 살펴보기 위해서는 통시적 접근이 필요하다.

조선에 대한 명사의 인상은 개인적인 가치와 견문의 개성적 표현이기 때문에 공통적인 인상을 발견하기는 쉽지 않다. 다만 장소와 일정 중 반복되거나 동일한 경험에서 일정한 특징을 발견할 수 있다면 통시적으로 이해할 수 있다. 대표적으로 효녀 김사월金四月, 기자묘箕子廟, 문묘文廟, 영조례迎詔禮 등은 명사의 《사조선록》 내용 중에서 공통된 소재로 여러 사행록에서 소개되기 때문에 자세히 살펴볼 필요가 있다. 또한 예겸의 동료와 지인들이 조선으로 사신을 떠나는 예겸에게 지어 준 전별시를 모은 《요해편》의 〈중조증언中朝贈言〉, 〈요양증언遼陽贈言〉은 당시 명 지식인이 평소 조선에 대해 가지고 있던 인상을 확인할 수 있는 유용한 자료이기 때문에 참고하고자 한다.

《사조선록》의 명 사신과 사행록

《사조선록》에는 조선에 사행을 다녀온 기록이 확인되는 명사 6명의 사행록만 수록되어 있다. 반면 《황화집》에는 명사의 작품 외에 일기류나 잡기류 등 명사가 '자순咨詢'[9]했던 과정과 의도를 살펴볼 수 있는 내용도 실려 있다. 이런 점에서 《사조선록》과 《황화집》은 서로 상보적인 가치를 갖는다. 명사의 조선 인상을 이해하려면 먼저 이들의 생애와 조선에 사신으로 오게 된 경위, 《사조선록》에 수록된 사행록의 내용체제를 먼저 이해하는 것이 필요하다. 《사조선록》에 수록된 명사와 사행록 현황은 [표 1]과 같다.

동월(1430~1502)의 자는 상구尚矩이고, 호는 규봉圭峯이며, 시호는 문희文僖이고, 강서江西 영도寧都 출신이다. 홍치 원년(1488)에 우춘방우서자右春坊右庶子가 되어 정사로서 명 효종이 새로운 황제로 등극했다는 조서를 가지고 조선에 왔다. 홍치 원년 정월 중순에 북경을 떠나 2월 25일에 압록강을 건넜고, 3월 13일에 조서를 반포했다. 6일간 한양에 머물고, 4월 초순에 압록강을 다시 건너 5월에 북경에 도착했다. 조선 경내에는 40여 일간 머물렀다. 중국 기록에서는 동월을 진중한 성품에 학문과 문학적 역량이 뛰어나고 청렴한 인물로 평가했는데, 조선에서도 성품이 온화하고 문학적 역량이 뛰어나며 청렴하다고 긍정적으로 평가했다.[11] 저서로 《규봉문집圭峯文集》이 있으나 전해지지 않고, 《사동일록使東日錄》, 《조선잡지朝鮮雜志》, 《조선부朝鮮賦》가 있다. 동월의 《조선부》는 부사였던 왕창王敞(1453~1515)의 기록과 함께 조선의 원접사 허종許琮(1434~1494)이 《대명일통지大明一統志》의 조선 관련 기록 중에서 오류를 정정하고 미풍양속을 소개하기 위해 만든 《풍속첩》 등을 참고하여 창작되었다. 특히 사령운謝靈運(385~433)이 지은 〈산거부山居賦〉의 예를 따라 《조선잡지》 기록을 주석으로 첨부하여 내용을 보다 구체적으로 소개했다. 《조선부》는 출간된 이후에 조·중 양국에서 많은 관심을 받았고 《신증동국여지승람》, 《황화집》이나 《사고전서》, 《국조전고國朝典故》 등에 수록되어 널리 읽혔다.

[표 1] 《사조선록》 수록 명 사신의 사행록[10]

명 사신	서명	형식	저본	비고
동월 董越	《조선부 朝鮮賦》	22단락 472구	《예장총서 豫章叢書》 본본(1920)	
	《조선잡지 朝鮮雜志》	잡저류 산문	《현람당총서 玄覽堂叢書》본본 (1941)	《조선부》의 자주自注 내용
예겸 倪謙	《봉사조선창화집 奉使朝鮮倡和集》	예겸 시부詩賦 17제題, 조선 원접사 창화唱和 시부 37제	《옥간재총서 玉簡齋叢書》 본본(1910)	
	《조선기사 朝鮮紀事》	일기류 산문	《옥간재총서 玉簡齋叢書》 본본(1910)	1450년 1월 1일~ 2월 3일까지 62일간 일기
	《요해편 遼海編》	시 283제, 사부詞賦 4제, 기記 2편, 명銘 1편, 서발序跋 5편, 기사紀事 1편	성화成化 5년 각본刻本 (1469)	《봉사조선창화집 奉使朝鮮倡和集》과 《조선기사》가 일부로 수록됨
장녕 張寧	《보안당정정방주선생봉사록 寶顔堂訂正方洲先生奉使錄》	제본題本 4편, 사행시문使行詩文 18편, 창화시唱和詩 25제, 잡저류 산문 4편	《상일재전진미공정정비급尚日齋鐫陳眉公訂正秘笈》 본본 (청초 출간)	창화시는 《황화집》에 수록된 작품
공용경 龔用卿	《사조선록 使朝鮮錄》	의례儀禮 관련 산문, 한시漢詩 241제	유이징본 柳詒徵本 (1937)	
주지번 朱之蕃	《봉사조선고 奉使朝鮮稿》	한시, 잡저류 산문	양강총독본 兩江總督本 (미상)	주지번의 한시 259제
강왈광 姜曰廣	《유헌기사 輶軒紀事》	일기류 산문	《예장총서 豫章叢書》 본본(1895)	

예겸(1415~1479)의 자는 극양克讓이고, 호는 경서후인經鉏後人이며, 시호는 문희文僖이고, 상원上元 출신이다. 경태 원년(1450)에 명 경종이 새로운 황제로 등극했다는 조서를 가지고 조선에 왔다. 1449년(정통 14) 12월 13일에 북경을 떠나 이듬해 1월 17일에 압록강을 건넜고, 윤1월 1일에 한양에 도착했다. 20일간 한양에 체류한 뒤에 2월 3일에 압록강을 다시 건너 귀국했다. 《요해편》의 서발문序跋文에서 포정사참 노옹盧雍(1422~?)과 한림원시강 오절吳節(1397~1481)은 예겸의 시문이 조선의 문인들을 압도했다고 평가했다. 반면 조선의 《세종실록》에서는 예겸의 교만한 태도를 비판했고,[12] 《필원잡기》에서는 예겸의 시문이 평범하다고 평가하는[13] 등 예겸에 대한 조선과 명의 평가는 서로 달랐다. 저서로 《옥당고玉堂稿》, 《상곡고上谷稿》, 《귀전고歸田稿》, 《남궁고南宮稿》 등이 있으나 소실되었고, 《예문희공집倪文僖公集》, 《봉사조선창화집奉使朝鮮倡和集》, 《조선기사朝鮮紀事》, 《요해편》이 전해진다.[14] 예겸의 《요해편》에는 《봉사조선창화집》과 《조선기사》 등을 포함한 많은 기행시문이 수록되어 있는데, 조명 간 '시부 외교詩賦外交'의 시작을 보여 준다. 《요해편》은 간행 직후에 조선에 전해져 널리 읽혔다.

장녕(1426~1496)의 자는 정지靖之이고, 호는 방주方洲이다. 귀화인 낭패아한浪孛兒罕(?~1459) 등이 반란을 일으키자 조선에서 이들을 처형했는데, 그들 무리가 조선에 보복하려고 명에 조선을 무고했다. 장녕은 천순 5년(1460)에 이 사건의 사실 관계를 조사하기 위해 조선에 파견되었다.[15] 장녕은 7품관인 급사중으로서 정사가 되었고, 부사는 3품관인 금의위 대봉도지휘 무충武忠(?~?)이 선발되었다. 명이 조선의 숭문 분위기를 고려하여 품계와 무관하게 문학 역량이 뛰어난 문인을 정사로 선발한 것이다. 조선에서 장녕의 작품은 높은 평가를 받았다. 1488년에 명에 표착했던 최부崔溥(1454~1504)가 항주에서 취조를 받을 때 장녕의 〈제한강루시題漢江樓詩〉를 암송했던 사례나, 1530년에 편찬된 《신증동국여지승람》에 장녕의 작품 대부분이 수록되었던 점 등이 이를 방증한다. 반면 명의 왕세정王世貞(1526~1590)은 "장녕의 시는 작은 배로 급류에 노를 저으니 순식간에 지나가 버려 다시는 좋은 경치를 볼 수 없는 것과 같다"고 언급하여 다소 부정적으로 평가하기도 했다.[16] 저서로 《봉사록奉使錄》, 《방주잡언方洲雜言》, 《방주집方洲集》 등이 있다. 장녕의 《봉사록》은 조선에서 많은 문인들이 읽었던 것으로 보이며, 당시 조선-명-여진의 관계와 요동의 상황을 이해하는 데 사료적 가치도 크다. 〈등태평관루육십운登太平館樓六十韻〉은 장녕의 문학적 역량을 대표하는 작품으로 유명했다. 특히 조선의 접반사가 화답을 포기하고 굴복했다는 일화가 조·중 양국에 남아 있다. 그러나 이를 구체적으로 증명할 수 있는 당시 기록이 없고, 정황상으로도 과장된 면이 있어서 사실이 아니라고 생각한다.

공용경(1500~1563)의 자는 명치鳴治이고, 호는 운강雲岡이며, 복건福建 회안懷安 출신이다. 1537년(가정 16)에 황태자의 탄생을 알리는 조서를 반포하기 위해 조선에 왔다. 1536년(가정 15) 11월에 북경을 떠나 이듬해 2월 20일에 압록강을 건넜고, 3월 10일에 한양에 도착했다. 7일간 한양에 머물렀고, 4월 8일에 압록강을 다시 건넜으며 9월에 북경에 도착하여 사행에 약 열 달이 걸렸다. 공용경은 명에서는 강직한 성품의 소유자로 명성이 있었다. 반면 조선에서는 무례하고 오만하며, 청렴하지 못하고, 여색에 미혹되었다고 부정적으로 평가되었다. 그러나 공용경이 귀국 후에 조선을 위해 황제의 조서를 베낄 수 있도록 하는 '등황제도謄黃制度'를 실시하게 하고, 조선 태조에 관한 명의 기록 오류를 시정하기 위한 '종계변무宗系辨誣'의 해결을 위해 노력했으며, 조선 인사들에 대한 지속적인 관심과 안부를 묻는 등의 모습을 보여 결국 신의 있는 인물로 평가되었다.[17] 저서로 《사조선록》, 《운강선고雲崗選稿》, 《시여詩餘》 등이 있다. 공용경의 《사조선록》은 귀국길인 4월 15일에 완성되었다. 조선에서 제공한 《여지지輿地志》 초록과[18] 명의 《예지禮志》 등을 참고한 것으로 보인다. 특히 공용경은 동월의 《조선부》에 조선의 서쪽 지방 일대의 내용만 기록된 점을 보완하기 위해 조선 전체의 제도와 풍속 등을 담은 《속조선부續朝鮮賦》를 짓고 싶다는 의향을 밝히고, 중종에게 관련 자료를 요청했었다.[19] 이후 조선을 찾는 명사의 필독서가 되었다.[20]

주지번(1558~1624)의 자는 원개元介이고, 호는 난우蘭嵎이며, 금릉金陵 출신이다. 만력 34년(1606)에 한림원수찬으로서 황태손의 탄생을 알리는 조서를 반포하기 위해 조선에 왔다. 1605년(만력 33) 12월 15일에 정사로 선발되어, 다음 해 2월 16일에 북경을 떠났고, 3월 24일에 압록강을 건넜으며, 4월 10일에 한양에 도착했다. 10일간 한양에 머물렀고, 5월 2일에 압록강을 다시 건넜으니, 조선 경내에는 40일간 머물렀다. 왕세정의 제자로 초횡焦竑(1541~1620), 황휘黃輝(1555~1612)와 함께 명말 3대 문사로 유명했고 글씨와 그림에도 재능이 뛰어났는데, 조선에서도 높은 평가를 받았다. 주지번은 역대 명사 중에서 가장 많은 259수의 한시를 남겼고, 원접사 유근柳根(1549~1627), 종사관 허균許筠(1569~1618) 등 조선 문인들과도 적극적으로 교유했으며, 허초희許楚姬(1563~1589)의 《난설헌집》을 명 문단에 소개하는 등 조명 문화 교류에 가장 적극적으로 기여한 인물이었다. 저서로 《봉사조선고奉使朝鮮稿》, 《남환기승南還紀勝》, 《난우시문집蘭嵎詩文集》 등이 전해진다.[21] 주지번의 《봉사조선고》는 주지번의 기행시와 잡저뿐만 아니라 그와 시문을 교류했던 유근, 허균, 이정귀李廷龜(1564~1635), 이호민李好閔(1553~1634), 이지완李志完 (1575~1617) 등 조선 문인 30명의 한시를 모두 수록하여 조선 문인과 조선의 한시를 중국에 알리는 데 중요한 역할을 했다.[22] 특히 회문시回文詩[23]나 탁자시拆字詩[24] 같은 희작의 수창도 수록하고 있어서 조명 양국 간에 다양한 방식의 시문 교류가 있었음을 알려 준다.

강왈광(1584~1649)의 자는 거지居之이고 호는 연급燕及이며 강서江西 신건新建 출신이다. 1626년(천계 6)에 한림원편수로서 황태자의 탄생을 알리는 조서를 반포하기 위해 조선에 왔다. 1626년(천계 6) 4월 23일에 등주登州에서 출항하여 5월 19일에 가도椵島에 도착했고, 6월 13일에 한양에 도착했다. 8일간 한양에 머물고, 6월 22일에 출항하여 7월 중순에 등주에 상륙했고, 8월 22일에 북경에 도착했다. 강왈광은 등주를 경유하는 해로를 이용해 사행했는데, 조명 양국에서 청렴하고 강직한 인물로 높게 평가되었다. 저서로《석정산방문집石井山房文集》과《석정산방어록石井山房語錄》이 있지만 전해지지 않고,《유헌기사輶軒紀事》등이 전해진다.[25] 강왈광의《유헌기사》는 사행 후 2년 뒤인 1628년(천계 8)에 출간되었는데, 일기체 산문으로 사행의 목적, 조선 인사들과의 교유뿐만 아니라 당시의 해로 사행 노정이나 '천비신앙天妃信仰' 등 다양한 내용을 서술하고 있다.

조선에 대한 명 사신의 다면적 인상

전근대 시기 사신은 공적 임무를 수행하는 외교관이면서 동시에 지식인 여행자였기 때문에, 생소한 풍속과 경물을 접하게 되면 자신의 지식과 경험을 대상에 투영하거나 비교하려는 경향을 보여 준다. 자문화 중심주의 관점에서 상대 문화를 비판적으로 이해하기도 하고, 반대로 문화 상대주의 관점에서 상대 문화의 긍정적 가치를 발견하기도 한다. 또한 여행 자체의 서정적 미감을 경험하기도 한다.[26] 《사조선록》에 서술된 명사의 조선 인상에서도 이러한 경향을 발견할 수 있다.

명사는 황제의 대리자로서 중화질서의 유지와 강화에 필요한 역할을 하는 것이 기본 임무였기 때문에 중화질서의 관점에서 조선의 문물과 제도를 비판적으로 이해하려는 경향이 강했다. 반면 조선에서의 직접적인 견문 경험을 통해 조선의 풍속이나 경물을 긍정적으로 바라보고 가치를 부여하는 모습도 확인된다. 이는 개인의 서정성과 현장감이 반영된 것으로, 의례적이고 외교적인 수사라기보다는 조선에 대한 명사의 개성적인 소회가 자연스럽게 드러난 결과이다. 명사의 조선에 대한 다면적 인상을 세 가지로 나누어 살펴보도록 하겠다.

'천하동례'를 위한 외교 의전 논쟁 대상

명사의 강고한 중화관은 외교 의전에서 명확히 드러난다. 외교 의전은 국가 간의 위상에 대한 상호 확인과 교류의 현장이기 때문에 국가의 위상과 체면에 직접적인 영향력을 갖는다. 또한 한 번 정립된 의전은 구속력이 있기 때문에 다양하고 세세한 측면까지 철저하게 이해하고 숙달해야 한다. 명에서 문신 사신을 파견할 경우는 중요한 외교적 임무의 수행을 위해 특별히 학문과 행실이 훌륭한 인물을 선정했기 때문에,[27] 외교 의전에 대해 조선의 여러 인물들과 치열한 논쟁을 벌이는 경우가 빈번했다. 특히 '예의지방禮義之邦'으로 평가받았던 조선으로서는 외교 의전이 매우 중요한 관심사였다. 따라서 조명 양국의 외교 의전에 대한 절차나 논쟁 등 여러 사항은 서로에 대한 인상과 위상을 확인하는 데 중요한 요소 중 하나였다.

당시 외교에서 가장 중요한 의전은 황제의 조서를 맞이하는 '영조례迎詔禮'였다. 명사는 조선을 수준 높은 예교를 간직한 나라로 인정하고 있었기 때문에 영조례의 의전에 대해서는 매우 엄격하고 강경했다. 이는 양국의 외교가 시작된 초기부터 확인된다.

> 왕은 또 한성부윤 김하金何를 보내 와서 다시 의례에 관한 일을 의논하게 했는데, 그는 "세자는 한 나라의 근본이어서 병을 얻은 이래로 온 나라가 황망하여 산천의 귀신에게 기도를 올려 그 도움을 빌었는데, 어찌 감히 허망하게 속이겠는가?……오직 천사天使께서 가엽게 생각해 주시기를 바랄 뿐이니, 세자가 교외에서 영접하는 일을 면하게 해 주시고, 병든 몸을 지탱해서 예를 갖추어 조서를 받지 못함을 용서해 주신다면, 천만다행"이라고 했다. 내가 그 말과 정이 간절함을 돌아보니 실제로 병에 걸렸음을 믿지 않을 수 없어, 마침내 그 진정을 허락해서 함께 의전을 정하고 갔다.[28]

이 글은 예겸이 영조례에 대한 의전을 결정하는 과정을 기록한 것이다. 당시 국왕이었던 세종이 투병 중이어서 세자가 영조례를 주관해야 했지만, 세자 역시 병환이 위중한 상태였다. 예겸은 황주黃州에서 예조정랑 안자립安自立(?~?)을 통해 세자가 등창으로 병세가 위중하여 친영이 어렵다는 소식을 전해 들었다. 예겸은 자신이 압록강을 넘었을 때 세자의 병세를 알리지 않았다는 점을 지적하고, 세자가 친영하지 않으면 그대로 귀국하겠다며 매우 강경한 태도를 보였다. 그러나 세종이 한성부윤 김하(?~1462)를 보내 거듭 소명하자 결국 조선의 입장을 수용하고 수양대군이 영조례를 주관하는 것으로 의전을 결정하게 되었다.

당시 조선의 세자는 실제로 등창 때문에 위중한 상황이었다.[29] 하지만 예겸은 조선의 입장을 수용하지 않고 세자의 친영을 관철하려 했다. 이는 황제의 조서를 친영하는 의전의 위상을 고려한 입장으로 외교 의전이 얼마나 엄격했는지 잘 보여 준다. 영조례는 외교 의전의 핵심이었기 때문에 세부 규정을 제정하고 엄격히 적용했지만, 인용문처럼 시대와 상황에 따라 일부 절차가 변경되는 사례도 있었다. 변화가 필요할 경우 서로 논쟁을 통해 구체적인 절차를 논의했다. 이 과정에서 양국의 위상이 재정립되기도 했다.

공용경의 사례를 살펴보자. 그는 신안관에 묵으면서 소회를 표현한 한시에서 "동번東藩이 의장儀仗으로 용조龍詔를 맞이하니, 북극北極의 의관衣冠이 봉함鳳函을 받들었네"[30]라고 읊으며, 조선이 극진한 의전으로 황제의 조서를 맞이하는 모습을 묘사했다.[31] 문제는 조선 국왕이 영조례에서 '오배삼고두례五拜三叩頭禮'를 시행해야 하는지에 대해 공용경과 조선의 인사들 간에 입장이 달랐다는 점이다. 조선에서는 황제의 조서를 맞이하기에 앞서 명사에게 문례관問禮官을 보내 외교 의전 절차를 전달했다. 조선에서 전달한 의전을 검토한 공용경은 조서가 황제와 동일한 권위를 갖기 때문에 조서를 맞이하는 예절도 황제에 대한 최고의 예인 오배삼고두례를 시행해야 한다고 주장했다. 반면 조선에서는 건국 이래 외교 의전의 근거가 되었던《홍무례제洪武禮制》나《국조오례의國朝五禮儀》를 따라야 한다고 반론을 제기했다. 결과적으로 공용경의 주장이 관철되어 오배삼고두례가 시행되었다.

공용경은 "보산寶山에 이르러 국왕이 우리의 말을 따라 교외에서 조서를 맞이하고 먼저 오배삼고두례를 시행하기로 했다는 소식을 들었는데, 이전에는 없었던 일이다. 이 시를 지어 기쁨을 적어 둔다"라고 당시의 상황을 소개하고 한시로 소회를 표현했다.[32] 한시에서는 중화의 예교를 시행하고 있는 조선 국왕을 칭송하고, 동문동궤同文同軌에 근거하여 온 천하에 같은 의례를 적용해야 한다는 '천하동례天下同禮'의 관점을 제시했다. 조선이 명의 의례에 따라 의전을 시행하고 있었지만, 명에서도 시대의 변화로 의례가 변했기 때문에 현재 중화인 명이 시행하는 의례를 따르는 것이 천하동례의 관점에서 바른 외교 의전이라는 논리를 주장했고, 조선은 이를 반박하지 못했던 것으로 보인다.[33] 중화의 본질에 대한 재확인과 함께 중화질서의 유지를 위한 논리에서 명의 일방적인 기준이 작용했음을 알 수 있다.

명 말기로 접어들면서 다소 느슨해질 수 있었던 조명관계는 명의 임진왜란 참전을 계기로 형성된 '재조지은再造之恩' 의식이 강화되면서 꾸준한 유대를 유지할 수 있었다. 특히 강왈광은 청렴한 태도로 사행에 임하면서 조선의 조야에서 깊은 신뢰를 받기도 했다. 그는 조선에 대해 예전부터 문사文事에 능숙하고 중국의 시문을 모두 갖추고 있다며 높게 평가하기도 했다. 그러나 그도 외교 의전에 대해서는 엄격한 시각을 보여 주었다.

"조정의 경사는 공적인 일이고 나라의 상사는 사적인 일이다. 신하 된 자는 사적인 일로 공적인 일을 폐할 수 없다"고 했다. 왕이 다시 말을 아뢰기를, "충과 효는 하나의 도이니, 자식이 부모에게 효성을 다하려는 마음은 원래 군부에게 바른 대로 고할 수 있다"고 했다.……"내가 듣기에 천조가 이적夷狄을 대할 때는 그 풍속에 맡겨 스스로 덕으로 교화하여 기르게 한다고 한다. 무릇 조선도 우리 중화의 가르침과 같아서 경사가 있으면 가복嘉服을 입었는데, 왕은 어찌해서 사자使者가 중화의 예로써 국왕을 두텁게 대함을 듣지 못하고, 국왕은 도리어 이적의 풍속으로 스스로 처신하면서 그렇게 말하는 것은 무슨 까닭인가?"라고 했다.[34)]

이는 인조가 영조례를 행할 때 상복을 입고 의전에 참여하자 문제를 제기한 부분이다. 명의 예와 조선의 예가 상충하는 과정에서 강왈광은 인조에게 명의 의전을 따르는 것이 타당하다고 설득했지만, 인조 역시 효에 대한 관점으로 이를 반박했다. 이후 강왈광은 조선 국왕이 상복을 입고 있다면 그 앞에서 조서를 반포하지 않겠다는 강경한 입장으로 인조의 양보를 받아 냈다. 강왈광이 인조의 주장과 고집을 이적의 풍속을 고수하는 것이라고 비판한 점은 명 중심의 중화관과 조선을 교화 대상으로 인식하는 모습을 뚜렷이 보여 주는 장면이다.

이처럼 명사는 영조례의 의전과 관련하여 사대의 종주국이라는 우월한 지위로 조선을 대했다. 천하동례라는 명분으로 명의 의례를 수용할 것을 강요하고 조선이 결국 이를 따르도록 만들었다. 명사는 조선 지식인들과의 논쟁에서 자신들의 주장을 관철하기 위해 조선이 예의지방이라는 기존의 평가를 설득 논리로 활용하기도 했다. 천하동례라는 중화 질서를 유지하려는 명사의 강고한 중화주의를 확인할 수 있는 대목이다.

조선은 명의 주장을 무조건적으로 수용하는 것이 아니라 의례의 본질을 언급하며 치열하게 반론을 제기했지만 결과적으로 명의 주장을 수용하긴 했다. 그 과정에서 명과 의례의 본질에 대해 치열한 논쟁을 벌였다는 점은 조선이 의례에 대한 인식이 매우 높았음을 보여 준다. 조선 입장에서는 이러한 논쟁과 명의 주장을 수용하는 일련의 과정을 통해 천하동례의 명분을 갖추고, 더 나아가 공통된 중화질서의 유지를 위한 절차적 정당성과 가치도 확보했을 것으로 판단된다. 조선이 명을 사대의 대상으로 존중했던 것은 중화질서의 근본 가치를 인정한 것이지 맹목적인 사대가 아니었던 것이다.

기자의 유풍을 계승한 '문교'의 후예

《사조선록》에는 조선이 고대 문헌의 기록을 충실히 수용하여 '문교文敎'의 전통을 지키고 있는 현장을 기록한 것이 많다. 대표적으로 '기자箕子'와 '공자孔子'에 대한 관심이 높았다. 명사가 조선으로 사행을 떠날 때 전송하면서 지어 준 시문을 살펴보면, 당시 명 지식인들의 일반적인 조선 인식의 일단을 짐작할 수 있다.

예겸의《요해편》중 〈중조증언〉과 〈요양증언〉은 동료 지식인들이 전송하면서 지어 준 시문을 수록한 것이다. 이러한 작품들은 전송하는 인물의 재능을 칭송하고 무사히 임무를 완수하고 돌아오라는 축원을 주제로 한다. 또한 사행의 목적지인 조선에 대한 자신들의 지식이나 경험을 작품에 반영한다. 다음 작품을 살펴보자.

> 황제께서 사신을 골라 상대上臺에서 나가게 하고, 먼 나라 사람에게 조서를 가지고 가서 열어 보이게 하셨네. 만 리 먼 곳에 위엄을 펴서 왕화 새로 베푸시려, 학문은 삼장三長 두루 갖춘 준재

에게 맡기셨네. 압록강 바람 잘 때 관함官艦 타고 건너가서, 기자의 산천에 날씨 따뜻해지면 사절 깃발 돌아오리. 조선은 옛날부터 문교를 따라왔으니, 풍요風謠 잘 채집해서 황제의 결재를 기다려 보세.[35]

인용한 한시는 한림원대조 추순鄒循(?~?)의 작품이다. 황제가 조서를 반포하기 위해 문학적 역량이 뛰어난 예겸을 선발하여 파견했다는 내용이다. 기자의 문교를 따르고 있는 조선에서 풍요를 잘 채집하여 황제에게 바치라고 권고하는 내용도 담고 있다. 명에서 문학적 역량이 뛰어난 인물을 사신으로 보냈다는 것은 예겸에 대한 칭송이자 조선의 문학적 수준이 높다는 점에 대한 암시이다. 또한 기자의 문교를 잘 지키고 있는 조선의 풍속을 살피는 역할에도 충실해야 한다는 당부이다.

인용문처럼 〈중조증언〉과 〈요양증언〉에 수록된 명 지식인들의 조선 인상은 대체로 '시서지역詩書之域'이나 기자의 가르침을 계승한 '예의지방禮義之邦'이다. 예컨대 한림원편수 진감陳鑑(?~?)은 "새로 은혜 베풀어 먼 나라 사람들 품으려 하는데, 하물며 조선이야 시서詩書의 나라가 아닌가?"[36]라고 했고, 한림원시강 여원呂原(1418~1462)은 "조선은 대대로 은나라 기자의 기풍 이어, 계속해서 공물을 바치며 산 넘고 물 건너 통해 왔네"[37]라고 했다. 이처럼 다른 명 지식인들도 조선에 대해서는 비슷한 인상을 가지고 있었다. 다만 명 사행을 앞둔 조선 사신에게 조선 지식인들이 전송하면서 지어 준 작품과 비교하면 명 지식인의 조선에 대한 인상은 다소 전형적이고 천편일률적인 경향이 있다.

명 지식인들의 조선에 대한 보편적인 생각은 사마천 이래로 유지되어 온 '기자조선箕子朝鮮'[38]의 후예라는 것이었다. 이성계는 개국한 뒤에 국호로 제시했던 '화녕和寧'과 '조선朝鮮' 중에서 홍무제의 의견을 수용하여 조선을 국호로 확정했고,[39] 조선의 지식인들도 기자의 가르침을 지켜 오고 있다고 자임하곤 했다. 이를 봤을 때 명 지식인이 기자와 조선을 연결해서 이해한 것은 자연스러운 결과라고 할 수 있다.

명사도 조선이 중화의 영향으로 교화되고 그 유풍을 유지할 수 있었던 원인을 주로 조선이 기자의 봉국封國이었다는 고사에서 찾았던 것으로 보인다. 평양에서 기자묘를 방문한 뒤에 소회를 담은 작품이나 한양에서 성균관을 방문한 뒤에 소회를 표현한 작품에서도 이와 유사한 인식을 확인할 수 있다.

먼저 장녕의 "천순 4년 봄에 나는 사신의 일로 조선에 이르렀다. 가는 도중에 평양을 경유하게 되어 기자묘를 배알했는데, 사모하는 정으로 우러러보며 절하고 물러나와 대동관大同館에서 본 것을 기록했다"라는 기문記文을 살펴보자.

> 홍범洪範의 도가 거의 끊어질 뻔하다가 다시 전하고 이미 막혔다가 다시 통한 것도 하늘이요, 모든 것이 하늘에 달려 있음을 알아서 몸을 숨겨 스스로 욕되게도 하고 주周의 신하가 되지 않은 것도 또한 하늘의 뜻이다. 대개 하늘이란 것은 이理일 뿐이니, 성현의 언어와 동정動靜이 다 이를 어기지 않거늘 하물며 큰 것에 있어서랴. 이 이치를 온전히 다하여 처신에 반드시 마땅했고, 등용에 사사로움이 없었으며, 시행에 곧 준칙에 맞았으니, 이것이 성인이 말씀하신 인仁이다.……처음부터 끝까지 신하로 대하지 않으려는 뜻을 이루어 큰 은혜를 거두어 한 나라에 베풀어 오랑캐를 변하게 하여 중화로 만들어 이륜彝倫과 예악禮樂의 은택이

지금까지 쇠하지 않아 대대로 봉함을 받고 나라를 누림이 장구하다. 그리고 선생 또한 길이 묘사廟祀를 두게 된 것은 다 중국의 주周가 하사한 것이니, 아아, 주周가 또한 어질도다.[40]

《사기》를 근거로 조선과 기자의 연관성을 서술한 내용이다. 주 무왕武王(?~기원전 1043)이 은殷을 이기고 기자를 방문하여 천도를 묻자 기자가 요堯·순舜·우禹의 정치사상을 집대성한 홍범구주洪範九疇를 전해 주고, 조선에 봉해져 예의와 베 짜는 법, 팔조八條의 금법을 가르쳤다고 한다.[41] 장녕은 기자가 하늘의 뜻에 따라 인仁을 제시한 뒤에 주周의 신하가 되지 않고 조선에 봉해져서 이적을 중화로 변모시켰고, 그 이륜과 예악의 유택이 현재까지 이어진다고 했다. 그는 이것이 근본적으로는 중화인 주가 기자를 중국의 신하로 두지 않고 조선에 봉국해 주었기 때문이라고 주장했다. 현재 조선의 문물에 투영된 중화는 원래 중국인 주에서 유래한 것이라는 생각을 확인할 수 있다.

예겸 또한 성균관의 문묘를 배알하고 소회를 표현한 한시에서[42] 기자와 공자의 가르침을 따르는 조선의 문풍이 성화로 교화된 결과라 노래하며, 이러한 교화가 더욱 널리 전파되기를 기원했다. 명사의 차별적 화이관이 재확인되는 부분이다. 이처럼 명사가 관심을 표명한 조선 문물은 중화와 동질감이 느껴지는 대상에 집중되는 경향을 보인다. 또한 명사는 조선 문물 속 중화적 요소의 원류를 중화에 의해 교화된 결과와 연계하여 분석하는 경향이 있다. 이는 명사가 조선의 문물을 명 중심의 화이관으로 인식했음을 보여 준다.

'자순'을 통한 국속과 경물의 재발견 현장

조선은 명의 다음가는 문명국임을 자부했다. 중국의 내지內地와 같다고 생각해서 '소중화小中華', '내복內服'[43]으로 자처하기도 했다. 명도 조선을 여타 외국에 비해 존중하는 측면이 있었다.[44] 하지만 조선에 대한 명의 관심과 이해도는 조선 지식인들이 생각했던 것만큼 깊지는 않았던 것으로 보인다. 예컨대 공용경이나 주지번이 조선을 지칭한 명칭으로 '도복島服'이 있는데,[45] 이는 섬으로 된 지역이라는 의미이다. 고대 중국인이 한반도를 동해의 섬 중 하나로 이해한 데에서 유래한 것인데,[46] 조선에서는 도복을 자국의 별칭으로 수용한 용례가 없다.[47] 이런 점에서 도복은 조선에 대한 명의 선입견이나 무관심을 반영한 명칭이며, 양국 간 인식의 불균형이자 조선의 입장에서는 불편한 현실을 자각하게 하는 사례라고 할 수 있다.[48]

조선 사신이 명 사행을 다녀올 때 서장관은 '축일기사逐日記事'를 원칙으로 매일의 기록을 남겼다.[49] 명사도 '자순咨詢'을 바탕으로 조선 문물에 대한 견문과 소회를 작품으로 남겼다.[50] 다만 명사는 조선에 대한 관심과 이해가 적은 편이었다. 조명 간 '시부 외교'의 본격적인 시작을 알렸던 예겸의 경우 압록강을 화이의 경계로 인식했고,[51] 조선의 '이음異音'을 통해 외국으로의 진입을 실감했었다.[52] 그는 처음에 조선 문인의 문학 수준에 대해 다소 안일하게 생각했다가 한시를 수창하는 과정에서 당황하기도 했다.[53] 공용경이 사신으로 선발되어 경험했던 내용을 보면 명사의 조선에 대한 관심과 이해가 어느 정도였는지 짐작할 수 있다.

처음 이 사명을 받았을 때, 조선의 고사故事에 대해 조정에 있는 여러 군자들에게 물어보았지만, 조정에 있는 여러 군자들은 모두들 "없다"고 했다. 동쪽으로 와서 요양遼陽에 이르렀을 때, 지난날의 전고典故에 대해 담당 관리에게 알아 보았지만, 담당 관리들은 아무것도 아뢰지 못하면서, 모두들 "없다"고 말했다. 서로 돌아보며 막막하여 알아 볼 데가 없었다. 더구나 사람이 항상 왕래하지도 않고 의례가 항상 행해지는 것도 아니며 예전의 의전이 항상 알려진 것도 아니니, 그 까닭을 알아 보려고 해도 역시 어렵지 않은가? 이는 더듬거리며 사물의 이치를 찾고 갈 길을 잃어 헤매며 어떻게 할 바를 몰라 하는 것과 다르지 않았다.……엮고 모으는 일이 이뤄진 뒤에, 오군吳君과 함께 틀린 것을 바로잡는 일을 했는데, 오군이 말하기를 "이 책이 완성되면 뒤에 오는 사람이 참고하는 자료로 길이 전해질 수 있을 것이다"라고 했다.[54]

공용경의 사행록인 《사조선록》 서문의 일부이다. 공용경이 조선과 관련된 외교 자료를 찾고자 했지만, 명의 조정은 물론이고 조선과 밀접한 외교적 실무를 담당했던 요동의 담당자에게 문의해도 관련 전거가 없음을 밝히고 있다. 공용경은 여기에 문제의식을 느끼고 자신이 경험한 외교 의전과 견문을 기록으로 남겨 사행의 참고자료로 활용하기를 기대했던 것으로 보인다.

공용경이 1537년에 조선에 출사했던 점을 고려했을 때, 인용문의 사례는 명사가 조선과의 외교 의례에 대해서는 대체로 무관심했음을 알려 준다. 외교 관련 자료의 수집과 관리에 무관심했다면, 조선의 문물에 대한 이들의 관심이 더욱 부족했을 것이라는 점은 쉽게 짐작할 수 있다. 다만 명사는 사신으로서 '자순'의 역할도 수행해야 했기 때문에 사신으로 선발되면 조선에 대한 여러 문헌을 참고했다. 그리고 자순을 통해 문헌 내용을 재확인하고, 새로운 내용에 대해서는 관심을 갖고 기록했다. 이러한 과정을 거치며 조선에 대한 오해가 교정되거나 이해가 깊어지게 되었다.

명사가 자순을 통해 조선을 재발견하는 경우는 크게 조선 풍속에 대한 관심과 평가를 보여 주는 경우와 조선의 경물景物에 대해 관심과 이해의 폭을 넓히는 경우로 나누어 볼 수 있다. 먼저 명사가 자순을 통해 조선의 풍속을 이해하고 평가하면서 조선을 재발견하는 경우를 살펴보자. 조선에 관심이 많았던 동월은 명에 와전된 조선의 풍속을 듣고 부정적인 선입견을 가지고 있다가 자순을 통해 사실이 아님을 확인하고 이를 교정하기도 했다. 아래 내용을 살펴보자.

> 냇가에서 남자와 함께 목욕하고 역에서 심부름하는 자 모두 과부라고 하는 것은 처음 전해 들었을 때 몹시 놀랐었지만, 지금 이미 고친 것을 알았네. 어찌 이 또한 성스러운 황제의 거룩한 교화에 젖은 것으로 마치 《시경》의 〈한광〉편의 견줄 수 없다는 것과 같은 것 아니랴?[55]

동월은 위 인용문과 주석을 통해 자신이 직접 보고 확인한 결과 냇가에서 남녀가 함께 목욕한다는 소문이나 역참에서 과부들이 일을 한다는 소문은 사실이 아니었고, 이러한 풍속이 사라진 이유나 소문의 출처가 어디였는지 설명했다.[56] 동월의 인용문과 주석이 역사적 사실과 일치하지는 않는다. 하지만 명사의 자순으로 조선에 대한 부정적 인상이 교정되기도 했음을 보여 준다는 점에서 유의미하다.

양국의 교류가 축적되면서 조선의 역사나 풍속에 대한 명사의 이해는 자연스럽게 깊어졌다. 강왈광의 다음 내용을 살펴보자.

> 청강淸江은 옛날에 수隋가 고려를 정벌할 때, 고려가 을지문덕을 기용하여 거짓으로 맞았는데, 수의 우문술宇文述이 그것을 믿고는 군대를 돌려 강을 건너다가 공격을 당했던 곳으로, 조선인들은 지금까지도 '수의 군사 백만이 물고기가 되었다'고 한다. 무릇 수당隋唐 시대에 평양은 여러 차례 선봉 군대를 저지했다. 그 성을 보니, 역시 쉽게 쳐서 함락시킬 수 없게 되어 있을 뿐이니, 어찌 대로對盧와 욕살褥薩 등이 유능했기 때문이 아니겠는가. 정원숙鄭元璹이 태종太宗에게 '동이東夷는 성을 잘 지키니 급하게 공격해서는 안 된다'고 한 말이 옳았다. 근래에 평수길平秀吉의 난은 그러나 또한 어찌하여 그렇지 못했는가? 대저 일이란 실로 사람에게 달려 있다.……저녁에 연회가 열렸는데, 연회에서는 작은 아이들을 불러 모아 노래와 춤을 추었는데, 소박하고 간략한 풍미가 있었다. 조선의 일은 옛것을 모방했으니, 역시 상씨商氏의 유풍이 있었도다.[57]

강왈광이 이전 명사들에 비해 조선 역사에 대한 이해와 통찰이 깊었음을 확인할 수 있는 내용이다. 그는 평양성에서 과거 수당의 침략을 저지했지만 임진왜란 때 왜의 평수길은 막지 못했던 사실에 의문을 던지고, 결국 을지문덕, 대대로, 욕살 등 인재의 능력이 중요했다고 평가했다. 또한 저녁 연회의 소박하고 간략한 가무를 보면서 조선이 기자의 유풍을 계승했다고 짐작했다.

명사가 국초부터 조선의 풍속에서 가장 주목하고 가치를 부여했던 것은 '효녀 김사월'과 관련된 조선의 효행이었다. 자순을 통해 알게 된 김사월의 효행은 신선한 감동으로 다가왔던 것으로 보인다. 다음 인용문을 살펴보자.

> 윤1월 29일에 곽산주郭山州에서 길을 나서는데, 길 왼편에 큰 돌이 우뚝 서 있는 것이 보였고, 그곳에 '효녀사월지문孝女四月之門'이라는 글이 새겨져 있었다. 물어 보았더니, 그녀는 김씨의 딸로, 어미가 중풍을 앓자 손가락을 잘라 치료해서 낫게 해 번왕이 담당 관리에게 명해서 그 요역을 면제해 주고, 이 돌을 세워 그 집과 동리를 표창하게 하였다고 한다. 무릇 효란 온갖 행위의 으뜸이고 모든 선행의 근원이니, 일개 규방의 소녀조차 이런 일을 행할 수 있다. 한데, 하물며 이 나라의 사대부야 어떠하겠는가? 나는 이로 인해 우리 조정의 여러 성군들께서 베푸신 교화가 먼 곳까지 미치고 있음을 더욱 알게 되었다. 옛날에도 "공경스러운 계녀로다[有齊季女]"가 일찍이 〈소남召南〉에서 노래됐다. 여기서 내가 해야 할 일은 응당 올바른 도에 대해 자순하는 것이니, 한 마디 말로나마 이것을 기록하고 노래하지 않을 수 있겠는가? 나와 동행하고 있는 여러 공들께서 혹시라도 화답해 주신다면, 이 역시 동방의 아름다움을 이루기에 족할 것이다.[58]

인용문은 예겸이 귀국길에 오른 윤1월 29일에 곽산郭山의 효녀 김사월의 정려문을 지나면서 자순한 내용을 바탕으로 지은 '효녀사월시孝女四月詩'의 소서小序이다. 김사월의 효행과 조선에서 표창한 내용을 소개하고, 이를 통해 효행을 중시하는 조선 사대부의 분위기를 미루어 짐작하고 있다. 예겸은 한시에서[59] 김사월의 효행을 후한後漢의 효녀 조아曹娥(130~143)의 효행과 비교하면서 화이를 구분하지 않는 효행의 보편성을 강조했다.

주목할 점은 예겸이 조선의 효행 중시 풍조를 명의 성화聖化로 교화된 결과라고 분석하는 부분이다. 예겸보다 앞서 조선에 왔던 동월은 조선의 경로敬老와 효행 등을 극찬하면서[60] 관련 주석을 남겼지만,[61] 성화와 연계하지는 않았다. 반면 예겸은 조선의 효행 풍조를 성화의 확장으로 인식했고, 이 같은 경향은 이후 주지번에게서도 확인된다. "성조의 효치孝治 널리 펼쳐졌고, 기봉箕封의 옛 가르침 오래도록 전하네. 힘써 이륜彝倫을 돈독히 한다면, 여서黎庶도 대부大夫에게 부끄럽지 않으리"[62]라고 했다.

예겸이나 주지번이 효녀 김사월에 대한 평가에 성화를 끌어들인 것은 조선이 원래 황복荒服이기 때문에 뛰어난 효행 풍조를 지닐 수 없었지만, 중화의 영향이 널리 퍼져 조선이 교화될 수 있었다는 것이다. 이것은 이전에 조선의 효행을 높이 평가하고 표창할 만하다는 동월의 문화 상대주의적 인식을 부정한 평가이다. 중화주의에 근거한 자문화 중심주의적 인식의 전형으로, 편협하고 차별적인 화이관의 한계를 확인할 수 있다.[63]

다음으로 명사가 자순을 통해 조선의 경물을 재발견하는 과정을 살펴보자. 명사는 조선의 누정·산천·궁실에 대해 새롭게 명명하거나 명승에 관심을 갖고 연작시로 창작하기도 했다. 이는 조선 풍속과 경물에 대한 자순이 보다 적극적인 양상으로 전환되었음을 짐작하게 한다. 건국 초기에는 명사가 조선의 누정·지명·궁실 등의 이름을 변경하거나 처음으로 이름을 붙이면서 조선의 경물에 의미를 부여하고 관련 기문이나 작품을 남겼다. 조선의 경물에 대한 관심은 조선 초기 명사들의 이 같은 기문이나 작품을 중심으로 확장되는 경향을 보인다. 이는 동월이 '총수산聰秀山'을 '총수산蔥秀山'으로 개명하고 그 과정을 〈총수산기蔥秀山記〉로 남긴 것을 시작으로, 이후 여러 명사들에게 그 관행이 이어지는 것을 통해 확인할 수 있다.[64] 특히 공용경은 조선의 여러 누정·지명·궁실 등에 새로 이름을 짓고 기문을 작성하는 데 적극적이었다. 다음 내용을 살펴보자.

> 국왕은 이에 그 북쪽 산을 가리키며 말하기를, "이 산은 백악白嶽이라고 하는데, 그 이름이 아름답지는 않으니, 바꾸어 주기를 청한다"고 했다. 나는 그 이름을 지어 '공극拱極'이라 했는데, 이는 북극北極을 껴안는 형상을 보여서, 그것이 조정을 향해 껴안기를 바라는 마음에서 이렇게 지었다. 또 서쪽에 있는 산을 가리켜 청하여 말하기를, "이 산은 '인왕仁王'이라 하는데, 그 이름을 지어 주기를 청한다"고 했다. 용진龍津이 그 이름을 지어 '필운弼雲'이라 했다. 아래로 못을 가리키며 청하여 말하기를, "이 못의 이름을 지어 주기를 청한다"고 했다. 내가 그 이름을 '환벽環碧'이라 짓고, 용진이 그 남쪽 못의 이름을 '옥액지玉液池'라 지었다.[65]

인용문은 공용경과 오희맹吳希孟(?~?)이 중종의 요청에 따라 한양 도성 인근의 산과 궁궐 연못의 이름을 바꾸거나 새로운 이름을 짓는 내용의 일부이다. 공용경은 동월의 전례를 따라 총수산 인근 산에 이름이 없다는 말을 듣고는 '취병산翠屏山'이라 명명하고 그 내용을 〈취병산기翠屏

山記)로 남기기도 했다. 경물에 대한 개명이나 명명은 명사가 자신들의 문아文雅와 식견을 과시하기 위함으로 보인다. 결과적으로 이러한 과정을 통해 명사의 조선 경물에 대한 이해와 인식은 점차 깊어졌을 듯하다. 조선에서도 예우 차원에서 경물에 대한 명사의 개명과 명명을 권장했던 것으로 보인다.66) 하지만 백악산이나 인왕산의 경우에서 보듯, 명사가 명명했다고 해서 반드시 이름을 바꾸지는 않았다.

명과의 교류가 누적되면서 명사가 조선의 명승을 소재로 연작시를 남기는 경우도 확인된다. 대표적으로 평양의 승적을 담은 연작시를 주목할 만하다. 평양의 승적에 대한 작품은 1521년 당고唐皐(1469~1526)가 평양의 20경을 읊은〈평양승적平壤勝蹟〉을 지은 이후로 명사들의 관행이 되었다.67) 공용경은 21경을 노래했고, 주지번은 16경을 노래했다. 명사들의 조선에 대한 관심이 이전에 비해 넓어졌음을 보여 주는 사례이다.

구체적으로 살피면, 공용경은 동명왕과 관련된 '조천석朝天石'에 대해 "하늘을 향하여 어디로 가나, 자라 등 위에서 우뚝 솟았네. 산비가 오려고 할 때, 또렷하게 울리는 하패霞珮 소리"68)라고 읊었고, 주지번은 "강절絳節과 예정霓旌이 가까이 있는데, 조천석의 기린마는 오색구름 깊숙하네. 남겨진 바위 아래 잔잔히 흐르는 물소리는 당시 생학笙鶴 소리 듣는 듯하네"69)라고 노래했다. 공용경은 조천석을 동명왕과 연계하려는 노력은 보이지 않고 현장을 방문한 소회를 읊은 정도지만, 주지번은 조천석의 전설을 충실히 작품에 반영하여 표현했다. 이처럼 명사들은 조선의 승경에 관심을 갖고 각각의 장소에 대한 작품을 남기는 데에서 한 걸음 더 나아가 내용 면에서도 조선에 대해 심화된 이해를 소재나 주제로 반영하려 했다. 자순의 임무가 명사들이 조선의 국속國俗과 경물에 대한 인상을 재발견하는 계기로 작용했던 것이다.

《사조선록》의 의의

조선과 명은 많은 사신을 서로 파견하면서 활발한 외교관계를 유지했다. 특별한 상황이 발생하면 명은 문신을 사신으로 조선에 파견했고, 조선에서도 이들과 원활히 교유할 수 있도록 시문에 뛰어난 인물을 선발하여 접반했다. 명사는 기본적으로 황제의 조서를 전달하는 임무를 갖고 조선에 왔다. 하지만 양국 간 문학 교류 역시 중요한 일정이었다. 이는 '시부 외교詩賦外交'로 나타나기도 했다. 시부 외교는 전통적인 '인신무외교人臣無外交'의 원칙에서 벗어난 예외적 외교 양태로, 조선 사신이 명의 관내나 숙소에서 명의 지식인들과 교유하기 어려웠던 상황과는 대비된다. 물론 명사도 외교에 관계되는 내용을 임의로 교섭하거나 시문의 주제로 반영하지는 않았다. 따라서 시문 교류는 인신무외교의 허용 범위 내에서 이루어졌다고 보는 것이 타당하다.

《사조선록》에는 명사 동월·예겸·장녕·공용경·주지번·강왈광의 사행록이 수록되어 있다. 《사조선록》에 담긴 명사의 조선에 대한 인상은 다양하다. 먼저 명사는 기본 임무인 조서를 전달하는 과정에서 '천하동례'라는 명분으로 명 중심의 의례를 수용하도록 강요하고 관철시켰다. 중화질서 유지라는 가치를 위해 논쟁을 제기하는 조선도 외국의 하나일 뿐이라는 인상을 견지한 것이다. 다음으로 명사와 명 지식인의 가장 보편적인 조선 인상은 기자의 유풍을 계승해서 '문교文敎'를 간직한 후예라는 것이다. '기자묘'와 '문묘'를 찾았던 명사의 작품 대부분에서 관련 내용을 확인할 수 있다. 마지막으로 자순을 통해 이전 명사들이 조선에서 발견하지 못했던 풍속이나 경물을 직접 찾고 이에 대해 개성적인 인상을 표현하기도 한다. 효행의 경우 문신 사신으로 처음 조선을 찾았던 동월은 조선의 미풍으로 긍정했지만, 이후 명사들은 중국의 성화 덕분이라는 식으로 평가를 바꿨다. 또한 조선의 경물에 새로운 이름을 부여하면서 개성 어린 시선을 담아 인상을 남기기도 했다.

《사조선록》은 조선에 사신으로 방문했던 명사가 명의 관점에서 조선에 대해 가졌던 인상과 경험을 반영하고 있다. 조선에서 간행된 비슷한 성격의 《황화집》이 정제된 내용을 담고 있다면 《사조선록》은 조선에 대해 보다 객관적인 시각을 확인할 수 있다는 점에서 상보적 가치와 의의를 갖는다.

최근 한반도에 매우 복잡한 외교적 역학이 작용하고 있다. 외교의 궁극적인 목적이 국익이라고 할 때, 기본적인 의전이나 상대국과의 교류에서 상대방의 의도를 이해하고 효과적으로 대처하기 위해서는 치밀한 대비가 필요하다. 이를 위해서 때로는 자국이 아닌 상대국의 관점에서 외교적 사안을 인식하는 자세가 필요하다. 이는 사안에 대한 본질적인 이해를 가능하게 하고, 합리적인 대안을 모색하는 데 도움이 되기 때문이다. 사행록에 대한 이해와 분석은 이러한 대타적 자아인식을 가능케 한다는 측면에서도 현재적인 가치를 갖는다.

[2]

상호
인식과
이해

노경희

조선 전기 명 사신과의 만남과 조선 한시의 발견:
'배우는 시〔學詩〕'에서 '조선의 시〔東詩〕'로

- 한시로 펼치는 외교
- 관각 문인의 형성과 그 성격
- 명나라 사신 접대와 '학시學詩'의 시풍
- '진시眞詩'의 발견과 '동시東詩'의 전파
- 관각의 시에서 시인의 시로

한시로 펼치는 외교

조선과 명나라의 교류는 공식적으로는 철저하게 외교관계를 통해서만 이루어졌다. 폐쇄적인 외교정책을 고수한 명은 외국과 민간의 교류를 허용하지 않았고 사절단 파견을 통한 외교 형식으로만 대외관계를 맺어 왔으니, '인신무외교人臣無外交' 정책이 그것이다. 오직 중국 천자와 제후국 국왕 간의 문서 교환을 통해서만 교류가 이루어졌고, 사신들은 그저 문서의 전달자일 뿐이었다. 중국을 방문한 외국 사신들은 공무 이외에 숙소를 자유롭게 출입할 수 없었고 허락받은 사람들과의 공적인 접촉만이 가능했다.

  조선 사신들도 예외는 아니었다. 조선 후기 청나라와의 교류와 비교할 때 조선 전기에는 사신들이 명나라를 방문해도 제한된 형태의 중국 체험만 할 수 있을 뿐이었다. 이런 상황에서 명나라 사신이 조선을 방문하여 몇 달간 체류하며 조선 문인들과 자유롭게 시문을 주고받고 문예를 논하는 행사는 양국 문인들 간의 거의 유일한 교류 기회였다.

  명 사신이 조선을 방문하면 조선에서는 원접사遠接使(혹은 접반사接伴使, 외국 사신을 접대하던 임시직 벼슬)를 선발해 의주로 파견하여 한양으로 오는 길, 한양의 행사들, 임무를 마치고 다시 의주로 돌아가는 길까지 조선에서의 체류에 불편함이 없도록 만전을 기했다. 명나라에서는 대부분의 교류 국가에 사신으로 '환관宦官'을 파견했지만, 조선만큼은 문화 수준을 인정하여 초기부터 한림원 출신의 '문관'을 파견하기도 했다.

명의 문관 사신들이 조선을 방문했을 때 양국 문인들 간에 문화 교류가 활발했던 모습에 주목할 필요가 있다는 주장은 기왕의 연구에서도 충분히 제기되었다.[1] 중국의 문관 사신들과 한시를 주고받는 수창酬唱은 매우 중요한 문화 의례였고, 그런 만큼 조선 조정에서는 이들과 시를 주고받을 인재를 양성하여 접반사로 차출했다. 중국 사신이 돌아간 이후로는 접대 기간 내내 양국 사신들이 서로 주고받은 한시를 모아 《황화집皇華集》이라는 시집을 간행하여 선물로 보내기도 했다.

《황화집》은 1457년(세조 3) 조선을 방문한 문관 사신 진감陳鑑과 고윤高閏이 조선 문인들과 수창한 시를 모아 만들면서 시작되었다. 그 이전의 방문인 1450년(세종 32) 예겸의 기록까지 추가하여 1633년(인조 11)에 이르기까지 180여 년간 총 25차례에 걸쳐 편찬되었다. 문관 사신이라 하더라도 문학에 대한 관심의 정도는 각기 달라서, 어떤 사신의 경우 의례적인 시문 수창으로 끝나기도 하지만, 어느 사신은 여행 기간 내내 시를 짓고 조선 접반사들에게 즉각적인 답시를 요구하여 곤란하게 하였다.

25차례에 걸쳐 편찬된 《황화집》 중에서 다수의 시문을 남긴 명 사신으로는 1476년(성종 7)의 기순祁順(152)·장근張瑾(49), 1488년(성종 19)의 동월董越(105)·왕창王敞(116), 1521년(중종 16)의 정사 당고唐皐(134)와 부사 사도史道(86), 1537년(중종 32)의 공용경龔用卿(241)·오희맹吳希孟(211), 1539년(중종 34)의 화찰華察(143)·설정총薛廷寵(164), 1606년(선조 39)의 주지번朱之蕃(259)·양유년梁有年(93) 등이 있다.[2]

이를 보면, 성종·중종·선조 연간, 즉 16세기 전후한 시기에 조선을 방문한 문관 사신들이 문학에 큰 관심을 보였다는 점이 주목된다. 이들 중에는 귀국 이후 조선 사행에 대한 기록을 남긴 인물도 있다. 《조선부》를 쓴 동월과 《사조선록》을 남긴 공용경, 《봉사조천고》를 쓴 주지번 등이다. 성종·중종·선조 연간은 조선 전기 한문학사에서 가장 문운文運이 번성한 시기였다. 성종 연간은 조선 문예의 기틀을 다졌고, 중종 연간은 화려한 관각문학館閣文學이 꽃피었으며, 선조 연간은 '목릉성세'라 불릴 정도로 풍요로운 시단을 자랑했다.

그렇다면 이 시기 조선을 방문한 명 사신들이 《황화집》에서도 가장 많은 작품을 남긴 사신들이었고, 당시 조선의 관각문학이 특히 융성한 시기였다는 점은 단순한 우연의 일치일까? 이 글의 논의는 이러한 질문에서 시작한다.

사신들이 주고받은 시는 표면적으로는 만남의 즐거움과 이국 풍물의 신기함 등을 드러내고 그들을 맞이하는 환영의 뜻을 담은 화락하고 안온한 분위기의 작품들이 대부분이다. 그러나 이 작품들 뒤에는 양국 간의 첨예한 정치적 문제들이 깔려 있고, 이들의 수창은 "시로써 외교를 한다"라고 할 정도로 고도의 정치적 행위였다.[3] 조선에서는 문관 사신들을 맞이하는 데 총력을 기울여 만반의 준비를 했고, 이는 제도적으로 뒷받침되었다. 그리고 여기에 종사한 조선 문인들은 누대에 걸쳐 문학으로 큰 영향력을 행사했으며, 조선 전기 문단에서 이들의 작품 활동은 곧 문단의 주요한 흐름을 형성했다.

요컨대 이 시기 명나라 문관 사신의 방문과 그를 맞이한 조선 문인 간의 수창 활동은 정치적·제도적·문학적으로 서로 복잡하게 얽혀 다중의 의미망을 형성하고 있었다. 이 글에서는 이러한 복합적인 사정을 바탕에 두고 당시 문관 사신의 조선 방문과 조선 문단의 한시 문학 전개가 서로 어떻게 연관되는지 그 관계성에 주목하고자 한다.

구체적으로 다음의 관점에서 살필 것이다. 첫 번째는 제도적 차원이다. 이 시기 명 사신의 접반은 15세기 세종 시대부터 성종, 중종을 거쳐 형성된 누대의 문벌 집안 인물들과 그들의 추천을 받은 문장가들이 독점했다. 이들은 집현전에서 양성되고 홍문관을 중심으로 한 청요직에 추천되면서 문장을 주관하는 문한文翰 직책을 독차지하고, 사가독서賜暇讀書 제도를 통해 탁월한 문학 능력을 키웠다. 이렇게 당시의 관각 문인은 제도적으로 형성되고 운영되었다.

다음으로는 외교사적 접근으로, 명나라 문관 사신과 조선 접반사 간의 교유를 살필 것이다. 이들은 양국 문단의 주요한 인물들이기에 문단에서 지니는 각자의 영향력만큼이나 그 교류를 국가 차원에서 바라볼 여지가 충분하다.

마지막으로 문학사적 차원에서 살펴본다. 한문학은 본질적으로 중국 문단의 영향력으로부터 자유로울 수 없고, 조선은 초기부터 명나라와 지속적인 문학 교류를 통해 깊은 관계를 맺어 왔다. 그러나 한편으로 고려 이후 우리나라 문학인 동문東文과 동시東詩에 대한 관심이 일어났고, 조선 성종 연간에는 조정에 김종직을 따르는 새로운 무리들이 등장하면서 화려한 관각체가 아닌 도를 추구하는 문장에 대한 숭상도 나타났다. 이러한 분위기에서 국가 경영을 위한 관각문학 역시 재야의 재도載道문학의 영향에서 자유로울 수 없었다. 서로 대비되는 이 두 가지 흐름이 지속적으로 나타나는 점이 우리 한문학사의 주요한 특징이다. 이제 여기서는 명나라 문관 사신 접반이라는 조선 전기의 특별한 외적 조건이 조선 시단 내부에 어떠한 영향을 끼쳤는지 다각도로 살피면서 당대 문학사의 역동성을 파악하고자 한다.

관각 문인의 형성과 그 성격

명 문관 사신은 조선을 방문하면 쉬지 않고 조선 사신과 한시를 주고받았다. 한시는 화려한 전고와 수사, 엄격한 형식을 자랑하는 작품이었기에 이를 짓기 위해서는 중국의 역사와 문화에 대한 방대한 지식을 습득하고 한시의 율격과 음운을 맞추는 오랜 작시 훈련이 필수였다. 이에 조선 조정에서는 일찍부터 중국과의 외교 무대에서 활동할 문인들을 양성했다.

'관각문학'은 문장으로 국가를 운영하는 기관인 관각에서 공용 목적으로 창작된 문장을 뜻한다.[4] 조선에서 '관각'은 홍문관·예문관·춘추관·독서당·승문원·성균관·경연청·규장각·교서관 등을 말한다. 조선 전기에는 특히 집현전에서 양성되고 홍문관과 예문관에서 활동한 관료들을 관각 문인이라 불렀다. 관각 문인들이 사적인 공간에서 창작한 문장까지 관각문학에 포함하지는 않지만, 오랜 기간 관각에서 활동한 이들은 일상생활의 시문에서도 여전히 관각체의 특성을 유지한다. 관각 문체의 특징으로는 전아하고 장중한 풍격, 대우와 변려의 사용, 정치적 효용의 중시 등이 꼽힌다.

조선 전기 한문학은 이들 관각 문인집단이 주도했다. 관각 문인은 세종 연간 집현전의 설치와 함께 본격적으로 양성되기 시작했다. 젊고 재능 있는 인재를 뽑아 그들의 학문과 문학 수양에 힘을 쏟은 정책 덕분에 성삼문·박팽년·이개·신숙주 등 뛰어난 문인들이 대거 양성되었다. 그러나 세조의 계유정난과 왕위 찬탈을 겪으며 이들은 각기 사육신과 생육신 등, 세조에 맞선 이들과 신숙주처럼 세조 정권을 지지한 이들로 분화되었다. 전자의 문인들이 몰락한 뒤 관각문학은 신숙주와 서거정

등을 통해 그 맥을 이어 갔다.

조선의 관각 문인들은 제도적으로 키워졌다. 대표적으로 초기부터 조정에서 운영한 '사가독서'를 들 수 있다.[5] 사가독서는 재능 있는 젊은 문신들에게 휴가를 주어 독서에 전념할 수 있게 한 제도이다. 세종 연간에 집현전 학사들 중 일부를 선발하면서 처음 실시되었고, 성종 대에는 독서당까지 만들어 지원하는 등 활발히 운영되었다. 1504년 갑자사화 이후 연산군이 폐지하면서 한동안 중단되었다가 중종 대에 다시 시작되었다. 중종은 즉위한 1506년부터 문풍을 진작시키는 여러 활동을 벌이는데 그중 하나가 바로 사가독서의 부활이었다. 1515년에는 '동호독서당'까지 설치하며 이 제도를 전폭적으로 지원했다.

관각 문인들은 '청요직'이라 불리는, 왕명 제작, 시정기時政記 작성, 실록 편찬, 간쟁을 위한 상소 작성, 경연에서의 진강 등 뛰어난 문장 능력과 경학 소양이 요구되는 관각·사관·대간 계열의 관직들과, 의정부·병조·예조·승정원 등 주요 관서들의 실무를 담당하는 낭관직 계열의 관직에 임용되면서 하나의 세력을 형성했다.[6] 청요직은 당상관 및 대신으로 성장해 나가는 길목에 위치한 관직이었다. 엘리트 관료 양성을 위한 제도적 장치에 힘입어 청요직을 역임한 이들은 여러 가지 특혜를 받으며 다른 관리에 비해 현저히 빠르게 당상관에 진입했다.[7]

조선 초기 문과 합격자들 중 참상관은 90퍼센트 정도가 진출했지만, 당상관에 진입하는 비율은 약 30퍼센트 정도로 보고되고 있다. 《경국대전》의 규정에 따를 경우 종9품에서 정3품 당하관에 진입하기까지 산술적으로는 약 24년 3개월이 소요된다. 다만, 문과 합격자의 경우 여러 가지 우대적인 장치로 인해 당하관까지의 진입은 빨랐던 것으로 보이는데, 이들조차 당상관 진입의 경우 경쟁도 치열하고 기간도 오래 걸렸

다. 이때 청요직을 역임한 이들은 남들보다 이른 시기에 당상관에 진출할 수 있었다.[8)]

그런데 시대가 지날수록 이러한 관직과 권한을 몇몇 가문에서 독점하게 되었다. 신숙주와 권근·서거정·정광필 등의 집안이 대표적이다. 이들은 선대로부터 물려받은 뛰어난 문학 재능과 일찍부터 가학으로 수련한 문장 실력 덕분에 남들보다 문한직에 오를 수 있는 기회를 더 많이 가졌다. 어느 정도 재능을 보이면 집안의 전폭적인 지원을 받아 그 재능을 더욱 키우면서 높은 관직에 오를 수 있는 길을 밟았다. 이에 대를 이어 문한직을 역임하고 대제학에 오르는 문벌 가문이 형성될 수 있었다.

성종 연간에 홍문관 출신으로 당상관에 오른 이들을 보면 성현(14년-문과 합격 이후 당상관까지의 기간, 판서)·조위(17년, 참판)·김수동(19년, 영의정)·권경희(12년, 참판)·이승건(17년, 참판)·신용개(12년, 좌의정)·김전(17년, 영의정)·남곤(9년, 영의정)·정광필(11년, 영의정) 등이 있다. 성현은 서거정의 뒤를 이은 관각문학의 정통이며, 신용개와 남곤은 중종 연간 대제학을 역임하면서 관각문학을 이끌었던 이들이다. 정광필의 조카 정사룡은 중종 대에 대표적인 관각 문인으로 이름을 날렸다.

이렇게 성종 연간 관각 문인들의 후손이 중종 연간의 관각 문인으로 대를 이으면서, 16세기 관각문학은 화려하게 꽃을 피웠다.[8)] 특히 중종 연간 사가독서제의 부활은 학식과 교양을 함양시켜 국가 인재를 양성한다는 이전 시기의 보편적 명분보다 훨씬 더 뚜렷한 목적을 지니고 있었다.

중종 초기 조광조를 따르던 기묘사림 일파는 사가독서의 특혜를 관각 문인 일파가 독점하는 데 불만을 품고 있었다. 그들은 경학을 바탕으로 관원을 선발해야 하며 사가독서 또한 문학보다 도학에 충실해야 한다고 거듭 주장했다. 더불어 성리학서를 가르치는 유학자 김식을 독서당 관원으로 선발할 것을 적극 추천하기도 했다.[9] 그러나 중종은 명 사신과의 시문 수창을 위해 문학을 중시하는 풍조를 폐지할 수 없다면서 이들의 주장을 전적으로 받아들이지는 않았다.

명 사신과의 한시 수창을 담당할 '실력있는 문신'을 양성하는 것은 조선 초기부터 국가의 중차대한 과제였는데, 특히 중종은 그러한 목적을 더욱 뚜렷이 드러냈다. 이는 미약한 왕권 기반을 명과의 외교로 극복하려던 중종의 속사정을 고려할 때 당연한 일이었다.[10]

사가독서제에 선발된 문사들은 중종 연간 내내 명 사신 접대의 최일선에서 활동하였다. 대표적인 인물로 이행·소세양·정사룡·신광한 등을 꼽을 수 있다. 중종 시대 전반기에 연이어 대제학을 역임한 신용개와 남곤은 이들 관각 문인들을 사가독서에 차출하고 문한으로 키우며 정치적으로 후원했다. 남곤은 중종 대에 사장학詞章學(문장과 시부를 중시한 학문)의 전통을 지키는 데 최선의 노력을 기울인 대표적 관각 문인이다.[11] 신용개가 대제학으로 재직 중이던 1511년(중종 6)의 사가독서에 이행·김안국·성세창·홍언필·소세양·정사룡·황여헌이 선발되었는데, 이들 중 이행과 소세양, 정사룡 3인은 이 시절 외교 무대에 거의 빠지지 않고 등장한 인물들이다.

이들에 앞서 15세기에 활약한 관각 문인들은 공통의 미의식과 글쓰기 양식을 가지고 있었고, 국가의 공적 문서를 작성할 때 '집단지성'의 창작 방식을 보여 주었다. 1488년《황화집》에 대해 어세겸과 김종직이 각기 작성한 서문 중 어세겸의 서문이 채택되었다. 그 과정에서 서거정의 윤문이 가미되어 관각의 체제와 풍격에 맞는 문장으로 수정되었으니, '집단창작'의 성격을 확인할 수 있는 사례이다.[12]

이때 김종직의 서문이 채택되지 않은 이유로 그의 글에 드러나는 자주적 문명 의식이 조선 내부에서는 용인되지만 〈황화집서〉라는 외교 문장에서는 중국과 정치적 문제를 야기할 수 있다는 점이 지적되었다. 결과적으로 김종직의 문장은 채택되지 않았지만 이를 통해 당시 조정에서 활동하던 문인들 안에서도 중화의 질서를 벗어나는 조선의 독자적인 문학관이 움트고 있었음을 살필 수 있다. 김종직과 같은 입장은 16세기 중종 연간 도학을 중시하는 기묘사림들의 문학론에서 본격적으로 나타나는데, 이는 같은 시기 활동하던 관각문인들과 첨예한 갈등을 보이는 단초가 되기도 한다.

명나라 사신 접대와 '학시學詩'의 시풍

한시 수창과 《황화집》의 정치적 성격

1450년 최초로 문관 출신 명 사신 예겸이 파견되면서 조선과 명의 외교는 '창화倡和 외교'라는 새로운 국면을 맞이했다.[13] 당시 조선의 접반사는 정인지였으며 성삼문·신숙주 등 집현전 문인들과 함께 밤낮없이 중국 사신과 시를 주고받았다.[14] 이때부터 명의 문관 사신이 조선을 방문하면 조선 문인들과 수창하는 것이 외교의 한 방식으로 정착되었다.

명나라에서 조선에 사신을 파견한 것은 186회에 이르는데, 이 중 문관 사신은 총 24차례로 정사와 부사가 모두 39명이었다. 이때의 명 사신들은 거의 진사 출신의 뛰어난 문인이었다. 당고·공용경·주지번 3인은 장원이고, 기순은 이름이 황제의 휘를 범했다고 하여 장원에서 '이

갑제이二甲第二'로 바뀌었으며, 진감과 서목 등 2명은 방안榜眼(2위 급제자), 예겸·동월·고천준 등 3인은 탐화探花(3위 급제자)였다. 부사도 무관 출신 무충을 제외하고는 모두 진사 출신이었고, 그중 사마순은 해원解元(향시 장원)이었다. 사신으로 올 때의 관직을 보면 정사는 한림원 시강과 시독·수찬·편수 등이 많고, 부사는 육과급사중과 행인사 행인 등이 많았다.[15)]

앞에서도 언급했지만 25차례에 걸쳐 편찬된《황화집》중에서 다수의 시문을 남긴 명 사신을 보면, 성종 연간의 기순과 동월, 중종 연간의 공용경·화찰, 선조 연간의 주지번이 대표적이다. 이들이 조선을 방문했을 때 접대를 담당한 조선의 원접사와 종사관, 제술관 및 사행 이후 조선과 명에서 각기 나온 저술들을 정리하면 [표 1]과 같다.

기본적으로《황화집》에 대한 조선 문인들의 평가는 그리 호의적이지 않았다. 유몽인의《어우야담》은 이러한 점을 잘 보여 준다.

《황화집》은 후세에 전하려고 쓴 책이 아니라서 분명히 중국에는 잘 알려지지 않았을 것이다. 중국 사신이 지은 것은 좋고 나쁜 것을 묻지 않고 우리나라에서 감히 가려 뽑지 못하고 받아들여 간행했다. 우리나라 사람들은 중국 사신 중에서 글에 능한 이로 늘 공용경을 칭찬했는데, 주지번에게 물으니 일찍이 이름도 들어 본 적이 없다고 했다. 기순과 당고도 명성이 높고 쟁쟁하지만 역시 시의 대가는 아니다. 장녕이 조금 청려한 것 같으나, 나약하고 뼈가 없어 끝내 보잘것없는 데 머물고 말았다. 주지번의 시는 시상이 뒤죽박죽이어서 웅화의 위약한 것만도 못하다. 다른 이들은 어찌 족히 말할 것이 있겠는가. 그러나 우리나라 문인들

[표 1] 다수의 시를 남긴 명 문관 사신의 방문과 저술

접반 연도	명 사신 정사/부사	접반사			중국 편간	조선 편간	
		원접사	종사관	제술관		황화집 (찬서자)	동사집 (찬서자)
1450 (세종 32)	예겸倪謙 사마순司馬恂	정인지					
1453 (단종 1)	계유정난						
1476 (성종 7)	기순祁順 장근張瑾	서거정	이숙감 홍귀달			서거정 이석형	
1488 (성종 19)	동월董越 왕창王敞	허종	박증영		《조선부》 (동월)	어세겸 (김종직)	
1519 (중종 14)	기묘사화 발생						
1521 (중종 16)	당고唐皐 사도史道	이행	이희보 소세양 정사룡			남곤 이행	《동사집》 (이행/ 소세양, 1528)
1537 (중종 32)	공영경龔用卿 오희맹吳希孟	소세양 정사룡	홍춘경 조사수 박충원		《사조선록》 (공용경)	김안로	《동사후집》 (소세양, 1562)
1539 (중종 34)	화찰華察 설정총薛廷寵	소세양	최연 엄흔 임형수			성세창	《동사속집》 (1562)
1592~99 (선조 25~32)	임진왜란·정유재란 발생						
1602 (선조 35)	고천준顧天峻 최정건崔廷健	이정귀 이호민	이안눌 박동열 홍서봉	차천로 김현성 권필		심희수	《동사집》 (이수광/ 이정귀, 1613)
1606 (선조 39)	주지번朱之蕃 양유년梁有年	유근	허균 조희일 이지완	양경우 차천로	《봉사조선고》 (주지번)	신흠	

이 함께 수창할 때마다 대부분 그에 미치지 못했다니 이는 참으로 큰 나라와 작은 나라, 중원과 변방이 같지 않은 것이다. 원접사 서거정이 기순을 상대해 감히 도전하듯 먼저 시를 읊었는데, 결국 기순의 "백제의 지형은 한강에 이르러 다했고, 오대산의 물줄기는 하늘로부터 내려오네[百濟地形臨水盡 五臺泉脈自天來]"라는 구절에서 곤란해졌다. 율곡이 이를 기롱하기를, "사가(서거정)는 씨름하는 자와 비슷하니 먼저 다리를 건 후에 땅에 엎어지는 꼴이다. 작은 나라 사람이 중국 사신을 대할 때는 마땅히 받들어 접대하고 화답할 뿐이지 어찌 감히 선창을 한다는 말인가"라고 했으니, 참으로 식견이 있는 이의 말이다.

우리나라에서 중국 사신을 접대할 때는 당시 조금이라도 시에 능한 문인들을 모아 수창을 시켜 뽑았다. 그러나 그 선발이 세밀하지 않아 중국인에게 웃음거리가 되었으니 어찌 한이 아니겠는가. 비록 정사룡이 제일가는 시인으로 일컬어졌지만, 그의 시는 억지로 꿰맞추어 한 편을 이루는 흠을 벗어나지 못한다. 오직 이행만이 조화로운 글을 지었으나 격조가 낮아 과거에 응시하는 부류의 글과 유사하다. 매번 시를 지을 때면 잠시 천장을 우러러보다가 손으로 재빨리 써 내려가는데도 그 대구가 완연하며 잘못이 없으니, 평소에 익숙한 것이 아니라면 어찌 이와 같을 수 있겠는가? 소세양과 이희보는 당대의 대가들에게는 미치지 못하지만, 요즘 세상의 우리나라 글만 읽고 율시나 익힌 유근 같은 자와 함께 말할 수는 없다. 문장이 점차 낮아지는 것이 물이 위에서 아래로 흘러가는 것과 같으니 탄식할 뿐이다.[16]

유몽인의 평가대로《황화집》에 등장하는 중국 문인들이 중국 문학사에서 중요한 의미가 없는 인물일 수도 있다. 또한 조선 후기 문인들이《황화집》에 수록된 작품을 부족한 수준이라 평가한 것도 일리가 있다. 그러나 조선 문인이 중국 수준으로 한시를 지을 수 있음을 중국 문단에 알리고 작품을 소개할 수 있는 통로는 조선 전기에는《황화집》이 거의 유일했다. 이런 점에서《황화집》을 문학적 완성도로만 평가하는 것은 적절하지 않다.

1476년 기순이 왔을 때 당시 최고의 문명을 떨치던 서거정이 원접사로 차출되었다. 서거정은 시에 대한 지나친 자신감으로 관행과 달리 먼저 선창하여 명 사신을 곤란에 빠뜨리고자 했으나 오히려 기순이 이를 침착하게 받아들여 '낙패落敗'했다. 그러나 서거정은 이 일로 오히려 중국에 이름이 널리 알려져서 이후 조선 사신이 중국에 갈 때마다 중국 문인들이 서거정의 안부를 물었다고 한다.[17] 이렇게 15세기 조선의 문인을 중국에 알릴 수 있는 유일한 통로는《황화집》이었다.

《황화집》의 가치는 조선 문인의 시를 중국에 알리는 데서 그치지 않는다. 이 책은 명과 조선 간 정치 외교의 산물이다. 1537년 반황태자탄생조사頒皇太子誕生詔使로 공용경과 오희맹이 조선에 파견되었고, 조선에서는 정사룡을 원접사로 보내 이들을 맞이했다. 공용경은 주지번 다음으로 많은 시를 남겼을 정도로 시 짓기를 좋아했다. 이 방문에서 공용경은 부사 오희맹이 쓴 작품까지 합치면《황화집》에 수록된 총 427편 중 가장 많은 편수의 작품을 남겼다.[18]

공용경은 조선을 떠나면서 조선 관리에게 "《황화집》을 속히 인출해서 보내 달라", "우리가 중국에서 나올 적에《황화집》보기를 바라는 고관들이 매우 많았으니 많이 인출하여 보내 주기 바란다"는 등의 당부를 거듭했다. 공용경의 적극적인 요청에 조선 조정에서도 원래 30권을 준비했다가 20권을 더 추가하여 인출하기도 한다.

공용경은 귀국한 뒤 명 조정에 "조선의 문물과 예의법제가 중국과 다름이 없다"고 극구 칭찬했다. 이듬해인 1538년 조선 사신이 중국을 방문했을 때는 조선 사람을 이리 대우해서는 안 된다고 제독과 낭중을 설득하여 문금門禁을 해제시키는 등 조선인들의 편의를 봐 주려는 노력을 아끼지 않았다. 또한 여러 차례 조선 사신을 만나 선물을 주고 자신들을 접반했던 조선 관리의 안부를 묻는 등 지속적인 관심을 표명했다.[19] 그리고 《황화집》을 추가로 요청하면서 《황화집》 덕분에 명 조정에서 조선 국왕에 대한 인식이 크게 좋아졌다고 말했다. 이렇게 조선을 적극적으로 도운 공용경의 태도 및 《황화집》을 매개로 외교 문제들이 수월하게 처리되는 상황을 목도한 중종은 《황화집》을 특별히 생각하지 않을 수 없었다.

《황화집》에 실린 작품이 후대 문인들로부터 비판을 받긴 했지만, 당시 명 사신 접반에 차출된 문인들이 조선 최고의 문장가라는 사실만큼은 분명한 사실이다. 이들은 명 사신 접대와 별개로 자신들의 모임을 '불후의 성사盛事'라고 부르며, 접대 기간 중 서로 주고받은 시문을 모아 《동사집》을 편찬하는 등 자신들의 문학에 자부심을 보였다.

조선에서 명 사신 접대를 위해 당대 최고의 문인들을 뽑아 성대한 모임을 만든 것은 1521년 조선을 방문한 문관 사신 당고와 사도를 위한 접반단이 대표적이다. 당시 대제학이던 이행이 원접사, 이희보와 소세양, 정사룡이 종사관으로 선발되었다. 이들은 모두 1506년, 1511년 사가독서에 뽑혀 젊은 시절 함께 문장을 공부한, 중종 대 최고의 관각 문인들이었다.

명 사신 접대가 끝난 이후 이들은 그 기간 중에 자신들끼리 따로 주고받은 시를 모아 사적으로《동사집》을 편찬했다.[20] 이렇게 조선 접반단의 시문만으로 구성된《동사집》은 이때 처음 간행되었다. 소세양이 주도한《동사집》편찬은 1528년에 마무리되었고, 원접사 이행의 서문을 붙여 전주에서 간행되었다.[21] 이때부터 문관 사신 접반을 담당한 문인들이 자신들끼리 주고받은 시를 모아《동사집》을 편찬하는 것이 하나의 관례로 자리 잡았다. 당시 문관 사신 접반에 선발된 문인들이 자신들의 문학 재능과 중국 사신단 접반 활동에도 자부심을 갖고 있었음을 알 수 있는 대목이다.

최고의 접반단으로 손꼽히며 후대까지 명성을 드날린 것은 1602년 고천준과 최정건이 명나라 황태자의 책봉을 알리기 위해 조선을 방문했을 때의 접반단이었다.[22] 이때의 명 사신 방문은 임진왜란으로 중단된 이후 20년 만에 재개된 문관 사신의 방문이었다. 그런 만큼 조정에서는 이들을 접대하기 위해 만반의 준비를 했다. 원접사 이정귀는 중국 사신들과 수창할 막료들을 직접 엄선했다. 선발 기준의 첫 번째는 문장 능력이었다. 이는 관직에 있지도 않던 권필과 외직에 있던 허균과 김현성을 뽑으면서 시재가 뛰어난 점을 강조한 데서도 확인된다. 이러한 노력 끝에 당시 접반단은 "문성文星이 관서에 모였다"는 평가를 받을 정도로 최고의 문인들로 이루어진 보기 드문 모임이 되었다.

처음에는 이정귀가 책임자였다가 후에 이호민으로 바뀌었고, 박동렬·이안눌·홍서봉이 종사관으로 뒤따랐고, 차천로·권필·양경우·김현성은 제술관으로 함께했다. 당대 최고의 명필로 손꼽히던 석봉 한호는 사자관寫字官으로 참여했다가 말에서 떨어져 다쳐 중간에 그만두었고, 이수광이 도사영위사로 함께했다. 이외에도 종사관 박동렬이 병을 얻어

사임하자 이정귀의 추천으로 최고의 문재를 지녔다고 일컬어지던 허균이 참가했다. 이들은 접반단이 꾸려진 1601년 11월부터 5개월간 함께 지내면서 시문을 주고받았고, 그로부터 12년 후인 1613년에는 이안눌의 주선으로 그때 지은 460여 편의 시를 모아 《동사집》을 편찬했다.

조선에서는 명나라 문관 사신 접반을 위해 최고의 문인들을 선발하여 접반단을 꾸렸다. 또한 《황화집》을 편찬하여 명 사신과의 수창을 기념하고, 조선 문인들만의 《동사집》을 간행하여 동류 의식을 보이기도 했다. 이렇게 당시 외교 활동은 문학 활동과 깊이 연계되어 있었다.

'학시'의 추구와 회의

우리나라 한시는 고려 중기에 소식蘇軾을 중심으로 송시가 수용된 이래 16세기까지 송시풍의 작품이 주도적 위치를 점했다. 15세기 들어 황정견에 대한 관심이 높아졌고, 성종 연간부터는 진사도의 시집도 관심을 끌었다.[23] 황정견과 진사도의 시에 대한 관심은 15세기 후반에 일반화되었다. 16세기 조선을 대표하는 시인들 중 상당수가 황정견 등을 필두로 한 문학 유파인 강서시파江西詩派의 영향을 크게 받아서 이들을 '해동 강서시파'로 분류하기도 한다.

조선 문인에게 두보나 이백, 육유 등 성당盛唐 시인들의 시는 너무 호방하고 웅장하여 쉽게 따라 할 수 없는 작품이었다. 반면 강서시파의 경우 천재적인 재능이 아닌 시법의 연마를 통해 좋은 시를 쓸 수 있는 가능성을 보여 주는 시였다. 조선 문인들이 강서시파의 작품을 좋아했던 이유는 바로 '배워서 익힐 수 있는 시[學詩]'라는 점이 가장 컸다.

조선 최고의 감식안을 자랑하는 허균은 중종 연간에 이르러 조선의 한시가 크게 성취되었다고 말했다.

> 국조의 시는 중종 연간에 이르러 크게 성취되었다. 용재 상공[이행]이 그 시작을 열어 눌재 박상·기재 신광한·충암 김정·호음 정사룡이 일세에 나와 휘황하게 빛을 내고 금옥을 울리니 족히 천고에 칭할 만하게 되었다. 국조의 시는 선조 연간에 이르러서 크게 갖추어졌다. 소재 노수신은 두보의 법을 깨쳤고, 지천 황정욱이 뒤를 이어 일어났으며, 최경창·백광훈은 당唐을 본받았는데, 이달이 그 흐름을 밝혔다. 우리 죽은 형[허봉]의 가행歌行은 이태백과 같고 누님[난설헌]의 시는 성당의 경지에 접근하였다. 그 후에 권필이 뒤늦게 나와 힘껏 앞의 선배들을 좇아 용재 상공과 더불어 어깨를 나란히 할 만하니 아, 장하구나.[24]

허균은 조선의 한시가 이행을 시작으로 박상·신광한·김정·정사룡으로 이어지면서 일세를 빛냈다고 말한다. 16세기 조선 문단에서 강서시파의 영향 아래 있던 시인들로 박은·이행·박상·정사룡·노수신·황정욱·최립 등이 있었다. 이들 외에 도학적 문학론을 개진한 김종직·조신·정희량 등에게서도 강서시파의 영향력이 일정 부분 확인된다.

해동 강서시파의 특징은 다음으로 정리된다.[25] 첫째, 시의 작법 연구를 통해 낡고 익숙한 것을 거부하고, 난삽하지만 새로운 시어와 의경을 얻고자 했다. 속된 것을 가지고 우아하게 만드는 '이속위아以俗爲雅', 쇳덩이를 녹여 금을 만들 듯 점화點化(옛사람의 시문을 취하여 더 훌륭한 작품을 지음)나 용사用事(옛사람의 뛰어난 표현을 가져오는 일)를 통해 참신한 의경意境을 확보한다는 '점철성금點鐵成金' 등이 이들의 작법을 요약하는 표현이다.

둘째, 학습을 통해 시를 배우고 논리로 시를 쓰기 때문에 시구의 단련을 중시하며 의경의 구성에서 작위성이 강하다. 셋째, 전고를 구사할 때도 치밀한 논리적 구성을 보인다. 당시唐詩를 추구하는 이들이 당시와 흡사해 보이도록 하기 위해 그 구절을 가져다 쓰는 것과 달리, 강서시풍은 전대의 한시를 분석해 자신의 시작에 새로운 방식으로 응용했다는 점에서 '학습의 시학'이라 할 수 있다.

이렇게 '학습'을 통해 시를 익히는 방식이 유행한 요인으로는 무엇보다 해동 강서시파로 분류되는 이들 중 상당수가 명 사신 접반의 최일선에서 활약하던 관각 문인들이었다는 점을 꼽지 않을 수 없다. 중종 연간은 관각문학이 크게 번성한 시기로, '호소지湖蘇芝[정사룡·노수신·황정욱]'로 대표되는 해동 강서시파가 한시 시단을 휩쓸었다. 이들은 명과의 외교 최일선에서 활동하기 위해 양성되었고, 강서시파의 시 역시 명 사신들에게 조선 문인의 문학 지식과 작시 능력을 보여 주기에 가장 적합한 작풍이었다.

한편, 이렇게 관각문학이 최전성기를 누리고 있던 시기에 다른 한쪽에서는 '도학'을 중시하는 문학론이 김종직의 후예들을 중심으로 그 세력을 확장하고 있었다. 시인의 성정을 중시하며 도의 함양을 주장하는 문학론은 성종 연간 김종직과 그의 제자들로부터 본격화되었다. 여러 차례의 사화를 겪으며 이들 도학파의 세력이 약화되던 상황에서도 이들의 문학론은 성리학의 심화와 함께 조선 문단의 저류를 이어 갔다. 이에 중종 대에 이르러서는 관각문학의 대표 주자였던 남곤이나 이행조차도 문학에서 도를 추구하는 일을 우선해야 했다. 또한 중국 사신 접대를 위해 불가피하다는 실용적 주장을 내세우면서 간신히 사장詞章

문학을 두둔할 수밖에 없었다.[26] 실제로 조선 전기 문인들의 시 세계에는 관각문학의 화려함만 있지 않았다.

김종직의 글은 요체는 깨달았으나 높은 경지에 이르지는 못했으니 최립이 그를 가장 업신여겼다. 그의 시는 오로지 소식·황정견에게서 나왔기에, 옛것을 평하는 자가 작게 보는 것도 당연하다고 하겠다. 우리 중형[허봉]은 일찍이 그의 시에 대해 말하기를, "학 울자 맑은 이슬 내리고, 달 뜨자 큰 고기 뛰어오르네[鶴鳴淸露, 下月出大魚跳]"라 한 구절은 결코 성당盛唐의 시에 뒤지지 않으며, "가랑비 오는데 중은 장삼을 꿰매고, 찬 강에 나그네는 노 저어 가네[細雨僧縫衲, 寒江客棹舟]"와 같은 구절은 크게 한가롭고 담담한 맛이 있다고 했는데, 이는 대체로 맞는 말이다.

우리나라 시로는 이용재[이행]를 첫째로 함이 마땅하다. 그의 시풍은 침착하고 화평하며 아담하고 순숙純熟하다. 오언고시는 두보와 진사도의 품격과 비슷하여 고고高古하고 간절簡切하여 글이나 말로는 찬양할 수가 없다. 내가 평소에 즐겨 읊던 절구 한 수로 "평생에 사귄 벗 모두 늙어 죽어 가고, 흰머리 마주 보니 그림자와 몸뚱이라. 마침 높은 누각의 달조차 밝은 밤이니, 애처로운 피리소리 차마 어찌 들으리[平生交舊盡凋零, 白髮相看影與形, 正是高樓明月夜, 笛聲凄斷不堪聽]." 이는 감개가 무량하여 읽노라면 가슴이 메어진다.[28]

허균은 강서시풍에 젖어 있다고 비판받은 김종직과 이행의 시에 대해, 김종직의 경우 기본적으로는 강서시풍의 영향이 있으나 일부 작품은 한담한 맛이 있다고 칭찬했다. 마찬가지로 이행의 시에 대해서도 우리나라 시 중 첫 번째라고 칭송하면서 그의 시풍을 침착·화평·아담·순숙이라 평하고, 오언고시는 두보와 진사도의 품격과 비슷하다고 극찬했다. 이러한 면모는 분명히 강서시풍의 영향권에서 벗어난 또 다른 의경을 보여 주는 것으로, 후대 문인들에게 높이 평가받으며 조선 시의 새로운 방향을 개진하는 모습이다.

16세기 관각 문인들은 도학파 문인들의 재도지기載道之器 문학론의 거센 도전에 맞서 각자의 처지에 따라 다양한 대응 양상을 보였다. 한미한 가문에서 오직 문학 능력만으로 대제학까지 올랐던 대표적인 관각 문인 소세양은 1534년 자신을 후원하던 이행의 사망 직후 1535년 전격 은퇴를 선언하며 정치적 은둔의 길을 걸었다. 이후 그의 능력을 신임한 중종의 부름으로 명 사신의 접반단에 차출되기는 하지만, 일을 마치면 바로 다시 귀향을 요청하며 정계와 거리를 두는 모습을 보였다. 그의 처지는 가문의 기반 없이 문장 실력만으로 입신한 관료가 더 이상 개인의 능력만으로는 정치적으로 버틸 수 없던 16세기 중반 이후 조선 문단의 상황을 여실하게 보여 준다.[29]

16세기 후반 관각 문인들의 현실 세계와의 갈등은 최고의 관각 문인으로 일컬어지던 정사룡의 시 세계에서도 확인된다.[30] 정사룡은 평생 문장 재주 하나를 믿고 사간들의 탄핵을 숱하게 받으면서도 높은 관직을 역임하며 정계에서 버틴 인물이었다. 그는 중종 연간 여러 차례 명 사신을 접반하는 임무를 훌륭하게 완수하여 정계에 자신의 자리를 마련했다. 특히 명 사신 공용경과의 두터운 친분은 일생 그의 든든한 정치적 자산이 되었다.[31]

정사룡의 작품은 주로 접대 자리에서 즉흥적으로 지어진 것으로, 율시에 특화되어 있고 관각시의 정형을 보이는 작품이 다수였다. 그러나 그는 본질적으로 시의 아름다움을 추구하는 예술인으로서 형식만 추구하는 상투적인 표현의 응대시를 지겨워하며, 한가로이 전원에 은거하며 개인의 감정을 여유있게 읊고 싶어 하는 면모도 보였다. 자연 속에 노니는 강호가도江湖歌道 체험이 심화된 생애 후반기의 작품들은 문화의 작위성과 분리된 자연 속성으로서의 천진天眞에 대한 관심으로 귀결되었다. 이처럼 격식 추구 문학을 포기하는 그의 행보는 조선 전기 '사장문학 시대'의 실질적 종말을 뜻하는 분기점이다. 그는 사장파 문인들의 전성기가 끝나고 도학파의 시대가 개막되는 과도기 시단의 상황을 상징적으로 구현한 인물이었다.

정사룡은 생애 후반기에 송시로부터 벗어나려 노력했다. 하지만 끝내 성률聲律(소리와 운율)과 자구의 형식미에 대한 관심을 버리지 못하고 "책으로 시를 짓는다"는 평을 받는 전고 중심의 시풍을 답습했다. 그는 송풍에서 당풍으로 넘어가는 시단의 과도기에 활약한 인물로서, 당시 관각 문인의 성취와 한계를 그대로 보여 주었다.

'진시眞詩'의 발견과 '동시東詩'의 전파

도학의 추구를 강조하는 문학론은 16세기 후반 선조 연간을 거치면서 조선 문학의 바탕으로 굳게 자리 잡았다. 이에 문학의 격식을 추구하던 관각 문인들 또한 도와 문을 '함께' 추구하는 '도문일치'의 입장을 확고히 해야 했다. 바로 이 부분이 조선 한문학이 동시기 명대 문단과 차별화되는 지점이다.

이전 시대의《황화집》을 통해 명 문단에 조선의 관각 한시가 상당히 소개된 상황에서, 16세기 후반 전란 중 조선에 파병된 명나라 장수들이 역대 조선 한시를 모아 시선집을 편찬한 일 등을 통해《황화집》에 실린 작품들과 다른 성격의 시 또한 명 문단에 대거 소개되었다. 대표적으로 1598년 정유재란 시기 조선에 파병된 남방위와 오명제의《조선시선》편찬 작업이 있다.[32] 이외에도 당시 활발한 교류를 통해 중국 문인들이 조선 문인의 시문집에 서문을 써 주거나, 그들의 개인 시선집을 중국에서 간행해 주는 일이 나타났다.[33]

이 시기 명나라 문인들이 조선 시에서 높이 평가한 부분은《시경》의 〈국풍〉에서 강조되었던 '천연天然'의 성정을 솔직히 토로하고 있다는 점이었다. 명 문인들은 엄격한 격식과 화려한 수사의 관각시가 아닌 날 것 그대로의 조선 시를 수집했고, 거기서 자신들이 잃어버렸던 '진시眞詩'를 발견했다고 말한다. 명 문인이 조선 시에서 이런 점을 높이 평가하게 된 것은, 당시 명대 문단에서 문학 유파를 막론하고 '진시'를 추구하는 분위기가 형성된 상황을 배경으로 하고 있다.

1605년 황제의 원손이 탄생하자 중국에서는 주지번과 양유년을 조선에 파견했다. 주지번은 1595년 과거에 장원으로 합격한 인물로 당시 초횡焦竑·황휘黃輝와 함께 명 문단에서 높은 문명文名을 자랑하고 있었다.[34] 주지번은 조선 체류 기간 중 활발한 시문 수창 활동을 보였다.《황화집》에 역대 중국 사신들의 작품 중 가장 많은 수인 259편을 남겼다. 부사 양유년 또한 99편에 이르는 작품을 남겨 이들 둘의 작품은 총 355편 실려 있다. 이는 1537년(중종 32)에 방문한 공용경 일행의 453수(정사 공용경: 241편, 부사 오희맹: 211편) 이후 최다 작품 수였다.

주지번은 조선의 한시에 큰 관심을 보였다. 이미 북경에서《황화집》

을 입수해 읽은 그는 의주에서 서울을 향해 오는 도중 허균에게 이행·정사룡·이이의 시집을 구해 줄 것과 역대 조선 시선집을 편찬해 줄 것을 부탁했다. 이에 허균은 신라 최치원 이하 124명의 시 840편을 모아 4권으로 만들어 증정했다. 주지번은 이 시선집을 밤새 읽고는 다음과 같은 평을 내렸다.

> 6일, 개성에 머물렀다. 잔치가 파한 후 상사는 나를 불러 우리나라 사람의 시를 평하기를, "최고운의 시는 거칠고 힘이 약한 것 같고, 이인로와 홍간洪侃이 가장 좋습니다. 이숭인의 〈오호도嗚呼島〉, 김종직의 〈금강일출金剛日出〉, 어무적의 〈유민탄流民歎〉 또한 아주 좋고, 이달의 시는 각체가 하경명과 비슷하나 풍격이 크지는 않습니다. 노수신은 힘차고 깊어 왕세정에 비해 조금 고집스러우나, 오언율시의 경우 두보의 시법을 깊이 터득하고 있습니다. 이색의 여러 시들은 모두 〈부벽루〉보다 못합니다. 나는 밤새 불을 밝혀 이 시들을 읽었는데, 귀국의 시는 대체로 음향이 맑아 매우 좋습니다" 하고는 이달의 〈만랑가漫浪歌〉를 소리 높여 읊조리면서 무릎을 치며 칭찬하였다.[35]

허균이 뽑아 만든 조선 문인들의 시선집에 실린 작품들은 《황화집》의 작품들과는 전혀 달랐다. 주지번은 중국의 역대 뛰어난 시인과 비교하여 조선 문인들의 시를 평가하면서 조선의 시가 중국의 시 못지않다고 칭송했다. 특히 음향이 맑아 매우 좋다는 칭찬은 주지번이 좋아하는 조선 시의 모습이 관각시의 화려함과 격식이 아닌 내면의 진솔한 토로에 있음을 다시금 확인하게 한다.

이후 주지번은 북경에 돌아가서 조선 사행 기간 동안 지은 시문 및 조선 문인들과 수창한 시를 엮어 《봉사조선고奉使朝鮮稿》를 간행했다.[36] 《봉사조선고》에는 주지번의 시문 외에 〈동방화음東方和音〉이라 하여 주지번과 시를 주고받은 조선 문인들의 작품이 첨부되어 있다.[37] 또한 부사로 왔던 양유년도 중국으로 돌아간 뒤, 사행 일정 중의 기록과 조선 문인들과 교환했던 시들을 모아 《사동방록使東方錄》이라는 시문집을 편찬하고 이를 조선으로 보내 왔다.[38] 이렇게 중국의 정사와 부사가 모두 조선 사행에 대한 기록을 남긴 일은 매우 드문 사례였다.

　당시 명 사신들은 조선 한시에 대해 '꾸미지 않은 성정의 발현'을 누차 지적하며 《시경》의 정신에 충실한, 꾸미지 않은 천연의 음이라며 높이 평가하였다. 이들이 조선 시를 중국에까지 널리 전하려 한 것은 이렇게 조선 사행 기간 중 조선 문인들과 직접 접촉하며 얻은 시들이 기존 《황화집》 속의 형식적이고 공무적인 작품이 아니라 시인의 솔직한 감정이 그대로 드러나는 작품들이었던 점이 주요한 요인일 것이다.

•관각의 시에서 시인의 시로

17세기 중반 이후 김창협과 그 문인들을 중심으로 제기된 '천기론天機論'이라는 시론을 통해, 시인의 천기 발현을 중시하고 조선 한시의 독창성을 강조하는 흐름이 나타났다. 조선의 시단은 17세기 후반 천기론의 등장으로 개인의 개성을 중시하는 방향으로 나아갔고, '조선 한시의 독자성'이 추구되었으며, 18세기에 이르러 정점을 이루었다는 것이 그간 문학사의 통설이었다.

그러나 이 글에서 살핀 것처럼, 조선의 한시는 17세기 후반 이후 '조선적' 특징을 내세울 만큼 성장하기까지 지난한 과정을 겪어 왔다. 이는 조선 문단 내부의 흐름만이 아닌 명 문단과의 교류라는 외적 요인을 함께 고려할 때 그 맥락과 의미가 더욱 명확히 파악된다. 시단의 성쇠와 시인의 흥망을 좌우하는, 제도적인 측면과 외부 환경을 함께 고찰해야만 이 같은 변화 양상을 더욱 분명하게 이해할 수 있다.

이 글에서는 15세기 조선이 건국된 이래 17세기 초 명과의 교류 최전성기까지의 기간을 외교적·제도적·문학적 측면으로 구분하여 당시 시단의 유기적인 구조를 살피고자 했다.

15세기 세종 연간 예겸을 시작으로 처음 문관 사신이 조선을 방문하면서, 조선 문인들과 명 사신의 창화 외교가 하나의 관례로 자리 잡았다. 이에 조선에서는 창화 외교를 대비할 인재를 양성하는 일이 중요한 과제로 떠올랐다. 그 과정에서 명 사신과 수창하기 위해 율시 중심의 화려한 관각시가 추구되었고, 이는 집현전과 홍문관 설치, 사가독서제 등을 통해 제도적으로 뒷받침되었다.

반정으로 왕위에 오른 중종은 연산군 시기 무너진 성종 연간의 화려한 문학 정치를 다시 구현했다. 미약한 왕권 강화책의 하나로 명과의 교류가 중시되면서 관각 문인들의 전성기라 할 만큼 화려한 관각문학의 꽃을 피웠다. 그러나 성종 연간 김종직과 그 후예들로부터 본격적으로 시작된 도학 중심의 문학론은 국가를 경영하는 문장이라는 관각 문인들의 문학론과 지속적으로 대립했고, 이 대립은 중종 연간 최고조에 이르렀다.

이러한 문단의 변화로 인해 중종 시기 관각 문인들 또한 '도문일치'를 내세우며 도학을 앞세우는 문학론을 개진하지 않을 수 없었다. 특히 명종 연간 조선에 파견된 명 사신들이 문학에 큰 관심을 보이지 않으면서 당시 중국 사신과의 한시 수창에 큰 노력을 기울였던 관각 문인들의 정치적 공간은 더욱 줄어들었다. 이 시기 관각 문인의 대명사라 꼽히던 정사룡의 쇠락은 조선 정계와 문단에서 문장의 격식을 중시하는 사장파 문인들의 몰락을 의미하는 분기점이 되었다.

조선의 시단은 선조 연간 목릉성세를 거치면서 어느 때보다 풍성한 결실을 보였다. 이 시기에는 16세기까지 유행했던 송시, 특히 전고를 외우고 자구를 단련하는 학습을 통해 배우는 강서시풍 한시의 영향에서 벗어나, 이달·최경창·백광훈 등 '삼당시인三唐詩人'의 등장과 함께 자유로운 감정의 유로流露와 운율을 중시하는 당시로 넘어갔다. 이들은 시인의 내면을 솔직하게 토로하고 정감을 가감 없이 드러내는 시를 추구했으며, 이는 이전 시기《황화집》에 실린 작품들과는 전혀 다른 미감을 보여 준다. 그리고 이러한 새로운 시풍의 유행과 함께 조선의 시단은 본격적인 당시의 유행이라는 새로운 국면에 접어든다.

전란 이후 17세기 초에는 명의 문관 사신들이 조선을 연이어 방문하였다. 그중에서도 역대 최고의 문화 교류를 보여 줬다고 평가받는 주지번의 방문은 한중 문학 교류사에서 하나의 분수령이 되었다. 조선에 들어오기 전 이미《황화집》을 통해 조선 문인들의 한시를 파악하고 있던 주지번은 조선 방문 후 허균을 통해《황화집》에 실리지 않은 진짜 조선의 한시를 수집하며 이를 읽고 비평했다. 어떤 의미에서 외교 현장 밖에서 지어진 조선 일반 문인들의 한시는 이때에 이르러 처음 중국 문인과 만난 것이라고도 할 수 있다.

한편으로 관각 문인들의 문학이 전성기를 누리던 시절에도 도학을 추구하는 문학론은 조선 문단의 저류를 형성하며 면면히 흘러 왔다. 이는 16세기 이황과 그 제자들로 이어지는 향촌 재지 유학자들의 시문학에서도 한 전형을 찾을 수 있다. 명 문단의 문학 흐름과 전혀 다르게 흘러 가던 또 하나의 문학론은 16세기 이후 도학파 문인들이 중앙 정계에서의 활동의 폭을 넓혀 가며 '도문일치' 문학론이 주류의 위치를 차지하는 데 바탕이 되었다.

16세기 후반 전란으로 조선에 파병된 명군과의 교류나 17세기 초 명 문관 사신과의 활발한 문학 활동 속에서 처음으로《황화집》에 실리지 않은 조선 문인들의 생생한 한시 작품을 접한 명 문인들이 조선 시에 대해《시경》〈국풍〉의 '진시眞詩'를 발견했다고 외칠 수 있던 배경에는 이와 같은 조선 문단의 복잡다단한 내적인 변화가 있었다.

중국과의 외교를 위해 갈고 닦은 조선 전기 관각 문인들의 한시 작법 수련은 한편에서 자연 속의 심성 수양을 추구하는 도학파들의 '문이재도' 문학론과 만나 '도문일치'를 추구하는 방향으로 나아가면서, 17세기 이후 조선 문인들은 진정한 조선의 한시를 찾는 길을 마주하게 된 것이다.

김지현

16세기 대명 사행 속
명 문인 교류와 중국 인식:
16세기 사행록을 중심으로

- 16세기 대명 사행록의 자료 현황
- 명나라 문인과 교류 양상
- 16세기 사행록에 보이는 중국 인식

16세기 대명 사행록의 자료 현황

조선 시대 중국 사행은 조선인들의 외국 체험의 중심이자 세계 체험의 길이었다.[1] 그렇기에 조선 시대 500여 년 동안 중국 사행을 다녀온 지식인은 당대의 사행 경험을 글로 남겼다. '조천기朝天記', '조천록朝天錄', '연행기燕行記', '연행록燕行錄' 등이 그것이다. 조선 전기 명나라에 다녀오면서 쓴 작품군은 대체로 '조천朝天~'을, 조선 후기 청나라에 다녀오면서 쓴 작품군은 '연행燕行~'이라는 명칭을 사용했다.[2] '조천~', '연행~'은 중국으로 사행을 다녀온 사람들이 당대 중국을 어떻게 인식하고 있는지[3] 읽을 수 있는 명칭이므로, 이 글에서는 사행을 다녀와서 쓴 작품이라는 중립적인 명칭인 '사행록'이라 부르고자 한다.

중국 사행록은 임금에게 올리는 공적 기록물과 개인의 사적 기록물로 나눌 수 있다. 공적 사행록은 중국 사행의 실무를 담당했던 서장관이 중국에서 있었던 사건을 기록했다가 귀국한 다음에 승문원에 계하啓下(임금에게 재가를 받는 일)하는 것으로, 조정에 공식적으로 제출하는 등록謄錄과 중국에서 본 문물과 제도를 주제별로 독립된 항목으로 적어 임금에게 보고하는 별단別單이 있다.[4] 등록과 달리 별단에서는 보통 '신견臣見', '신등臣等'이라는 용어를 확인할 수 있다. 조헌趙憲의 〈동환봉사東還封事〉(1574), 황진黃璡의 〈견문사건별록見聞事件別錄〉(1587), 신충일申忠一의

《건주견문록建州見聞錄》(1595), 유사원柳思瑗의 〈병신사행문견사건丙申使行 聞見事件〉(1596), 김중청金中淸의 〈문견사건말단헌설聞見事件末端獻說〉 (1614), 정두원의 《조천기지도朝天記地圖》(1630)[5] 등이 여기에 해당된다.

사행에 참여했던 인물들의 개별적 사행문학은 크게 시詩, 일록日錄, 잡록雜錄, 지리지地理志 등으로 나눌 수 있다. 현전하는 사행록을 살펴보면 하나의 장르로 작성된 것도 있지만 여러 가지 장르가 혼재되어 있는 경우도 많다. 안경의 《가해조천록駕海朝天錄》(1621)은 일록과 시가 함께 있으며, 이민성의 〈계해조천록癸亥朝天錄〉(1623)은 일록과 지리지 양식으로 기술되어 있다. 또한 최현의 〈조천일록朝天日錄〉(1608)은 사적 일기와 함께 임금에게 올리는 공적 기록이 함께 서술되어 있다.

중국 사행록의 공적 기록 중 등록은 대체로 규장각에 단행권卷으로 수장되어 있으며[6] 별단은 개인의 사행록 말미에 부록처럼 수록되어 있다. 공적 기록과 달리 개인의 경험담을 기록한 사행록은 단행권으로 만들어진 경우, 문집 내에 하나의 소집小集이나 권차 내에 편년으로 수록된 경우, 시체詩體별로 분산된 경우 등이 있다.

15세기 중반 성종 대부터 명으로 보내는 별행別行[7]이 줄어들면서 전체적으로 16세기 사행 횟수는 15세기 사행 횟수보다 적었으나, 현전하는 사행록은 16세기 사행록이 15세기 사행록보다 많으며 양식도 더 다채롭다. 16세기 사행록에 나타난 대명 사신들의 인식을 살펴보기에 앞서 먼저 이 시기에 창작된 작품의 현황을 살펴보고자 한다.

이 시기에 창작된 사행록은 대략 50여 종[8]으로 15세기 사행록보다는 많다.[9] 사행시의 경우 '조천록', '조천기' 같은 제목[10] 없이 개인 문집 속에 수록된 경우가 많으며, 시체별로 나뉘어 묶인 경우도 있다.[11] 앞 시기의 사행 관련 작품이 모두 서정 장르인 시로만 창작되었던 것[12]

과 달리 이 시기부터는 일기체 산문[일록日錄]이 등장한다. 이러한 일기체 산문은 곧 사행록의 양식으로 보편화되었다.

일기체 산문으로 작성된 사행록은 1534년 소세양蘇世讓의《부경일기赴京日記》를 시작으로 소순의《보진당연행일기》, 정환丁煥의《조천록》, 권벌權橃의《조천록》, 임권의《연행일기》, 유중영柳仲郢의《연경행록燕京行錄》, 허진동許震童의《조천록》, 허봉許篈의《하곡조천기荷谷朝天記》, 조헌趙憲의《조천일기》, 김성일金誠一의《조천일기》, 배삼익裵三益의《조천록》, 정곤수鄭崑壽의《부경일록赴京日錄》, 정철鄭澈의《문청공연행일기文淸公燕行日記》, 민인백閔仁伯의《조천록》, 권협權悏의《석당공연행록石塘公燕行錄》, 이항복李恒福의《조천일승朝天日乘》, 황여일黃汝一의《은사록銀槎錄》, 조익趙翊의《황화일기皇華日記》등 20여 종으로 확대된다.

또 다른 산문 양식으로 잡록 형식의 별단이 있다. 조헌의《동환봉사》, 황진의〈견문사건별록〉, 신충일의《건주견문록》, 유사원의《병신사행문견사건》, 이항복의《조천기문》등이 별단 양식의 산문이다.

사행시로 된 작품도 여전히 창작되었다. 15세기 사행시와 비교해서 살펴보면, 16세기 사행시는 산문화의 영향으로 장편 사행시가 창작되었다.[13] 김성일은 7언고시 111행으로 된 장편 사행시〈조천기행〉을 남겼으며,[14] 황진도 1587년 성절사 서장관으로 북경을 다녀와서[15] 5언2구를 1행으로 하는 고시 486행 4,860자〈조천행록〉을 남겼다.[16]〈조천행록〉은 한양 출발부터 북경에 도착한 후 조회 참석까지의 노정과 견문 그리고 객수를 그린 시로, 사행록 한 편을 하나의 시로 형상화했다는 점에서 매우 중요한 작품이다.

이처럼 15세기 사행록과 달리 16세기 사행록의 경우 사행시에서 장편화와 산문 양식이 나타난다는 점이 특징적이다. 이는 중국 사행에서의 체험과 그에 대한 인식을 보다 구체적으로 확인하는 데 도움을 준다. 16세기 사행문학 자료를 표로 정리하면 다음과 같다.

[표 1] 16세기 사행 문학 자료 현황

사행년도	사행 작품	작자	신분	작품양식
1504년(연산군 10)	제명 없음(《이요정집二樂亭集》)	신용개申用漑	부사	시
1518년(중종 13)	제명 없음(《모재집慕齋集》2)	김안국金安國	사은사	시
1518년(중종 13)	제명 없음(《십청헌집十淸軒集》1, 2)	김세필金世弼	성절사	시
1533년(중종 28)	제명 없음(《양곡집陽谷集》3, 4)	소세양蘇世讓	진하사	시
1533년(중종 28)	〈양곡부경일기陽谷赴京日記〉(필사 1책)	소세양	진하사	일기
1533년(중종 28)	《보진당연행일기葆眞堂燕行日記》	소순蘇巡	자제신분	일기
1534년(중종 29)	〈조천기朝天記〉(《호음잡고湖陰雜稿》2)	정사룡鄭士龍	동지사	시
1534년(중종 29)	제명 없음(《간재집艮齋集》3)	최연崔演	?	시
1537년(중종 32)	〈조천록朝天錄〉(《회산집檜山集》2)	정환丁煥	서장관	일기
1539년(중종 34)	〈조천록朝天錄〉(《충재집冲齋集》7)	권벌權橃	주청사	일기
1539년(중종 34)	〈연행일기燕行日記〉(《정용재집精容齋集》1)	임권任權	동지사	일기
1544년(중종 39)	〈갑진조천록甲辰朝天錄〉(《호음잡고湖陰雜稿》3)	정사룡	동지사	시
1547년(명종 2)	제명 없음(《면앙집俛仰集》2)	송순宋純	주문사	시
1548년(명종 3)	〈서정록西征錄〉(《간재집艮齋集》9)	최연	동지사	시
1562년(명종 17)	《연경행록燕京行錄》	유중영柳仲郢	관압사	일기
1569년(선조 2)	〈관광록觀光錄〉(《소고집嘯皐集》2)	박승임朴承任	동지부사	시
1572년(선조 5)	〈조천록朝天錄〉(《동상집東湘集》7)	허진동許震童	자제신분	일기
1574년(선조 7)	《하곡조천기荷谷朝天記》	허봉許篈	서장관	일기, 시
1574년(선조 7)	〈조천일기朝天日記〉(《중봉집重峯集》10~12)	조헌趙憲	질정관	일기
1574년(선조 7)	《동환봉사東還封事》	조헌	질정관	잡록
1577년(선조 10)	제명 없음(《송천유집松川遺集》1, 2)	양응정梁應鼎	성절사	시
1577년(선조 10)	〈정축행록丁丑行錄〉(《간이집簡易集》5)	최립崔岦	질정관	시
1577년(선조 10)	《조천일기朝天日記》	김성일金誠一	서장관	일기
1577년(선조 10)	〈조천록朝天錄〉(《학봉집鶴峰集》2)	김성일	서장관	시
1579년(선조 12)	제명 없음(《습재집習齋集》2)	권벽權擘	동지사	시
1581년(선조 14)	〈갑오행록甲午行錄〉(《간이집簡易集》6)	최립	서장관	시

사행년도	사행 작품	작자	신분	작품 양식
1584년(선조 17)	제명 없음(《백졸재유고百拙齋遺稿》1)	한응인韓應寅	서장관	시
1586년(선조 19)	〈조천록朝天錄〉《칠봉유고七峰遺稿》1)	성수익成壽益	하지사	시
1587년(선조 20)	〈조천록朝天錄〉《임연재집臨淵齋集》3)	배삼익裵三益	진사사	시
1587년(선조 20)	〈조천록朝天錄〉《임연재집臨淵齋集》4)	배삼익	진사사	일기
1587년(선조 20)	〈조천행록朝天行錄〉《서담유고西潭遺稿》)	황진黃璡	서장관	시
1587년(선조 20)	〈견문사건별록見聞事件別錄〉《서담유고西潭遺稿》)	황진	서장관	잡록
1589년(선조 22)	《월정조천록月汀朝天錄》	윤근수尹根壽	성절사	시
1591년(선조 24)	〈조천록朝天錄〉 상上《만취집晚翠集》1)	오억령吳億齡	질정관	시
1592년(선조 25)	〈부경일록赴京日錄〉《백곡집栢谷集》3)	정곤수鄭崐壽	청병진주사	일기
1593년(선조 26)	《문청공연행일기文淸公燕行日記》	정철鄭澈	사은사	일기
1593년(선조 26)	〈계사행록癸巳行錄〉《간이집簡易集》6)	최립	주청부사	시
1594년(선조 27)	〈갑오행록甲午行錄〉《간이집簡易集》7)	최립	주청부사	시
1595년(선조 28)	〈조천록朝天錄〉 상上《태천집苔泉集》3)	민인백閔仁伯	만수성절사	일기
1595년(선조 28)	《건주견문록建州見聞錄》	신충일申忠一		잡록, 지도
1596년(선조 29)	《병신사행문견사건丙申使行聞見事件》	유사원柳思瑗	주문사 서장관	일기 (별단)
1597년(선조 30)	《석당공연행록石塘公燕行錄》	권협權悏	고급사	일기
1597년(선조 30)	〈정유조천록丁酉朝天錄〉《소릉집少陵集》1)	이상의李尙毅	서장관	시
1597년(선조 30)	〈안남사신창화문답록安南使臣唱和問答錄〉《지봉집芝峯集》8)	이수광李睟光	진위사	시
1597년(선조 30)	〈조천록朝天錄〉《지봉집芝峯集》10)	이수광	진위사	시
1597년(선조 30)	〈정유조천록丁酉朝天錄〉《성소복부고惺所覆瓿藁》1)	허균許筠	서장관	시
1598년(선조 31)	〈조천기문朝天記聞〉《백사집白沙集》별집 5)	이항복李恒福	진주사	잡록
1598년(선조 31)	〈조천일승朝天日乘〉《백사집白沙集》23)	이항복	진주사	일기
1598년(선조 31)	〈조천록朝天錄〉《백사집白沙集》별집 5)	이항복	진주사	일기, 시
1598년(선조 31)	〈조천록朝天錄〉《월사집月沙集》2, 3)	이정귀李廷龜	부사	시
1598년(선조 31)	〈은사록시銀槎錄詩〉《해월집海月集》9)	황여일黃汝一	서장관	시
1598년(선조 31)	〈은사록銀槎錄〉《해월집海月集》10, 11, 12)	황여일	서장관	일기
1599년(선조 32)	〈조천록朝天錄〉《가휴문집可畦文集》2)	조익趙翊	서장관	시
1599년(선조 32)	〈황화일기皇華日記〉《가휴문집可畦文集》9)	조익	서장관	일기
1600년(선조 33)	제명 없음(《오봉집五峯集》5)	이호민李好閔	사은사	시

명나라 문인과 교류 양상

15세기에는 조선 사신, 특히 3사三使(정사, 부사, 서장관)의 경우 공식적으로 옥하관 출입이 그리 자유롭지 않았으나, 사행원들은 대체로 출입이 자유로웠다. 1460년(세조 6) 사은 부사로 파견되었던 서거정의 경우 산해관에서 만난 선비와 요동까지 같이 오면서 시를 주고받기도 했으며,[17] 1490년 11월 진하사 서장관으로 북경을 다녀왔던 김일손金馹孫과[18] 1498년 성절사로 사행에 참여했던 조위도 명의 선비와 교유하며 문천상文天祥 사당을 배알할 수 있었다.[19] 그러나 16세기에 오면 사신들뿐만 아니라 사행원들까지도 옥하관 밖으로 사사로이 나다닐 수 없게 문금門禁이 시행되었다.

문금에 대한 기록은 어숙권의 《패관잡기稗官雜記》에 보인다. 즉 1522년(중종 17, 가정제 초년) 무렵 역관 김이석金利錫이 《대명일통지大明一統誌》를 구매하는 것을 목격한 명나라 관인 손존孫存[20]이 외국인이 살 수 없는 책이라며 문제를 제기해 조선 사신 일행의 옥하관 출입을 막았다고 한다.[21] 이 기록에 따르면 옥하관 문금은 역관 김이석이 《대명일통지》를 구매하면서 시작된 셈이다. 그러나 《중종실록》에는 또 다른 이유가 나온다.

> 좌상 남곤·우상 이유청·대제학 이행·예조참판 김안로가 아뢰기를, "신 등이 들을 때, 예부낭중 손존이 자기가 요구한 《등과록登科錄》을 보내 주지 않은 까닭으로 매우 화를 내어 우리나라 사람의 출입을 규제하더라 말하기에 신 등은 의논한 끝에 굳이 거절하고 보내지 않는다면 그는 반드시 우리나라에서 숨기는 일이

있으리라고 의심할 것으로 생각했기 때문에 《등과록》을 초선抄
選해 보내는 것도 무방하다고 아뢰었던 것입니다. 그런데 지금
와서 초선한 《등과록》과 시문을 보니, 책봉사가 떠날 기일이 촉
박함으로 말미암아 급히 초선한 탓으로 정요精要하지 못합니다.
또 근래 선비들이 저술한 시문은 매우 광채가 없으며, 《등과록》
으로 말하면 일시 유생들이 생각 없이 지은 것이라 더욱 중국에
전파할 수 없는 것입니다. 그것을 보낸다면 그들의 비웃음만을
살 뿐입니다. 신 등이 처음에는 비록 그렇게 아뢰었지만, 지금
상황으로 보아서는 보내지 않는 것이 오히려 낫겠습니다. 손존
이 비록 다시 화를 낸다 하더라도 공무에 관한 것이 아닌데 무슨
지장이 있겠습니까? 마땅히 권변의 말로 대답하기를 '비루한 나
라의 천루한 글로 우러러 더럽힐 수 없다' 하는 것이 어떻겠습니
까?" 하니, 전교하기를, "아뢴 대로 보내지 말라. 예조로 하여금
답할 말을 다시 의논해서 아뢰도록 하라" 했다.[22]

중종은 "예부낭중 손존은 지나치게 따지는 성품이어서 우리나라를 매
우 매몰스럽게 대하는데, 모든 일을 맡아 집행하고 예부상서도 손존의
말을 듣는다"[23]라 말하며 손존에 대해 부정적으로 평가했다. 예부낭중
손존이 조선 사신에게 《등과록》과 조선의 시문을 보여 줄 것을 여러 차
례 요구했으나 조선에서는 《등과록》과 문인들의 시문이 중국에 보일 만
한 것이 못 된다며 보내지 않았다. 손존이 화를 내더라도 공무에 관한 것
이 아니므로 지장이 없을 것이라는 판단이었다.[24] 손존은 조선의 조치
에 불만을 품고 있다가 조선 사신단이 사사로이 서적을 구매하자 이를
문제삼아 조선 사신들의 옥하관 문금을 시행한 것이다.[25] 옥하관 문금

으로 인해 이후 조선 사신들은 북경에서 자유로운 이동이 어려워졌다.

1534년 진하사 소세양이 옛 제도대로 옥하관을 편히 출입할 수 있도록 허락해 달라고 예부에 정문을 올리자, 소세양의 시문을 높이 평가했던 예부상서 하언夏言이 명 황제의 허락을 구해 출입을 일부 허락해 주었다. 이에 진하사 일행은 5일에 한 번씩 정사와 서장관 등이 숙소 밖으로 나갈 수 있었다. 하지만 종자들은 마음대로 출입하지 못했다.[26] 뒤이어 사신으로 도착한 정사룡도 글을 올려 구례대로 모두가 옥하관을 자유롭게 출입할 수 있도록 해 달라고 청하자, 예부상서 하언이 허락해 주었다. 그러나 2년 뒤에는 문금이 강화되어 옥하관에서 조금 먼 곳이라면 공적인 일일지라도 표첩票帖이 있어야만 옥하관 출입이 가능하도록 법이 더욱 엄해졌다. 1547년 주문사 송순은 1534년 소세양이 받았던 성지를 인용하면서 옥하관의 출입을 허락해 줄 것을 예부상서 비채費寀에게 요청했다. 비채의 허가로 송순 일행은 자유로이 북경을 다닐 수 있었다. 그러나 송순 일행이 돌아온 후에는 아예 옥하관 담장에 가시가 설치되었다고 한다. 이처럼 16세기 조선 사신단은 매번 북경에 도착하면 옥하관의 자유로운 통행을 요구했지만 거절당했으며, 간혹 제한적으로 국자감國子監, 천단天壇, 해인사海印寺 등을 유람할 수 있게 해 주었을 뿐이었다.[27]

문금으로 인해 16세기 조선 사신들이 북경에서 만날 수 있는 명나라 문인은 예부 관원들로 제한되었다. 소세양이 1533년 북경 옥하관에 있을 때 1521년(중종 16) 조선 출신 환관 김의金義, 진호陳浩와 함께 조선에 왔던 두목頭目(무역을 목적으로 중국 사신을 따라온 북경 상인) 정찬鄭瓚이 옥하관을 찾아온 일이 있었다. 소세양이 북경에 도착한 지 거의 한 달이 다 될 무렵이었다. 소세양이 왜 일찍 찾아오지 않았는지 묻자 정찬은 관원들이 무서워서 올 수 없었다고 답했다.[28] 옥하관 문금 때문에 조선 사행이 옥하관 외부로 나가기도 어려웠지만, 다른 이들이 찾아오기도 용이하지 않았던 것이다. 조선 사행들은 압록강을 건너 북경 옥하관에 도착하기까지 찰원察院(조선 사신의 숙소로 제공되던 조선관)이 아니라 개인 집에서 숙박하면서 집주인에게 시를 선물로 주기도 했다.[29] 그러나 옥하관에서는 시문을 주고받는 일이 거의 없었다.

16세기 명 문인과의 교류는 한림원 출신 명 사신을 중심으로 이루어졌다. 조선을 다녀간 명 사신과 그들을 접반했던 조선 문인들이 명으로 사신을 다녀오면서 조선에서 이루어진 교류가 이어진 것이다. 소세양과 정사룡이 대표적 인물이다.

소세양은 출중한 시재로 1521년 명사 원접사 이행의 종사관으로 발탁되어 접반 업무를 성공적으로 마침으로써 중종 때 외교의 중심 인물이 되었으며, 이후 공용경, 오희맹, 화찰, 설정총 등 명사가 왔을 때도 이들을 접반했다. 1533년(중종 28)에는 명 가정제의 황태자 탄생을 축하하는 진하사가 되어 북경으로 갔다. 소세양 일행이 북경에서 머물던 3월 4일, 옥하관 주사가 소세양의 자제군관인 소순이 기록한 사행록과 시들을 보고 싶다고 했다. 소순이 통사를 시켜 사행록의 일부분을 보여주었고,[30] 주사는 시문을 예부에 전했다. 북경을 떠나기 전날인 3월 11일 예부낭중 증존인曾存仁이 옥하관으로 찾아와 예부상서 하언이 소세양의 시를 볼 수 있기를 청했다며 시를 부탁했다. 이에 소세양은 시 몇 편을 적어서 보냈다.[31] 소세양이 하언에게 보낸 작품은 다음과 같다.[32]

〈국자감에 이르러 성인을 뵙다[詣國子監謁聖]〉

새벽 일찍 의관 갖추고 공자님 뵈러 가	晨起衣冠謁素王
태평성대 현송하는 기쁨 양양하노니	太平絃誦喜洋洋
높으신 덕 천년토록 제향 끊이지 않으며	德尊不廢千年享
크나큰 덕 그 경지 엿보기 어려워라	道大難窺數仞墻
단 위의 붉은 살구꽃 반나마 떨어졌는데	壇上杏花紅半落
뜰 앞에 푸른 회나무 줄지어 서 있어	庭前檜樹翠成行
평생토록 홍안편鴻雁篇만 노래하다가	平生只會歌鴻雁
오늘에서야 석고石鼓를 곁에서 만져 보누나	今日摩挲石鼓傍[33]

〈상마연上馬宴〉

스무 날 사이 마중과 배웅 잔치 열어 주니	宴開迎餞兩旬間
춘삼월을 황제 나라에서 보냈다오	三月皇州却未還
버들개진 늙은 나그네 귀밑보다 희고	柳絮白於衰客鬢
복숭아꽃은 미녀의 뺨보다 붉도다	桃花紅勝美人顔
울적한 봄 수심은 빈 여관에 가득하여	春愁黯黯延空館
가고픈 맘 훨훨훨 고국산천 눈에 선해	歸興翩翩滿故山
조만간 맡은 사신 임무 마치고 나면	早晚句當公事了
옷 떨쳐입고 휘파람 불며 산해관 나서리	拂衣長嘯出秦關[34]

예부상서 하언은 소세양의 이 두 작품을 높이 평가하여 그에게 "이런 줄 알았다면 진작 조선 사신을 후하게 대우했을 것이다"라고 전하면서

답례로 시 몇 수를 지어 보냈다고 한다.[35] 하언은 명나라 가정제의 총애를 받던 문신이었다.[36] 1537년 당시 각로 하언은 《교사주의郊祀奏議》를 공용경에게 주어 조선으로 보내고, "조선은 예의를 지키는 나라"라며 공용경이 조선으로 갈 때 송별시를 지어 주기도 했다.[37] 공용경이 "소세양은 총명하고 신중하며 도량이 있어 내가 그 사람을 좋아하기 때문에 그를 위해 청심당淸心堂에 대한 명을 짓는다"라고 했다.[38] 정사룡이 북경에서 공용경을 만나서 청심당에 대한 시를 청한 소세양의 부탁을 전하자, 공용경은 시로서는 소세양이 청심당을 세운 뜻을 드러낼 수 없다며 〈청심당명〉을 지어 주었다고 한다. 공용경이 소세양에 대해 매우 호의적이었음을 알 수 있는 대목이다.[39]

소세양의 '청심당'이라는 당호는 1521년 당고가 지어 준 것이다. 당고는 당호와 함께 〈청심당시〉도 지어 주었으며,[40] 사도 또한 청심당에 대한 시를 지어 주었다. 특히 사도는 소세양을 "소자는 근후謹厚한 사람이다"[41]라고 평했다. 사도의 제자인 오희맹이 조선에 가게 되자, 사도는 "조선의 예법과 문장이 중국에 비등하다"고 말하기까지 했다.[42]

청대 1705년에 편찬된 주이존의 《명시종明詩綜》에 고려와 조선의 한시가 수록되어 있는데, 고려 시대 문인 9명의 시 11수와 조선 시대 문인 81인의 시 125수가 살려 있다.[43] 이 중에서 소세양의 한시는 다른 조선 문인들보다 많은[44] 8수가 실려 있다.[45] 《명시종》뿐만 아니라 1709년에 편찬된 《어선명시御選明詩》에도 소세양의 한시 5수가 수록되어 있다.[46] 여기서 《명시종》과 《어선명시》의 경우 참고한 자료 중 일부가 바로 누차 간행되었던 《황화집》이었음을 알 수 있다.[47]

내 나란히 푸른 산 지나 가노니　　　　　　我竝靑山行

산길 갈 제 참으로 좋은 경치 많아	山行信多景
계곡과 연못 맑아서 밑 다 보이고	淵潭淸見底
상록수의 푸르름 그림자와 섞이네	杉檜翠交影
때마침 강 위 하늘 흐려지고	況當江陰天
바람 불어 쌀쌀하고 서늘하네	風日淒以冷
쓸쓸하던 저녁 늦게 비 그치더니	蕭蕭晩雨霽
우뚝 솟은 총수령이 보이네	突兀見斯嶺
깎아지른 바위산 서로 빙둘러	巖巒互迴合
텅 빈 산골짜긴 매우 고요하여	洞壑極沖靜
마치 그림 병풍 편 것 같으니	有如畫圖開
새로 단청 칠할 필요 없겠구나	不用丹靑炳
지난날 이곳 지났던 동 학사께서	曩時董學士
유람하며 진경 보았다 하시더니	探討得眞境
이 경치 보신 후 진정으로 기뻐하며	眷玆心賞諧
연달아 시구 지어 이곳 풍경 읊으셨지	更將文字騁
지금까지 맑은 풍격 늠름하여	至今凜淸風
오랜 세월 지난 것을 깨닫지 못하네	不覺歲月迥
그분 마음 아는 사람 마침 있으니	賞音會有人
두 분 사신 다시 오시어 보신다면	二妙復來省
양춘곡을 이어서 화답을 하시리라	陽春一繼和
필력이 굳세고도 웅걸차신데	筆力肆豪猛
못난 내가 뒤따르게 되었네	小子忝後塵
성대한 일 맘은 이미 알고 있어서	盛事心已領
지난 일이나 지금까지 생각나니	攬舊又感今

마음속의 회포 더욱 그리워지네	中懷益耿耿
시 읊고서 오래도록 우두커니 있으니	沈吟久佇立
앞 봉우리 감은 눈으로 들어오는 듯[48]	前峯欲含瞑

당고가 지은 〈총수령을 지나며[過葱秀嶺]〉에 소세양이 차운한 작품이다. 당고가 지은 작품에 사도, 이행, 정사룡, 이희보가 모두 차운했는데, 소세양의 작품만 《명시종》과 《어선명시》에 실렸다. 시 중반에 동월이 조선에 사신으로 왔던 것처럼 당고와 사도 두 사신도 계속해서 방문했음을 말하며, 사신 응대에 대한 일을 논하는 모습이 그려져 있다.

공용경은 조선을 다녀간 이후 명나라 조정에서 조선의 문물과 예의 법제가 중국과 다름없다고 극구 칭찬했다. 그는 특히 정사룡에 대해 높이 평가하며, "내가 조선에 사신으로 왔을 때, 형조 정 판서가 맞이하여 왕래한 지 한 달여쯤 되었다. 좌우에서 수행하니 날마다 더욱 친분이 두터워졌다. 행차하여서 높은 곳에 올라 조망할 때도 함께하지 않은 적이 없었으며, 시가 수십 편을 지음에 곧장 창화하는데 이 시문의 기상과 맛이 가지는 우아한 느낌을 더럽히지 않았다. 압록강을 건너 북경으로 돌아가야 하는 바쁜 때이지만, 이별의 슬픔을 이기지 못하겠다. 이별의 정이 말 위에 떠 있어 다 표현할 수 없구나"[49]라며 정사룡과 헤어지는 슬픔을 노래하고 그의 시문 창화 능력을 높이 평가했다.

공용경은 정사룡이 1534년(중종 29)에 동지사로 북경을 다녀와서 지은 《조천일록》의 서문을 써 주기도 했다. 정사룡이 지은 《조천일록》에 대해 "침착하고 담박하며 글을 꾸미려 하지 않았다"며 높이 평가하고, 조선에서도 매우 뛰어난 선비임을 알 수 있다고 했다. 그리고 《서경》 〈대우모〉의 "오직 덕이 하늘을 감동시켜 먼 데까지 이르지 않는 곳이 없다[惟德動天 無遠弗屆]"는 구절을 인용하여, 명나라에서 인재를 육성하는 덕이 조선에까지 미쳤다고 표현했다.[50] 공용경은 자신이 북경으로 돌아간 후에도 편지를 왕래하자고 정사룡에게 청했다. 당시 명나라 관원과 사사로이 편지를 왕래할 수 없었던 점을 고려하면, 공용경이 정사룡에게 얼마나 깊은 호감을 가졌는지를 짐작할 수 있다.[51]

1536년(중종 31) 성절사 송겸宋珠은 북경에서 은 25냥을 주고 구매해 온 《문원영화文苑英華》(북송 때 간행)라는 시문집의 필사본을 간행하려 했다. 하지만 정사룡은 이 책이 오자와 착간이 많아서 그대로 간행할 수 없다며 공용경에게 선본을 구할 수 있는지 물었다. 이에 공용경은 명 조정에서도 구하기 어려우며, 최근 운남에서 발견된 《문원영화》 1질을 은 13냥에 구매해 왔다는 사실을 알려 주면서 조선에서 구할 것을 주청하면 가능할 것이라며 긍정적인 답변을 전했다.[52] 또한 공용경은 북경으로 돌아가면 동월이 지은 《조선부朝鮮賦》에 의거하여 《속조선부》를 지어 출간할 것이라고 정사룡에게 미리 말해 주기도 했다.[53] 실제 공용경은 압록강을 건너 요동에서 조선에서 제공받은 지리지를 참고하여 《사조선록使朝鮮錄》을 완성하고 간행했으며, 이는 당대에 바로 간행되어 서점에서 유통되었다.[54] 《사조선록》은 조선에 오는 명사들이 늘 참고한 책이었고, 조선에서도 명사를 맞이하기 위해 반드시 읽어야 하는 서적이었다.[55]

예부상서 엄숭 또한 "조선의 문물과 예의 법제가 중국과 다름이 없다고 하니, 매우 가상하다"라 말하며 조선인을 함부로 대하지 못하게 했다.[56] 공용경은 압록강을 건너기 전 정사룡에게 사람을 시켜 편지를 내왕하자고 말했다.[57] 쉽지는 않았지만,[58] 조선 사신이 북경에 가면 공용경, 오희맹, 화찰, 설정총의 집에 찾아가 안부를 묻고 소세양, 정사룡의

편지와 선물을 전하기도 했다.[59]

명 문인과의 교류는 한림원 출신의 명 사신이 오면서 이루어지게 되었다. 명 조정에서 한림원 인물 중 문재가 뛰어난 정사를 차출하여 조선에 보냈기 때문에 조선 조정에서도 시재가 뛰어난 이들을 엄선해 명사를 접반했다. 1537년(중종 32)에 황태자의 탄생을 알리러 온 공용경과 오희맹은 조선에 매우 우호적인 문인이었다. 이후 명과 조선 문인 간 교류는 공용경을 중심으로, 1539년(중종 34)에는 화찰과 설정총을 중심으로 계속 이어졌다. 1537년 서장관 정환과 1539년 주청사 권벌, 동지사 임권 등이 남긴 사행록은 소세양, 정사룡 등이 계속해서 공용경, 화찰, 설정총 등과 교유를 이어 갔음을 알려 준다.

16세기 사행록에 보이는 중국 인식

명에 대한 사행은 3개월에서 6개월에 걸쳐 이루어지는, 짧다면 짧고 길다면 긴 중국 여행이다. 이혜순은 여행을 하면서 여행 대상국에 대한 인식이나 느낌에서 여행자 자신의 고정관념과 편견이 나타나게 되고, 이를 통해 여행국의 문화에 대한 무의식적인 조작이 이루어진다고 했다. 그리고 고정관념이나 편견을 가지고 온 여행자가 실제 체험을 통해 자신의 지식과 기대가 오류였음을 깨닫고 갈등하며 여행국에 대한 새로운 이해에 도달하게 되는 것도 바로 '여행'이 보여 주는 동력이라 했다.[60] 사행록은 또한 기록문학이기도 하다. 사행록을 창작하는 과정에서 작품 소재, 즉 중국에서 보고 듣고 경험하게 되는 모든 것이 반드시 작품을 창작-기록하는 것보다 선행한다. 관념으로 이해하고 있던 중국을 실제 경험하면서, 이에 대한 새로운 이해를 바탕으로 중국을 기록하게 된다. 이는 중국에 대한 작가의 관점 변화를 반영하며, 사행록을 읽은 집단 구성원에게도 영향을 미치게 된다.[61]

16세기 조선의 정치사를 보면, 중종반정으로 김식金湜, 조광조 등의 기호사림이 정계에 등장한 후 여러 차례의 사화를 거치다가 사림파가 훈구파와의 정치투쟁에서 승리한다. 이후 사림파는 선조 대에 관료의 공급원으로서 중앙 정계의 핵심 세력으로 등장하게 된다.[62] 또한 16세기는 사림파 주자학자들의 정계 등장과 함께 이황, 이이에 의해 주자학적 세계상이 완성되어 간 시기이다.[63] 이에 따라 16세기 명으로 가던 사신들도 점차 사림파가 중심이 되었으며, 그들은 주자학적 관념 속에서 중국을 바라보고, 자신들이 가지고 있던 인식의 틀에 따라 명의 풍속을 기록했다.

주자학자인 사신들에게 '명明'이라는 나라는 공자·맹자·주자가 살았던 그리고 그 후손이 살아가고 있는, 유학-주자학의 이념 속에 다스려지는 나라였다. 하지만 현실의 명은 15세기 중반 상업이 발달하면서 이미 가족 단위의 친족질서가 붕괴되기 시작했다. 《시경》과 《서경》을 읽던 집안이나 고대 예악禮樂을 따르던 가문도 부귀영화에 광분하면서 빈곤을 혐오했다. 상대를 고소하는 것을 즐겼으며, 권력을 이용해 누가 정직하고 부정직한지를 구별할 수 없을 만큼 재판에 압박을 가했고, 사치와 치장을 즐기며, 예는 지나쳐 절제가 없고, 복장과 글은 진실하지 못한 사회가 되었다.[64]

명 중엽 사대부들은 과거시험에만 매달리지 않고 다른 생계를 모색했다. 적잖은 사대부가 공장이나 상점을 운영했으며, 전당포를 경영하면서 돈을 모았다. 상품경제의 환경 속에서 하층 문인들의 시문과 서화는 문화시장의 상품이 되어 팔렸다. 이에 그들은 과거시험 관련 서적 등을 지어서 팔기도 했다. 이 같은 변화는 문인들이 또 다른 생애를 모색하게 해 주었으며 부를 쌓을 길을 열어 주기도 했다. 요컨대 16세기 명의 유가 사대부들은 상업의 발전에 따라 상인의 사회적 지위를 새롭게 평가했다. 상인은 돈을 주고 관직을 사서 벼슬에 나아갈 수 있었다. 문인 또한 장사를 통해 부를 쌓을 수 있었다.[65]

그러니 주자학이라는 관념의 틀을 가지고 명으로 갔던 부경사신들은 이러한 명의 모습에서 관념과 현실의 괴리를 느낄 수밖에 없었다. 그중에서도 조선 사신을 가장 불편하게 만들었던 것은 만연한 기복祈福신앙이었다.

만연한 기복 풍속

조선 전기 사행로 중 요동 해주위에 위치한 삼차하三岔河는 요하遼河(거류하巨流河), 혼하渾河, 태자하太子河가 합류하는 곳으로 요동 지역 조운의 중심지였다. 《전요지全遼志》[66] 〈해주위경도海州衛境圖〉를 살펴보면 삼차하 동쪽에 천비묘가 그려져 있는 것을 확인할 수 있다. 천비묘는 천비天妃(바다의 여신)를 모시는 곳으로, 천비는 천후天后, 천후성모天后聖母, 마조媽祖, 해신낭랑海神娘娘이라고도 불렸다. 송나라 때 시작된 천비신앙은 천비를 안전한 항해와 조업을 도와주는 신으로 숭배하던 신앙으로, 사행과 관련해서는 주로 해로 사행과 관련된 지역에서 확인된다.[67] 사행사들은 삼차하의 천비묘를 천비낭랑묘天妃娘娘廟 또는 이비묘二妃廟라 불렀다. 이비二妃는 요 임금의 두 딸로 순의 아내였던 아황과 여영을 말한다. 이비는 순이 죽은 후 상수에 빠져 죽었는데 이들을 위해 후대인들이 상수 가에 이비묘를 세웠다고 한다. 천비묘와 이비묘를 혼동한 것과 관련하여, 당시 삼차하에 있던 천비묘가 천비와 이비가 습합되어 있어서였는지 아니면 당시 사행사가 천비를 이비로 착각해서였는지는 분명하지 않다.[68]

성현成俔은 1498년 성절사로 북경에 가는 조위曺偉에게 북경으로 가는 노정을 읊으면서, 요동을 지난 사신 행차가 삼차하의 이비묘에서 쉬어 간다고 했다.[69] 1495년(연산군 1) 사행했던 이주李胄는 "천비묘를 남겨 상군湘君을 욕보이네[天妃留廟辱湘君]"라며 아황과 여영을 천비로 보았다. 그는 천비묘를 세워 기도하는 것을 못마땅하게 보았기에 "음사淫祠의 풍속을 묻고자 한들 말이 서로 다르구나[風淫欲問邦音異]"[70]라며 천비묘를 '음사'라 칭했다. 이러한 견해는 이승소의 시에서도 확인할 수 있다. 이승소는 1480년 사행 당시 이곳을 지나며 〈이비묘〉라는 시를 읊었다. "어떤 귀신이 토우에 달라붙어서 길 가는 이를 속여서 돈을 던지게 하는가[何物鬼神憑土偶 枉敎行旅捨金錢]"[71]라는 구절에서 이비에게 기도 드리는 것을 부정적으로 보았음을 알 수 있다.[72]

중종 32년(1537) 6월 10일 사은사 강현姜顯의 서장관으로 사행에 참여했던 정환丁煥은 중국의 기복신앙 상황을 다음과 같이 적었다.[73]

> 우리 등이 중국 땅에 들어가니, 곳곳마다 신을 섬기느라 더럽혀져 있었다. 묘당과 사당을 짓고 소상塑像을 만들거나 돌에다 새겨 놓았다. 혹 관왕묘關王廟, 무안왕묘武安王廟이거나, 혹 태산행사泰山行祠, 관음묘觀音廟, 낭랑묘朗朗廟, 이비묘 등 부르는 명칭이 하나가 아니며, 8~9리 사이에 혹 4~5곳이나 있었다. 백성들의 초막집에서도 소상을 세우고 섬기지 않는 곳이 없었다.[74]

조광조의 문인이었던 정환은 관왕묘, 태산행사, 관음묘, 낭랑묘, 이비묘 등 섬기는 신神이 하나둘이 아니며, 그러한 묘당과 사당이 일반 민가에까지 만연해 있는 모습을 보고 크게 개탄했다. 일반 백성뿐만이 아니라 관원도 초하루와 보름마다 복을 구하기 위해 묘당을 찾았다.[75] 당시 명에서는 신도神道가 유행이었다. '신도'는 병에 걸려도 의원을 찾아가 약을 처방받는 것이 아니라 묘당을 찾아 신의 말을 듣는 것을 일컫는다.[76] 사대부 집에서조차 아이가 설사병에 걸리면 의원을 찾지 않고 바로 무당을 불러 지전을 태우며 신에게 기도를 드리는 것이 당시 명의 풍속이었다.[77] 이는 요동과 요서 모두 똑같았다. 1574년 사행했던 조헌과 1598년 사행한 황여일의 기록에서도 이러한 풍속을 확인할 수 있다.[78]

> 상사, 부사와 함께 국자감에 가서 알성례謁聖禮를 행하니, 동지사와 서장관도 함께 왔다. 소왕素王 공자와 사성四聖, 십철十哲 및 여러 현인賢人의 위차가 우리나라와 다름이 없는데, 다만 위패가 독櫝 없이 드러나 있어 먼지가 뽀얗게 쌓였으니 흠모하는 정성이 전혀 없었다. 강당과 재사齋舍도 텅 비어 있었다. 이에 대해 소갑 등에게 물으니, 근자에 더욱 심하다고 답했다. 아! 불교의 이단이 침입하여 그러한가? 내가 바다를 건너온 이래로 등주에서 북경까지 2,000리 사이에 사찰과 암자가 도처에 널려 있고, 금동金銅 부처가 성시에 휘황하게 빛났으며, 구중궁궐이 있는 경사京師에도 불교 신도가 우글우글하고 사찰이 연달아 있었다. 사람들이 모두 좌도左道에 빠지고 세상이 다투어 사귀邪鬼를 섬겨 공경대부에 이르기까지 물들지 않은 자가 없어서, 드디어 성도聖道가

길이 막히고 성묘聖廟만 건성으로 서 있으니, 어찌 탄식을 금할
길이 있으랴?[79]

후금의 발호로 육로 사행이 막힌 후 해로 사행으로 북경에 갔던 홍익한이 국자감을 다녀오면서 기록한 글이다. 홍익한은 등주에서부터 북경까지 오는 동안 도관과 사찰 그리고 기도하는 신도들을 수없이 목격했다고 기록하면서 황폐한 국자감의 모습에 깊이 탄식하고 있다. 홍익한이 사행했던 시기는 명나라 말기로 더 이상 국자감을 운영하기 어려웠을 때이다. 그는 국자감의 황폐함과 대비되던 사행로 내의 기복 행위를 기록하면서 성인의 도가 무너졌다고 개탄했다. 홍익한만이 아니었다. 당시 명으로 사행 갔던 이들의 사행록에는 중국 각지에서 행해지던 기복 행위를 보면서 무척 놀라워하고 올바른 도가 무너졌다는 한탄이 곳곳에 기록되어 있다.

1539년(중종 34) 동지사로 갔던 임권은 산해관으로 들어가기 위해 관문 밖에서 기다리다가 옷을 갖춰 입은 한 무리 사람들을 보고 호기심이 일어 어디로 가는 사람들인지 알아 보았다. 놀랍게도 그들은 관우의 생일을 맞아 관왕묘에 제사를 지내고 오는 관리와 유생들이었다.[80] 명의 경우 관왕묘는 중국 전역에 세워져 있었다. 중국의 관리가 처음 부임할 때 목욕재계하고 가서 참배하는 곳이 관왕묘였다.[81] 관우는 일반 백성들도 관우 화상을 집 벽에 걸어 놓고 분향할 정도로 신봉하던 신이었다.[82] 1576년 서장관 허봉 또한 요동의 관우 사당을 보고는 "일찍이 관운장이라고 한다면 이럴 수가 있겠는가? 구원九原에서 이를 알고 있다면 그 누가 그 제사에 흠향을 하겠는가?……관운장의 정신과 기백이 죽은 후에 한漢이 멸망하는 것을 붙들지 못했는데, 곧 명 태조를 수천

년 뒤에 보좌했다고 하니 어찌 이런 이치가 있겠는가?"[83]라며 어이없음을 토로했다.

조선에서 관우를 모신 사당이 세워진 것은 임진왜란 이후 조선에 온 명의 장수들에 의해서였다.[84] 그 뒤 17세기 조선 사신의 관왕묘에 대한 인식은 달라졌다. 임진왜란 직후 사행했던 이항복이 산해관에서 관왕묘를 읊었던 〈차해월관왕묘운次海月關王廟韻〉를 보면, 관우의 업적을 칭송하면서 관우의 위엄이 여전히 화이華夷를 진동시킨다고 긍정적 시선을 보인다.[85] 임진왜란 이후 관왕묘에 대한 인식이 부정에서 긍정으로 변했음을 알 수 있는 대목이다.

16세기 사행록 속 기복신앙에 대한 기록은 사뭇 비판적이었다. 이는 청 건국 이후 중국이 오랑캐의 나라가 되었다고 여겼기 때문인지 조선 후기 사행록에서 중국 내 사찰과 기복신앙에 대한 모습을 담담하게 적고 있는 것과 매우 대조적이다.

명의 상례

16세기 사행록에 많이 보이는 명의 풍속은 바로 '상사喪事'와 '장례葬禮'에 관한 것이다. 명에서는 사람이 죽으면 시체를 관에 넣고 장례를 치른 후 관을 안치해 두었다가 길일을 택하여 매장했다. 이 때문에 길일이 택해질 때까지 오랜 기간 관이 그대로 방치되는 경우가 많았으며 심지어 관이 썩어 백골이 노출되기도 했다. 상례喪禮를 치르는 모습도 조선과는 차이가 있었다.

우리나라 상례는 《주자가례》를 따르고 또 주나라 의례를 참고했다. 고금의 마땅함을 따르니 정문情文의 절도라 칭하여 정을 따라 곧바로 행하지 않음이 없으니 실로 성왕의 올바른 법도이다.……자식 된 자가 부모가 돌아가시면 입고 있던 옷을 벗고 머리를 풀어헤치고 다만 맨발로 무수히 통곡하면서 삼일 동안 죽조차 마시지 않는다. 부모가 돌아가신 지 이틀날에 머리를 묶고 나흘째에 옷을 입는다. 중문 밖에 거처하며 잠은 흙과 이엉을 얽어 만든 베개를 베고 자며 상복을 벗지 않으며 사람들과 대화를 나누지 않고 부인과 서로 만나지 않는다. 아침저녁으로 영좌靈座 앞에서 목 놓아 울고, 밥을 올리고서 또 통곡한다. 조석간에 슬픔이 지극하여 영좌에서 곡하며, 곡을 마칠 때까지 밥을 조금 먹고 물을 조금 마신다.……대개 우리나라 풍속에서 백성들이 상을 당하면 누구나 낮은 걸음으로 와 도와준다. 친척과 벗의 상사에는 반드시 돈, 의복, 향, 촛불 등의 물품으로 부의賻儀하고 통곡하며 조제함에 있어서 정情과 예를 다한다.[86]

김성일이 조선 상례에 대해 기록한 부분이다. 그는 조선이 《주자가례》와 주나라 의례를 참고해서 상례를 치른다고 서술하고, 부모가 유명을 달리한 후 치르는 장례와 졸곡 때까지의 상제를 지낼 시 몸가짐을 적었다. 명의 상례는 엄연히 조선과 달랐다. 1574년(선조 7) 성절사 질정관으로 명에 갔던 조헌은 탕참 근처에서 부친상을 치르는 김조상金祖尙의 집에서 하룻밤을 묵었는데, 김조상과 그 형제들이 아버지 상을 당하고서도 고기를 먹고 서로 다투는 것을 보고는 크게 비웃었다.[87] 당시 서장관이던 허봉 또한 이 일을 기록하며 "오랑캐의 풍속이다"라고 평했다.[88] 허진동도 전둔위에서 총병관 양조楊照가 어머니 장례식을 치르는데 주문공례를 따르지 않는다고 기록했고,[89] 정환도 북경 예부에서 집에 상사가 있는데도 불구하고 예부의 잔치에 참석한 거인擧人에 대해 적고는 탄식했다.[90] 이수광은 아비가 죽었는데 장례를 치르지도 않고, 널 앞 의자에 앉아 문상객과 함께 담소를 나누며 술과 고기를 나누어 먹는 중국인들의 모습에서 명의 상제喪祭가 무너졌다고 한탄했다.[91] 황진 또한 부모의 상중에 거문고를 타고 술과 고기를 먹고 무덤을 쓰지도 않는다고 기록한 후 "중화의 풍속을 누가 아름답다고 말하는가[華風孰謂美]"라고 말하며 "부끄러우니 가히 본받아서는 안 되네[可耻不可法]"라고 지적했다.[92] 아비가 죽어도 장례를 치르지 않고, 널 앞 의자에 앉아 문상객과 함께 담소를 나누며 술과 고기를 나누어 먹는 중국인들의 모습을 명나라 상제의 붕괴로 이해한 것이다.[93]

김중청과 허균도 "도리어 장사 지내기 싫어함에 더욱 유감 많으니, 곳곳에 싸늘한 널만 골짜기 중에 놓여 있네[却嫌死葬還多憾 處處寒棺委壑中]",[94] "요동 풍속은 예로부터 부모 장례 치르지 않았으니, 드러난 널 무수히 벼랑 끝 물가에 버려졌구나[遼俗從來不葬親 暴棺無數棄崖濱]"[95]라 읊고 있다. 황여일 또한 영평부에서 중국의 상례를 하나의 항목으로 분류한 후 상례가 무너져 사람이 죽으면 관에 넣어 묻는 자가 드물다고 지적하면서 이는 필시 북쪽의 풍속이 오랑캐의 풍속에 물들었기 때문에 나오는 모습이라 적었다.[96] 명에서 관을 곧장 매장하지 않던 풍습은 청을 다녀와서 창작된 사행록 대부분에서도 확인할 수 있다. 사행록의 이러한 기록은 청의 장례를 오랑캐 풍습이라고 비판하며 조선의 소중화임을 강조하기 위해 선택된 측면도 있다. 그러나 이 같은 중국의 매장 풍속은 명 이전부터 이어져 오던 풍습이었다.[97] 아마도 불교식 장례의 영향을 받은 것으로 추정된다.[98]

15세기 말까지 조선에서는 《주자가례》를 준행하기 위해 많은 노력을 기울였으나 현실에서는 여전히 불교나 민간신앙의 장례를 많이 따랐다. 당시의 장례 방식은 크게 세 가지였다. 먼저 시신을 불에 태워 장사지내는 화장火葬, 다음으로 시신을 일정한 장소에 일정 기간 안치하거나 가매장했다가 유골을 수습하여 정식으로 안장하는 방식, 마지막으로 민간에서 행하던 방식으로 시신을 땅속에 묻는 매장 또는 시체를 태우고 남은 뼈를 추려 가루로 만든 것을 바람에 날리는 풍장風葬이다.[99] 사대부도 《주자가례》를 준행하는 경우는 드문 편이었다. 김종직은 부모의 상을 《주자가례》에 어긋남 없이 마쳤다는 사실을 과시적으로 기록하기도 했다.[100] 15세기 후반까지 대명 사행을 기록한 사행록에는 당시 명의 장례 풍습을 언급하지 않았다. 아마도 명과 조선의 장례 방식이 비슷했기 때문으로 추정된다.

  그러나 16세기 이후 주자학적 교양을 체질화한 사림들이 재지사족으로서 지방의 향촌 사회를 장악하면서, 《주자가례》는 전국적으로 확산되었다.[101] 16세기 후반 《조선왕조실록》 기사 중 불교나 민간신앙으로 치른 상례 관련 기사가 거의 보이지 않는 것은 당시 《주자가례》가 매우 보편화되었음을 시사한다. 16세기 사행록 곳곳에 보이는 명의 장례에 대한 기록이 매우 비판적인 것도 이런 맥락에서 이해 가능하다.[102] 사행록의 이 같은 기록들은 17세기 조선이 상례 연구에 더욱 집중하게 만드는 하나의 동인이 되었을 것이다.[103]

양명학의 배척과 의무려산 공간 의미 확대

  16세기 후반 사행록에서 두드러지는 또 하나의 특징은 양명학에 대한 논변 기록이다. 1566년(명종 21) 윤근수는 서장관으로 명에 다녀온 후 명의 학자 육광조陸光祖(1521~1597)와 벌인 문답을 중심으로《주륙논란 朱陸論難》을 지었는데,[104] 이황과 유희춘은 이 글을 높이 평가했다. 이황은 북경에 가는 유성룡에게 명의 학자를 만나면 힘써 양명학을 논변할 것을 권했고,[105] 유성룡은 북경에서 양명학을 변척卞斥(시비是非를 가려 내침)하고 돌아왔음을 이황에게 편지로 알리기도 했다.[106]

1574년 성절사 서장관으로 북경에 갔던 허봉은 사행록에 자신의 사행 목적이 양명학 변척에 있다고 적었다. 허봉은 명의 유학자를 세 차례나 만나 양명학과 관련해 문답했다. 처음은 요동의 정학서원正學書院을 찾아가서 만난 생원 4명과 함께 왕양명의 배향 문제에 대해 논했다. 그들이 왕양명을 배향해야 한다고 말하자 허봉은 이들에 대해 "완고하고 천박한 자라 아무리 말해도 이해하지 못한다"라 평하고, "이것으로 말미암아 본다면 오늘의 천하에는 다시 주자가 있다는 것을 알지 못한다. 사설邪說이 횡행하여 금수가 사람을 핍박하니, 이륜彝倫이 장차 멸절될 지경에 이르게 될 것이고 국가가 장차 멸망될 지경에 이르게 될 것이다. 이것은 사소한 일이 아니다. 그런데 선비된 자로서 서로 현혹되어 만 사람의 입에서 한 가지 말이 나오니, 비록 사특한 것을 물리치고 올바른 것을 높이는 의논을 석·조 두 분처럼 하는 이가 있다 할지라도 모두 시행하지 못할 것이다"라 비판했다.[107]

허봉은 또한 통주 하점夏店으로 가던 도중에 만난 국자감생 섭본葉本과도 왕양명의 배향에 대해 의견을 주고받았다. 섭본은 허봉에게 양명학 공부에 도움이 된다며《양명문록陽明文錄》[108]과《양명연보陽明年譜》를 읽어 볼 것을 추천했다.[109] 허봉은 다음 날 섭본과 다시 만나 더 논의하고자 했으나 만나지 못했다. 대신 허봉은 섬서陝西의 거인 왕지부王之符

와 만나 양명학에 대해 논의했다. 왕지부는 왕양명에 대해 '위학지도僞學之徒'라 칭하던 주자학자였다.[110] 그래서인지 허봉은 왕지부에 대해 매우 긍정적으로 평했다. 이러한 평가는 질정관으로 함께 사행했던 조헌의 사행록에서도 확인할 수 있다.

> 이륜당은 성전의 서쪽에 있는데 또한 매우 웅장했으나 강당은 자물쇠에 먼지가 쌓여 있었다. 유생들은 어리석어[闒茸] 함께 담론할 수 없었다. 일대의 종유宗儒에 대해 물으니 '나일봉羅一峯(나륜羅倫)·하당河鐺'이라고 대답했다. 나일봉은 이미 죽었고 하당은 물러나 쉬고 있다고 했다. 당대에 숭상하는 바에 대해 물으니 '왕양명'이라고 대답했다. 양명은 곧 왕수인王守仁으로, 육상산陸象山을 조종으로 삼아 주자를 배척한 자이다. 지금 유학이 그 바름을 얻지 못한 것을 알 수 있었다. 마침 부채·붓·먹을 나누어 주었는데 서로 더 많이 갖고자 하여 겸양의 뜻이 없으니, 중국 선비들의 풍속이 점차 보잘것없어짐을 또한 알 수 있었다.[111]

북경의 국자감을 관람한 허진동은[112] 그곳에서 본 선비와 관련하여 두 가지 풍경을 기술했다. 그들이 왕양명을 추숭하고 있는 모습, 선물로 준 붓·먹·부채를 서로 차지하려고 싸우는 광경이다. 허진동은 그들이 왕양명을 조종으로 삼는다는 것을 듣고는 명의 유학이 바른 도리를 잃었기에 어리석어서 함께 담화를 나눌 수 없다고 비판하고, 물건을 탐하는 모습을 묘사하며 겸양의 미덕도 모른다며 강하게 비난했다.

명 국자감 선비의 이 같은 모습은 허진동보다 30여 년 앞서 북경을 다녀온 소순의 기록에도 등장한다. 소순은 조선 사신의 선물인 붓 수십

자루를 하나라도 더 차지하려고 싸우는 국자감 유생들의 모습을 보며 선비의 모습을 찾을 수 없었다고 적었다. 그는 또한 잡초가 가득한 국자감 섬돌과 뜰 풍경을 기록하면서 선생과 학생 모두 게으르다고 평하기도 했다.[113] 임권 또한 국자감을 관람한 후의 기록에서 이곳에 대체로 온전한 선비가 없다고 개탄했다.[114]

국자감에서 만난 명 유생들을 인격적으로든 학문적으로든 부정적으로 기록한 것은 주자학적 관점에서 양명학을 공부하던 명의 선비를 평가했기 때문이다. 그렇기에 함께 도를 논할 수 없는 선비로, 예의를 모르는 사람으로 묘사한 것이다. 이는 주자학에 대한 학문적 자부심의 표출이었다. 이 같은 인식은 다음 서술에서도 확인된다.

> 전날 저녁에 사신 일행이 원탁袁鐸의 집을 가서 보니 모두 평방平房이라 원탁의 집 밖에서 머물러야 했으나, 부득이 허봉과 나는 집 안에서 묵었다. 아침에 원탁이 나를 찾아왔기에, 내가 "힘써 독서를 하고, 부모에게 효도하라"고 권하고는 그에게 붓을 주어 장려했다. 원탁이 말하기를, "대인께서 행하시는 바가 모두 예의의 풍모입니다. 우리 중국은 도리어 이적夷狄의 풍습이 있습니다. 무엇으로 보답할 수 있겠습니까?"라 말하고는 즉시 수박[西瓜]을 가지고 와서 주었다. 원탁의 자는 성화聖化이다.[115]

조헌이 심하역深河驛에서 묵었던 집의 주인 원탁[116]에게 수박을 대접받은 연유를 적은 글이다. 조헌은 늦게 공부에 뜻을 둔 원탁에게 독서와 효도를 강조하면서 붓을 주어 장려했다. 이에 원탁은 감사의 뜻으로 수박을 보냈다. 이 기록에서 주목할 부분은 원탁이 조헌에게 한 말이다. 원탁은 "대인께서 행하는 바가 모두 예의의 풍모입니다. 우리 중국은 도리어 이적의 풍습이 있습니다"라고 말했다. 조헌이 원탁의 입을 빌려 조선 선비를 칭찬하고, 당시 명의 모습을 비판한 것이다.

유학자의 시선, 주자학자의 자부심과 성리학 관념이 개입되면서 15세기 사행 노정 속 공간의 의미도 바뀐다. 광녕역 근처의 의무려산이 대표적이다. 의무려산은 만주 요녕성 북진현 서쪽에 있는 산으로, 순임금이 봉한 중국 유주幽州의 진산鎭山이자 오악오진五嶽五鎭 중 가장 북쪽에 있다. 의무려 혹은 오미려於微閭117) 등으로 쓰기도 하고, 줄여서 의려醫閭라고 하기도 한다.118) 약 886미터로 그다지 높지 않지만, 지리학적으로 북방민족과 경계를 이루는 곳에 위치해 있어 중국에서는 직접 북진묘北鎭廟를 두고 대대로 산신제를 올릴 정도로 중요하게 생각한 산이다.119)

15세기 사행한 이승소는 "화이를 나누어 남북을 열고, 내달리는 산맥 본디 천지가 열리는 것 따랐지[華夷分得朔南界 流峙元從天地開]"라면서 의무려산을 화이를 변별하는 공간으로 표현했다.120) 서거정도 "예로부터 이 진은 정강하기로 불리거니, 동북쪽을 방어함이 얼마나 당당한가[由來此鎭號精强 控禦東北何堂堂]"121)라면서 의무려가 가지는 북진의 의미를 형상화했다. 15세기 사신들의 시에 담긴 의무려산은 지리적으로 화이를 변별하는 기준이라는 중국인들의 인식을 크게 벗어나지 않았다.

그러다가 의무려산에 살았던 하흠賀欽122)으로 인해 16세기 후반 사행 노정 속 의무려산에 대한 인식은 변화한다. 하흠은 어려서《근사록近思錄》을 읽고 깊이 깨우쳤다고 한다.123) 하흠이 평생 스승으로 받들었던 진헌장陳獻章은 심학心學의 선구이다.124) 김안국이《상산집》6책을 사 온 것125)과 최연의 시126)를 보면, 1540년 전후로 진헌장과 하흠에 대한 논의가 이루어지기 시작한 것으로 보인다. 이황은 1566년 〈백사시교변白沙詩敎辯〉과 〈백사시교전습록초전인서기후白沙詩敎傳習錄抄傳因書其後〉를 통해 진헌장과 왕양명 학문을 배척한다. 그는 진헌장 학문의 폐해가 그나마 왕양명보다 적은 이유를 하흠이 진헌장의 잘못을 교정했기 때문이라 보았다. 또한 그는 하흠의 문집이 읽을 만하다고 추천했다.[127] 하곡 허봉도 하흠을 주자학의 계보를 잇는 학자로 보았다.[128] 이정형李廷馨은 북경으로 사행 가는 사제에게 전쟁 중에 잃어버린《의무려집》을 사다 줄 것을 부탁하기도 했다.[129]

이황이 하흠에 대해 높이 평가한 이후, 조선에서 하흠은 주자학을 계승한 학자로 매우 중요시된다.[130] 이는 사행록 안에서 의무려산을 읊은 시에서도 확인된다.

성인과 거리 멀어져 성인의 말씀 더욱 막혀	聖遠言益堙
속학자에겐 구투가 많네	俗學多苟偸
구투가 없으면 제각기 달리 주장하니	否亦各主見
근원은 같아도 학문의 흐름 다르네	同源而殊流
치지致知를 공부함에 혹 함양함 적고	知或少涵養
함양함엔 혹 치지가 주밀하지 않네	養或知未周
오랫동안 주희 선생님	千載朱夫子
숭산 같이 높음을 의심치 않으니	不疑如嵩丘
주경과 궁리는	主敬與窮理
한 쪽 날개로는 날 수 없다네	隻翼飛莫由
육상산의 학문은 선에 가까워	象山學近禪
논쟁이 특히 쉬지 않는구나	辯爭殊不休

주자께서 길을 넓혔기에	此雖廓大路
상산도 중국에 전해진 것이라	彼或傳中州
근자에 하흠 선생께서	近者賀先生
정히 다시 주자의 그늘에 기대어	正復堪依庥
거듭 치지와 함양설을 밝히니	申明知養說
아호鵝湖의 세월과 거리가 없다네	未隔鵝湖秋
오래도록 의려 호칭 공경하노라니	久敬醫閭號
산을 바라봄에 내 마음 아득하네	瞻山我思悠
이 산은 종고토록 푸를 것이니	玆山終古蒼
높은 기풍 산과 더불어 같으리라	高風與之猶[131]

 최립이 1577년(선조 10)에 질정관이 되어 광녕을 지나면서 의무려를 보고 쓴 작품이다. 최립은 의무려산에서 학문을 연구했던 하흠을 중심으로 공간을 인식했다. 최립은 하흠을 주자학의 정통으로 보았으며, 의무려산에 하흠을 투영하여 시로 형상화했다.[132] 세상이 끝날 때까지 변함없이 푸른 의무려산처럼 하흠의 덕도 푸를 것이라고 했다. 김성일도 〈조천기행〉에서 광녕역의 풍경 중 의무려산을 보면서 하흠을 떠올렸다. 하흠은 없지만 여전히 우뚝 솟아 있는 의무려산을 하흠의 정신, 즉 주자학의 공부를 상징하는 산으로 인식한 것이다.[133]

 16세기에는 의무려산을 보며 북진의 의미와 더불어 하흠과 주자학을 떠올렸다. 쇄국정치를 행했던 명을 공식적으로 여행할 수 있는 조선 사람은 사신밖에 없었다. 그것도 정해진 사행 노정으로만 가능했다. 주자가 살았던 무이산武夷山의 경우 조선 선비들은 아무리 원해도 갈 수 없었다. 반면 의무려산은 사행 노정 속에 쉽게 찾아갈 수 있었다. 의무려산은 주자학을 계승했던 하흠이 살았던 곳이므로, 하흠의 옛 집터 방문은 하흠을 기리는 차원을 넘어 주자에 대한 흠모의 표현이었을 것이다. 그래서인지 조선 중기로 오면 하흠이 살았던 의무려산은 화이를 구분하는 지리학적 공간에서 '참 앎'에 대한 학문적 고민을 포함한 도학의 공간으로 의미가 변화했다. 앞선 시기 의무려산이 바라보기만 하는 곳이었다면, 16세기 후반으로 갈수록 도학을 위해 한 번쯤 시간을 내서 유람해야 하는 곳으로 인식이 변했다.

배삼익은 1587년 사행했을 때 의무려산 유람 계획을 세웠다가 비가 멈추지 않아서 갈 수 없었다며 아쉬움을 토로했다.[134] 배삼익처럼 의무려산을 유람하려던 모습은 여러 사행록에서 볼 수 있다. 그러나 임란 이후 17세기에 접어들면서 조선 선비들은 의무려산을 16세기 후반처럼 하흠을 매개로 한 도학적 공간으로 인식하지 않았다. 이정귀의 〈유의무려산기遊醫巫閭山記〉에 등장하는 의무려산은 장쾌한 유람의 공간이었다. 16세기의 성리학적 관점에서 벗어나는 모습이다.[135]

여행은 '타자'를 통해 '자아'의 위치를 정하는 것이다. 16세기 명으로의 여행 주체였던 사림들은 주자학적 관점을 지니고 있었다. 그들의 눈에 비친 명은 성리학의 도가 행해지지 않는 곳이었다. 그들이 16세기 명을 직접 체험하면서 기록한 일기체 산문 사행록 곳곳에는 명의 마을마다 있는 묘당 및 사당, 그곳에서 행해지는 기복신앙, 상사喪事 이야기, 뇌물과 작은 이익에 다투는 모습 등이 비판적으로 서술되어 있다.

기록은 실존적 사실로 가치가 있으며, 작자와 소속 집단 전체 구성원 및 독자에게 기대감을 심어 준다. 그리고 기록된 사실의 성격에 따라 독자나 집단 구성원들에게 영향력을 행사한다. 사행록도 마찬가지다. 주자학적 시선에 입각해서 기록된, 기복 풍속이 만연해 있으며, 주자가례를 따르지 않는 장례 풍습 등 생활 속에서 유교의 도를 잃어버린 명의 모습은 조선에서 주자학의 심화를 더욱 촉진시켰을 것이다. 조선 주자학에 대한 자신감을 더욱 공고히 하고, 조선의 예악 문물 문화에 대한 자부심을 확장시켰을 것이다. 조선이 "예의지국으로 예악 문물이 성대한 나라"임을 자부하도록 만들었을 것이다. 이 같은 모습은 앞 시기의 사행록에서는 거의 찾아볼 수 없었다. 임진왜란 시기 명의 도움을 받은 이후에는 명을 비판적으로 바라보던 시선에서 벗어나 그러한 명의 풍속을 요동을 점령한 오랑캐-호족의 풍속으로 기록했다. 이후 청으로 교체된 후에는 이러한 양상이 더욱 두드러졌다. 대청 사행록 곳곳에 청에 대한 비판적 시선이 확인된다.

[3]

사행 의례와 물적 교류

정은주

조선 사신의 명 사행과 의례 절차의 재구성

- 의례로 재현한 조선과 명의 외교질서
- 요동도사와 산해관에서 외교 의례
- 경사의 외교기구와 관련 의례
- 사행 의례 너머, 외교의 역학

의례로 재현한 조선과 명의 외교질서

외교 의례는 단순한 형식이나 절차적 행위에 그치지 않고, 국가 간 위계를 상징적으로 드러내는 중요한 수단이다. 이에 명에서는 1370년 9월에 수정한《대명집례大明集禮》에 의거하여 외교 의례를 빈례賓禮로 분류했다. 그중 번국蕃國의 조공 의례는 크게 번국에서 국왕이 직접 왕래하는 의례와 사신을 파견한 의례로 구분했다.

  조선의 경우는 명에 국왕이 아닌 사신을 파견하는 조공 형태를 일관되게 유지했다. 이와 관련하여 조선의 대명 사행과 외교 활동에 대한 분석이 활발히 이루어졌다. 여기에는 대중국 사행의 조직 형태, 사절단의 유형, 외교문서의 전달 방식과 외교적 교섭 과정 등을 다룬 연구가 있으며,[1] 조선 전기 명에 파견된 부경사절의 입국 절차 및 명에서 발급한 증명서의 형식과 역할을 고찰한 연구도 있다.[2] 이러한 연구를 통해 조선 사신의 명 입국 절차와 관련 문서에 대해 보다 구체적 이해가 가능해졌다.

  한편, 명에 파견된 조선 사신의 외교 의례에 대한 선행 연구에서는 대외관계에서 의례가 명의 조공제도를 뒷받침하는 핵심 요소임을 밝히고, 예부에 소속된 외교업무 관련 기구들의 연혁과 기능을 분석하였다.[3] 또한 명대 조선 사신의 부경赴京 노정에서 중요한 위치였던 요동을 중심으로 사행 노정과 요동 지방관 관련 의례를 살펴본 연구와[4] 명이 조선 사신단에게 베푼 하마연과 상마연을 사행록을 토대로 검토한 연구도 있다.[5] 그 밖에 명대 회동관의 역할과 인원 구성을 다룬 다수의 연구가 있다.[6] 여기서 더 나아가 명 정덕 연간과 가정 연간에 조선 사신에 대한 회동관의 문금門禁이 조선 사신만의 특수한 사정뿐 아니라 명의 문금정책 강화가 주된 원인임을 밝힌 연구도 있다.[7]

이 글에서는 현재까지의 연구 성과를 바탕으로, 명나라 사료와 조선 사신들의 사행록을 토대로 사행로의 주요 거점인 요동도사遼東都司와 주요 관문인 산해관에서 이루어진 외교 의례를 먼저 고찰한다. 이어 명나라 수도[京師]인 북경에 설치한 주요 외교기구의 역할을 파악한 후, 조선 사신이 북경에서 수행한 주요 외교 의례를 통시적으로 살펴본다.[8]

또한 명대 조선 사신의 외교 의례 절차를 중심으로 의례가 수행된 방식과 그 정치적 함의를 분석하려 한다. 이를 통해 조선 사신이 수행한 의례가 단순한 관행이 아니라, 조공 및 책봉 체제 아래 명과 조선의 외교적 위상과 상호 인식을 재현하고 조율하는 매개였음을 밝힌다.

요동도사와 산해관에서 외교 의례

조선 사행이 압록강을 건넌 후 요동의 역참을 지나 명의 행정력과 처음 대면하는 곳은 요양遼陽이었다. 요동은 조선 사신과 요동 지방관이 빈번하게 왕래하는 주요 외교 창구였다. 1371년(홍무 4) 원나라 요양행성 평장정사 유익이 항복해 오자 주원장은 요동위지휘사사를 설치하여 요동 남부 지역의 군정업무를 관리했으며, 그해 7월 정요도위지휘사사定

遼都衛指揮使司로 명칭을 변경했다. 1375년(홍무 7)에는 정요도위를 다시 요동도지휘사사로 개칭했다.[9)]

도지휘사는 도사都司의 전면적 업무를 담당했는데, 장인도지휘사掌印都指揮使로도 불렸다. 장인 아래에는 도지휘동지都指揮同知를 두었는데 도사 경내의 둔전을 관리했기에 관둔도지휘管屯都指揮라고도 했다. 국포도지휘局捕都指揮라고도 불린 도지휘첨사都指揮僉事가 행정관리와 도사 경내의 치안을 담당했다.[10)]

명은 요동도사 외에도 요동에 세 가지 관리체계를 두었다. 요동총병遼東摠兵은 1374년(홍무 6) 처음 설치한 핵심 군사 진수체제로, 그 아문을 진수총병부鎭守摠兵府라 했다. 요동순무도어사遼東巡撫都御史는 핵심 감찰체제였다. 진수요동태감鎭守遼東太監은 진수내신鎭守內臣으로 간칭하고, 그 아문은 진수태감부鎭守太監府라 하여 광녕에 설치했다. 1529년 요양으로 옮겼으나 1536년 철폐 후 진수태감부의 설치는 일정치 않았다.[11)]

요동 지방관은 조선 사신이 머무르는 역관驛館을 건립하고 관리했다. 요양성 내에 건립된 역관에는 조선과 여진 등의 사신이 휴식하거나 머물렀다. 이후 요양성 밖에 회원관懷遠館을 세워 조선 사신에게만 제공했다. 그러나 16세기에는 관소가 낡고 담장도 없어 도적의 침입을 우려할 정도였기에 1564년 조선 측에서는 요동의 재성역在城驛을 이용하게 해달라고 요청했으나 실현되지 못했다.[12)] 1589년, 동지사 일행이 요동 회원관에 도착했을 때 달자韃子[몽골] 수만 기騎가 호송 군마를 노략질해 갔을 정도로 당시 관소의 치안 상황은 매우 열악했다.[13)]

요동도사아문에서 외교 의례

15세기 후반 조선 사행은 압록강 도강부터 연산관連山關까지는 탕참지휘湯站指揮, 16세기 중반 이후는 연강대보비어지휘江沿臺堡備禦指揮를 직접 대면한 후에야 통과할 수 있었다. 조선 사신이 연산관에 도착하면 연산관 천호千戶에게 조선 의정부가 신분증명서로 발행한 차관差關 및 차비差批를 제시한 후 부경사절의 신분과 규모, 사행 목적, 호송 군마 수 등을 문서(보단報單)로 작성해 보고한 후에야 명의 경내로 진입할 수 있었다. 천호는 이 문서를 요동도사에 전달하여 사신을 맞을 준비를 하게 했고, 이때 조선 사신은 요동도사에게 차관 및 차비, 사행의 역로 이용 협조를 요청하는 국왕의 자문咨文과[14] 사행로의 역참과 역마 이용을 위한 증빙물인 부험符驗을 제시한 것으로 보인다.[15] 1558년부터는 순안어사巡按御史가 요동도사에게 서로 맞추어[감합勘合] 대조하게 했는데, 요동도사는 조선 사신에게 차량과 마필을 기입한 표첩票帖[차량관자車輛關子]을 내주었다.[16] 16세기 이후 조선 사행단은 특수한 상황을 제외하고 요동에서 10일 이내 체류할 수 있었다.[17]

[요동도사아문에서 헌당의見堂儀]

요양에 도착한 조선 사행은 통상적으로 1~2일 내에 요동도사아문으로 가서 요동도사, 도지휘동지, 도지휘첨사 등 아문의 주요 3인을 배현해야 했다. 이때 조선 사신은 의관을 갖추고 인신印信과 조선 국왕의 자문을 내놓고 궤배례跪拜禮를 행했다. 이후 연회에 초청받고, 수도에 진입하기 위한 수속을 밟았다. 연회를 마치면 요동도사가 호송 자문과 관문의 수목數目을 담은 공문을 요동총병에게 보내 사행단의 역로 이용과 호송을 요청했다.

그 의례 절차는 다음과 같다. 현관見官 당일, 조선의 3사三使와 수역首譯은 요동도사아문 밖에 먼저 와서 요동도사아문 3인이 좌정하기를 기다렸다가 동협문으로 진입해 진무鎭撫의 인도를 받아 동쪽 계단 위에 섰다. 요동도사 3인은 북쪽 자리에서 남쪽으로 향해 앉되, 도지휘사가 중간에, 도지휘동지는 그 우측에, 도지휘첨사는 좌측에 앉았다. 통사가 무릎 꿇어 아뢴 후 사신은 도사 3인을 알현하게 된다. 행례 시 요동도사 3인은 홍단령을 입고서 공식적 의례를 진행했다. 조선 3사도 관대를 갖추었는데,[18] 1449년 4월부터 정관正官 이상은 모두 사모에 단령과 품대를 착의하는 것이 규례가 되었다.[19]

조선 정사가 먼저 청당廳堂 남쪽 기둥에 마련된 자리로 들어가 두 번 절하고 한 번 읍례하는 양배일읍兩拜一揖을 하면, 요동도사아문 3인이 읍례로 답했다. 예를 마친 정사가 당 서측으로 물러서면 부사가 정사와 동일한 예를 행하고서 물러나 정사 아래쪽에 섰다. 뒤이어 서장관이 행례하면 도사아문 3인이 읍례로 답했다. 예를 마친 서장관은 부사보다 한 걸음 뒤에 섰다. 마지막으로 통사 이하 사신단이 당 아래에서 양배일읍하면 도사아문 3인이 읍례로 답하고 예를 마치면, 당 아래 서측으로 물러섰다.[20] 1574년 조헌趙憲의 사행에서도 요동도사아문 3인에 대한 배현례의拜見禮儀는 위와 동일했다.[21]

현관례를 마치면 요동도사아문 3인과 조선 사신 일행의 다례茶禮가 이어졌다. 조선 3사는 도사아문 3인을 따라 다례를 행하고, 통사 등은 전궤처로 나와 무릎을 꿇고 "차 감사합니다[謝茶]"라고 하고 삼고두례를 행한 후 앞서 서 있던 곳으로 물러섰다. 다례를 모두 마친 후 조선 사신이 서둘러 가기 위해 연회를 면해 줄 것을 청하면, 통사에게 명하여 무릎을 꿇고 요동도사아문 3인에게 관품官稟을 아뢴 후 고별했다. 조선 사신 일행은 순서대로 양배일읍하고, 요동도사아문 3인이 읍례로 답하고 나면 동협문으로 나왔다. 이때 통사 1~2인이 머물러 기다리면 도사가 나와 은자 4~5냥을 지급하고, 물품의 항목을 적은 별지를 물건과 비교한 후 거마표車馬票를 발급해 주었다.[22]

1610년 천추사 황시黃是(1555~1626) 일행이 요동도사아문 3인을 배현할 때 양측 간에 의례 논쟁이 발생했다. 조선 사신 일행이 수를 놓은 비단옷으로 갈아입고 현관례에 나온 것에 대해 도사가 예에 맞지 않음을 지적한 것이다. 이에 통사들이 이전 관례와 동일하다고 해명했으나 받아들여지지 않자 결국 관소로 돌아와 다시 글을 올려 해명해야 했다.[23] 명나라의 대상大喪 때는 조선 사신은 소복素服에 관대를 입어야 했다. 1620년 주문사 황중윤黃中允에 의하면, 4월 효단현황후孝端顯皇后의 상喪에 명의 각 아문이 모두 복색을 바꾸었으므로 그해 5월 명에 간 조선 사신도 소복에 관대를 갖춰야 했다.[24]

조선 정사는 요양부총병, 순안어사, 포정사분수참의, 광녕도어사, 요동총병 등처에는 직접 가지 않고, 서장관을 보내 사례하거나 통사를 보내 행례하기도 했다. 1534년 진하사 소세양은 순무도어사 왕조王潮가 명 관원을 통해 술과 음식을 보내 오자 서장관을 보내 사례했고,[25] 1614년 천추겸사은사 김중청金中淸 일행은 요양에 도착 후 역관 이운상李雲祥 등에게 명하여 찰원 이하 제아문에서 현관례를 행했다. 1619년 사은겸천추사 이홍주李弘胄 일행이 광녕에 머무를 때는 상통사를 순무도어사아문에 파견하여 행례했다.[26]

[요동 연청에서 조선 사신의使臣儀]

　조선 사신이 요동도사아문 3인과 배현을 마치면 도사아문 3인은 도사 대청에서 조선 사신 일행에게 연회를 청했다. 북경에서 다시 귀국하는 조선 사신도 관례대로 연회에 초청했다. 요동도사아문의 연회 초청[연청宴請]은 조선 사행에게 베푸는 공식 의례였다.

　조선 사절이 요동에 도착하면 명 조정의 규정에 따라 차와 음식을 대접받았는데, 이 자리에는 총병·삼사三司·부위의 정관 2~3인이 배석했다. 1389년 권근이 명조 조공차 요동을 지날 때 요동도지휘첨사가 그의 관저에서 연회를 베풀었으며, 1444년에는 주문사 신인손辛引孫 일행에게 요동도지휘사사가 도사아문 청당廳堂에서 연회를 베풀었다.

　이 연회 초청은 명 조정의 공식적 연회에 해당하는 것이라 각별히 중시되었다. 요동도지휘사사가 친히 연회를 주관한 것은 명 황제가 조선 사신을 예로써 우대했음을 알 수 있다. 1476년 성화제는 "제이諸夷에게 연회로 대접하는 것은 본래 먼 지역을 회유하는 도이니 국체國體를 융성하게 하고 우러러 사모하게 하는 것이 비단 음식뿐이겠는가"라고 하여 사신에 대한 연회의 목적이 음식 접대뿐 아니라 이를 통해 국체를 높이는 것에 있음을 밝히기도 했다.[27] 영락제는 요동도사에 직접 명령하여 조공을 위해 왕래하는 외국 사신에게 모두 연회를 베풀었는데, 도사관都司官에게 연회를 주관하게 하되 사신과 종사관들에게 제공하는 것에는 각각 차등을 두게 했다.[28]

　1572년 등극하사 박순 일행의 연회 초청 사례를 살펴보자. 요동도사 아문 3인이 연회 당일 조선 3사에게 관대를 갖추게 했다. 연회가 시작되자 도사아문 3인은 조선 사신을 먼저 인솔하여 망궐례를 행했다. 이 때 의식 절차는 황제의 어위御位를 설치하고 요동도사 3인이 앞에 서면 조선 사신 일행이 그 뒤에서 서쪽을 향하여 오배삼고두례를 행했다. 망궐례를 마치면 도사아문 3인은 원래 자리로 돌아와 앉고, 조선 사신 일행은 도사아문 3인을 향해 양배일읍한 후 자리에 앉았다. 이때 사신은 동쪽, 서장관과 질정관은 서쪽, 통사 이하는 양측에 나눠 앉았다.[29] 1574년 조헌의 사행 때는 요동의 연회 음식이 무려 40여 종류가 되었다. 이에 조헌은 멀리서 온 사신들을 위로하는 뜻은 지극하나, 매우 사치스럽다고 비판하기도 했다.[30]

  요동도사는 이러한 관례적 연회 외에도, 명 황제를 대신하여 연회를 베풀기도 했다. 조선 사신이 수도에 이르면 명 황제가 연회를 베풀었으나 명에 대상大喪이 있으면 조정에서 연회를 베풀지 않고, 사신이 돌아갈 때 요동도사아문에서 황제의 명으로 연회를 베풀게 했다. 1505년 연산군이 성세명成世明 등을 진위사로 보내 명 홍치제의 대상에 진향하게 하자 정덕제가 요동도사에 명하여 연회를 대신 베풀게 했고,[31] 1567년 조선 사은사 윤옥尹玉이 북경에 갔을 때 가정제의 대상으로 연향을 베풀지 못하자 예부에서 요동도사와 각 해당 포정사에 공문을 보내 사신들의 귀환 시 연회를 베풀던 예를 참작하여 요동총병 등의 관원이 연회를 베풀게 했다.[32]

  요동도사의 연회 때는 나희儺戲를 공연했는데, 1533년 출사한 소순蘇巡은 공연이 너무도 기괴하여 형언하기 어려울 정도라고 기록했다.[33] 1587년 사행한 배삼익裵三益에 의하면, 요동도사 장인 곽계종郭繼宗과 대인 노탁魯倬이 주관한 연회에서, 음악이 성대하게 연주되고 진수성찬에 화사한 꽃을 꽂은 탁자 앞에서 창을 든 춤이 펼쳐졌다고 한다. 연회 시에 사신은 먼저 계단에 나와 서쪽 궐을 향해 오배삼고두례를 하고 대인에게 양배일읍한 후 자리에 앉았다. 음악이 연주되자 1인이 들어와 춤을 추고 중간에 2인, 마지막 5인이 들어와 모두 가면을 쓴 채 무기를 들고 잡희를 벌였으며, 깃대를 세우고 격렬히 싸우는 모습을 연기했는데 마치 실제 전장을 방불케 했다. 마지막 5인이 달자무韃子舞를 추고서 공연을 마무리했는데, 조선 사신은 그들의 음악과 연기에 대해 불편함을 느꼈다.[34] 연회가 끝나면 요동도사와 조선 사신은 망궐례를 행한 후 요동도사아문 3인에게 양배일읍한 후에 자리를 마쳤다. 그러나 1572년 사행한 조선 사신 허진동 일행의 경우 현관례 후 연회를 면해 줄 것을 요청해 허락받았으며,[35] 1574년 성절사 일행도 절일節日이 임박하자 북경까지 일정을 고려해 연회를 면해 줄 것을 허락받았다.[36]

산해관의 입관 의례

산해관은 조선 사행이 북경으로 들어가기 위한 첫 관문이었다. 조선 사행단이 요동에서 산해관에 입관하기에 앞서, 요동도사에서 발급한 표첩에는 광녕 어사도찰원의 순안어사가 관자關字를 표시했다.[37] 그 외에도 조선 사행은 산해관 입관 하루 전 조패와 만패를 갖추었는데, 조패는 진시[오전 7시~9시]에 관문을 통과할 때, 만패는 신시[오후 3~5시]에 성문을 통과할 때 사용했다.

산해관에서는 병부직방사 주사主事가 행인의 출입을 기찰했는데, 통행증[문인文引]이 없으면 들여보내지 않았다. '천하웅관天下雄關'이라 제액된 누각이 있는 관문을 열면 먼저 관 위 깃대에 깃발을 꽂았다. 북을 치면 관문으로 들어온 관료와 거주민, 외방 아전을 제외하고 행인의 용모와 나이를 검사하고 들여보냈다. 수레는 거패車牌라는 통행 증서를 확인했다.

조선 사신단 일행이 산해관 밖에서 가마에서 내려 차례로 들어오면 조선 통사가 주사청 동쪽 계단 아래 꿇어앉아 사신이 대기하고 있음을 알리고, 사신이 먼저 동쪽 계단을 통해 청 내로 들어가 준비된 자리에서 산해관 주사를 향해 양배일읍했다. 이어 주사가 의자에서 내려와 탑榻 동쪽에 마련된 자리에 앉아 답배했다. 사신은 물러나서 서쪽 벽에 요동도사아문에서의 의례와 같이 섰으며, 서장관이 이어 들어와 주사에게 행례하고 주사의 답배 후 물러났다. 이후 요동도사아문의 의례와 같이 다례를 행했다. 사신들은 서편에 자리했고, 다례가 끝나면 배읍례를 행하고 나왔다.[38]

1574년 7월 성절사 서장관 허봉 일행의 경우, 점심을 마치고 성 위에 기를 걸고 만패를 내놓았다. 이어 관복을 갖춰 입은 사신들이 '통요通遼', '화이華夷', '첨앙瞻仰' 등 세 문을 거쳐서 산해관 성문으로 들어갔다. 이중문을 열자 '천하웅관' 누각이 있고, '기이부정譏而不征(기찰만 하고 세금은 징수하지 않는다)'이란 현판을 건 주사의 공관公館이 보였다. 당시 산해관 주사는 산서성 출신 배사裵賜(1548~?)라는 인물로, 그는 요동도사의 공문에 준해 차례로 사신의 성명을 점호하고, 통사 백원개白元凱로 하여금 사신을 인도하게 했다. 직방중지문職方重地門을 지나 남쪽에 있는 작은 건물에 들어가니 두 관인이 먼저 와서 사신을 기다리고 있었다. 성명 점호가 끝난 뒤 성의 서문으로 나와 숙소로 향했다.[39] 당시 사행이 이용하는 서쪽 길에 물이 고여 조선 사절의 행차가 오래 지체되어 미처 관문에 도착하지 못하자 주사에게 미리 패문을 준비하도록 독촉하여 수레가 오면 즉시 출발할 수 있도록 부탁했다. 저녁에는 산해관 주사가 수행원을 시켜 숙소에 음식물[하정下程]을 보내고, 별도의 문서로 '벗 배사가 예를 올리며 절합니다[友生裵賜拜此禮]'라고 했는데,[40] 당시 조선 사신에 대한 주사의 대접이 후했음을 알 수 있다.

경사의 외교기구와 관련 의례

경사의 외교기구

[주객청리사主客淸吏司]

홍무제는 명초 평화를 토대로 한 덕위겸제德威兼制의 외교정책을 수립했고, 1368년(홍무 1) 예부를 설치해 외교업무를 관장하게 했다.[41] 1369년(홍무 2), 번왕이 남경에 오면 예부 관원이 회동관에서 예로 대우할 것을 명했고, 영락 연간 이후에는 사이四夷에서 조공 온 자는 황제의 명을 받든 중관中官과 문무 대신, 학사 등의 관원이 연회를 접대했다. 성화 연간 초에 북로北虜, 동이東夷, 서번西蕃은 무관 대신이 접대했으나, 조선·안남·일본 등과 토관土官은[42] 예부 관원이 접대했다. 1383년부터 명조는 섬라·류큐·점성·자바[爪哇]·말라카 등 15개국에 모두 감합의 시행을 반포했다. 《명회전》에는 각국의 조공 기간과 조공로를 기록했는데, 조선은 1년에 3회 조공으로 산해관을 경유해야 했고, 일본은 10년에 한 번 절강 영파寧波를 통해 조공하게 했다. 류큐는 2년에 한 번 복건福建을 경유해서 조공하게 했으며, 안남국은 3년에 한 번 광서성廣西省을, 섬라국은 3년에 한 번 광동성廣東省을 경유해 조공하도록 했다.[43] 1473년(성화 9) 조선 사신이 북경에 이르자 예부에서 시궁관侍宮官에 제청하여 예부상서에게 접대를 명했다.[44]

명대 예부는 원나라 제도를 계승하여 의례·제사·연향·공거貢擧를 주관했다.⁴⁵⁾ 1368년 예부상서 1인, 좌시랑과 우시랑 각 1인을 두었고, 1373년(홍무 6) 예부 아래 4부, 즉 총부總部·사부祠部·선부膳部·주객부主客部와 상서 1인을 증설했다. 1389년(홍무 22)에는 총부를 의부儀部로 바꾸었고, 1396년(홍무 29) 의부를 의제사儀制司로 바꿔 가례嘉禮와 군례軍禮, 학무와 고시考試를 관장하게 했다. 또한 사부를 사제사祠祭司라 하고 길례와 흉례를 주관하게 했고, 선부를 정선사精膳司라 하고 연향 및 희생犧牲 업무를 총괄하게 했다. 주객부를 주객사主客司라 하고, 사청리사 四淸吏司를 두어 빈례와 외빈의 접대 사무를 보게 했다.⁴⁶⁾

  1382년(홍무 15) 홍무제가 승상을 없애고 그 권한을 6부에 귀속시킨 후 예부 권력은 더욱 확대되었다.⁴⁷⁾ 예부에서 국가 외교 및 관련 법령의 제정과 실행을 주관했고, 중앙의 외교 객관 관리는 예부 산하의 주객청리사가 주로 담당했다. 주객청리사에 속한 관원은 정5품 낭중 1인, 종5품 원외랑 1인, 정6품 주사 1인이었다. 1492년 주객사 주사 1인과 제독회동관을 증설했다.⁴⁸⁾

  명대 주객청리사는 조공하는 제번에 대한 감합과 표문, 조공 사신의 신분·관직·조공로 준수 여부의 조사, 접대 및 상사賞賜 표준과 관련한 접대업무를 주관했다.⁴⁹⁾ 또한 회동관의 업무도 주관했다. 1393년 규정에는 사이四夷에서 온 조공 사신이 회동관에 도착하면, 주객부관主客部官이 즉시 그 정원과 종사관의 수를 파악하고, 지위 고하에 따라 머무를 곳을 배치하는 등의 일을 결정하고, 보안을 유지했다. 1407년에는 사이관을 설치하여 해당국의 언어를 번역하고, 영송하는 관반을 비롯하여 사이관四夷館 역자생譯字生, 통사의 업무 관련 누설을 금지했다. 조공 표문은 사이관 역자생과 통사가 심사했는데, 국가 기밀의 누설을 막기 위해 이들의 외국 공사와의 사적인 접촉을 엄금했다.⁵⁰⁾

하정下程은 명나라에서 조공국 사신과 수행원에게 제공하는 음식과 정기적인 향응이다. 상례에 따른 것과 음사飮賜로 구분하고, 인원 수로 나눠 선부膳部에 공문하여 5일에 한 번 음식물을 제공했다.[51] 조정에서 베푸는 연회는 각 성의 토산물로 충당했다. 연회 시에는 주객부관 1원이 주석主席이 되어 좌우로 나누어 그 고하에 따라 서열을 정하여 앉게 하고, 예로써 대접하며 음악과 연희는 교방사敎坊司에서 주관하였다.

이어서 조공국 사신과 수행원에게 황제의 하사품을 전달하는 절차를 살펴보자. 공물과 문서를 철저히 점검한 후 내부에 이관하고, 실어 온 공물의 가치를 내부의 감정가로 확정하여 상응하는 답례품을 내려주었다. 조공·교역 물품 가운데 일부는 관청에서 직접 구입하였고, 황제가 공적·사적으로 내리는 하사품은 주객청리사가 그 관직의 고하를 기준으로 상응하는 표준을 정했다. 각국 사신들이 명 조정에 조공한 공물 외에 그들이 가져온 대량의 무역품에 대해 대가를 주고 구입한 것은 홍무 연간에 처음 시행되었다. 홍치 연간 규정에는 조공물 중 국왕, 왕비와 사신 등이 보내 온 것은 그 절반은 관官에 들이고, 나머지 절반은 그 대가를 돈으로 지급했다. 1393년에는 조공 인원과 관원 모두에게 하사품을 내려 주되, 전례가 있는 사람은 그 관례에 따랐다. 전례가 없는 이는 고하를 짐작해 제청하여 결정한 뒤 예부 관원이 주문奏聞을 갖춰 관령關領으로 하사품을 주었다.[52] 명조는 번국이 조공을 올 때마다 공사 일행에게 하사품을 주었고, 비정기적으로 조공국 국왕과 왕실 일원에게 의례에 맞게 방물을 증여했다.[53]

1421년(영락 19) 예부상서 여진呂震이 〈만이래조상례蠻夷來朝賞例〉에 의거하여 3품과 4품은 초鈔 150정錠, 비단 1단, 저사紵紗 3표리表裏, 5품은 초 120정, 저사 3표리, 6품과 7품은 초 50정, 저사 2표리, 8품과 9품은 초 80정, 저사 1표리, 하급 관리는 초 60정, 저사 1표리를 하사품으로 줄 것을 의정하자, 영락제는 이를 수용했다. 그러나 명 조정은 제번諸蕃에 지급되는 선물이 후하다며 사이를 다스리는 데 은혜를 베풀고 있으니 이후 조공한 자는 품급에 의거하여 답례품을 주되 지나치지 않게 하라고 명했다.[54]

그 외에도 의제청리사儀制清吏司와 정선사精膳司도 일부 조공업무에 관여했다. 번국에서 사신을 파견하면, 선임 관원이 먼저 황제에게 주청하고 황제의 명령을 해당 사이관 역자생과 통사에게 하달했다. 의제사는 번왕의 책봉 고명誥命과 인새印璽를 내려 주는 일 등을 책임지고 조공 의례를 제정했는데, 번국 국왕에게 전달하는 인신은 금·도금·은 등 3등급으로 구분했다. 정선사는 공사의 향응을 담당했고, 번리蕃吏와 토관을 위한 연회, 조공 사신의 하정과 연향 관련 일을 주관하는 접대업무를 맡아 했다.[55]

[관소 회동관과 문금]

명대에도 원나라 제도를 계승하여 경사에 대규모 회동관을 설립했는데, 제번諸蕃과 각국에서 온 조공인을 인견하고 접대하는 일을 주관했다. 외국 사신과 상인은 회동관 내에서 시전市廛과 교역 규정을 반드시 준수해야 했다. 홍무 연간 남경 공관을 회동관으로 바꾸고 1408년 북평부(북경)에 회동관을 설치했으며,[56] 1421년 북경으로 천도 후에도 남경의 회동관은 유지되었다. 1431년 북경 회동관의 청당廳堂과 방사房舍는 430여 칸 규모였고, 세월이 오래되어 수리해야 한다는 기록이 있는데,[57] 1501년에는 470여 칸으로 확대되었다. 1441년 북경 회동관은 북관北館 6소, 남관南館 3소로 나뉘었는데, 조선 사신은 모두 남관을 사용했다. 공용 관부館夫는 400인으로 북관에 300인, 남관에 100인이 소속되었으며, 말 171필과 나귀 173두가 있었다. 남관은 조선·일본·안남국 등의 사신과 수행 인원이 사용했는데, 그 위치가 옥하교玉河橋 서북쪽에 있어 옥하관玉河館이라고 불렸다. 북관은 각 왕부王府에서 파견한 인원, 서역 제국과 서남·동북 번국의 수령, 토관 등을 접대하는 데 사용했다.[58]

명나라 초기 수도의 우편 전송처인 '우전郵傳'을 회동관이라 했고, 수도 이외에서는 역驛 또는 체운소遞運所로 일컬어 병부에 소속시켰다. 명대 병부의 우전 관리는 거가사車駕司에서 책임졌다. 거가사는 노부鹵簿, 의장儀仗, 금위禁衛, 구목廐牧의 일을 관장했다. 1492년(홍치 5) 이전에는 대사大使 1인, 부사 2인 중 1인이 남관을 나눠 관리했다.[59] 각국 사신이 수도에 도착하면 예부 주객사 원외랑과 주사가 번갈아가며 회동관 업무를 맡아 방물을 점검하고 출입을 엄격히 통제했다. 사신이 귀국하면 원외랑과 주사는 모두 예부로 복귀했다. 1492년에 예부 주객사의 제독회동관 주사 1인이 추가 배치되어 회동관에서 제독 사무를 전담했다.[60] 《외이조공고外夷朝貢考》에 의하면, 예부 제독회동관 주사의 직수職守가 관내 모든 업무를 처리하고 각종 통사를 관할했다.[61] 회동관 주사는 관내의 소수민족과 외국 사신의 상호 교류를 금지하고 그 개폐를 엄격히 하며, 5일에 한 번 예부 조참에 참여하는 직무를 전담하고 방비했다.

회동관의 관리가 병부 거가사에서 예부 주객사로 이관되면서 제독회동관의 예부주사가 초기에 배치되었으나, 그 권한은 항상 회동관 대사와 통사에 의해 침해되었을 뿐만 아니라 조정의 권력이 환관에게 장악되어 그 역할은 더욱 제한되었다. 정덕 연간 초에 환관이 조서를 꾸며 예부 제독회동관 주사를 혁파했으나, 그 후 1508년 10월 회동관 대사

등이 병부 거가사에 소속되어 회동관의 관리 직책을 이행하기 어려움을 호소하며 금의위 관원을 탄핵할 것을 주청했다. 이에 정덕제는 그 건의를 수용해 예부 주객사가 회동관을 다시 관리하게 했다. 1531년(가정 10) 가정제는 양관 사무에서 병부 거가사를 배제하여 제독관이 관리하게 하고, 별아문에 대한 부역은 모두 제독의 조사를 받으라고 명령했다.[62] 이렇듯 회동관의 일체 관리는 예부 주객사에 귀속하고, 병부 거가사는 관병을 파견하여 사신을 수행하며 숙소 배정 등을 담당하는 관반館伴 업무와 호송하는 일만 담당하게 했다.

회동관은 사신의 음식·기거起居를 전적으로 책임지고, 명조 사신의 연향을 담당하는 장소이기도 했다. 관내 설비는 관부가 상시 복무하고, 말과 나귀를 상비하여 사신을 태우거나 짐을 실어 나르게 했다. 전담 의생醫生도 배치하고 필요한 약재는 태의원太醫院에서 공급했다.[63]

또한 명대 회동관은 공물의 전달을 책임졌다. 1393년(홍무 26) 규정에 근거하여 수도에 도착한 공물[방물]은 일률적으로 먼저 회동관에 보관한 후 그 종류에 따라 처리했다. 번국과 토관은 3년에 한 번 또는 매년 조공했는데, 그들이 가져온 공물은 회동관이 예부에 보고했다. 주객부 관을 관에 보내 점검하였고, 표문과 전문이 있는 경우 의부儀部로 옮겼다. 황제와 황실에게 나눠 바칠 방물은 먼저 주본奏本을 작성하여 처리하고, 관령館領이 먼저 수본手本을 갖추어 물품을 수령하면 내부에서 맞추어 보고, 수량대로 기입하여 보고했다. 다음 날 아침, 예부정관이 방물을 내부 또는 봉천문奉天門, 봉천전奉天殿의 단폐丹陛, 화개전華蓋殿과 문화전文華殿 앞에 진설하고 상주문을 작성하여 진납했다.[64]

진상용 호랑이와 표범, 매와 같은 조류 등은 사육할 사람을 보내 여물을 먹이고 수를 세어 주문하여 해당 관아에 보내 수령하게 하고 때가

되면 내부에 나가 단지丹墀 내에 진설했다. 말과 노새는 전목소典牧所에서 수의獸醫를 파견해 암수를 판별하고 털색과 나이 등을 확인하게 하여 수본手本에 작성하여 교부하고, 정해진 기일이 되면 내부에서 말을 끌고 행렬에 맞춰 단지 동쪽에서 어전御前에 대기시키고, 기록한 수본과 함께 어마감御馬監 관원에게 인계하여 수령하게 했다.[65]

한편 금은기명金銀器皿, 진보珍寶, 단필緞疋 종류의 진헌은 공헌하는 사람이 검시하고 주본을 갖추었다. 기구장器具裝은 황색 보로 싸서 봉하고, 관부를 나눠 보내 공헌하는 사람과 관館에 접수했다. 기일 하루 전에 관문을 작성하여 맞추어 보고, 문단을 보고했다. 다음 날 아침, 내부에 나가 전殿 앞의 단폐 등에 진설하여 일일이 내사內使에게 교부했다.[66]

후속 규정으로 외국의 모든 조공물 중 오직 조선에서 올린 방물만 진설하여 아뢰고 바치게 하였다. 그 외 물품들은 모두 해당 관서에서 검시를 통과한 후 수본을 갖춰 황극문 앞 광장 서측에 있는 우순문右順門 [가정 연간 귀극문歸極門으로 개칭]으로 보내 인수하게 했다.[67]

회동관은 호시互市를 통해 조공무역이 이루어지는 공간이기도 했다. 그러나 회동관 내의 호시는 매우 제한적이어서 상인의 출입과 민간 거래를 금지했으며, 조공 사신에게만 3일 또는 5일 동안 개시를 허락했다. 외국 사신들이 무역할 것을 알리면 상인이 물화를 가지고 입관하여 개시하고 교역했다.

옛 의례에는 조선과 류큐 두 나라 사신은 제한을 두지 않고 무역을 허가했다. 그러나 15세기 말 홍치 연간 조선과 류큐 사신들의 개시 일수도 5일로 제한하자 두 나라의 불만이 증가했다. 외국인들이 개시를 하면 순천부順天府 완평현宛平縣과 대흥현大興縣 위관衛官이 상점의 행인을 선발하여 회동관에 들어와 거래하게 했는데, 팔려는 물건과 사려는 물건이 서로 맞지 않은 일이 많았기에 옛 의례로 다시 회복시켰다.[68] 주객사는 특히 사서史書와 우각牛角의 매수를 모두 금했다. 정해진 상점의 행인이 물건을 들여와 거래했고, 사람을 속이거나 은밀히 교역하는 자는 죄를 물어 공개적으로 처벌하고 변방으로 보내 충군했다.[69] 1476년 성절사 이봉李封이 북경에서 우각을 매매한 일이 발각되어 우각과 그 값은 몰수되었고, 관패館牌 풍전馮全·유관劉寬과 우각의 주인 오의吳宜 등을 모두 장杖 100대로 처벌하고 변방에 충군했다.[70]

명대에는 각처 외국 사신이 조공을 위해 관소에 이르면 5일에 한 차례로 출입을 제한했는데, 이른바 '문금門禁'이다. 조공하러 온 사람이 저자에 출입하며 정보를 수집하는 것을 막기 위해 금의위에서 문금했으나, 영락 연간 이후 조선 사신의 회동관 출입은 비교적 자유로웠다. 1477년 정조사 윤호尹壕 일행의 경우 태감 정동이 과거 황명에 준하여 특별히 문금을 해제했다.[71] 그러나 가정 연간에는 문금이 강화되었다. 1522년 성절사의 통사 김이석金利錫이 관본官本 서책인 《대명일통지》를 구매하려다 발각되어 예부 주객사 낭중 손존孫存이 중개인을 잡아다가 칼을 씌워 30여 일을 저자에 세워 놓았고, 금단하지 못한 이유로 서반을 모두 논죄했다. 이 사건은 조선인에 대한 문금을 강화하는 계기가 되었다.[72]

한편 1526년 정조사의 경우처럼 예부상서의 허락을 특별히 받더라도 회동관 제독주사가 임의로 출입을 허락하지 않은 경우도 있었다.[73] 어숙권은 이 시기 조선 사절에 대한 문금 이유를 금서와 금물 구입뿐만 아니라 군사 정보 수집을 경계했기 때문이라고 밝히기도 했다.[74] 명 예부에서는 조선 사신에게 특별히 5일에 2회 참관을 허락했으며, 1547년에는 특별히 예부차위禮部劄委로 통사를 동행하거나 관부의 호위하에 조선 3사와 종인 2~3인에게 북경의 국자감과 천단天壇을 둘러보는 것을 허락했고 이후부터 관례가 되었다.[75]

[홍려시의 기능]

1367년 명조는 시의사侍儀司를 설립하여 조회·빈객·길흉 관련 의례를 주관하게 했다. 시의사는 1376년(홍무 9) 전정의례사殿庭儀禮司로 명칭이 바뀌었으며, 사使·부副·승봉承奉·명찬鳴贊·서반을 두었다. 1380년 승봉을 혁파하고 사의司儀를 첨설했고, 1386년 사使를 사정司正으로, 부副를 좌우 사부司副로 고쳤다.

1397년(홍무 30) 시의사를 홍려시鴻臚寺로 개칭하고, 제사·조회·연향·경연·책봉 등 국가 전례의 의례를 홍려시경이 주관하게 했다. 홍려시에는 정4품 경卿 1인, 종5품 좌우 소경 각 1인, 종6품 좌우 시승寺丞 각 1인을 두었고, 속관屬官은 종8품 주부정主簿庭 주부主簿 1인, 정9품 사의司儀·사빈司賓 2서署의 각 서승署丞 1인, 종9품 명찬 4인, 서반 50인을 두었다. 이후 1557년(가정 36) 서반 8인을 혁파했고, 1584년(만력 11) 6인을 다시 배치했다.[76]

홍려시에 소속된 외이통사外夷通事는 사이관이나 회동관의 통사와는 역할이 다른데, 통사 정원에서 결원이 생기면 보충하는 '후결候缺' 통사였다. 외이통사는 외국과 주변 소수민족 출신이 적지 않았는데, 1469년 외이통사 총 60명 중 조선 통사가 5명이었다.[77]

명대 대외관계에서 홍려시는 조공 사신을 안내하여 조공 의례를 주관하는 등 조공朝貢 사절의 의례를 주관했다. 각국 사신들이 관소에 체류하는 동안 홍려시 관원은 먼저 그들의 직위를 파악하고 그에 근거하여 의례를 연습시킨 후 황제를 알현하게 했다.[78]

북경에서의 외교 의례

북경에서 조선 사신의 체류 기간은 사행의 성격에 따라 달랐다. 1533년 진하사의 경우 북경에서 45일, 1562년 류중영은 29일, 1574년 성절사 허봉도 29일을 체류했다.[79] 이후 명조에서는 1579년 북경에서의 사신의 회정 기한을 조공국 별로 세 등급으로 나누었는데, 조선 사신과 여진 등은 1개월 10일로 기한을 정례화했다.[80]

[표자문 정납과 예부상서 현관례]

행례 당일에 예부상서가 현관례를 주재했고, 그러지 않을 경우 후候가 당일 행례했다. 당일에 패자牌子가 적절한 때를 점치면 사신 일행이 예부 주객사에 가서 상통사에게 표문과 자문을 올렸다. 주객사는 먼저 자문을 열어 보고 상통사에게 돌려주었으며, 표문은 겉봉투에 '개탁開坼'이라 써서 의제사儀制司에 보내 개봉하게 했다.

  예부상서 현관례의 절차는 다음과 같다. 예부상서가 당에 자리를 잡으면 사신 이하는 동쪽 계단 아래 차례로 서 있다가, 통관이 꿇어앉아 "배신이 상서를 뵈옵니다"라고 알리면, 계단 위의 전위甎位로 나아가 열을 지어 차례로 자리에서 모두 꿇어앉고, 예부상서가 "일어나시오[起來]"라고 하면 모두 양배일읍했다. 이어 상서가 답례로 읍하면 사신이 자문을 가지고 꿇어앉으며, 상통사가 나아가 무릎 꿇고 "국왕 자문國王咨文입니다"라고 고한다. 이어 답응관答應官이 받아 들면 사신 이하는 일어나 읍하고 나갔다. 주객사례主客司禮를 행하고, 예부상서 이하가 보는 가운데 모든 공리工吏가 나와서 자문이나 정문呈文을 살펴 받아들였고, 방물장은 상통사와 압물관이 함께 예부 주객사에 이르러 전달했다.

1574년 성절사의 경우 8월 9일 황제에게 조근한 후 바로 예부 당상 현관례를 진행하면서 예부에 표자문을 전달했고, 8월 10일 예부 주객사에 방물과 공마를 바쳤다.[81] 당시 사행에서 입경 다음 날 조선 사신 이하는 모두 공복을 갖추고 예부에 나아가 대청大廳 월대에서 상서에게 현관례를 마친 뒤에 사신이 자문을 받들고 꿇어앉아 올렸다. 상서가 일어날 것을 명하면, 사신은 물러나와 휴식처로 돌아와 앉고, 통사를 시켜 표문을 의제사에 보낸 뒤에 비로소 사신 이하가 모두 주객사, 의제사 등 양사를 거치면서 양배일읍하면 낭관들은 모두 답배했다.[82]

한편 회동관 동쪽 뒤편에 제독분사아문提督分司衙門이 있었다. 제독이 매월 20일 관에 내려와 좌당하면 사신과 통관 1~2인이 관복을 갖추고 동쪽 계단 아래 서고 통사가 꿇어앉아 "사신이 제독을 뵈옵니다"라고 고했다. 사신이 동쪽에서 안으로 들어와 각각 양배일읍하고 제독이 예부 현당의와 같이 답배했다. 의례를 마친 사신은 서쪽으로 나가고 이어 들어온 서장관이 이와 같이 행례하면 제독이 답례로 읍하고 나갔다.[83]

[홍려시 습의]

조선 사신은 입경 후 황제나 황태자가 주관하는 조회나 연향에 참가했는데, 이를 위해 홍려시 주관으로 의례를 연습하고[習儀], 날짜를 잡아 조현했다. 이때 번국 사신은 자신의 품계에서 2등을 감한 위차로 나가 의식에 참여했다. 명 예부에서는 1392년(홍무 25) 원단부터 조하朝賀와 연회에서 고려국 사신 왕요王瑤와 아들 왕석王奭의 반차를 6부 상서 다음으로 정하고, 그 종신들은 중좌문中左門에서 차례로 자리하게 했다.[84]

홍무 연간 초에는 남경의 천계사天界寺에서 의례를 연습했는데,[85] 1388년 천계사의 화재로 인해 천희사天禧寺로 옮겨 진행한 것으로 보이며,[86] 1395년 이후에는 홍무제의 명령으로 남경 야성산冶城山에 위치한 조천궁朝天宮 중문으로 가서 의례를 연습했다.[87] 1433년, 남경 조천궁 양식으로 북경에도 조천궁을 건성한 후에는 원단과 동지에는 조천궁에서, 만수성절에는 영제궁靈濟宮에서 의례를 연습했다. 의례 연습은 의례일을 기준으로 3일에서 2일 전까지 진행했는데, 1530년(가정 9)부터 교사郊祀와 동지 습의는 의례일 7일에서 6일 전까지 진행하는 것으로 바뀌었다.[88] 1542년(가정 21)에는 만수성절·원단·동지를 모두 조천궁에서 조하 의례를 익히게 했는데[89] 1626년 조천궁에 화재가 날 때까지 이어졌다.[90] 이후 1636년 동지 습의는 영제궁에서 진행되었다.[91]

홍려시 습의는 명의 문무백관과 외국 사절이 의관을 갖추고서 조하 절의를 익히는 것이다. 행례의 착오로 인한 전례典禮 장소의 혼란을 방지하고 의례질서의 원활한 구현을 통해 명의 국제적 권위를 유지하는 것을 목표로 하였다. 1389년(홍무 22) 습의와 복식을 갖춘 관원만 반열에 따라 행례할 수 있음을 규정했고, 1563년 예부에서는 습의하는 날 상조관常朝官이 불가피한 이유 없이 불참할 경우 법으로 다스렸다. 원단·동지와 만수성절 등 대조회 습의에는 북경의 문무백관이 모두 참여하는데, 위로는 공후公侯부터 아래로 생원生員, 이전吏典, 승도僧道, 외국 사절까지 수백에서 천여 명이 참여했기에 '천관습의千官習儀'라고 했다.[92]

삼대절 조참의 습의는 큰 북이 울리면 천관이 동서로 나누어 줄지어 들어가고, 명편을 울리면 반열을 정돈하고, 국궁 사배 후 일어났다. 예부 당상관이 표문을 낭독하면 무릎 꿇고 엎드렸다가 바로 일어났다. 치사를 기다린 후 무릎 꿇고 엎드려 사배하고 일어나 몸을 일으키고, 전제傳制에 따라 무릎 꿇고 엎드렸다가 바로 일어났다. 홀笏을 꽂고 국궁하고 세 번 무도舞蹈 후 무릎 꿇고 세 번 산호山呼하고 홀을 빼고 엎드려 사배한 뒤 일어나 습례를 마쳤다.[93]

1408년 명에 입조한 세자 이제李禔[양녕대군]의 경우, 정월 초하루 남경에서 시행된 조회 때는 면복冕服을 받지 못한 상태로 6부의 시랑 아래 반열했다. 이후 홍려시에서 남교南郊의 제사에 참여할 때는 조복을 갖추지 않았다는 이유로 서반이 9품 아래 서게 하려 하자 조선 사절이 1391년 입조한 고려 세자의 경우 6부 상서 다음에 반열했다고 항의했다. 이에 영락제가 이제에게 양관 조복을 만들어 주고 남교의 제사에서는 공후公侯의 뒤에 서게 하고, 의식이 끝난 후 조하 시에는 6부 상서 뒤에 서게 했다.[94] 이는 명의 2품관에 해당하는 자리였으나, 이때 세자에게 내린 조복은 양관梁冠 5량으로 명의 3품관에 해당하는 대우였다. 조선 측에서는 양관 5량은 조선의 1품관과 같다며 세자의 위상을 고려하여 명에 조복을 다시 요구하자 원유관과 강사포에 더하여 명의 2품관에 해당하는 6량관을 내려주었다.[95]

1609년 동지사의 정사 정경세는 북경의 홍려시 연의 때 명의 승려가 조선 사신보다 앞에 선 것을 두고 서반에게 반차班次를 바꿔 줄 것을 요구했으나 예부의 관할이라며 난색을 표했다. 이에 정경세는 명의 동반東班 정9품의 동쪽에 나가 서고, 서장관은 종9품의 반열에 섰으며, 역관들은 명의 승려와 같은 반열에 서야 한다고 주장하여 관철시켰다. 그는 서반들이 《대명집례》〈번사조공의〉에 근거하지 않고, 앞서 온 조선 사신들에게 잘못된 규례를 답습하게 했다고 지적했다.[97] 당시 연의 때는 현단령玄團領을 입고 반열을 따랐는데, 정경세는 물론 이듬해 사행한

이정귀도 명 예부에 글을 올려 조복을 입고 예를 행할 것을 요청했으나 끝내 수용되지 못했다.[98]

1617년 하지사 이상길은 조천궁 습의 예식에 참가한 조선 사신이 대개 답호褡護와 현단령 등을 착의했는데 이는 근거가 없으며, 1530년 정식 간행된 《대명집례》에는 번사가 입공入貢·상조常朝·폐사陛辭 등의 예에 모두 조복을 착용하고 의식을 거행한다고 했던 것을 근거로 조복을 착용하고 참석하게 해 줄 것을 명 예부에 자문했다.[99]

이정귀는 1624년 서장관으로 북경에 가는 홍습洪霫[훗날 홍익한으로 개명]에게 조천궁에서 의식을 연습하는 날에는 만국 사신이 회동하여 온갖 예물이 함께 올라오니, 각국 사신들의 의관과 언어, 풍속 등을 견문할 수 있는 좋은 기회라고 말했다. 이는 조선 사신이 습의에서 어느 부분에 관심을 두었는지 잘 보여 주는 대목이다.[100]

[조공의: 조근과 조참]

조공의朝貢儀는 조선 사신이 황제와 황태자를 만나 예를 갖추는 의례로 명에서 행해지는 외교 의례 중 가장 중요한 의례다. 황제의 어전에서 이루어진 조근朝覲 시 조선 사신은 품계에 따라 조복을 입고 참여했다. 1369년(홍무 2)에 정해진 번사조현례蕃使朝見禮는 조근일 하루 전에 준비를 마치고 당일에 삼엄을 알리는 북을 쳐서 황제를 맞이할 준비를 했다. 피변복皮弁服을 입은 황제가 봉천전奉天殿에 나오면 음악이 연주되고 어좌에 오르면 음악이 그쳤다. 명편을 울려 시간을 알리면 집사자가 방물안方物案을 두고 물러나 좌우에 섰다. 사인舍人이 사신을 인도하여 안案에 표문을 두고 절하는 자리에 나아가게 하고 배례를 한다는 의미로 "찬배贊拜"라고 하면 음악이 연주되는데, 사신과 그 일행이 모두 황제를 향해 사배하면 음악이 그쳤다. 사인의 인도를 받아 사신이 표안에 나아가 무릎을 꿇고 표문은 수표관受表官에게, 방물장은 방물장관方物狀官에게 주었다. 이때 수표관과 방물장관이 모두 서쪽 층계에서 전정殿庭으로 올라와 안案에 표문을 두고 '찬표문贊表文'이라 하면 선표관이 꿇어앉아 표문을 펼쳐 전殿의 서쪽에서 읽기를 마치고 일어나 표문을 안에 두고 물러나 전의 서쪽으로 돌아와 섰다. 선방물장관宣方物狀官도 이와 같이 하고 전의 서문으로 복위하면 사신이 모두 엎드렸다 일어나 자리로 돌아갔다. 승제관承制官이 황제의 말씀인 제서制書를 받든다는 의미로 "승제承制"라 하고, 중문으로 내려와 사신 앞에 나아가 제서가 있다는 의미로 "유제有制"라 칭하면 사신 이하가 모두 꿇어앉는다. 이어 선제관宣制官이 황제의 말로 사신에게 국왕의 안부를 물으면 사신이 답배하고 엎드렸다 일어나는데, 이때 음악이 연주되고 재배하면 음악이 멈추었다. 승제관이 황제가 이어 말씀을 내린다는 의미로 "유후제有後制"라 칭하면 사신이 꿇어앉고 선제관이 황제의 말로 사신들이 먼 길 오느라 노고가 많았는지 묻고, 사신이 답한 후 엎드렸다 일어나면 음악이 연주되고 재배하면 음악이 멈추었다. 승제관이 전에 올라 복명하고 자리로 돌아와 시립하면, 음악이 연주되고 사신 이하가 모두 사배하면 음악이 멈추었다. 이어서 예부관이 표문과 방물장을 거두면 의례가 끝나게 된다. 황제가 일어나면 음악이 연주되고, 환궁하면 음악이 그쳤으며 문무관과 사신 이하가 모두 전에서 나왔다.[101]

황제의 조근 후에 태자궁인 춘화전春和殿에서 황태자에게도 조현했다.[102] 이날 황태자가 상복常服을 입고 나오면 음악이 연주되고 예좌에 오르면 음악이 멈추었다. 사신이 들어가 자리를 취하고, 집사자가 방물을 그 앞에 두고 "찬배"라고 하면 음악이 연주되었다. 사신 이하가 모두 사배하면 음악이 멈추었다. 사신이 꿇어앉아 전箋을 수전관에게, 방물장을 방물장관에게 주었다. 관원들이 서문으로 전정에 들어와 전箋을 안案에 놓고 절하고, 선전 및 수전관이 전을 취하여 전殿의 서쪽에서 꿇어앉아 읽기를 마치면 사신 이하가 엎드렸다 일어나 다시 전箋을 안案에 두고 물러나 전의 서쪽에 섰다. 방물장의 선독宣讀도 이와 같았고, 관원이 모두 서문으로 나와 복위하면 사신 이하가 모두 엎드렸다 일어나 자리로 돌아가고, "찬배"라고 하면 음악이 연주되고 사배하면 음악이 멈추었다. 예를 마치고 황태자가 환궁하면 음악이 연주되고 입궁하면 음악이 멈추었으며, 문무관과 사신 이하가 모두 나왔다.[103]

1571년 홍려시경 이제춘李漈春이 융경제에게 번국 사신이 어전에 나아가 알현하는 조근을 정지할 것을 아뢰자 예과도급사중 장국언張國彦 등이 "조선국은 속국이지만 복식과 예의를 갖춘 나라로 제이諸夷와 다르니, 옛 의례의 반열[舊班]을 회복하여 우대하는 예를 보이심이 마땅합니다"라고 하니 황제가 따랐다.[104] 이후 명조 멸망 때까지 조선 사신에게 황제에 대한 조근을 지속하게 했는데 이는 명과 조선의 긴밀한 관계는 물론, 조선 사신에 대한 우대를 잘 보여 준다.[105]

1385년(홍무 18)에 정해진 조공 의례는 천관千官과 외번 사신이 참여하는 조참朝參 시에 금의위에서 의장을 진설하고, 화성랑和聲郎이 전殿의 단폐에 대악大樂을 진열했다. 의례사에서 표안을 봉천전 동문 밖 단폐 위에 설치하고 방물안을 단폐 중도中道의 좌우에 진설했다. 문무백관이 문무루 남쪽에서 동서로 마주 보고 시립했다. 번국 사신이 그 나라 복식을 갖추고 표문과 방물장을 받들어 무릎 꿇고 예부 관원에게 전달하면, 예부 관원이 전정의 단지丹墀에 이르러 표문을 표안에, 집사자가 방물장을 방물안에 각각 올렸다. 전의典儀, 내찬內贊, 외찬外贊, 선표

宣表 및 전표관展表官, 선방물장관은 각각 조복을 갖추고 나머지 문무관은 상복을 입고 자리에 나아갔다. 의례사 관원이 전에 오를 것을 주청하면, 황제는 상복을 입고 나아갔다. 이때 음악이 연주되다가 자리에 오르면 음악이 멈추고, 명편이 울리면 문무관이 반열에 들어와 고두례叩頭禮를 하고 의례를 마치면 동서로 나누어 시립했다. 인례관이 번국 사신을 단지의 절하는 자리로 인도하여 "찬사배贊四拜"라고 하면 사신 이하가 사배를 하였다. 전의典儀가 "진표進表"라고 외치면 서반이 표안을 들고 동문에서 전殿 내로 들어왔다. 내찬이 "찬선표贊宣表"라고 하면 외찬이 번국 사신에게 무릎 꿇게 하고 표문과 방물장을 펼치면 번국 사신이 부복, 흥, 사배의 예를 마쳤다. 황제가 가마에 오르면 음악이 연주되고 환궁하면 음악이 멈추었으며, 백관과 번국 사신이 차례로 나왔다. 이때 번국 사신이 표문을 올릴 때 읽기는 생략했다.[106]

황극전皇極殿[1562년 봉천전을 개칭] 조참 의례는 1574년 성절사로 북경에 간 서장관 허봉이 자세하게 기록하였다. 조회일은 대개 황제가 조회를 보는 3·6·9일에 맞췄기에 8월 9일에 진행되었다. 이날 오경五更 초에 사신 이하가 관복을 갖추고 회동관에서 동장안문東長安門 밖으로 나아갔다. 동이 틀 무렵 성문이 열리고 수문관守門官이 들어가기를 독촉하자 사신 이하는 금수교金水橋·승천문承天門·단문端門 등을 거쳐 오문午門 밖에서 대기했다. 해가 뜨려 할 때 오문의 좌우 오봉루五鳳樓 위에서 북을 치고 종이 울린 후 전殿 앞에서 명편이 세 번 울리자, 황제가 황극문으로 거둥했다. 조선을 비롯한 외국 사신은 오문 밖에서 명의 13성 관리와 함께 각 관원의 끝에 차례로 섰다. 외국 사신 중 조선 사신이 맨 앞에 서고, 상통사 이하는 감생監生 앞에 섰다. 조금 뒤 오문의 세 문이 열리면 홍려시 서반이 사신을 인솔하여 어로御路에서 황제에게 오배삼고두례를 행했다. 마침내 우측 액문掖門을 거쳐 들어가 석교를 건너자 문무관은 동서로 마주 보고 예의를 갖추었으며, 규의어사糾儀御史는 마당 한가운데 열 지어 있었다. 조선 사신 이하는 그 뒤로 나아가 서는데, 통정사通政司 관원이 앞으로 나가 일을 아뢰고 13성 관리의 입현入見이 끝나자 서반이 조선 사신 이하를 인솔하여 어로 위에 꿇어앉았다. 홍려시 관원이 계첩을 가지고 아뢰기를, "조선국에서 온 형조참판 등 31원員이 뵈옵니다"라고 아뢰었다. 사신 이하가 삼고두례를 행하고 다시 꿇어앉으니, 황제는 친히 "저들에게 주반酒飯을 내주어라"고 명했다. 조선 사신 이하가 다시 삼고두례를 행하자 서반이 인솔하여 다시 우측 액문으로 나왔다. 우측 궐문 옆에서 조금 쉬다가 광록시光祿寺로 안내되어 술과 음식을 대접받고 마쳤다. 이후 오문 밖에서 일배삼고두례로 사은했다.[107]

명대 오배삼고두례는 1379년(홍무 12) 명사를 외국에 파견할 때 외국의 왕과 관원의 영접 의주였으며, 1385년(홍무 18) 정월 재외 관원의 근무지 부임 시 망궐 의례와 조공을 위해 입경한 제번諸蕃에 예물을 내릴 때 행례하도록 규정했다.[108] 1393년(홍무 26)에 백관이 황제를 조근할 때 머리를 조아린 뒤 돈수오배頓首五拜를 하는 것으로 규정했다. 이 의례는 두 손을 맞잡아 읍례하고 바닥에 손을 짚고 머리를 깊게 숙인 뒤, 이어서 무릎을 꿇고 머리를 조아리는 절을 네 번 반복하고, 마지막에는 무릎을 꿇고 이마를 바닥에 세 번 대고 절한 후 일어나는 일배삼고두례의 순서로 진행되었다.[109]

예외적인 경우지만, 진주사 이정귀 일행은 1619년 사르후 전투 이후 조선이 후금과 내통한다는 의심을 받게 되자 북경에 파견되었는데 1620년 7월 21일 만력제의 대상을 만났다. 이에 명에서는 조선 관소에 문금을 단행했으나 이에 이정귀가 제독에게 곡하는 반열에 참가하게 해 줄 것을 아뢰자 각로가 예부에 명하여 조선 사신의 행례에 관한 조목을 의주에 추가해 명 예부와 공부에서 만들어 준 효복孝服을 입고 조관朝官의 반열을 따라 사선문思善門 밖에서 곡하고 제례를 치를 것을 허락했다. 1620년 7월 24일 새벽 조선 사절은 백모白帽와 백의白衣를 착의하고 궐문 밖에 가서 참최복斬衰服·요질腰·수질首絰·대帶·마혜麻鞋를 착용하고서 오문 서쪽의 액문과 회극문會極門을 지나 무영전 왼편의 대내 차비문인 사선문 밖으로 나갔다. 조선 3사는 조관을 따라 성복례成服禮를 행하고 전후로 거애한 다음 사배하고 마쳤다. 7월 25일 새벽에도 진참하여 황태자에게 전문箋文을 올려 제위에 오를 것을 권하고 사선문 밖에서 조곡례를 행하며 조관과 함께 향을 올리고 제사를 마쳤으며, 7월 26일에도 전날과 같이했다.[110] 8월 1일 새 황제가 등극하는 날 오경에 이정귀 일행도 뒤에 도착한 천추사 및 성절사와 함께 문사흑단령紋絲黑團領과 품대品帶를 착의하고 궐 아래로 갔다. 대가노부大駕鹵簿가 진설된 가운데 네 마리 코끼리가 끄는 어좌가 설치된 용여龍轝가 오봉루 앞에 섰다. 오시에 황제가 문화전에 나아가 즉위했고, 전지傳旨를 내려 천관千官에 대한 선표宣表와 하례를 면했다. 금의위가 명편을 세 번 울리니 행렬이 숙연했다. 황제가 보좌에 오르니 천관이 오배삼고두례를 행했다. 그리고 나서 천관이 먼저 승천문 밖으로 나가니 한림이 조서를 가지고 와서 옥새를 찍었다. 이어서 서반이 전중殿中에서 조서를 반포할 것을 청했다. 예부 관원이 조서를 받아서 운반雲盤에 놓고 나가서 오문 밖에 이르러 운여雲轝에 놓았고 이어서 승천문 성루 위에서 조서를 펼쳐 읽으니, 천관이 옥하교 밖에 둘러서서 듣기를 마치자 오배삼고두례를 행하고 무도 후 산호하고 마쳤다. 의례가 끝나자 황제는 내전으로

들어가고 예부에서 천하에 조서를 반포했다.[111]

[회동관 연연筵宴]

명초에 외국 사절이 수도에 도착하면 예부에서 명을 받들어 회동관에서 사신 이하에게 2차에 걸쳐 연회를 베풀었다. 회동관 연회는 1369년(홍무 2)부터 시작되었다. 《대명집례》의 〈번사조공영로의주蕃使朝貢迎勞儀注〉에 의하면, 번국의 조공 사신이 응천부 용강역에 이르면 응천부동지應天府同知를 보내 접대했다. 다음 날 아침 동지와 사신이 회동관에 도착하면 접반 사인의 인도에 따라 사신은 서쪽으로, 동지는 동쪽으로 들어오게 했다. 중서성에 아뢰면 예부시랑을 관에 보내 전례대로 연회를 베풀어 위로했다. 이때 황제의 의장물을 북쪽에 두고 응천부 관원과 번사가 동서로 자리를 마련하여 빈주賓主 의식을 행했다.[112]

연회 전날 관소에서 좌차를 정하고 어주안御酒案을 정중앙에 두었다. 선부주객膳部主客이 집사에게 연청의 남쪽 기둥에 주안酒案과 식안食案의 설치를 명하고, 교방사에서 악무를 설치했다. 연회 당일 예부 관원이 오문 밖에 용정龍亭을 진설하고, 광록시관이 명을 받들어 용정에 어주를 두고 의장과 고악鼓樂이 회동관에 이르면 사신들이 문밖에 나가 맞이했다. 집사자가 어주를 받들고 봉지관奉旨官과 가운데 길로 들어오면 사신이 서쪽 계단으로 연청 서쪽 모서리에 올라섰다. 집사자가 어주안御酒案 위에 어주를 두면 봉지관이 안의 동쪽에 서서 '유제有制'라 칭하면 사신 이하가 궐闕을 바라보며 무릎 꿇고 읽기를 마치고, '찬배贊拜' 하면 사신 이하가 재배했다. 봉지관이 술을 떠서 사신에게 주면 북면하여 무릎 꿇고 마시기를 마치고 사신이 또 재배하고 각각 자리를 취하면 집사자가 식안食案을 올렸다. 술이 일곱 차례 도는 동안 세악細樂이 연주되고 탕 5품이 나오는 동안 대악이 연주되었는데, 술이 5차와 7차를 돌 때 잡희가 펼쳐졌다. 연회를 마치면 사신 이하가 관문 밖에서 봉지관을 전송했다.[113] 황태자의 사연도 궁관을 보내 예로써 대우했는데, 술이 다섯 차례, 탕 5품이 나왔고 음악은 연주했으나 잡희 공연은 없었다.[114]

영락 연간 명 조정은 타국과 달리 조선 사신을 우대했다.[115] 이때부터 하마연과 상마연 제도가 본격화한 것으로 보인다.[116] 사신이 관소에 도착 후 6~7일 내에 하마연을 행하고, 상마연은 북경 출발 전 5~6일 사이 예부에서 황제의 재가를 받아 광록시에 문서를 주어 행하도록 했다. 예부에서 먼저 잔치 날짜를 정하면 연회를 주관할 대신大臣 1인을 주청했는데, 영락 이후로는 예부에서 조선 사신을 접대할 관원은 인원수에 구애 없이 흠명내관欽命內官, 문무 대신, 학사 대신學士大臣 등 관원 가운데서 주청했다.[117]

1537년 진하성절사가 북경에 도착하자 9월 6일 명 조정에서 하마연을 봉행했다. 당시 하마연은 환관 황금과 예부상서 엄숭嚴嵩이 주관했다. 이날 광록시에서 하마연을 치르게 되자 정사와 서장관 등은 일찍 회동관으로 갔다. 예부상서 엄숭이 먼저 들어오고 조선 사신이 계단 아래에서 맞이했고, 잠시 후 태감 황금이 이어 들어오자, 계단 위 예부상서 뒤에서 망궐하여 일배삼고두례했다. 또한 대청에 들어가 태감과 상서 앞에서 재배하고 동서 연회 탁자로 나아갔다. 당 위에서 음악과 잡희가 펼쳐지고 술 7작이 돌고난 후 파했다. 예부상서 엄숭을 따라 궐례闕禮하고 태감과 상서 앞에서 재배하고 계단 아래로 물러나 태감을 문까지 환송했다.[118] 9월 20일 회동관에서 상마연을 내렸는데, 태감 조정趙政이 주관하고 예부 관원은 오지 않았다.[119]

1560년 이후 조선 사신에 대한 연회는 예부상서의 접대를 규례화했다.[120] 광록시에서 회동관에 연회를 마련하고, 교방사는 음악을 제공하고 홍려시는 통사와 명찬을 동원했으며, 의제사는 연화인宴花人에게 꽃가지를 준비하게 했고 사신의 수가 많으면 이틀에 나누어 연회를 진행했다. 만일 금도禁屠나 재계일齋戒日과 겹치면 3~4일 이후에 연회를 거행했다.[121]

1574년 성절진하사 조헌 일행이 북경에 들어가자 8월 16일 회동관에서 하마연을 거행했다. 예부상서 만사화萬士和가 연회 주관자였다. 조선 사신이 동랑東廊에 앉자 제독이 차를 보냈다. 광록시 소경少卿이 와서 찬을 베풀자 제독이 당의 처마 아래서 읍하여 맞았고, 서반 등이 월대 아래서 맞았다. 상서가 나아가니 낭중 등이 나란히 서서 대문 내뜰 안 상마처까지 읍송揖送하고 또 삼읍三揖하며 들어올 것을 청했다. 낭중이 처마 밑으로 돌아오자 소경이 말에 올라 읍하고 나갔다. 상서가 이르자 사신이 남향하여 뜰에서 공경히 맞이했고, 낭중은 계단 위에서 맞이했다. 상서가 서반이 환영하는 곳에 이르러 가마에서 내려 낭중이 읍하는 곳에서 가볍게 읍하고 들어와 뜰로 나갔다. 사신이 서향하여 일배삼고두례를 하고 한 번 읍하자 상서가 당 내 의자에 앉았고, 사신들은 안으로 들어가 재배하고 자리에 앉았다. 이때 사신은 동쪽, 서장관과 질정관은 서쪽, 군관 등 종사관은 계단 위에 앉고, 하관들은 계단 아래 앉았다. 탁자 앞에 풍성한 음식을 차렸고 도마에 생고기를 올렸다. 그릇 수가 매우 많고 사치스러웠다. 잡희가 앞에서 펼쳐졌는데, 오랑캐와 한족이 교전하는 연희였다. 상서 앞에 광록시관 4인이 나눠 서고, 어주가 도착하면 앞에 모셔 두고 읍하자 상서가 손을 들어 가볍게 읍했다. 찬을 올릴 때도 이와 같았다. 북치는 사람이 상서 앞에 나가 북을 세 번 치면 상서가 잔을 들고, 또 세 번 치면 젓가락을 들었다. 술 9작을 마치면 광록시관이 일제히 읍하고 나가고 하인이 각각 그릇에 찬을 담아 집으로 돌아갔다. 상서와 사신이 내려와 뜰에서 망궐하여 일배삼고두례를 하고 상서에게 재배한 후 물러났다. 상서가 나오면 맞아들이는 의례와 동일하게 환송하였다. 상서가 승교처에 이르면 낭중이 읍揖하고 상서가 가볍게 읍했다.[122] 이후 8월 26일 회동관에서 상마연을 거행했는데, 예부상서 만사화萬士和가 주관했다. 이날 상서가 조참이 끝나고 바로 회동관에 이르자, 일행이 지영위에 나아가 배례하고 술잔 돌리는 방식은 하마연과 동일했다. 조헌은 창과 칼을 들고 위협하는 기괴한 연희를 '꼭두각시의 현란한 기술[傀儡眩幻之術]'에 비유하며 강한 거부감을 드러냈다.[123]

1567년 북경에 들어온 정조사 이영현은 조회 후 명 예부에 조선 명종의 갑작스러운 서거 소식을 이유로 연회를 면해 줄 것을 상주했다.[124] 또한 임란 이후 사신 이하가 조선의 어려움을 감안하여 현당일에 연회를 면해 줄 것을 청하자 예부에서 광록시 전부청典簿廳에 이문하여 정해진 은냥을 보내고, 주객사에서 은을 받아 지급하자 사신 이하가 궐에 나아가 사은했다. 1604년(만력 32) 성절사행의 경우 예부에 연회를 면해 줄 것을 정문하자 광록시 전부청典簿廳에 이문하고 은냥으로 값을 정했다.[125] 이렇듯 면연免宴을 청한 원인이 분명한 경우는 소위 '절연은折宴銀'이라 하여 은냥으로 대신했다.

후금이 요동을 점령한 명청 교체기 조선 사절단은 해로를 건너 북경으로 향했다. 1623년 7월 말 인조반정 이후 동지 성절겸사은사로 파견된 조즙趙濈 일행이 이듬해 정월 23일 북경 회동관에서 하마연을 거행했다. 사신은 연회 참석 시 홍포紅袍를 입겠다고 제독에게 문의했으나, 제독은 흑의黑衣를 입게 했다. 상서가 들어올 때 낭중 등이 중간 계단 동변에서 맞았고 사신들은 뜰 아래 동변에서 맞이했다. 상서가 당에 올라 서벽 아래 용장龍障을 두른 곳에서 행례했고, 상서 앞에 조즙이 서고 원역은 그 뒤에서 일배삼고두례를 행했다. 상서가 주벽에 위치하자 조선 사절이 현당례를 행하고 사배하자 상서가 답배했다. 주벽의 의자에 앉은 상서가 양변에 꽃을 권하자 조즙이 관모 좌측에 꽃을 꽂고 구작칠미九酌七味를 행하는 동안 잡희와 환술이 펼쳐졌다. 탁자의 음식이 매우 풍성했는데, 양·오리·거위는 통째로, 돼지와 쇠고기는 썰어 놓았다. 유과油果 다섯 그릇, 과일 세 그릇, 떡 다섯 그릇에 모두 꽃을 꽂았다. 연회를 파한 후 서장西障 아래 서서 일배삼고두례를 처음과 같이 행했다. 이후 조즙 등은 조선 정세의 위태로움을 걱정하며 상마연을 면해 줄 것을 요청했다.[126] 1636년 김육이 출사하여 이듬해 돌아왔는데, 호란 중에 하마연과 상마연을 행할 수 없어 은 56냥으로 면연했다.[127]

명 초기, 조선 사신에 대한 연회는 예부시랑이 주관했으나, 영락 연간 이후에는 하마연과 상마연이 정례화되어 예부상서가 주관했고, 만력 이전에는 황제의 신변을 돌보던 환관이 주관하기도 했다. 의식에는 용정이 등장하거나 궐례闕禮를 하며 일배삼고두례나 오배삼고두례를 하여 황제의 어연御宴임을 보여 주었다. 술은 7~9작이었고, 잡희도 펼쳐졌다. 타국에 대해서는 하마연만 진행한 경우가 많았으나, 조선 사신에게는 상마연과 하마연을 모두 열어 주어 우대했다.[128]

[회정 시 영상 의례]

사신이 돌아올 때 황제가 상을 내리는 의례는 1574년 허봉의 《하곡조천록》에 자세하다. 사신 이하는 공복을 갖추고 첫 새벽에 오문 우측 액문 앞에서 대기했다. 해가 뜨면 황제가 황극문으로 거둥하고 사신은 서반의 인도에 따라 액문을 지나 들어갔다. 천관이 행례를 마친 후 명찬이 "조선인을 인도하시오"라고 외치면 사신 이하가 서반을 따라 어로 위에서 일제히 무릎을 꿇었다. 홍려시 관원 4인이 탁자를 받들어 계단 아래 두는데 탁자 위에는 황제가 내릴 물품이 성대히 놓여 있었다. 예부상서, 좌시랑, 우시랑이 나아가 사신 앞에서 꿇어앉는데, 우시랑이 게첩揭帖을 들고 "조선국에서 보내온 배신陪臣 박희립 등 36명이 이번에 만수성절을 경하드리기 위해 왔사오니, 전례대로 상주 받으시고 상을 내리소서"라고 아뢰면 황제가 친히 "저들에게 내려 주라"고 명했다. 상서 등이 물러나와 반열로 들어가고 사신 이하가 오배삼고두례를 행했다. 명찬이 "일어나시오"라고 외치면, 사신 이하가 왔던 길을 따라 돌아와 궐의 좌문에서 멈췄다.

　입조入朝를 마친 후에 주객사 주사가 황제가 내린 물품을 가지고 와서 상방廂房 계단 위에 앉는다. 사신이 먼저 들어가서 읍하면, 주사도 읍했고 서장관도 이와 같이 읍했다. 상통사 이하는 뜰에서 무릎을 꿇었다가 일어나 한 번 절하고 다시 꿇었다가 일어났다. 주사가 황제가 상으로 내린 예물을 나누어 주면 사신이 또 들어가서 좀 전과 같이 행례하고 나왔다. 이튿날 사신 이하가 궐에 나가서 선물을 내린 것에 대해 사은했다.[129]

　사명使命이 달성되어 명 예부에서 자문을 받으면 선래통사先來通事를 사행의 귀국보다 10일 정도 앞서 조선에 급파하여 사행 결과와 명나라 정보를 조정에 먼저 치계馳啓하여 대비하게 했다.[130] 사행의 회정 전날에는 새벽에 궐에 나가 오배삼고두례로 돌아가는 인사를 한 뒤 서반의 인도를 따라 광록시에 들어가 주반을 먹고 오문 밖으로 나가서 일배삼고두례로 사은했다. 예부로 가서 월대에 올라가 예부상서와 우시랑, 좌시랑에게 작별 인사로 양배일읍하고 동랑東廊으로 돌아왔다. 칙서는 서반이 받아 사신에게 전달했으며, 역관을 주객사에 보내 칙서에 적힌 물목을 받아 오게 했다.[131] 이후 주객사와 의제사에 가서 인사하고 예부의 회자문回咨文을 전달받았다.

• 사행 의례 너머, 외교의 역학

조선 사신이 명나라에 파견되어 겪은 사행 과정은 단순한 외교 사절의 여정이 아니라, 제국질서 속에 내재된 상징과 절차의 체계를 의례로 통과하는 외교적 실천이었다. 요동도사아문에서 시작해 산해관을 넘어 수도에 이르기까지, 사신들이 수행한 모든 의례는 명과 조선 사이의 외교질서 속에 명분과 실리의 외교 전략을 반영하는 중요한 장치였다.

요동에서의 현관례와 망궐례, 수도에서의 습의와 조근례, 회동관에서의 연향과 회정까지 이어지는 절차는 조선 사신에게 요구된 '통과 의례'와 같았다. 이 일련의 의례는 조선 사신의 행위 규범과 조선의 국가적 위상을 조율하는 장이었으며, 동시에 명나라의 입장에서는 제국의 권위를 드러내는 연출의 무대이기도 했다. 조선은 이러한 형식 속에서 자국의 외교적 정체성을 유지하고자 하였고, 명은 그 형식을 통해 책봉질서의 중심임을 끊임없이 상기시켰다.

이 글은 조선 사신의 외교 의례 절차를 사행의 흐름에 따라 통시적으로 재구성함으로써, 외교 의례가 고정된 규범이 아니라 시대의 정세와 양국의 역학에 따라 변화하고 조정되는 양국 관계의 재현임을 보여 주고자 했다. 명나라의 문금정책, 조선 사신에 대한 우대나 제한, 연향과 하마연의 변동 등은 단순한 관행이 아닌 외교적 메시지로 기능했다는 점에서, 외교 의례는 권력의 표현이자 상호 이해가 교차하는 외교적 실천 공간이었다.

조선 사신의 사행과 의례는 단지 한 국가의 외교사를 넘어서, 명대 동아시아 외교질서의 작동 원리를 보여 주는 사례이기도 하다. 외교 의례는 국가 간 경계를 넘나드는 정치적 행위이자, 제국과 번국 사이의 위계적 상호 작용을 시각화하는 상징적 언어였다.

구도영

조선 전기 대명 무역의
유형, 절차, 공간

- 조명 간 무역 구조의 전체적 윤곽
- 조선 전기 대명 무역의 개념과 유형
- 조선의 사행무역(합법) 운영과 국제시장
- 조선 전기 무역 구조와 동아시아 무역사의 다원적 해석

조명 간 무역 구조의 전체적 윤곽

이 글은 조선 전기 대명 무역의 개념을 고찰하고, 무역의 구성원, 운영 절차, 무역 공간 등을 살펴봄으로써, 조선 전기 대명 무역의 구조와 무역 활동의 기초적 이해를 도모하려는 것이다.

그간 무역 연구에서 가장 기초적이라 할 수 있는 개념 및 제도 관련 논의는 정작 제대로 진행되지 않았다. 무역 용어들은 고정불변의 개념어가 아니라, 중국의 대외무역 정책과 그 무역 파트너 국가의 대중국 무역 입장에 따라 그 범위와 의미가 다르게 규정되곤 한다. 따라서 조선 전기 대명 무역 유형 역시 조선과 명의 입장을 모두 고려하며 정립해야 한다. 기존에는 명의 대외무역 정책을 충분히 고려하지 않았거나, 조선 이전 시기 또는 조선 후기 대청 무역 유형을 조선 전기 개념어에 적용하거나, 또는 일본 연구의 개념어를 인용하여[1] 유형화한 경우가 대부분이었다. 현재도 기존 연구의 관성에 따라 무역 개념을 '공무역(관무역), 사무역, 밀무역'으로 구분하는 경우가 많다. 15~16세기 일본은 불법 무역이 주를 이루었고 조선은 합법 무역이 주를 이루었기에 일본의 무역 개념을 조선에 그대로 이식하면 조선의 장점과 특징이 제대로 드러나지 못한다.

따라서 조선 전기에 조선과 명의 무역정책과 실상을 충분히 검토하고, 그에 맞는 개념과 유형을 정립해야 당대 무역의 특징과 의미를 명확히 파악할 수 있다. 이에 이 글의 2장은 무역의 가장 기초적인 개념과 유형화부터 시도한다. 그리고 나서 그간 연구에서 자주 등장했던 '관무역官貿易'의 개념을 동아시아적 관점에서 이해하고, 관무역 관련 무역 관세 규정도 검토하여, 조선 대명 무역의 세금과 무역 구조의 특징을 명확히 파악한다.

조선의 대명 무역은 크게 합법 무역인 사행무역使行貿易과 불법 무역인 비사행무역非使行貿易으로 나뉘므로 이 글의 3장은 사행무역, 4장은 비사행무역으로 구분하여 살핀다.[2]

사행무역은 합법 무역인 만큼 이에 대한 조선 정부의 각종 규정을 파악할 필요가 있다. 3장에서는 사행무역의 인원, 공무역이 이루어지기 위한 절차, 사무역을 통제하는 출입국 검사 등을 확인하고, 사행무역이 이루어지는 국제 시장과 교역의 방법을 두루 살핀다.

비사행무역은 불법 무역으로, 비밀리에 전개되는지라 무역의 방법과 절차 등이 규격화되지 않았다. 이에 이를 추동했던 인물들의 특징이 매우 중요하며, 불법 무역이 일어날 수 있는 구조적 여건들을 주목할 필요가 있다. 4장에서는 15세기 후반 불법 무역이 확산될 수 있었던 국경 인근 요동 지역의 형세 변화, 불법 무역의 주체들, 불법 무역이 성행했던 지역들을 살펴서 비사행무역의 구조적 특징을 이해하고자 한다. 불법 무역은 무역 방법 면에서 월경무역越境貿易과 해상무역海上貿易으로 구분되며, 이들의 무역 활동 양상을 검토하여 불법 무역의 여건과 교역 지대, 구조적 특징을 살펴본다.

이와 같은 검토를 통해 조선 전기 대명 무역의 구조를 큰 틀에서 파악하고, 무역 활동의 기초적 이해를 확보하고자 한다.

조선 전기 대명 무역의 개념과 유형

명 조정은 원대의 자유로운 민간 대외무역을 금지하고, 명을 중심으로 한 조공질서에 편입된 외국 또는 부족에게만 명이 규정한 범위 내에서 무역 활동을 허용했다.[3] 외국 국왕이 파견하는 사행단의 무역, 곧 사행무역 위주로 운용한 것이다. 몽골과 여진 등 일부 지역에 사행무역과 변시邊市 두 가지 형태를 허용한 바 있지만,[4] 이들 외에는 사행무역만을 용인했다. 따라서 조선의 대명 무역은 크게 사행무역(합법)과 비사행무역(불법)으로 구분된다.

사행무역

조선 전기 사행무역(합법)은 진공進貢·사여賜與, 공무역公貿易, 사무역私貿易으로 분류된다. 이를 자세히 살펴보자.

진공은 외국 사행단이 명에 방물을 올리는 행위를, 사여는 명이 외국 사행단에게 일정한 물품을 내리는 행위를 지칭한다. 외국 사행이 명에 방물을 보내는 일은 사행마다 반드시 이행해야 하는 의례다. 진공과 사여는 의례적 성격이 강하며, 양국 간 실질적 필요에 따라 이루어지는 상거래 개념과는 거리가 멀다. 그러나 이 또한 경제적·정서적·사회적 성격이 얽혀 있는, 복합적인 선물교환의 형태를 띤 경제 활동이다.[5] 진공과 사여도 광의의 개념에서는 사행무역의 한 분야로 볼 수 있다.

공무역은 조선 조정의 공적 자금을 토대로, 국가 운영과 왕실에서 소요되는 각종 물품을 명에서 수입해 오는 것을 말한다. 명 조정을 상대로 상행위를 하는 관무역 형태가 아니라, 조선 조정에서 필요한 물품을 시장에서 확보해 오는 것이다. 조선 조정은 국정 운영에 필요한 물품을 수입하는 공무역만을 허용하고, 이를 제외한 무역은 통제하는 것을 원칙으로 했다. 따라서 조선 조정의 공적 자금을 출연하여 국가 소용 물품을 수입하는지 여부가 공무역과 사무역을 가름하는 가장 중요한 기준이 된다. 조선 왕실이 사용할 물품을 수입하더라도 그것을 정부의 공적 자금으로 구입하면 공무역, 왕실의 사적 자금으로 수입하면 사무역이다.

조선의 공무역품 중 주목되는 것은 군수물자 수우각水牛角이다. 조선 신료들은 수우각을 가장 중요한 공무역품으로 여겼다. 명은 군수물자 수출을 엄격히 금지했지만, 조선에서는 활을 만들기 위해 수우각을 반드시 수입해야 했다. 조선 군수품에서 활의 비중이 매우 컸는데 정작 그 재료인 수우각이 조선에서 생산되지 않았기 때문이다. 이에 조선 통사가 명 상인으로부터 비밀리에 수입해 왔다.

조선 신료들은 수우각 수입을 논의하는 과정에서 이를 더러 사무私貿, 잠무潛貿 등으로 표현했는데,[6] 이는 수입 방식의 특성 때문에 그렇게 언급한 것이지, 수우각이 사무역의 영역이라서가 아니다. 조선에서 군사 무기(각궁) 제작을 위해 정부 예산으로 구입하는 수우각은 국가 자산이다. 즉 엄연히 공무역이다. 다만 수우각을 수입하다가 명에 발각되면 외교 문제로 비화될 수 있기에, 조정에서는 수우각 무역을 표면적으로 통사들의 사무역 행위로 '포장'해서 운영했다.[7] 수우각 공무역은 군사 무기 재료라는 특성상 밀무역 '형태'를 띠고 운영되었던 것이다. 만약 통사가 사적 자금을 융통하여 수우각을 구입했다면 그것은 사무역의 영역일 것이다. 공무역과 사무역을 구분하는 핵심 기준은 무엇을 무역했는지가 아니라, 정부의 공적 자금을 사용했는지 여부이다.

사무역은 사행무역에서 공무역을 제외한, 개인 자금으로 수행하는 사사로운 무역이다. 사무역은 사행단에 포함된 일행인 사신·통사·종인從人 등이 개인적으로 무역 행위를 하거나 부상대고나 권세가들이 사행단의 일원에게 무역을 청탁하는 방법으로 이루어졌다.

기존 연구에서 사무역을 '불법'이라고 단정하는 경우가 있다. 그러나 조선 조정은 사무역의 수출품 종류와 규모를 제한했을 뿐, 사무역 그 자체를 불법으로 규정한 바 없다.

우선 조선의 수출 금지품 종류와 처벌 수위를 보면, 활세포[闊細布], 채문석彩紋席, 후지厚紙, 초피貂皮, 토표피土豹皮, 해달피海獺皮를 수출한 자는 장杖 100, 도徒 3년에 처했다. 그리고 철물, 우마, 금은, 주옥珠玉, 보석, 염초焰硝, 군기軍器를 수출하면 교형絞刑에 처했으며, 이를 부탁한 자도 1등을 감하는 선에서 처벌했다.[8] 사행단원이 명에 합법적으로 가져갈 수 있는 금액을 보면, 사使는 포 10필·인삼 10근, 서장관 이하의 정관正官은 포 각 5필·인삼 10근, 타각부打角夫는 포 각 3필, 인삼 10근이었다. 이렇게 규정된 수량보다 초과해서 물화를 더 가지고 가면 장 100에 처했다.[9]

이처럼 사행원이 개인적으로 무역 가능한 물품 종류는 포와 인삼으로 제한되었고, 그 규모는 정사도 포 10필, 인삼 10근에 불과했다. 즉 사무역을 범법 행위로 규정하지는 않았으나, 무역 가능 물품 종류 및 수량을 크게 제한했다. 이 때문에 사행단원이 무역 수익을 고려할 시에 사실상 조선 조정에서 정한 기준을 초과하여 범법이 불가피한 상황이 양산된 것이다. 조선의 공무역과 사무역 구분은 조선 정부의 입장일 뿐, 명 정부의 법 규정이 아니었다. 따라서 사무역 하려는 자들은 조선 관료의 단속을 피하는 일이 가장 중요했다. 사무역은 사행무역의 한 종류로, 그 교역량이 확대되어도 명과의 무역질서에 균열이 생기지는 않았다.

비사행무역: 불법 무역, 민간무역

사행무역 외의 무역인 비사행무역을 살펴보자. 조선과 명 조정 모두 합법적인 무역을 사행무역으로 제한했으므로, 그 외의 무역은 모두 불법이었다. 비사행무역은 조명 양국 정부의 감시를 피해 국경을 넘어 이루어지는 민간 영역의 것으로, 명은 중국인이 국경을 넘으면 극형에 처했다.[10] 이에 기존 연구에서는 비사행무역을 '민간무역'[11], '불법 무역'이라고[12] 표현하기도 한다.

비사행무역은 민간인들이 사행단에 기대지 않고, 평시에 국경을 넘어야 해서 각 국가나 지역이 처한 지리적 여건에 따라 육로무역 또는 해상무역으로 그 종류가 달라진다. 중국과 무역하는 대부분의 나라에서는 육로로 국경을 넘는 월경무역만 있거나 배를 타고 중국 해역으로 가는 해상무역만 있는데, 조선은 평안도 방면으로 명과 대륙이 맞닿아 있으면서 서해안 방면으로 명과 해안을 사이에 두고 있어, 동아시아 국가 중 월경무역과 해상무역이 모두 가능한 흔치 않은 사례였다. 월경무역은 평안도 북단에서 압록강을 건너 중국 지역을 오가는, 국경 인근에서 벌어지는 불법적 육로무역 형태다. 해상무역은 주로 조선 서해안이나 제주 등지에서 배를 타고 중국 해안으로 가서 무역하는 행위다. 조명 양국은 조정의 원칙과 통제에서 모두 벗어나는 이들 불법 무역을 단속했다.

그간 사행무역의 사무역과 비사행무역을 유사한 종류로 이해하는 경우가 많았다. 조선 정부가 통제하여 처벌 사례가 많은 사무역과, 조명 양국 모두가 불법으로 처단하는 비사행무역을 동일하게 불법의 영역으로 이해한 것이다.

사무역과 비사행무역의 비중을 파악하는 것은 동아시아 시각에서 조선 대명 무역의 성격과 특징을 가늠하는 잣대가 되므로 이 둘은 명확하게 구분할 필요가 있다.

밀무역: 범법적 '무역 형태'

마지막으로 밀무역 개념을 상정해야 한다. 기존 연구는 대중국 무역의 유형을 보통 '공무역, 사무역, 밀무역' 세 분야로 구분하고, 밀무역을 무역 '영역'의 하나로 유형화해 왔다. 그러면서 국가에서 통제하는 사무역을 몰래 하는 경우 이를 밀무역이라 부르기도 했다. 이 경우는 밀무역을 범법적 무역 '형태'로 지칭한 것이다. 이러한 밀무역 개념 정리는 문제가 있다. 밀무역이 '공무역과 사무역을 제외한 하나의 무역 영역'과 '공무역과 사무역에서 이루어지는 범법적 무역 형태'를 동시에 의미해 온 것이다.[13] 즉 공무역과 사무역은 각각의 무역 '영역'으로 구분하면서, 밀무역만은 불법적 무역의 '영역'과 불법적 무역 '형태' 모두를 지칭했다. 규정을 어긴 사무역 사례와 비사행무역을 동일한 불법 행위로 이해하며 '밀무역'이라는 용어로 통칭하는 오류가 대부분의 연구에서 발견된다.

밀무역을 '공무역과 사무역을 제외한 범법적 무역의 한 영역'으로 규정하면, 때로는 밀무역 형태를 띠는 공무역을 설명할 수 없다. 조명 간 합의된 사행무역의 영역에서도 법의 테두리를 벗어난 밀무역은 얼마든지 이루어질 수 있었다. 즉 은밀하게 이루어지는 밀무역 형태는 사행무역과 비사행무역 전 분야에서 발생할 수 있으므로, 밀무역은 무역의 '형태'이지, '영역'이라 볼 수 없다.

가령 공무역 분야에서 수우각 무역이 좋은 예다. 조선의 수우각 공무역은 사행무역 '영역' 안에서 이루어진다. 그런데 수우각은 명의 수출 금지품목이므로, 조선의 수우각 공무역은 밀무역 '형태'로 이루어진다. 수우각 무역은 정부 예산으로 운영되는 공무역 영역이지만, 그 수입 형태는 밀무역으로 이루어지는 것이다. 또 다른 예를 보면, 조선인이 명으로 은을 수출하는 것이 명에서는 문제되지 않지만, 조선 조정에서는 이를 처벌했다. 수출품목에 따라 몰래 수행하는 밀무역 형태가 사무역에서도 발생하는 것이다. 그리고 비사행무역은 조명 양국에서 모두 불법이므로 그 무역 형태는 언제나 밀무역이다.

무역 영역은 사행무역(조공·사여, 공무역, 사무역)과 비사행무역(불법무역: 월경무역, 해상무역)이며, 밀무역은 각각의 무역 영역에서 은밀하게 행해지는 범법적 '무역 형태'다. 밀무역이 무역 '형태'로 개념화되어야 조선 입장에서 공무역과 사무역, 불법 무역 모두에서 밀무역 형태가 발견되고 있다는 사실을 설명할 수 있다.

조선에 없는 관무역과 관세 문제

명은 건국 초기, 외국 국왕 사신단에게만 명과의 무역 기회를 부여했고, 이들이 가져오는 무역품을 명 조정이 '정부 예산'으로 직접 수매했다(관무역). 명 정부는 외국 사행의 무역품을 호가로 수매하여, 먼 길을 온 외국 사행단의 경제적 욕구를 일정 부분 해소해 주었다. 일본, 류큐[오키나와], 섬라暹羅[태국], 진랍眞臘[캄보디아], 조와爪哇[자바], 발니浡泥[브루나이], 소문답랄蘇門答剌[수마트라], 소록蘇祿[술루제도], 만라가滿剌加[말라카], 방갈자榜葛剌[방글라데시] 등 다수의 동아시아 국가들의 국왕 사행단은 명과 관무역을 수행했다.[14] 명 황제는 '무역'이라는 방법을 통해 여러 외국을 조공국으로 편입해 많은 조공국을 거느린 천자로서 권위를 얻고, 조공관계를 맺은 여러 나라들은 명과 무역을 진행하면서 경제적 이익을 확보했던 것이다.

그러나 조선은 명과 관무역을 수행하지 않은 '특이한' 국가였다. 이는 다른 외국들이 명과의 관계에서 경제적 이익을 얻으려는 목적이 강했던 것에 비해 조선은 그렇지 않았다는 단적인 예다. 애초 조선은 무역의 이익을 얻기 위해 명을 찾아갔던 나라가 아니었다.

그러나 명이 사행무역을 미끼로 외형상의 조공질서를 유지 확장하던 방식은 15세기 중반 무렵 이미 후퇴하고 있었다. 우선 명은 외국 사행의 파견 횟수를 줄여 나갔다. 예컨대 점성占城(베트남 남부)은 사행을 1년 1회 정도 파견했는데, 명은 1437년(세종 19, 정통正統 2) 섬라의 예에 따라 3년에 1회만 정기 사행을 파견하라고 명했으며,[15] 1446년(세종 28, 정통 11) 7월에도 3년 1회 파견을 재차 명했다.[16] 그뿐 아니라 1443년(세종 25, 정통 8) 7월 조와 국왕에게 칙서를 내려 '잦은 사행 파견이 조와와 명 광동 지역을 매우 번거롭고 소요스럽게 한다', '해외 모든 나라가 3년 1회 조공한다'는 사실을 강조하며, 3년 1회 파견을 종용했다.[17] 이 칙서에서 주목할 부분은 조와의 잦은 사행 파견이 명의 광동 지역을 번거롭게 한다는 내용이다. 이후 사행 파견 횟수를 보면 점성의 경우 1430년대에는 총 10회를 파견했지만 1450년대 3회로 감소했고, 조와의 경우에도 1430년대 총 7회 파견했지만 1450년대에는 3회로 감소했으며, 섬라의 경우도 1430년대 총 5회에서 1450년대 3회로 감소했다. 사행 파견 빈도가 3년 1회에 가까운 상태로 된 것이다. 15세기 중반 이후 명은 외국의 사행 파견 횟수를 줄이려는 방향을 명확히 하고 있었다.[18]

류큐는 15세기 전반 정기 사행을 1년에 한 번씩 파견할 수 있었는데,

1475년(성종 6, 성화成化 11) 류큐 사행단 일행이 복건 지역에서 중국인을 죽이고 재물을 약탈한 사건을 일으키자 명은 류큐의 정기 사행 횟수를 2년 1회로 줄였다.[19] 일본도 예외가 아니었다. 명은 1436년(세종 18, 정통 1) 일본 사행단을 접대하는 절강시박제거사浙江市舶提擧司 관리를 3분의 2나 삭감했다.[20] 일본이 사행 파견 시에 지나치게 많은 인원과 선척을 동원하여 명과 무역 마찰을 빚자, 명은 15세기 중반 일본의 사행을 10년에 1회만 파견하게 했다.[21] 명이 조공 사행단 접대에 피로감을 느끼는 가운데, 1450년대 이후 사행단이 명에서 소요를 일으키는 일이 빈번해지자, 조공 사행단에 대한 명의 거부감이 커졌다. 1453년(단종 1, 경태 4) 조와 사신이 명과의 약속을 준수하지 않아 명 조정으로부터 비난을 받았다.[22] 같은 해 일본이 사행 인원을 지나치게 많이 파견하자 명 조정은 재정적 부담을 안게 되었다. 게다가 일본 사신 일행이 임청臨淸에서 거주민을 약탈하고 구타하는 등 난동을 부렸고,[23] 관무역에서 시가보다 더 높은 값을 달라고 요구하여 명 조정의 공분을 샀다.[24] 1474년(성종 5, 성화 10) 류큐 사신 일행이 복건에서 중국인을 죽이고 재물을 약탈한 사건,[25] 1496년(연산군 2, 홍치 9) 일본 사신 일행이 제령에서 사람을 죽이고 폭동을 일으킨 사건[26] 등 조공 사절단이 명에서 난동을 부리는 사건 등이 자주 발생하면서 명의 외국 사신에 대한 각종 규제도 엄격해졌다.

이와 같은 일련의 사건 속에서, 명은 홍치제 시기(1488~1505) 외국 관련 규제를 강화했고,[27] 외국들의 관무역에 세금을 거두기 시작하였다.[28] 이는 《대명회전》 규정에서 확인할 수 있다.

    홍치간弘治間에 정하기를, 무릇 번국이 진공 시 왕·왕비 및 사신

등의 부진화물附進貨物은 10분을 비율로 했을 때, 5분은 추분抽分
으로 관에 들이고, 5분은 가치대로 지급한다.……지늡를 받들어
특별히 추분을 면했던 것은 전례가 될 수 없다.……무릇 번국 진
공선進貢船 내부를 검사하여 찾아낸 사화私貨는 예例에 따라 입관
하고 모두 가치를 지급하지 않는다.[29]

명은 15세기 말 관무역에서 거래되는 물량에 대해 추분抽分을 매기기 시작했다. 추분(이하 '관세')이란 외국이 가져온 전체 무역품 중 현물 일부를 명이 세금으로 거두어 가는 제도며, 오늘날의 '무역 관세'와 견줄 수 있다.[30] 명의 추분은 매우 가혹했다. 외국 사행단이 가져온 전체 물품 중 50퍼센트는 명 정부가 가져가고, 나머지 50퍼센트 물품에 대해서만 가격을 지급하는 방식이었다. 이로써 외국은 자신들의 교역품 중 절반에 해당하는 물량을 명 조정에 무상 납부해야 했다. 무역 관세가 매우 높았음을 알 수 있다. 명이 해금海禁을 완화하고 민간인에게 대외무역을 허가한 뒤 상세商稅를 징수한 것은 1567년(명종 22, 가정 46) 이후지만, 외국의 사행무역에 관세를 부과한 것은 15세기 말이었다.

조선 사행단은 1년에 몇 차례씩 명에 왕래하며 정보를 수집하므로 명의 시장 변동에 대응하기가 상대적으로 용이했다. 반면 3년이나 5년 혹은 10년에 한 번 명에 입국하는 외국 사행단은 중국 시장의 변동에 대비하기 어려웠을 것이다. 외국 사행단이 가져온 물건 중 일부는 중국 시장에서 팔리지 않는 물품일 수도 있었다.[31] 따라서 오랜만에 먼 사행길을 온 외국 사행단 입장에서 관무역은 중국 시장 변수의 불확실성을 피해 수익의 안전성을 보장받을 수 있는 영역이었다. 반면 명의 입장에서 관무역은 명 정부의 재정 손실을 초래할 가능성이 있었다. 이에 명

은 15세기 중반 이후 조공 사행단의 관무역에 관세를 부과하는데, 이로써 외국의 대명 사행무역 이익은 이전보다 감소할 수밖에 없었다.

그렇다면 외국의 대명 사행무역에서 관무역은 어느 정도 비중을 차지했을까. 외국의 관무역 비중에 대해서는 다음의 사료를 참고할 수 있다.

> ① 류큐국[오키나와] 정공正貢 외 부탑화물은 관에서 5분五分을 추분하고, 5분을 매매한다.[32]
>
> ② 발니국浡泥國[브루나이] 정공 외 부탑화물은 모두 가격을 지급한다.[33]
>
> ③ 소문답랄국蘇門答剌國[수마트라] 정공 외 사신 등이 진헌한 물품은 모두 가격을 지급한다.[34]
>
> ④ 일본국 정공 외 사신 등의 진헌, 부탑화물은 관이 수매하고 모두 가격을 지급한다. 감당하지 못하는 것은 무역하도록 한다.[35]

위의 사료에서 ①을 보면, 류큐는 유일하게 국초부터 명과의 무역에서 관세를 납부하고 있다. ②와 ③은 브루나이와 수마트라의 경우로, 명은 조공품 외의 부대화물은 모두 값을 지급한다고 했다. 이로 보아 이들 나라도 대부분 관무역을 했을 것으로 확인된다. ④는 일본의 경우로, 일본 사행단도 무역의 상당 부분을 관무역했던 것으로 보인다. 공물 외에 가져온 화물(부탑물)은 명 정부가 값을 지불하며, 관에서 매입하기 적당하지 않을 경우에만 스스로 무역하도록 하여, 관무역이 중심이었음을 알 수 있다. 조공 사행단에게 시장무역은 거의 허가되지 않았다.[36]

홍치제 시기 명의 무역 관련 법안 제정은 여기서 멈추지 않았다. 외국이 가져오는 물품에 명이 가격을 정하고, 이 원칙에 근거하여 관무역을 진행하고자 했다.[37] 관무역에서 무역품의 가격 책정 문제가 이전부터 양국 간 분쟁을 야기했다. 따라서 그간 시가와 호가呼價 사이에서 번복되는 양국 간 가격 논쟁을 끝내고, 명 정부의 재정 손실을 줄이려는 의도로 풀이된다. 15세기 중순 무렵 명 정부는 관무역에서 급가를 이전보다 인색하게 지급하고, 15세기 말에 이르러 외국 물품에 대한 급가를 성문화하기에 이른다. 이 과정에서 외국들의 무역 이익은 이전보다 감소할 수밖에 없었다. 같은 시기 북경에서 외국 사행단의 활동 폭을 제한하는 문금門禁도 강화되어서,[38] 그나마 비좁았던 북경 시장무역은 한층 위축되었을 것으로 보인다.

1509년(중종 4, 정덕 4) 명은 홍치제 시기 관세를 면제했던 섬라[태국]와 조와[자바]의 사행무역에 대해서도 세금을 거두기로 결정했다. 명은 이들 사행단이 가져온 무역품을 국왕 사신이 보내 온 물품과 그 나머지 물품으로 구분했다. 국왕 사신 물품에 대해서는 관무역하고 추분을 면제한 반면, 그 나머지 물품에 대해서는 시장에서 무역하게 하되 20퍼센트를 추분했다.[39]

이러한 변화 속에서 조선은 사행무역에 대한 관세를 납부하지 않았다. 조선은 그간 북경의 회동관 개시 등에서 시가에 따라 스스로 물건을 구입했을 뿐, 애초부터 명의 관官을 상대로 조선의 토산품을 구매해 달라고 요구하지 않았다. 조선은 명의 예우로 통사들의 북경 시장 출입이 용이했고, 시장을 통해 무역 규모를 확대했다. 이 때문에 15세기 말 명이 외국의 관무역 이익에 제동을 걸 때에도 조선은 이 규제에서 제외되었다. 뿐만 아니라 북경 도성, 요양 및 사행로 각지에서 행한 시장무역에 대해서도 세금을 납부하지 않았다. 이에 17세기 초 명의 일부 관료가 "조선의 북경 사행무역 면세가 부당하다"며 문제를 제기한 바 있었다.[40] 이처럼 조선은 명과의 사행무역에서 세금을 납부하지 않는 '특별한' 나라였다.

조선의 사행무역(합법) 운영과 국제 시장

사행무역 인원

조선 전기 사행의 정관正官 구성원은 정사, 부사, 서장관, 정사의 자제군관, 부사의 자제군관, 학관, 통사, 의원이 필수 인원이었다. 사행에 따라 질정관, 서리, 화원, 화포장火砲匠 등이 추가되었다. 이들 대부분이 무역 행위에 참여했다. 사신은 친인척, 역관, 부상대고를 자제군관으로 삼아 무역 이익을 얻기도 했으며, 학관은 문관 출신이지만 중국어 가능자라는 점에서 무역 활동이 용이했다. 의원은 사행원의 질병을 치료하고 약재 수입의 전문성을 확보하기 위해 파견되었기에 통사와 함께 약재 수입이 가능한 위치였다. 통사는 공무역을 담당하고 있었으므로 공무역에서 사무역까지 무역 활동의 주요 세력이었다.

《통문관지》, 《요동지》, 《명실록》, 《조선왕조실록》, 《사행록》 등 기록에 남은 실제 조선 전기 사행 인원 수를 종합하면, 조선 초기 정관의 최소 인원은 9명부터 확인되며,[41] 정관, 종인을 포함한 사행단 전체 최대 인원은 111명(세자 이제李禔를 정사로 임명)[42]이다. 사행 인원이 아주 적거나 많은 경우는 대부분 15세기 초반이어서, 이 시기에 변동 폭이 가장 컸다. 15세기 중후반 이후 16세기까지 정관은 30~35명 내외, 노奴로 구성된 종인從人은 5~10명이었던 것으로 보인다. 정관 구성을 구체적으로 살펴보면 정사, 부사, 서장관, 질정관이 각 1명씩 파견되었다. 질정관은 간혹 평안도민의 경제 상황에 따라 파견되지 않기도 했다.[43] 이문 작성을 담당하는 학관이 2명, 통사는 10명 내외였다고 보인다. 중국어학 관련 인원이 12명 정도였던 것이다. 자제군관 수는 일정하지 않은데, 정·부사에 따라 4~17명 파견된 것으로 확인된다. 의원은 1~2명 파견되었다. 사행 인원이 증가할 때는 공적 업무를 담당하는 관료 수보다 정·부사의 수행 인력(자제군관 또는 종인)의 수가 큰 폭으로 증가했다.[44]

공무역 운영 규정과 출입국 검사

공무역은 국가에서 필요한 물품을 외국에서 수입해 오는 명확한 공적 업무이므로, 공무역의 품목 지정과 수량, 예산 마련 등에 대한 기본적인 규정이 있다.

공무역 운영 절차를 살펴보면 다음과 같다. 우선 국가와 왕실에서 수입할 물건의 종류와 수량 등을 각사各司에서 책정하여 의정부와 호조에 올린다. 호조는 각사에서 올린 공문서를 검토한 뒤 수입품목과 수량, 결제대금 등을 정한다. 의정부에서 공사公事를 초안하고 정승 등이 이를 검토하면, 서사관書寫官이 무역 관련 단자單子를 정서해서 승정원에 보낸다. 국왕이 공무역 단자를 확인하여 문제가 없으면 전교를 내리며, 이로써 공무역 목록이 확정된다.[45]

당시는 사행 경비도 현물로 책정되어서 호조가 사행 경비와 물품 규모를 가늠하여 경외京外 지방에 분정하면, 평안도 등의 지방 재정에서 이를 지급했다.[46] 명에서 공무역을 수행하는 임무는 사행단 통사가 맡았다.

공무역은 이윤 추구가 목적이 아니라 국가의 소용 물품을 조달하는 것이므로 상인이 개입하지 않고, 공무원인 통사가 무역상 역할을 담당했다.

통사는 공무역이 의무적으로 수행해야 할 중요 업무라서 만약 책정된 물품을 구입해 오지 못하면 그 책임으로 물품을 납부할 때까지 옥에 수감되었다.[47] 옥에 갇혀 있어도 물품을 납부해야 한다는 강제조항이 있었기 때문에 공무역에 대한 통사의 책임은 작지 않았다. 태종 대 공무역을 성실히 수행하지 않은 통사가 벌을 받았고,[48] 연산군 대 공무역의 책임을 다하지 못한 통사가 자살하는 일이 발생했다는[49] 사실에서 이러한 강제성은 국초부터 존재했을 것으로 보인다. 그럼에도 16세기 공무역품 수입에 대한 통사의 책임감 여부가 문제가 되었고,[50] 16세기 반포된 《대전후속록大典後續錄》에는 통사가 정부에서 요구한 공무역품을 구해 오지 못하면 해당 물품 가격의 두 배를 변상해야 하다는 조항이 추가되었다.[51] 수우각과 같은 군수품은 명 관료의 감시를 피해 비밀리에 수입해야 했는데, 이러한 밀무역 행각이 발각되면 통사들은 '업무 부주의'로 처벌받았다.[52] 공무역품 조달은 통사의 중요한 책무였던 것이다.

한편 압록강을 건너 북경까지 사행길을 왕래하는 동안 조선 사행은 황제에게 바칠 방물이나 사행 경비, 공무역에 쓸 가물價物 등 많은 짐을 소지했는데, 이 짐의 관리도 통사가 맡았다. 특히 상통사가 짐바리에 대한 총책임자여서, 만약 짐바리를 분실하거나 황제에게 받은 물건을 도난당하면 정사와 함께 상통사도 처벌받았다.[53]

사행 구성원은 모두 무역 수행이 가능했다. 다만 지금도 해외 여행 시 외국에서 구입한 물건의 면세 한도가 있듯이, 조선 시대에는 무역할 수 있는 금액에 제한이 있었다. 금액 한도는 2장에서 언급한 바 있다. 따라서 사무역을 통제하고자 했던 조선 조정은 조선 의주에서 '출국 검사'를 실시했다. '출국 검사'는 사행원의 짐바리 목록과 수량을 검사하고 기록하는 것으로, 이들이 무역에 사용할 금액, 즉 가물을 규정 이상 가져갈 수 없게 하는 것이 목적이었다.

출입국 검사는 시기에 따라 조금씩 달라졌다. 국초에는 출국 검사가 필수적 절차인 반면, '입국 검사'는 선택적이었다. 조선이 사무역을 통제한 이유가 은銀과 같은 수출 금지품이 국외로 유출되지 못하도록 하는 데 있었고, 출국 검사가 제대로 이루어지면 사행원이 사무역할 금액이 없어 무역할 수 없으므로 입국 검사를 추가로 할 필요도 없었다. 따라서 출국 검사가 중요했으며, 사헌부 감찰 중 1명을 사행 기간 동안 항상 함께하는 서장관으로 임명하여, 사행단의 규정 위반 여부를 감찰했다.[54]

그러다가 16세기 사무역이 크게 확대되고 은 유출이 많아지자, 출국·입국 검사 모두 점차 강화된다. 우선 조선 조정에서는 사행의 내부 감사원 서장관 외에도, 외부 감사원인 자문점마咨文點馬 또는 수은어사搜銀御使를 추가 파견하여 사행단의 출국 검사 강도를 강화했다.[55] 수은어사는 출국할 사행보다 먼저 의주에 도착하여, 사행단의 짐바리들을 의주 청심당淸心堂 남쪽에 있는 창고에 넣고 금지품이 있는지 조사했다.[56]

입국 검사 절차도 16세기 중반 이후 점차 정례화된다. 정부의 통제에도 사무역의 수익이 크자, 사무역 방식도 한층 교묘해지고 지능화되었기 때문이다. 사행원들은 의주의 검문검색을 통과하기 위해 사행 출발 전날 각종 물품을 압록강 건너편에 미리 묻어 숨겨 놓고, 의주에서 출국 검사를 통과한 뒤 숨겨 둔 물품을 꺼내 싣고 북경으로 향하는 일도 있었다.[57] 이러한 상황에서 출국 검사만으로는 사무역을 구조적으로 차단하기 어려웠다. 이에 입국 검사를 통해 출국 검사 시에 없던 새로 생긴 물품을 관에서 빼앗아서 사무역을 통한 이익을 박탈하여 사무역을 감행하지 못하도록 했다. 입국 검사 방식은 사행단 일행이 북경에서 돌아와 의주에 도착하면 짐들을 모두 의순관義順館 창고 안에 넣고, 의주목사와 서장관의 공동 감사로 진행되었다.[58] 사행단의 출국 검사 및 입국 검사 규정은 16세기를 지나면서 점차 강화되었다.

북경 사행의 무역 공간: 북경

조선의 대명 사행은 도착지를 기준으로 북경사행과 요동사행으로 구분된다. 북경사행은 요양, 광녕, 산해관, 통주를 거쳐 북경에 이르는 경로였으며, 15~16세기 시기에 따라 연간 4~7번 내외로 파견되었다.

북경사행이 무역하는 장소와 방법은 다양했다. 우선 북경사행의 중간 기착지인 요양에서 보통 5~10일 정도 머물렀는데, 이 기간에 요양에서 무역했다.[59] 둘째, 요양을 떠나 북경에 이르기까지 경유하는 사행로 도시에서도 교역이 이루어졌다. 산해관, 광녕, 계주, 영평부 등 대도시에서는 무역이 더 용이했다.[60] 마지막으로 사행 종착지인 수도 북경에서 외교 일정을 소화하며 무역을 했는데, 북경은 북경사행 무역의 핵심 장소였다. 북경에서의 무역은 다음과 같이 4가지 방식으로 이루어졌다.

[회동관 개시]

외국 사신들이 북경 숙소에 도착하면 명 예부 주객사의 원외랑과 주사가 사행 일원들이 외국인 숙소 밖으로 나가는 것을 금지했다.[61] 외국인과 명 민간인의 접촉을 꺼렸기 때문에 만들어진 조치인데, 이를 문금門禁이라고 한다. 이에 명은 외국인과 중국인의 접촉을 최소화하기 위해 무역도 외국인 관소에서 하도록 했다. 조선 사행은 회동관會同館에 머물렀고, 무역도 이곳에서 수행했다.

회동관은 북관北館과 남관南館으로 이루어진 외국인 접대 관소로, 남관은 3소所로 이루어졌으며 조선, 일본, 안남, 오이라트 등의 사행이 머물렀다.[62] 조선 사신들은 회동관의 남관이자, 조선 사행이 머무르는 숙소를 가리켜 옥하관玉河館이라고 불렀는데, 이는 숙소 건물이 옥하玉河 옆에 있어서다.[63] 회동관은 명의 공식 명칭이지만 옥하관은 조선 사행이 부르는 관용어였다. 또한 옥하관과 회동관을 동일한 공간의 호칭으로 여기는 경우가 있는데, 옥하관은 회동관의 여러 건물 중 조선 사신 숙소에 해당하는 이름이며, 회동관은 옥하관 등의 외국인 숙소를 포함하여 무역과 잔치 등의 접빈 행사가 모두 행해질 수 있는 넓은 공간을 갖춘 외국인 접대 관소다.

조선 사행의 일정을 간단히 살펴보자. 조선 사행단이 회동관에 도착하면 상통사는 홍려시鴻臚寺에 사행 인적사항이 적힌 보단을 올렸다.[64] 다음 날 광록시光祿寺에서는 이 보단에 적힌 사람 수만큼 쌀과 반찬 등 음식물을 주었다.[65] 사행단은 이날 예부상서를 만나며, 표문과 방물을 진상한다.[66] 이 절차가 끝나면 조천궁朝天宮으로 가서 동지 혹은 성절 때 치르게 될 의식을 연습했고, 본 예일禮日이 돌아오면 의식에 참여했다.

이 의식이 끝난 뒤에야 조선 사행단은 회동관 무역을 하겠다는 개시통장開市通狀을 통정사通政司에 송부한다. 그러면 통정사에서 무역을 허가하는 문서를 예부로 보내고, 예부 주객사에서 고시告示를 내주며, 회동관 문앞에 '사서史書 등 위금기물違禁器物의 수매를 금지함'이라는 방을 크게 붙였다. 그러한 뒤 무역이 이루어졌는데, 이것이 회동관 개시다. 회동관 개시가 시작되면 명 조정의 허가를 받은 상인들이 물건을 가지고 회동관에 들어와서 정해진 기간에 조선 사행과 무역을 진행했다.[67] 개시는 조선 사행단의 가장 기본적인 무역 방법이었다.

[방문판매 상인과의 무역]

조선 사행단은 회동관 개시일 외에도 옥하관 숙소에서 방문판매 상인과 무역을 진행했다. 이는 다음 기사에서 확인된다.

> 오늘 비로소 서책 매매하는 사람을 보았다. 물화를 안고지고 다투어 들어와, 이를 보였다. 이것은 구례舊例를 따른 것이지만, 번잡하고 어지러움을 이기지 못하여 모두 외정外庭으로 내쫓고, 문을 닫아 거절하였다.[68]

위의 기사는 1534년(중종 29, 가정 13)의 일로, 명 상인이 조선 사행이 머무르는 옥하관을 직접 방문해 물건을 판매하는 모습을 확인할 수 있다. 본 사행의 회동관 개시는 윤2월 11일에 있었고, 이로부터 11일 뒤인 윤2월 22일에 명 상인이 조선 사행의 숙소에 들어와 서책을 판매하려 했던 것이다. 그리고 이것은 특별한 상황이 아니라 이미 오래전부터 있던 일이었다. 회동관 개시와 별도로, 명 상인이 조선 사행의 숙소를 찾아와서 이루어지는 방문판매도 유래가 오래되었다.

[북경 시장]

조선 사행은 북경 시장에서도 무역했다. 이는 외국 사신들과 다른 큰 차이점이다. 상술한 바와 같이, 외국 사신들은 북경에 도착하면 바로 공간의 통제를 받았다(문금). 이에 조회에 참석하는 등의 공식 일정을 제외하면 회동관 내부에 머물러야 했고, 회동관 밖 출입은 제한된 범위

내에서만 허용되었다. 그러다 보니 자연히 시장무역이 제한되었다. 반면 조선과 류큐 사행단은 실무자들에 한해서 숙소 안팎을 출입할 수 있는 기회를 보장받고 북경 시장을 이용했다. 조선 사행은 회동관의 교역 창구에서 구입하기 어려운 보다 다양하고 저렴한 물건을 통사들이 숙소를 나와 북경 시장을 돌아다니며 구입해 올 수 있었다. 이는 아래 기사에서 확인된다.

> 제독회동관예부주사提督會同館禮部主事 유강劉綱이 말하기를, 구례舊例에 각처 이인夷人이 조공하러 관館에 도착하면, 5일에 한 번 출입하고 그 나머지 날에는 마음대로 출입하는 것을 허가하지 않았습니다. 오직 조선과 류큐 두 나라 사신은 관 밖으로 나가 하는 무역을 5일에 한 번이라는 규정에 구애받지 않았습니다.[69]

이는 1501년(연산군 7, 홍치 14)의 기사로, 당시 조공국 사행단의 북경 시장무역 활용 폭을 확인할 수 있다. 다만 1522년, 우연한 계기로 조선 사신에게도 문금이 부과되었고, 이는 회동관 상인들에게 큰 수익을 안겨 주면서 이후 관행으로 자리 잡았다. 문금 시행 후 조선 사신의 활동 범위가 상대적으로 축소되어 불만이 많았으나, 북경 시장 이용 자체가 전면적으로 제한된 것은 아니었다. 1522년 문금 조치 이후인 1539년에도 조선 통사가 외교 활동을 위해 북경의 명 관료 사가를 여러 차례 방문하며 로비를 벌일 정도로 운신의 폭은 여전히 넓었다.[70] 조선 통사는 외국인이므로 그 의상만으로도 중국인들과 쉽게 구별된다. 그럼에도 이들은 명 관료의 집을 사사로이 방문할 정도로 북경 도성 왕래가 용이했다. 당시 조선인은 북경에서 흔하게 볼 수 있는 외국인이었을 것이다.

[옥하관문 관부를 통한 무역]

16세기 들어 조선인의 무역 욕구는 커지는 반면, 문금으로 조선 통사의 시장 이용시간이 상대적으로 감소한다. 이에 16세기 중반 조선 사신의 숙소 옥하관문을 지키는 관부가 무역품을 준비해 와, 조선 사행원이 이 문지기들과 교역하는 일도 관행화되었다.[71] 조선 사행이 회동관 내부에서 무역을 할 수 있는 경로가 여러 가지 존재했던 것이다.

조선 사행은 별다른 외교 사안이 없으면 북경에서 30여 일 정도 체류했다.[72] 그러나 특정 외교 문제가 발생하거나 통사들이 무역에 사욕을 충족하기 위해 일정을 지연시키는 등의 이유로 50여 일 내외 동안 머무르는 일이 종종 있었다.[73] 1579년(선조 12, 만력 7) 명은 외국 사행단의 북경 체류 기간을 명시했는데, 조선 사행단은 40일 체류로 규정되었다.[74]

요동사행과 북경사행의 무역 공간: 요양

요동사행은 요동도사와의 업무 일환으로 요양에 파견하는 사행이다. 사안이 발생할 때 보내는 비정기 사행으로, 연간 수차례 파견되었다. 요동사행은 목적지가 요양이었으므로 이들의 무역은 요동도사가 주재하는 요양에서 이루어졌다. 또한 요양은 북경사행이 경유하는 주요 행정구역이었기에, 북경사행 역시 이곳에서 무역을 수행하였다.

요동 무역은 북경 무역에 비해 그 정황이 구체적으로 나타나지 않는다. 요양에는 요동도사가 관할하는 요양성이 있고, 요양성 밖 동남쪽에 조선 사행단이 머무르는 숙소 조선관이 있다. 조선 사신들은 이를 회원관懷遠館이라고 불렀다.[75] 조선 사행 관소의 중문에 '회덕원래懷德遠來(덕을 품어 멀리서 온다)'라는 편액이 달려 있었는데, 이를 줄여 회원관이라고 부른 것이다.[76] 회원관은 요양성 안정문安定門 밖에 있었으며,[77] 요양성으로부터 2~3리 떨어진 곳에 위치했다.[78]

요양의 외국 사신 숙소는 2개로, 조선 사신이 머무르는 조선관과 이인관夷人館이 있었다. 이인관은 대개 여진인들이 머물렀을 것으로 추측된다. 16세기 명에서 편찬한 지리지 《전요지全遼志》에는 이인관이 태화문泰和門 밖에 위치한다고 기록되어 있으나, 《전요지》에 수록된 지도 〈요양진경도遼陽鎭境圖〉에는 조선관만 그려져 있다.[79]

[요양 시장]

요동도사가 있는 요양에서는 요양을 거쳐 북경으로 가는 북경사행과 요양이 사행의 목적지인 요동사행 모두가 무역을 했다. 그뿐 아니라 북경사행과 요동사행을 항시 호위하는 호송군도 요양에서 무역을 진행했다.[80] 인원으로 보면, 요양에서 가장 많은 조선인들이 무역을 행한 것이다.

1537년(중종 32, 가정 16) 요양은 민가도 번성했으며, 물화가 부유하고 화려했다고 기록되어 있다.[81] 1562년(명종 17, 가정 41) 민물民物이 번성하여 상인들이 모여들고, 흥판興販이 매일같이 벌어지는 것도 확인된다.[82] 이에 조선 조정에서 급히 중국에서 수입해야 할 물건이 있을 때 통사를 요양에 보내 무역했고, 피로인 송환 등을 이유로 요양에 보낸 뒤 병을 핑계로 그곳에 머무르면서 밀무역을 수행하기도 했다.[83] 외교 사안 없이는 요동에 갈 수 없기에 피로인 송환과 같은 표면적 외교 사안을 제시하고, 통사가 요양에 머무르면서 필요한 물품을 수입해 오는 방법을 행한 것이다. 요동사행의 사무역 양이 적지 않았다는 사실도 확인된다.[84] 조선 사행이 요양의 회원관(조선관)에 머무르면서, 요양 시장 왕래 및 무역을 손쉽게 할 수 있었음을 짐작할 수 있다.

[회원관 개시]

한편 16세기 후반 다음과 같은 기록을 통해, 회원관 개시가 있었다는 사실이 확인된다.

> 이날 회원관에서 개시가 있어서, 물화를 가져온 자들이 모였다. 삼대인三大人 또한 무역할 물품을 셀 수 없이 보내었으니, 그 탐욕은 말할 것도 없다.[85]

위의 기사는 1587년(선조 20, 만력 15) 북경사행인 진사사陳謝使 배삼익裵三益의 〈조천록〉 내용 중 일부다. 진사사 일행이 요동도사와 행정 절차를 진행하는 가운데, 조선 사신 숙소 회원관에서 요동 관료의 참여하에 개시가 열린 것이다. 북경의 회동관 개시처럼 요양에서도 회원관 개시가 열렸음을 확인할 수 있다. 회원관 개시에는 요동도사에서 세 번째 권력자 삼대인과 같은 핵심 인사도 적극 참여했다. 이 때문에 정사 배삼익은 요동 삼대인의 탐욕을 비판했지만, 그 삼대인이 무역하는 상대는 바로 조선 사행의 일원이었다.

비사행무역(불법)의 출현과 교역 무대

조선 국왕이 파견하는 사행단의 무역 이외의 대명 무역은 모두 불법이었다. 따라서 불법 무역은 고도로 음성적인 행태로 운영될 수밖에 없었고, 무역의 방법과 절차 등이 규격화되지 않았다. 더욱이 국경을 넘어 이루어진다는 점에서 조선과 명 관료들의 감시를 피해야 하는 것은 물론 외국 땅인 요동 지역의 여러 사정을 잘 알아야 했다. 만약 이를 제대로 인지하지 않은 채 국경을 넘으면 그곳은 기회의 땅이 아니라 죽음의 땅이 될 수 있었다. 압록강을 넘어 어디에 있을지 모르는 한인漢人, 여진인 등 불특정 다수의 도적으로부터 스스로 안위를 지켜야 했고, 조선과 명 모두의 관인에게 발각되지 않아야 했다. 요동 지역의 지리도 밝아야 하고, 물건을 거래할 수 있는 시장과 사람도 찾아야 했으며, 중국어도 할 줄 알아야 했다.

불법 무역은 위험천만한 데다 이와 같이 여러 조건이 충족되어야 활성화될 수 있기에 불법 무역에 나설 수 있는 자들은 제한적이었다. 당시 조선에서 이 불법 무역을 견인한 대표적인 주체는 북경사행과 요동사행을 1년에도 수차례씩 호위하며 의주와 요양을 왕래한 경험이 있는 평안도의 호송군들이다. 이들은 국초 이래 사행 호송 과정에서 요동 지역의 도로와 지리, 그리고 중국인 거주 양태와 경제 사정, 시장 등을 자연스럽게 파악할 수 있었다. 게다가 조선 정부는 국초부터 호송군역을 지는 자들의 경제적 손실을 보상해 주고자 이들에게 특별히 요동 무역을 허가했다. 호송군은 조선 일반인 중에 거의 유일하게 요동 시장 무역도 경험한 것이다. 호송군인이라는 특성상 여진의 습격 등에 누구보다 유연하게 대처할 줄 아는 대응력도 갖추었다. 평안도민 중심으로 편성된 호송군역을 경험한 자들은 국경지대에 거주하면서, 요동의 여러 형세를 가장 잘 아는 전문가가 되어 갔다.[86]

15세기 후반 요동 지역의 형세가 변화했다. 명이 조선과 인접한 도시 봉황성, 탕참 등지에 새로이 성보를 구축하고 군인을 배치하면서 중국인 거주자가 증가한 것이다. 또한 15세기 말 이후 조선과 명 모두 유통경제가 발달했다. 이에 요동 지역에 시장과 중국인이 증가하자, 호송군을 통해 경험을 축적한 자들은, 이제 1년에 4~7차례 명나라에 파견되는 합법적인 사행무역을 기다리지 않고, 자신들의 전문성을 활용하여 평시에 요동을 직접 왕래하기 시작했다. 의주의 관노들도 호송군으로 위장해 사행에 참여했고,[87] 이 경험으로 16세기에 불법 무역에 가담하기도 했다. 불법 무역이 가시화된 것이다. 요컨대 의주와 요동과의 지리적 근접성, 조명 양국 간의 국경지대 및 유통경제 변화, 그리고 호송군 활동으로 이러한 변화의 정황을 빠르게 습득하고, 수십여 년 요동에서의 사무역 경험이 축적되면서, 호송군들은 국가가 운영하는 사행에 기대지 않고, 직접 국경을 넘어 주체적으로 무역을 하기 시작했다.

[월경무역]

조선의 월경무역은 평안도에서 압록강을 건너 대륙을 오가며, 민간인들 간에 전개된 육로무역을 이른다. 월경무역은 중앙 정부와의 인맥이 필요하지 않았으므로 의주 거주인을 중심으로 이루어졌다. 1493년(성종 24, 홍치 6) 봉황성의 거주인과 의주 백성 간에 불법 무역이 은밀하게 이루어졌을 가능성이 확인되며,[88] 불법 무역의 형태와 양상을 명확히 확인할 수 있는 기록들은 16세기에 본격적으로 나타난다. 1505년(연산 11, 홍치 18) 의주인이 봉황성을 왕래하고 있다는 점,[89] 1510년(중종 5, 정덕 5) 평안도 용천에 사는 김철니金鐵爾 등 5인이 사냥하러 요동의 탕참 지역으로 월경하여 중국인의 말을 훔치다 발각된 일,[90] 같은 해 12월 평안도의 철산과 선천에 각각 부처된 죄인 이몽민李夢民과 최미동崔微同이 그곳에서의 지리적 이점을 이용하여 명과 무역한 점,[91] 1511년(중종 6, 정덕 6) 사행단 호송 책임자인 단련사가 금·은을 의주의 관노 모리동毛里同에게 주어, 마시馬市가 열리는 명의 광녕 지역까지 가서 중국 물건을 사 오도록 한 일 등이 있다.[92] 압록강에서 광녕까지의 거리는 780리에 이르는데, 이렇게 먼 지역까지 왕래하며 불법 무역한 것이다.[93] 1528년(중종 23, 가정 7) 조선인과 중국인이 조직적으로 공모하여 의주 민가의 말을 훔쳐 명에 팔아넘긴 행위도 드러났다.[94] 조선의 월경무역은 16세기 초반에 이미 요동 관리와의 결탁하에 탕참 내지는 광녕까지 진출하며 요동 일대를 활보할 정도로 활성화되고 있었다.

16세기 월경무역을 전개한 주요 지역민은 대개 의주인이며, 그 밖에 인산진麟山鎭, 철산, 선천 등 명과 인접한 평안도 지역민들도 월경무역을 했다. 1511년(중종 6, 정덕 6) 월경무역을 하다 체포된 모리동과[95] 1522년(중종 17, 가정 1)에 체포된 강린손, 김귀선, 김여중, 강린, 김백선, 조진성 등도 모두 의주인이며, 심지어 월경하는 자를 감시해야 할 군졸들조차 월경무역에 가담하고 있었다.[96] 국경을 지키는 군졸마저 참여했다는 것은 월경무역 단속이 사실상 유명무실했음을 방증한다. 특히 의주 거주자들이 월경무역에 적극 참여하는 정황은 의주인이 사행 호송군으로 가장 자주 동원되었던 것이 주효했다. 이 과정에서 요동 지역의 지리와 정보에 익숙해지고 사행무역에 가담한 경험이 축적되어,[97] 의주인들은 기왕의 경험을 토대로 사행원에 포함되지 않고도 중국인과 거래할 수 있는 월경무역까지 외연을 확대했다. 여기에 1539년(중종 34, 가정 18) 무렵 일본산 은이 시중에 유입되면서 조선 사행무역이 폭발적으로 증가하는데, 월경무역도 비슷했다. 이는 아래의 기사와 같다.

> 평안도관찰사 김명윤金明胤이 아뢰기를, "요즈음 의주 건너편에 중국인들이 많이 와서 거주하므로 부상대고들이 은을 많이 가지고 주야로 왕래하며 매매하니, 실로 작은 일이 아닙니다. 조정으로 하여금 미리 의논을 모아 조처하게 하소서."[98]

이와 같이, 은 확보가 용이해지자 의주인뿐만 아니라 서울의 부상대고까지 월경무역에 가세했고, 수출품도 말 위주에서 은이 추가로 더해졌다. 시기에 따라 증감은 있으나, 월경무역은 조직적이고 대규모로 이루어졌다.[99]

16세기 후반 명은 조선 압록강과 가까운 장전보長佃堡, 장기합라전張其哈剌佃, 관전보寬佃堡 지역을 개발하게 된다.[100] 조선은 명의 보堡 이설 및 개발 움직임을 파악하기 위해 순무도어사의 축보제본築堡題本도 비밀리에 확보했다.[101] 장전보는 압록강을 사이에 두고 조선과 접하고 있는데, 이 지역의 압록강 일대는 강폭이 매우 좁아 양민들이 왕래하기 매우 쉬운 조건이었다. 이러한 지역적 여건 때문에 조선 의주 목사는 명측의 장전보, 관전보 지역 개발을 크게 우려했다. 장전보가 개발되면 이 지역에 중국인 인구가 증가할 것이고, 양국민이 왕래하기 쉬운 지리적 요건으로 인해 조명 간 월경무역이 더 확대되어, 양국 간 분쟁이 발생하리라 예상했기 때문이다.[102] 조선 관료가 조선의 국경 인근에 중국인 거주자가 증가하는 것이 불편한 이유가 월경무역이라고 언급한 점은 당시 월경무역의 세태를 보여 준다.

> 의주목사 서익徐益이 장계하기를, "조산평造山坪의 경작할 수 있는 토지가 장차 없어지고 농막이 들어서서 마을을 이루고 있습니다. 그리고 강 건너 사람들과 교통하는 것이 전에 비해 더욱 심합니다" 하였다. 예조에 계하니, 예조가 회계하기를, "강가에 있는 진보鎭堡에 오가면서 장사하는 사람들을 더욱 엄하게 금하도록 감사·병사 및 의주목사에게 이문하는 것이 어떻겠습니까?" 하니, 아뢴 대로 하라고 하였다.[103]

이 기사는 1585년(선조 18, 만력 13)의 일이다. 명이 관전보 등지에 보를 이설한 지 10여 년 만에 이 지역에 중국인 마을이 번성했다.[104] 이 지역의 중국인 인구는 17세기 초 6만 4,000여 호에 이르렀다.[105] 중국인 거주자 증가와 함께 의주목사가 예상한 대로 월경무역 역시 확대되었다. 15세기 후반부터 봉황성, 탕참, 강연대보, 장정보 등 조선과 가까운 지역에 명이 보를 설치하거나 개발하여 압록강을 사이에 둔 양국민의 월경무역이 한층 용이해진 것이다.

[해상무역]

해상무역은 민간인들이 배를 타고 조선과 명을 왕래하며 무역한 것을 지칭한다. 당시 명의 해상 불법 무역은 주로 강남 해안 도시에서 이루어졌다. 반면 조선 해상무역은 서해 연안을 따라 북상하여 요동 해안 지역의 도시를 중심으로 거래했고, 산동 지역민들과도 거래했다는 특징이 있다.

이는 조선의 지형에 맞게 구조화된 평저선平底船이 먼 대양을 건너기 쉽지 않으므로 연안을 따라 북쪽의 요동 지역과 안전하게 무역을 전개했기 때문이다. 한편 해상무역은 고수익을 기대할 수 있지만 기상 상황에 따른 위험 부담도 컸다. 16세기 명과 일본을 오가며 해상무역을 하다가 풍랑을 만나 조선 연안에 표류한 일본 해상 무역업자들의 배가 연간 수십 건이었다.[106] 풍랑에 가까스로 살아나 조선 연안에 표류한 배들의 숫자만 이 정도였다. 다수 국가들은 해상무역을 위해 위험을 무릅쓰고 명의 동남부로 직항할 수밖에 없었지만, 조선은 지리적으로 북쪽으로는 요동 연안과 가깝고, 서쪽으로는 파고가 낮은 황해를 횡단하여 산동 지역으로 운항할 수 있는 이점이 있었다.

따라서 조선인은 지리적으로 가깝고 배가 침몰할 위험이 적은 요동 지역과 주로 거래하면서 산동 지역과도 거래를 했다. 1571년(선조 4, 융경 5) 산동 지역 명 관료들은 "요동 지역 백성이 멋대로 쌍기雙柂를 사용하여 멀리는 해양, 가까이 고려에 가는 것도 용서하지 말아야 한다"는 내용을 황제에게 상소했다.[107] 이는 요동 지역의 중국인과 조선인 간의 해상무역을 명에서 인지했음과 조명 해상무역의 루트를 짐작할 수 있게 한다.

조선 전기 요동 시장은 북경으로 가는 조선 사행무역의 일부를, 그리고 불법 무역인 월경무역과 해상무역을 모두 소화하고 있었다. 월경무역을 통해 압록강 이북 일대부터 탕참·봉황성 일대, 요양 시장과 회원관 개시, 광녕 마시 등, 그리고 해상무역을 통해 요동 연안 지역인 금주위錦州衛 해안 지역이 조선 불법 무역의 주요 활동무대였다.

해상무역의 주체는 월경무역과 달랐다. 우선 배를 가지고 있어야 했다. 평안도 용천의 밀곶蜜串은 요동과 매우 가까웠고, 이 지역 뱃사람들이 명과 왕래하며 무역했다.[108] 1522년(중종 17, 가정 1)에는 서울에 배를 가지고 있는 상인과 황해도 안악 사람이 해상무역을 하다가 발각되었으며,[109] 황해도 풍천 초도椒島 지역을 거점으로 한 경우가 있었고,[110] 평안도 선천의 인근 섬 장도獐島 상인들이 요동 연안을 몰래 왕래하며 장사하다 검거되기도 했다.[111] 1533년(중종 28, 가정 12)에는 서울 용산에 곡식을 운반하는 경강상인의 배를 빌려 명의 산동 지역 해안으로 추정되는 곳까지 밀항한 일이 발각되기도 했다.[112]

요컨대 조선의 해상무역은 경강상인, 의주를 중심으로 한 평안도민, 황해도 해상 세력이 주로 요동 해안을 왕래하며 이루어졌으며, 제주도민도 해상무역에 참여했을 것으로 보인다. 산동 지역을 왕래하다 적발된 경강상인은 중국어와 해상무역에 능숙했고, 그와 교역한 중국인도 마찬가지였다. 경강상인이나 평안도민을 중심으로 명과의 해상무역이

꽤 오래전부터 이루어진 것으로 판단할 수 있다.

주목되는 것은 조선과 명 사이 불법적인 형태의 무역이 지속되는데, 다른 주변국과 달리 조선은 명 조정의 관리 대상이 아니었다는 점이다. 여러 외국 정부들은 대명 무역의 수익을 우선시했으므로 불법 무역 세력들은 명 현지에서 약탈과 살상도 배제하지 않았다. 이들은 상인이자, 동시에 해적이었다. 결국 명 관료들에 의해 경계 대상이 될 수밖에 없었다.

반면 조선 정부는 제도적으로 명과의 불법 무역을 금지하였고 발각되면 사형에 처했다. 이러한 강력한 처벌 원칙 때문에 결과적으로 조선인과 중국인 모두 불법 무역 과정에서 문젯거리가 발생하지 않도록 상호 원만한 관계를 유지했다. 왜구와의 불법 무역에서는 폭력성을 분출하던 중국인이 조선인과의 불법 무역에서는 그러하지 않았다. 즉 무역 상대자와 그 국가의 특징에 따라 대처가 달라진 것이다.

게다가 요동 연안은 주로 조선인들이 이용하는 해상무역 지대였다. 요동의 여러 도서들과 산동 지역의 해안 등은 무역을 전개할 수 있는 크고 작은 거점들이 산포해서 명 조정의 집중적인 감시망을 벗어날 기회가 많았다.

조선 전기 무역 구조와 동아시아 무역사의 다원적 해석

조선 전기 무역 영역은 사행무역(진공·사여, 공무역, 사무역)과 비사행무역(월경무역, 해상무역)으로 구분되며, 밀무역은 각각의 무역 영역에서 은밀하게 행해지는 범법적 '무역 형태'다. 밀무역을 독립된 무역 형태로 개념화해야만, 공무역과 사무역, 불법 무역 전반에서 밀무역이 공존했다는 사실을 설명할 수 있다. 특히 사행무역에서의 범법 행위와 비사행무역에서의 범법 행위는 동아시아적 시각에서 의미와 성격이 상이하므로 반드시 구분해야 한다.

조선은 북경사행뿐 아니라 요동사행을 통해서도 명과 활발하게 사행무역을 전개했으며, 합법 사행무역의 빈도는 동시대 어느 나라보다 많았다. 조선 상인들은 때때로 과도한 사무역으로 처벌받기도 했으나, 이는 조선 측에서 불법으로 간주한 것일 뿐 명측의 입장은 아니었다. 이러한 점은 동아시아 무역의 시각에서 검토할 필요가 있다.

월경무역은 의주인을 중심으로 한 평안도 거주민들이 주도했으며, 부상대고가 투자한 경우에도 실질적 수행자는 의주인인 경우가 많았다. 그간 의주인을 조선 전기 상업 세력으로 그다지 주목하지 않았으나, 의주인은 육상과 해상을 오가며 불법 무역을 전개했고, 이를 통해 조선 전기 국제 무역사에서 그들의 비중과 역할을 재평가할 수 있다. 조선의 해상 불법 무역은 요동·산동 연안이라는 비교적 주변 해역에서 이루어졌다. 이는 명 해상무역의 중심지(강남 지역)에서 벗어나 있었고, 주로 조선인이 이용했기에 명의 집중 단속을 피할 수 있었다. 또한 불법 무역 과정에서 약탈이나 살상을 자행하지 않아 장기간 은밀하고 안정적인 성장을 이어 갈 수 있었는데, 이는 동아시아 해상세계 속에서 조선 무역의 뚜렷한 특징이었다.

기존 명대 동아시아 무역사 연구는 해상무역과 불법 무역, 그리고 여기에서 발생한 폭력과 강력한 단속 사례에 초점을 맞춰 왔다. 이로 인해 단속 대상이 아니었던 조선은 종종 수동적 무역 국가로 인식되었다.

그러나 해상 확장과 불법 네트워크를 경제적 역동성의 유일한 지표로 보는 시각은 편협하다. 조선의 무역 양상은 그동안 주목되지 못했던 다양한 무역 행위자들의 존재를 드러내며, 동아시아 경제 지형의 다변성을 재검토하는 데에도 중요한 기여를 한다.

조선 국제 무역의 독특한 특징과 더불어 동아시아 무역사의 다양성에 접근하는 첫걸음은 조선 무역의 구조와 개념을 명확히 파악하는 데 있다. 합법 무역(사무역)을 통해 무역 규모를 확대한 점, 불법 무역에서도 요동·산동 연안을 오가며 폭력 없이 안정적으로 무역을 이어 간 조선인의 양상을 함께 조명할 때, 비로소 조선의 무역과 동아시아 무역사의 복합적 실상이 드러날 수 있다.

[4]

조선과 명의 주변 지역

박정민

조선은 왜 여진인을
대접했을까

- 여진인 회유책의 결정판
- 여진 사신은 어떻게 조선을 찾아왔는가
- 외교는 환대다: 여진 사신을 접대한 조선
- 조선의 질서로 편입된 여진: 사행과 접대의 전략

여진인 회유책의 결정판

조선 시대의 여진인은 오늘날 대중에게 낯선 존재다. 최근 넷플릭스 〈킹덤: 아신전(이하 〈아신전〉)〉 혹은 영화 〈최종병기 활〉, 드라마 〈연인〉 등을 통해 간헐적으로 조명된 바 있지만, 대개는 '오랑캐' 또는 전쟁의 상대방으로서 제한된 이미지에 머무른다. 〈최종병기 활〉과 〈연인〉의 배경은 실상 정묘호란 혹은 병자호란 전후로, 이 글에서 주목하는 조선 전기의 여진과는 다소 시간차가 있다. 그나마 〈아신전〉은, 픽션이라는 점을 고려하여 역사적 사실관계를 별개로 하더라도 임진왜란 전후를 다루고, 이전의 전통을 살펴볼 수 있는 성저야인城底野人, 번호부락藩胡部落[1] 등의 용어를 대중에게 처음으로 알린 작품이라고 할 수 있다.

성저야인이란 두만강 주변에 구축된 조선의 성 밖에 거주하는 여진인을 말한다. 성저야인은 송화강과 목단강 등지의 여진인이 침입해 왔을 때 방어에 유리하고, 조선의 도움을 받을 수 있는 조선의 성안에 거주하고 싶어 했다. 하지만 조선은 여러 이유로 여진인을 성안에 거주하지 못하게 했고, 이들은 어쩔 수 없이 성 밖에 거주지를 이루고 살았다. 성저야인은 대부분 두만강 남쪽에 사는 여진인을 지칭하지만, 실상 흑룡강성 일대에 거주하는 올적합의 상대적 표현으로 사용된 것으로 보인다.

조선은 성 바깥에 거주하는 여진인을 조선으로부터 북쪽으로 멀리 떨어진 목단강과 송화강 일대에 거주하는 홀라온올적합, 혐진올적합 등이 침입했을 때 일차적으로 방패막이가 되어 주는 존재로 여겼다. 그래서 그들을 번호藩胡, 곧 '변방을 지키는 오랑캐'라 불렀다. 그리고 5~200호까지 다양한 형태로 거주한 여진인 마을을 번호부락이라고 했다. 번호부락은 성저야인이 부락을 이루고 사는 것을 의미하지만, 두만강 밖에 거주하는 이들도 상당수 포함되어 있다. 이들은 비록 두만강 바깥에 거주하더라도 5진2)의 담당자들이 관할하며 예의주시하거나, 함경도관찰사와 도절제사가 생활을 할 수 있도록 도와주었다. 여러 여진인 가운데 조선과 깊은 관계를 맺고, 사료에 자주 등장하는 이들이 바로 두만강 유역에 거주하던 여진인인 성저야인, 번호부락이다.

그런데 〈아신전〉의 내용은 대중에게 약간의 오해를 불러일으킬 수 있다. 성저야인이 조선 변경에 거주했던 것은 맞지만 조선인에게 차별적 대우를 받는 집단, 혹은 피해를 입은 주변인으로 묘사하고, 이를 당연한 듯 감내하며 살아가는 모습은 실상과 다르다. 물론 조선 북방에 거주했던 여진인은 다양한 세력과 종족으로 나누어져 조선에 대한 입장은 달랐다. 조선에 우호적인 세력도 있었던 반면 적대적인 세력도 있었기 때문이다.

그렇다면 다종다양한 여진의 각 세력과 조선은 어떠한 관계를 맺었을까? 강경책과 회유책이 그 해답이다. 각종 한국사 교과서나 개론서 등을 비롯해 관련 연구 성과들도 이러한 기조를 기반으로 한다. 조선은 정벌로 대표되는 강경책을 사용하면서도 실제적으로 사용한 정책의 대부분은 회유책이었다. 태조가 왕위에 오른 지 1개월도 지나지 않은 시점부터 조선은 여진인의 내조來朝를 수용하여 1600년(선조 33)까지 확인된 것만 1,282회다.³⁾ 내조는 여진인이 조선의 수도인 한양에 와서 왕을 알현하고, 조회에 참석하여 충성을 확인하는 것이다. 실상 이 책에서 다루는 사행使行과 동일한 의미다.

한편, 조선은 여진인 유력자 혹은 향화한 자들에게 조선 관직을 주며 우대했는데, 싱종 대까지 관직을 받은 여진인이 952명에 이를 정도다. 조선은 대부분 조선에 온 여진인에게 관직을 수여했는데, 한양에 오지 않고 원래의 거주지에 있는 추장에게 주는 사례도 있었다.⁴⁾ 그렇다면 여진인에게 조선 관직은 어떤 의미일까? 조선의 관직을 받으면서 함께 받는 관교官敎 등 임명장은 이후 조선과 통교할 때 유리하게 작용했고, 내부에서 자신의 권위를 나타내기도 했다. 또한, 조선은 아무에게나 관교를 주지 않고, 여진인의 세력 강약 혹은 공로 등을 고려하여 오위직인 상호군(정3품)부터 사용(정9품), 만호직, 중추원직 등을 주었고, 이들이 다시 오면 보통 승급해 주었다.⁵⁾

이처럼 조선은 강제적 복속보다 유화적 통제, 또는 관계 조율을 통한 질서 확립을 우선시했다. 여진인의 내조와 수직은 그러한 전략의 상징이자 실천이었고, 이를 통해 조선은 외교적 중심성, 왕권의 정당성, 문명의 우월성을 반복적으로 연출했다. 이 글은 여진인의 내조(사행)가 구체적으로 어떠한 절차와 경로로 이루어졌는지, 조선은 이들을 어떻게 접대했으며, 무엇을 주고받았는지를 제도적·의례적·공간적 시선에서 종합적으로 재구성하고자 한다. 이를 통해 조선의 대여진 정책이 단순한 복속이나 회유를 넘어선 하나의 '질서화된 외교 구조'로 작동했음을 밝힌다.

여진 사신은 어떻게 조선을 찾아왔는가

고려 말 이성계가 정권을 잡은 후 1391년부터 동북면에 거주하는 여진인을 적극적으로 회유했다. 그 결과 그해 하반기부터 여진인이 내조하기 시작했고, 이성계는 여전히 이들의 내조를 유도했다. 조선 건국 뒤에도 여진인이 내조했는데, 이들은 조선의 중요한 외교 파트너 중 하나였다.

태조 이성계는 얼마 지나지 않아 한양 천도를 기획했고, 실질적인 천도는 태종 대인 1405년(태종 5) 10월에 있었다.[6] 태종이 한양으로 천도할 때까지 명의 사신과 왜인, 여진인 사절이 머물렀던 공간은 개경이었다. 조선은 고려의 정동행성을 수리하여 이름을 태평관으로 고치고 명 사신이 이용하도록 했다.[7] 왜인과 여진인은 사료가 남지 않아 이들이 개경의 어디에 머물렀는지 알 수 없지만, 몇 가지 사료를 통해 여진인이 머물던 공간을 유추할 수 있다.

조선 건국 직전인 1392년 2월과 3월에 개경에는 사관舍館이라는 접대 공간이 있었는데 상당히 화려한 건물이었던 것으로 보인다.[8]

여진인 일행들은 공양왕을 알현할 때 조선 시대와 마찬가지로 궁궐에 들어가서 토산물을 바쳤다. 이때 이성계는 왕위에 오르기 전이었으므로 자신의 집에서 이들을 위해 잔치를 베풀며 특별히 우대했다.[9] 이로 미루어 보면 한양으로 천도하기 전까지 여진인이 개경에 오면 관사에서 머물게 하고, 궁궐에서 임금을 알현했음을 알 수 있다. 아마 이때의 궁궐은 한양 천도 이전에 정전 역할을 수행하던 수창궁이었을 가능성이 크다.

보통 조선 시대에도 여진인은 역로를 이용했는데, 이들이 주로 거주하는 동북면 일대에서 개경으로 오는 길도 마찬가지다. 이들은 동북면에서 영흥(화주)-안변(등주)-회양(교주)을 지나 철령을 넘어 철원(동주)-

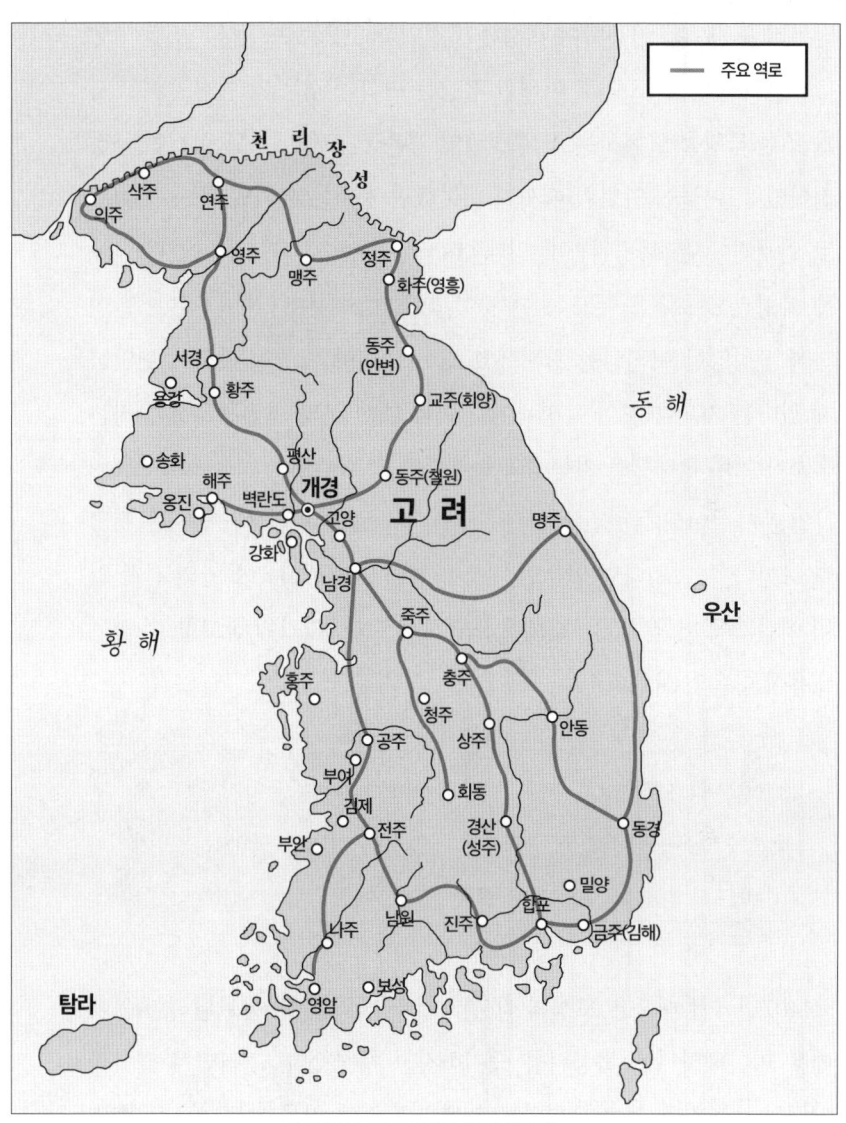

[그림 1] 고려의 교통로(우리역사넷)

연천(옥계)-파주(백령)-도원역을 통해 개경으로 진입했다. 즉, 철령 이남부터 도원도를 이용하여 개경까지 진입한 것으로 보인다.

조선의 한양 천도 이후 이러한 경향은 변화를 겪는다. 여진인 내조자가 조선 국왕을 알현하는 곳은 궁궐인 경복궁, 그중에서도 정전인 근정전이었다. 이들이 알현할 때까지 머물렀던 장소는 어디일까? 공식적으로 알려진 곳은 북평관北平館인데, 1438년(세종 20) 2월에 야인관野人館에 북평관 감호관을 두도록 한 것이 최초의 기록이다.[10] 그러나 그 이전까지 상당한 여진인이 왕래했었고, 1434년에 이들이 관사에 편안하게 있다는 기록을 보아 북평관이란 이름 대신 분명 야인관으로 불리는 숙소가 이미 존재했을 가능성이 농후하다.[11]

일본 사신이 머물렀던 동평관은 공식적으로 1409년 2월에 지은 것으로 보인다.[12] 그렇다면 일본인 내조자 역시 그전까지 그들만의 관사 없이 어딘가에 머물렀다는 결론에 도달하게 된다. 여기에 참고할 수 있는 내용이 다음의 사료다.

> (1) 일본의 사객使客과 북쪽 변방의 야인이 비록 끊이지 않고 오더라도, 태평관이 있고 승사僧舍가 있으니 거처할 만하다. 또 어찌 반드시 따로 관사를 세울 필요가 있는가?[13]

1407년 4월 태종은 도성의 각 관사를 건설하는 데 동원된 승려들이 매우 피곤해하니 토목공사를 중지하자고 주장했다. 그러면서 일본과 여진인 내조자가 계속 오더라도 태평관과 절에 머물면 된다고 말했다. 이를 통해 동평관과 북평관을 건축하기 전에 일본인과 여진인 내조자가 오면 태평관과 절에 머물게 했음을 알 수 있다.[14] 그러나 일본인의

내조가 계속되자 태종은 2년 만인 1409년에 동평관을 건립한다.[15]

반면 북평관은 동평관과 달리 곧바로 만들어지지 않았다. 1409년 당시에 여진인의 내조도 많지 않은 시점이고, 이후 1410년부터 증가하지만 연간 10회 내외로, 북평관을 굳이 건립하지 않더라도 태평관과 절에서 소화가 가능했을 것이다. 하지만 조선의 통치체제가 갖추어지면서 공식적이지 않더라도 어느 시점에 야인관 혹은 객관으로 불리는 곳을 건설했다. 실제로 1426년(세종 8) 9월에 '야인관'이라는 기록이 등장하여 이러한 추론에 힘을 더한다.[16] 이후 야인관은 1438년(세종 20) 2월에 북평관으로 이름을 바꾸고, 3월에 동부학당 자리로 옮겨 연산군 대까지 계속 위치했다.[17]

한편, 여진인이 한양까지 가는 데 얼마나 걸렸을까? 보통 여진인이 내조하기 위해서는 변방을 지키는 장수인 변장(邊將)의 허가를 얻어야 한다. 즉, 회령·종성·온성·경원·경흥의 첨절제사(종3품)가 그들의 공로 혹은 순번 등을 고려하여 상경시켰다. 중종 대의 《고사촬요》에 의하면 각 지역에서 한양까지 소요 일수가 기재되어 있기 때문에 이들이 한양까지 가는 대략적인 기간을 유추할 수 있다.

이 자료에 따르면 회령은 21일 반, 종성 22일, 온성 23일, 경원 24일, 경흥 24일 반의 일정이 걸린다. 해당 지역의 성저야인은 곧바로 관아가 있는 중심지에서 출발하면 되지만, 두만강 너머에 거주하며 각 고을의 관할을 받는 여진인은 더 많은 시간이 소요되었을 것이다. 즉, 여진인이 내조하면 짧게는 10일에서 길게는 40일가량 머물기에 왕복 2개월에서 3개월이나 걸리는 여정이었다.

그렇다면 이들은 어떤 길을 통해 한양으로 들어왔을까? 이를 구체적으로 보여 주는 사료는 없지만 산재된 사료들을 조합하면 대략적인 경로를 유추할 수 있다.

(2) 경성군은 야인이 왕래하는 땅이어서 지출되는 비용이 다른 곳보다 곱이 될 것이다.[18]

(3) 함흥부의 송현松峴은 도로가 함관령의 높고 험준한 것에 비교되지 않고, 지름길이어서 사객과 야인의 통행하는 곳입니다.[19]

(4) 녹양에서 은계까지는 야인이 오가는 길로, 폐해를 받는 일이 몹시 많아서 쇠잔한 형편이 갈수록 심합니다.[20]

(5) 야인 자질동합者叱同哈·범찰凡察·아미다질지阿未多質之 등이 돌아가다 포천에 이르러 도둑을 만나 하사받은 의복과 물건을 모두 빼앗겼습니다.[21]

(6) 정원에 전교하였다. "야인은 늘 동소문으로 왕래하거니와, 왜인은 이제 비로소 보건대 여염 사이의 작은 길로 데리고 다녀서는 안 되겠으니, 홍화문 앞의 큰길로 내보내야 하겠다."[22]

사료 (2)를 통해 함경도(함길도) 경성은 여진인이 왕래하던 곳임을 알 수 있고, 사료 (3)의 함흥부 역시 마찬가지다. 일시적으로 1470년에 영흥으로 감영을 옮긴 적이 있지만 그 외에는 함흥이 함경도의 중심지였고, 경성은 1400년에 함경도병마절도사영으로 승격한 이래 북병사가 상주하는 국방의 중심지였다. 따라서 경성과 함흥이 중요한 요충지이므로 조선 사신들이 왕래할 뿐 아니라 여진인 내조자들도 이 길을 이용하는 것은 당연했다.

사료 (4)에 등장하는 녹양은 양주, 은계는 회양의 역원으로 함경도에서 한양으로 가는 대표적 역로다. 여기도 여진인이 오가는 길이라고 했다. 그렇다면 회양(은계)-김화-철원-포천-양주(녹양)의 길을 이용했을 텐데 사료 (5)에서 보듯 포천은 반드시 지나는 경로 중 한 곳이었다. 사료 (6)을 보면 여진인은 항상 동소문을 거쳐 왕래한 것을 확인할 수 있다. 동소문은 현재의 혜화문으로 종로구 혜화동에 있어, 실질적으로 북문의 역할을 수행했다. 지리적으로 북방에서 내려오는 길은 양주를 지나 노원(누원)을 통과하여 동소문으로 이어지는 경로와 맞닿아 있다. 이러한 점에 비추어 보면 여진인 역시 이 경로를 따라 왕래했을 가능성이 크다.

종합하면, 여진인이 한양까지 이용한 경로는 경흥대로일 가능성이 크다. 즉, 여진인은 5진 각지에서 경성 방면으로 온 후, 길주-북청-함흥-안변(고산)-철령-회양(은계)-김화-철원-포천-양주(녹양)-노원(누원)-동소문으로 이어지는 경로를 사용한 것이다. 북평관이 동대문 부근에 있었던 점도, 동소문에서 입경한 여진인들이 성 안을 지나 북평관으로 이동했음을 보여 주는 사례로 해석할 수 있다. 이는 단순한 이동로가 아니라, 조선과 여진이 서로의 존재를 확인하던 '교류의 통로', 그리고 때로는 경계와 공존이 맞닿던 국경의 길이었다.

여진인 내조자가 건국 초에 개경으로 올 때는 철원에서 연천 방면을 이용했으나 한양으로 천도하면서 포천 방면으로 선회했다. 그 결과 조정은 고려 시대와 건국 초에 이용되던 송림[桃源], 장단[白嶺], 연천[玉溪], 철원[龍潭·豊川], 김화[都昌] 등 여섯 역은 여진인 내조자들이 희소한데도 모두 직로直路의 예에 따른다며 조정했다.[23]

이처럼 여진인은 사행 시 한양부터 경흥에 이르는 경흥대로를 이용했고, 민가가 아닌 조선의 역참 혹은 읍의 객사를 사용했다.

(7) 왜인과 야인이 왕래할 때 여염집에 묵지 못하게 하고 만약 여러 읍이나 역에서 소요를 일으키거나 출입하면서 함부로 행동하는 자가 있으면 인솔해 오는 관원을 장 80에 처한다.[24]

사료 (7)에서 보듯 조선 조정은 일본인과 여진인이 상경할 때 민간에 머물지 못하게 했다. 초기에는 민간에 머물게 한 적도 있었지만, 여러 폐단이 있었기에 금지한 것으로 볼 수 있다. 그리고 《경국대전》을 만드는 과정에서 이를 엄격하게 금하고 반드시 역로를 이용하게 했다. 대체로 여진인은 역로와 관사에서 머물렀기 때문에 이 원칙은 최대한 지켜진 것으로 보인다.

한편, 조정에서는 여진인이 왕래할 때 각 역에서 이들이 편히 쉴 수 있도록 준비했다. 즉, "병조와 함길도 도절제사가 해당 인물에게 미리 문서를 보내 숙소와 사람과 말의 수를 써서 발행하기 3일 전에 미리 전송하여 각 역에서 대비하고 기다리게 해서 그들이 마음대로 발행하지 못하게 한다. 이를 어긴 자는 그 통사에게 벌을 준다"[25]고 하여 병조와 함길도 도절제사가 각 역원에서 이들의 왕래를 준비하여 차질 없도록 했다.

조선이 여진인의 왕래를 철두철미하게 대비했음에도 불구하고, 이들의 내조가 증가하여 역로가 피폐해지는 사례 등이 자주 등장했다.[26] 그러자 조정은 강원도와 함길도관찰사에게 말을 바꿔 주고 대접을 잘 해 주도록 명하는 등 관심을 기울였다.[27] 하지만 여진인의 내조를 수용하는 일은 조선에 큰 부담이었다. 그럼에도 아래 사료 (8)에서 1443년(세종 25) 3월에 함길도 도절제사 김효성이 말한 바와 같이 이들과 전쟁을 수행하는 비용보다 이 방식이 훨씬 경제적이었다. 이에 김효성은 이들의 상경을 허용해야 한다고 주장하며 당시 이들이 어떤 경로로 움직였고, 어떤 문제들이 생겼는지에 대해서도 자세히 보고했다.

⑻ 본도의 동남은 큰 바다이고 서북은 큰 산으로서, 사이에 길 하나가 있어서 중국 사신이 내왕하거나 야인이 조회하러 서울에 오거나 할 때 모두 이 길을 경유합니다. 매번 야인이 조회하러 올 때면, 역참의 부담이 크다는 이유로 수백 명 중에서 혹 한 사람을 가려 뽑아 올려보내도 몇 달이 지나지 않아 그 수효가 100명가량이 되어서 이들의 접대하는 어려움이 진실로 적지 않습니다. 그런데도 야인들이 상경하지 못함을 한스럽게 여겨, 만일 몰래 와서 쥐같이 도적질을 하면 반드시 군사를 일으켜 방어하는데, 새 고을[新邑, 6진] 사람들도 다 지키러 들어갑니다. 이같이 하기를 수년이 되오니, 새 고을 백성의 식량은 어디서 나오며 군대 비용은 어디서 채울 수 있겠습니까? ㉠ 군사를 일으키고 민중을 움직이는 데 대한 그 폐단은 야인 수백 명이 역로에 왕래하는 폐단보다 갑절이나 더한 것입니다. 또 ㉡ 야인이 이르는 곳에 각 역참마다 능히 말을 교체할 수가 없사오니, 이것 또한 염려하지 않을 수 없습니다. 신은 원하옵건대, ㉢ 서울에 올라가는 야인 중의 지휘[指揮]와 본조의 4품 이상의 관직을 받은 사람 이외에는 모두 수레를 타게 하되, 자그마한 수레 한 대에 소 두 마리가 멍에를 메고 두 사람이 소를 몰게 하여 야인 다섯 사람이 타면서 겸하여 가진 물건까지 실으면, 타는 말과 짐 싣는 말까지 6필과 수행원 네 사람을 줄일 수 있으며, 야인 10인이 두 수레에 타고 오도록 하오면 말 10필과 사람 8명이 줄어들 것입니다. 저들이 만일 수레 타기를 싫어하여 오는 자가 적어지면 지대하는 폐단

도 자연히 적어질 것이고, 또 말은 값이 비싼데 소는 값이 싸고, 말은 비용이 많이 드는데 소는 비용이 적게 드니, 이 또한 우리郵 吏들의 한 가지 다행한 일입니다. 각 역참의 찰방에게 도로의 평 탄하고 험준한 것을 살피어 가려서, 자그마한 수레가 다닐 만한 곳에 각 역마다 자그마한 수레 서너 대와 황소 예닐곱 마리를 적 당하게 준비해 두고, 오는 가을부터 시작하여 수레 쓰기를 시험 함이 어떠합니까.[28]

사료 (8)을 통해 함경도가 여진인이 조회하러 오는 주요한 경로였음을 알 수 있지만, 그만큼 역로에는 상당한 부담이 따랐다. 그럼에도 불구하고 조선은 수백 명의 여진인이 왕래하며 초래하는 폐단보다, 이들을 정벌하거나 방어하는 데 드는 고통이 더 크다고 판단하였다. 다시 말해, 내조는 감당 가능한 비용의 평화 유지책이었다. 이는 여진인의 내조를 조선이 현실적으로 수용할 수밖에 없던 이유를 잘 보여 준다.

또한 ⓒ에 따르면, 여진인이 각 역에 도착하면 말을 교체하고 음식 등의 접대를 받았음을 확인할 수 있다. 실제로 세조 때에도 여진인이 귀국할 때 각 역에서 이러한 대우가 이루어졌다는 기록이 남아 있다.[29] 강원도와 함길도의 여러 고을에서는 여진인을 제대로 대접하지 못해 불만이 생겼고, 역마도 부족해 결국 걸어서 올라오는 일도 있었다.[30] 명종 대에도 함경남북도의 각 역이 쇠잔하여 역졸들이 도망쳐 여진인이 왕래할 때 역마가 부족하다고 했다.[31]

ⓒ을 보면, 여진인 상경자에게는 1인당 말 한 필씩이 제공되었음을 알 수 있다. 이는 각 역원에 큰 부담으로 작용하였다. 왜냐하면 여진인뿐만 아니라 조선의 관리들 또한 역참을 이용했기 때문이다. 이에 김효

성은 해결 방안으로, 지휘 및 조선의 4품 이상 관직자에 한해서만 말을 타고, 그 외에는 모두 수레를 이용하도록 제안하였다.

이처럼 당시에는 여진인 한 명 당 말 한 필과 수행자 한 명이 필요했기에, 내조가 역원에 끼치는 부담이 매우 컸음을 보여 준다. 당시 도로는 지금처럼 정비되어 있지 않아 말보다 수레의 승차감이 훨씬 나빴다. 그렇기에 여진인이 수레 이용을 꺼리고, 그 때문에 상경자가 줄어드는 것은 자연스러운 일이었다.

그러나 수레 이용은 접대 비용 절감과 더불어, 값비싼 말 대신 상대적으로 저렴한 소를 활용함으로써 역리를 포함한 현지 인력의 부담을 줄이는 효과가 있었다. 그럼에도 불구하고 조정은 이 제안을 받아들이지 않은 것으로 보인다. 실제로 여진인의 상경로에 위치한 일부 역원과 관청에서는 말 대신 소를 제공하거나, 여진인 스스로 안장을 지고 걷게 하거나, 질이 낮은 음식을 내놓은 사례도 확인된다.[32]

만일 김효성의 주장이 수용되었다면 규정에 의해 소로 여진인을 태우는 일이 일반적 현상으로 자리매김했을 것이다. 그러나 이 주장이 수용되지 않았기에 위의 사례가 예외적으로 기재된 듯하다. 이런 일이 발생하면 여진인은 역원과 관의 아전들을 구타하기도 했다.[33] 그 결과 충청도와 경상도의 역리들은 일본인, 강원도의 역리들은 여진인의 접대로 고생하여 다른 역이나 고을로 도망가는 일도 있었다.[34]

이처럼 여진인의 왕래는 조선에 상당한 부담이었기 때문에, 조정은 이를 제도적으로 정비할 필요가 있었다. 문헌상 확인되는 가장 초기의 규정은 1413년(태종 13) 1월, 의정부가 여진인의 내조로 인한 폐단을 지적하면서 제시한 내용이다. 즉, 10호 이상을 거느린 자가 보낸 사행인 외에 상경을 허락하지 말고, 길주와 경성 등지에서 우대하여 돌려보내

도록 했다.[35)]

　당대 상황을 보면 1407년(태종 7)과 1408년에 이들의 내조가 전혀 없고, 1409년에 1회였다. 그런데 1410년의 제1차 여진 정벌 이후인 1410년에 8회, 1411년에 12회, 1412년에 8회로 증가한다.[36)] 이처럼 여진인의 사행이 비약적으로 증가하며 접대 등에 여러 폐단이 노출되자 의정부에서 이들의 내조를 제약한 것이다.

　위의 규정에서 몇 가지 사실을 유추할 수 있다. 10호 이상을 거느린 자만 올려보낸 점은 이 제안이 나오기 전에는 세력이 강하지 않은 일반인까지 상경시켰음을 뜻한다. 또한, 1410년에 경원에서 후퇴하여 당시 최일선이었던 경성, 길주도 도안무찰리사가 있던 곳에서 적당히 대우하여 보낸 점은 이후 5진 지역에서 상경을 제한하는 제도의 시초가 되었다. 이러한 내용이 잘 지켜지는 않았지만, 몇 년간은 효과가 있었다.

　세종 대에는 태종 대에 비해 여진인의 내조가 급증한다. 32년의 재위 기간 동안 486회의 내조가 확인되는데, 연평균 15회가량이었다. 특히, 1438년(세종 20)에 38회, 1439년에 78회로 크게 증가했다. 물론 1440년에도 19회, 1441년에 41회, 1442년에 30회 등 평균을 훨씬 상회했다. 이들을 접대하는 문제, 역로의 폐단 등이 급증하자 조정은 각종 대책을 마련했다. 인신과 서계는 여진인이 조선에 입조할 때 자신의 신분을 증명하는 문서였다. 이 증명서가 없는 경우에는 5진에서 간단히 접대한 뒤 돌려보냈다. 조정은 이후, 정당한 절차를 밟은 사람이나 특별한 공을 세운 사람만 상경을 허락한다는 입장을 내놓았다.[37)]

　그런데 왜 1438년과 1439년에 역사상 가장 많은 여진인이 내조했을까? 그것은 바로 송화강 주변에 사는 홀라온올적합의 내조가 급증했기 때문이다. 조선에 내조했던 세력들은 대부분 두만강 일대에 사는 올량합, 골간올적합, 오도리였다. 물론 간헐적으로 남눌올적합과 홀라온올적합이 오기도 했지만 예외적 사례였다. 심지어 압록강 방면의 건주여진은 명과의 관계 때문에 신중히 교섭했다.

이러한 상황에서 평소 조선에 오지 않던 홀라온올적합이 내조한 것은 여진인 사행의 일단을 보여 주는 흥미로운 사례다. 1437년(세종 19) 6월 말에 홀라온 지방에 눈이 약 30센티미터(1척)나 내려 사흘 동안 얼음이 얼어서 초목이 모두 마르는 이상 현상이 일어났다.[38] 이듬해 8월 초에도 함경도 경성 이북 지역이 모두 침수되었으며 두만강 이북의 여진인 역시 수해를 입었다. 수빈강 이남은 139가구, 비교적 조선에서 가까운 동량북도 15가구가 표류했으며 곡식이 다 손상되었다는 보고가 들어왔다.[39] 지금도 마찬가지지만 이 정도 이상기온이라면 농경뿐만 아니라 목축, 어로, 수렵 등 다양한 경제 활동에서 피해가 컸음은 불을 보듯 뻔한 일이었다.

홀라온올적합은 경제적 위기를 타개하기 위한 방안으로 조선을 선택했다. 앞서 이들이 조선에 사행하면 걸리는 시간이 대략 두 달에서 석 달이었다. 올자위兀者衛에 소속된 도아야都兒也의 말에 의하면 그곳에서 회령까지 1개월이 걸린다고 했으니 왕복 2개월이 더 걸리는 노정이었다.[40] 그렇다면 대략 5개월이나 걸리는 대장정이다. 그럼에도 이들은 1437년에 8회, 1438년 23회, 1439년에는 무려 66회나 조선을 찾았다.

어떤 혜택이 있기에 홀라온올적합은 이렇게 많이 왔을까? 일단 이들은 한양까지 상경하지 못하더라도 변장이 후하게 접대하여 돌려보냈다. 그 접대 내용이 구체적이지 않지만 소금과 장을 주고, 음식을 먹였으며 그들이 가져온 물품을 매매한 것으로 보인다. 운이 좋아 한양까지 상경하면 대우가 더 좋았다. 조선은 역로에서 각종 숙식을 제공했으며 도의 경계를 지날 때마다 잔치를 베풀어 주었다. 한양에 도착한 뒤에도 국왕을 알현하는 날에는 궐 안에서 잔치를 베풀었고, 하직하는 날에도 왕명으로 잔치를 베풀었다.[41]

심지어 북평관과 같은 숙소에만 있어 유람하지 못하는 상황까지 배려하여 감호관이 이들과 함께 구경하고 사람을 만날 수 있게 했다.[42] 여기에 초피 등의 토산물을 바치면 당시 화폐로 쓰였던 면포 등을 받을 수 있었다.[43] 이는 이들이 필요한 물품을 구입하는 자산이 되어 무역을 통한 경제적 이득까지 얻을 수 있었다. 여진인 입장에서 조선에 오는 것은 경제적 혜택을 극대화할 수 있는 방안이자 이상기후로 파괴된 환경에서 살아남을 수 있는 좋은 선택지였다.

조선 입장에서 이들의 내조는 큰 부담이었다. 이들을 맞이하는 데 드는 비용도 만만치 않았고, 국경을 따라 드러난 역로의 약점이 외부에 노출될 위험도 있었다. 그렇지만 조선은 그동안 정보가 부족했던 홀라온 올적합에게 감호관과 통사를 보내 그 영역이 어느 정도 범위가 되는지, 도로의 멀고 가까움, 세력의 강약 등을 수집하는 계기로 활용했다.[44] 또한, 기근과 수해로 어려움을 겪고 있는 이들을 외면할 경우 언제든 국경을 침입할 수 있다는 우려도 컸다. 그래서 조선은 이들을 일정 수준으로 도와주면서 동시에 침입을 예방하는 수단으로 받아들였던 것이다.

한편, 여진인 내조의 주류를 이루었던 두만강 유역 여진인이 상경한 이유는 홀라온올적합보다 훨씬 복잡한 상황 때문이었다. 이들은 조선과 직접 영토를 맞대고 있었을 뿐 아니라 5진 변장들의 관할 아래에서 통제된 삶을 살고 있었다.[45] 이들은 조선을 약탈하기도 하고, 각종 범죄를 일으키거나 통제에서 벗어나고자 한 적도 있었지만 조선이 구축한 체계에 순응하고 있었다.

여진인의 내조가 너무 빈번해지자 조선은 1445년(세종 27) 11월에 이르러 여진인과의 통교체제를 다음과 같이 세밀하게 규정했다.

(9) 여러 종족의 야인이 매년 왕래가 빈번하여 역로가 피폐한데, 만일 내조를 금하면 어루만지는 뜻에 어긋남이 있습니다. 이제부터 매년 내조의 수를 정하여 올량합兀良哈은 10번, 골간骨看과 오도리吾都里는 7번으로 하소서. 매행每行에 추장이면 정관正官 1명, 반인伴人 4명으로 하고, 그 나머지는 정관 1명, 반인 2명으로 하여 항구적인 규칙으로 삼아 시행하게 하소서. 한 사람이 해마다 상경하지 않도록 하고, 방문의 빈도와 횟수를 조절하여 반드시 만 3년이 지난 후에야 차례로 올라오게 하소서. 또 홀라온忽剌溫 지역이 멀어서 실제로 우직개亏直介(올적합)로 직접 조회하는 자가 드뭅니다. 그런데 일부 여진인이 거짓으로 자신을 사위[子壻], 동생[弟], 조카[姪]라 속이고, 이름을 감추어 내조하면서 상사賞賜를 요구하고 있습니다. 그 내조하는 바가 성의에서 나온 것이 아니니 의리로는 본래 받아들이지 않는 것이 옳습니다. 그러나 갑자기 끊을 수 없사오니 1년의 내조는 5행을 넘기지 않게 하소서. 변경에 가까이 사는 임하거林阿車·울미거亐未車·대소거절大小居節·남납南納·고설高說·고칠高漆 등 우지개亏知介의 내조자는 1년에 2번을 넘지 않게 하고, 정관과 반인의 수는 위와 같이 하소서. 그 나머지 여진인이 혹 우지개라 사칭하고 이름을 속여 내조하는 자는 도절제사가 거절하고 받아들이지 말게 하소서. 만일 추장의 사송使送이라 일컬어 문인文引을 받아 가지고 오는 자는 도절제사가 후하게 위로하고, 토산물을 주어서 돌려보내게

하소서. 만일 여러 종족이 일시에 올라오면 역로가 피폐해지므로, 그 많고 적은 것을 헤아려서 반드시 농한기에 운運을 나누어 올려보내게 하소서.[46]

즉 조선 조정은 두만강 유역 여진인을 중심으로 이들이 매년 내조할 수 있는 횟수를 정했다. 즉, 올량합 10회, 골간올적합과 알타리(오도리) 7회, 홀라온올적합 5회 등이다. 조선은 초기에는 여진인을 크게 올량합, 알타리, (제종)올적합, 토착여진으로 구분했다. 이후 올량합 중 일부는 요녕성 개원開原 지역으로 이주하여 건주위建州衛를 개설받았고, 그 후손이 이만주李滿住다. 하지만 대부분의 올량합은 두만강 일대에 거주하며 태종 대 모련위毛憐衛를 개설받았다. 이들은 현재의 종성과 온성, 경원과 그 건너편에 주로 거주하는 종족으로 오랑캐라고도 불렸다. 알타리는 오도리라고도 불리는데, 회령을 중심으로 그 건너편 일대에 주로 거주했다. 이들 가운데 일부가 1440년(세종 22)에 요녕성 환인桓仁 일대로 이주하여 건주좌위와 건주우위로 분화했다. 하지만 이들 가운데 상당수는 잔류를 선택했고, 조선과 우호적 관계를 유지했다.[47]

제종올적합은 여러 종족의 올적합이라는 뜻이다. 올적합은 골간올적합, 혐진(니마차)올적합, 홀라온올적합, 도골올적합 등 다양한 종족으로 구성되었다. 홀라온은 송화강 유역, 혐진은 지금의 헤이룽장성黑龍江省 융안시寧安市 일대, 도골은 수분하 유역을 중심으로 거주했다. 이처럼 그들은 조선과 상당한 거리가 있어서 세종 대 기상이변 등이 아니면 조선과 그리 긴밀한 관계를 맺지 않았다. 그 가운데 두만강 하류의 경원과 경흥을 중심으로 거주한 골간올적합은 자연스럽게 조선과 매우 긴밀한 관계를 맺을 수밖에 없었다. 한편, 토착여진은 두만강 안쪽에 거

주하며 조선의 영향력 아래에 있는 여진인을 의미한다.[48]

이 외에 성종 대 두만강 하류의 골간올적합이 압록강 중상류의 여연 일대에 정착하여 세력을 형성한 온하위, 연산군 대 건주삼위에서 갈라져 나온 기주모련위라는 세력도 등장했다. 이처럼 조선과 위치, 관계의 긴밀한 정도에 따라 이들의 내조 횟수가 정해졌다. 조선과 가까운 지역에 거주하며 관계가 긴밀했던 올량합, 알타리, 골간올적합이 가장 빈번하게 내조한 세력으로 자리 잡았다.[49]

사료 (9)에서 보듯이 상경시킬 인원도 규정했다. 추장일 경우 정관 1명과 따라오는 자 4명, 그 나머지일 경우 정관 1명, 따라오는 자 2명으로 사송인의 숫자도 정했다. 아울러 누군가 매년 오는 것은 특혜이므로 만 3년에 한 번씩만 올려보내도록 했고, 이들이 한꺼번에 오면 역로가 피폐해지는 문제가 발생하므로 농한기를 기다려 순번을 나누어 올려보내도록 했다. 또한, 한양으로 올려보내기 여의치 않은 경우 기존 5진 첨절제사가 위로하고 보내는 방식에서 함길도 도절제사가 위로하여 보내게 했다. 위의 규정은 당대까지 임시방편으로 시행한 내용을 바탕으로 집대성한 것이다.[50]

이러한 내용은 시간이 지나며 한층 정교해졌다. 성종 대에 이르면 전례를 참조하여 법식을 정하고자 했다. 즉, 1474년(성종 5)에 영안북도절도사 어유소가 "이제 순번을 나누어 1년에 12회를 넘지 못하게 하고, 한 번에 6, 7명을 넘지 못하게 하여 8월부터 올려보내겠다"고 의견을 제시했다. 원상들은 8월 말에 올려보내되 1개월에 2~3회를 넘지 못하게 할 것을 결정했다.[51]

조선 조정은 모든 규정을 일률적으로 적용하지 않고, 탄력적으로 운영했다. 예를 들어, 풍년과 흉년에 따라 한양에 오는 여진인의 숫자를 조절했다. 1502년(연산 8)에 정미수가 올린 서계를 보면 풍년에 17~18회, 흉년에 13회로 정하자는 의견을 제시한다.[52] 중종 대에는 더 정교해져서 풍년에 17회에 120명, 흉년에 12회에 90명이라고 했다. 이는 명종 대에 제작된 《고사촬요》에서도 마찬가지다. 심지어 [표 1]과 같이 5진에서 보내는 인원까지 규정했다. 이렇게 조선은 여진 사행의 규모와 빈도를 철저히 관리하며 외교질서의 행정적 완성단계에 도달했다.

[표 1] 《고사촬요》의 여진인 상송 규정[53]

	회령	종성	온성	경원	경흥	합계	인원
풍년	4	4	3	3	3	17	120
흉년	3	3	2	2	2	12	90

1455년(단종 3)과 선조 대 《제승방략》 등의 여진인 조사 내용에 의하면 회령과 종성은 여진인의 인구가 많은 곳이다. 따라서 조선 조정은 이들의 세력 분포 등을 고려하여 내조 횟수를 정했음을 알 수 있다.

조선 조정이 여진인의 내조 횟수를 명확하게 정한 이유는, 실제로 그 규정이 자주 지켜지지 않았기 때문이었다. 그 배경에는 다양한 예외 상황이 있었다. 예를 들어, 정벌 이후 이들을 회유하려고 내조를 받아들인 경우, 정벌에 협조한 여진인에 대한 포상, 새 국왕의 즉위에 따른 정통성 강화, 건주여진의 자발적 내조, 조선 포로의 송환 등 정해진 원칙을 넘어서야 할 상황이 많았던 것이다. 특히 이러한 사례들은 내조 시기를 겨울로 제한하고 설정했던 횟수를 자주 뛰어넘었다.

예외적 사례에도 불구하고 조선의 대여진 내조 규정이 잘 지켜졌는지를 확인하기 위해서 이들의 내조 현황을 살펴볼 필요가 있다. 현재 이들의 왕래 내용은 정확히 파악할 수 없다. 하지만《조선왕조실록》에 남아 있는 기록을 토대로 숫자를 파악하면 종족, 시기 등으로 구분하여 유의미한 결과를 도출할 수 있다.

[표 2]를 참고하면 조선에 가장 많은 내조를 한 세력은 올량합으로 464회다. 여진인 내조 총 1,282회 중 36.2퍼센트를 차지한다. 다음으로 제종올적합이 398회로 31퍼센트, 알타리는 256회로 약 20퍼센트다.

이 셋만 해도 1,118회로 전체의 87퍼센트를 차지한다. 여기에 56회의 토착여진까지 합하면 두만강 유역의 여진인이 약 91퍼센트를 점유한다.[55] 이는 조선에게 두만강 유역 여진인이 중요한 상대였음을 상징적으로 보여 준다.

[표 2] 조선 전기 여진 세력의 내조 현황[54]

왕대	오도리	올량합	제종올적합	토착여진	건주삼위	기주위	온하위	미상	합계
태조	7	9	1					1	18
정종	1	1		1					3
태종	27	27	21	2					77
세종	113	127	195	22	23			6	486
문종	3	6	6						15
단종	9	14	1		1				25
세조	33	111	82	14	18			2	260
예종	1	5	1	1				1	9
성종	60	161	85	16	19		3		344
연산	2	3	2		1		1	4	13
중종			2			1		22	25
명종								2	2
선조			2					3	5
합계	256	464	398	56	62	1	4	41	1,282

조선은 왜 여진인을 대접했을까 235

여진인 내조가 가장 많았던 시기는 세종 대다. 연평균 약 15.2회에 달할 정도로 많은 수를 차지한다. [그림 2]에서 보듯 올량합의 내조는 태조, 태종, 세종, 세조, 성종 대 모두 많았다. 그런데 세종 대 유독 제종올적합의 내조가 두드러진다. 이는 앞서 본 것처럼 1438년과 1439년 사이에 홀라온올적합이 집중적으로 내조했기 때문이다. 이를 제외하면 여전히 조선에 내조하는 주요 세력은 올량합이라는 점을 알 수 있다.

재위 연간 연평균을 보면 18.5회에 달하는 세조 대가 가장 높다. 특히, 즉위 초기와 1460(세조 6)~1461년에 집중되고 있다. 세조는 계유정난이라는 비정상적인 방식으로 정권을 잡았기 때문에 정통성에 대한 논란이 있었다. 이러한 정치적 배경 속에서, 그는 즉위 초반 여진인과 왜인의 내조를 적극적으로 수용함으로써 대내외적으로 자신의 권위를

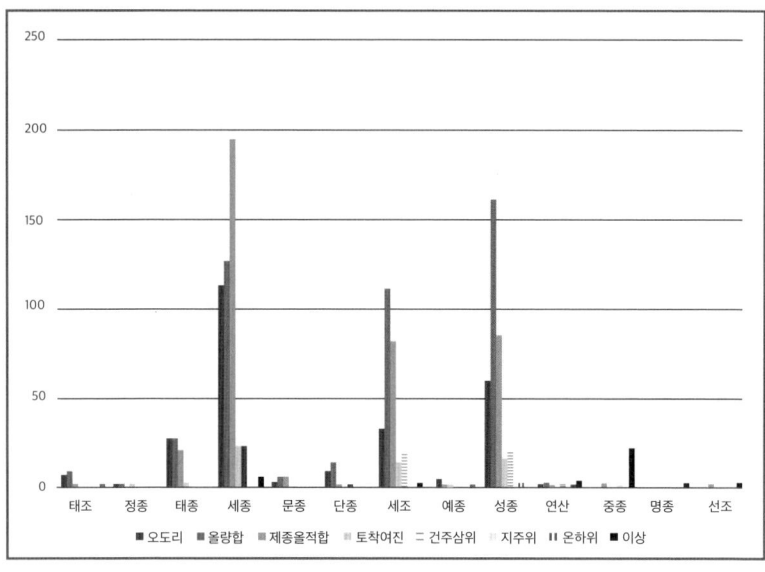

[그림 2] 조선 전기 왕대별 여진 세력의 내조 현황

강화할 필요가 있었다. 조선의 외교 의례에서 내조는 단순한 교류가 아니라, 정치적 정당성을 드러내는 상징 행위였던 것이다.

또한, 1460년에 두만강 유역의 모련위를 정벌하는데, 여기에 두만강 유역 여진인이 참전하여 공을 세웠다. 일부는 참전하지 않았다고 하더라도 이들을 위무해야 할 필요성이 있어서 2년에 걸쳐 내조를 수용한 것이다. 따라서 세조는 1455년(세조 원) 11월에 함길도 도절제사 양정에게 "정한 숫자에 구애받지 말고 순서를 나누어 올려보내도록 하라"고 명령했다. 실제 1455년 11월부터 이듬해 2월까지 불과 4개월 동안 여진인 내조가 48회에 이르렀다. 세조는 내조를 가장 전략적으로 활용한 국왕이었다.

한편, 조선은 여진인의 내조 시기도 조절했다. 앞서 본 것처럼 여진인이 왕래할 때 이들의 접대는 상당히 힘든 일이었다. 특히 농번기에 이들이 왕래하면 백성들의 피해는 더욱 컸기 때문에 사료 (3)에서 언급한 것처럼 반드시 농한기를 이용하게 한 것이다. 이러한 경향은 [표 3]에서도 잘 드러난다.

[표 3]과 [그림 2]는 태조부터 성종 대까지 여진인이 내조한 시기를 월별로 분석한 것이다. [표 2]에서 확인되듯이 연산군 대부터 여진인 내조의 사례가 급속히 줄어들었다. 실제로는 여진인의 내조가 줄어들었다기보다는 《조선왕조실록》에 이들의 내조 기록이 기재되지 않은 것으로 보인다. 1528년(중종 23)에 예조에서 여진인 상경 내용을 보고한 내용을 보면 "전일 하문하신 야인의 상경 숫자는 풍년에는 17차에 그 수가 120명을 넘지 않고, 흉년에는 12차에 그 숫자가 90명을 넘지 않으니 매번 6~7명이 올라왔는데, 이것은 전례입니다"[56]라고 했다. 이 내용은 앞서 본 《고사촬요》와 일치하고, 이들의 내조 기록이 파편적으로

[표 3] 태조~성종 대 여진인 내조자의 월별 분석

	1월	2월	3월	4월	5월	6월	7월	8월	9월	10월	11월	12월
태조	4	1			1			1	1	1	1	8
정종	3											
태종	22	8	5	3	1	1	4		2	1	7	23
세종	117	66	13	8	17	35	22	16	25	13	47	107
문종	5	2								2		6
단종	4	1	1			1					8	10
세조	47	28	16	13	9	7	11	12	12	14	31	62
예종	6	3										
성종	62	29	4	2	2	2		3	8	24	73	135
합계	270	138	39	26	30	46	37	32	48	55	167	351

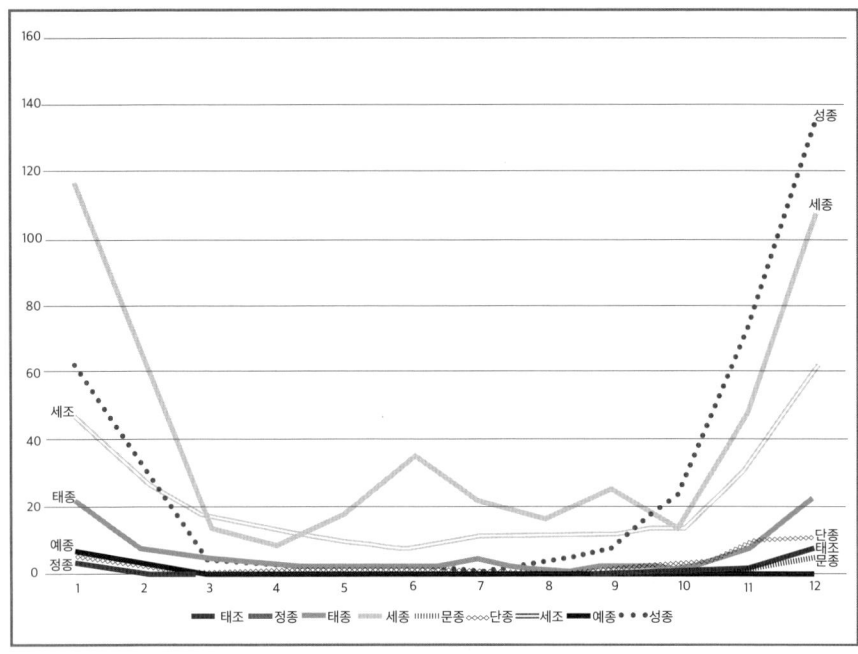

[그림 3] 태조~성종 대 여진인 내조자의 월별 분석

남아 있어 그 규모나 인원 등이 크게 다르지 않았던 것으로 보인다.

연산군 대 이후에도 여진인의 내조가 계속된 것으로 보이지만 정확한 사례를 확인할 수 있는 것은 성종 대까지라서 [표 3]에서는 태조부터 성종 대까지만 작성했다. 이를 보면 102년간 1,239회에 이른다. 가장 많은 내조가 있었던 것은 12월로 351회이며, 1월도 270회로 이에 못지않다. 12월과 1월만 해도 전체의 반절에 이른다. 범위를 넓혀 11월과 2월을 합산하면 전체의 약 75퍼센트를 차지한다.

이러한 점은 [그림 3]에서도 명확히 보인다. 정종과 문종, 단종, 예종과 같이 재위 기간이 짧은 왕들을 빼고 다른 왕들 모두 1월과 2월, 11월과 12월에 많은 내조를 확인할 수 있다. 사실 그 외 사례들도 건주여진, 홀라온올적합의 내조 수용, 여진 정벌에 참전한 자들의 포상 등 나름의 이유가 있었다. 따라서 3~10월 사이의 여진인 내조도 조선 조정에서 제어했음을 알 수 있다.

여진인의 내조자가 겨울철에 집중된 것은 농한기를 이용하기 위해서였다. 하지만 여기에는 조선 조정의 다른 의도도 숨어 있다. 당시 명나라가 동지나 정조와 같은 궁중 행사에 외국 사신을 참여시키던 관례처럼, 조선 역시 여진인을 이러한 공식 의례에 참석시켰다. 특히 매년 1월 1일에 진행되는 정조 하례에 여진인이 참여할 수 있도록, 11월과 12월에 내조가 집중된 사례가 많았다.

여진인이 정조 하례나 동지 조회에 참석하는 일은 단순한 의례가 아니었다. 이는 조선 국왕의 위신을 드높이고, 주변의 외국[外夷] 세력에게도 군왕으로서의 권위를 인정받는 장치였다. 그렇다면 실제 정조 당일이 아닌, 1월 중후반에 이루어진 내조는 어떻게 봐야 할까? 이와 관련해 당시 상황을 보여 주는 흥미로운 사료가 있다.

(10) 오도리 천호 김회대, 올량합 천호 김저화 등 6인이 와서 정조의 예물로 토물을 바치니 각각 면포와 저포를 각각 1필씩 하사하였다.[57]

사료 (10)은 1406년(태종 6) 1월 21일, 오도리와 올량합의 내조자가 조선을 찾아와 정조 하례의 예물로 토산물을 바쳤다는 기록이다. 이는 1월 1일의 정조 하례에 직접 참석하지는 않았지만, 그 명분에 맞춰 시차를 두고 입조한 사례로 볼 수 있다.

지금까지 살펴본 것처럼 조선 조정은 여진인의 내조에 대해 시기, 세력, 횟수를 명확히 정하는 규정을 마련했다. 하지만 실제 운영에서는 유연하게 대응할 수 있는 여지를 남겨 두었다. 예를 들어, 정해진 시기가 아니더라도 내조를 허용하는 등 현실적인 필요에 따라 조율하기도 했다. 반면, 여진인들 역시 이러한 제도의 틈을 활용해 조선을 방문하며 다양한 실익을 챙기려 했다. 이처럼 조선은 제도를 만들어 놓고도 그때그때 정세에 맞춰 손질해 가며 여진과의 외교를 운용해 나갔다.

외교는 환대다: 여진 사신을 접대한 조선

여진인이 조선에 상경하기 위한 정확한 절차는 《조선왕조실록》, 《경국대전》 등에 기재되어 있지 않다. 하지만 여러 사료를 종합하면 성종 대 이후에는 일정한 체계가 자리 잡았던 것으로 보인다. 이를 토대로 두만강 유역 여진인이 한양으로 올라오는 과정을 복원하면 다음과 같다.

① 여진인 추장은 직접 혹은 관하인을 5진의 변장에게 보내 상경을

요청한다. 그러면 해당 지역의 첨절제사는 이들의 관교官敎, 서계書契, 도서圖書, 노인路引과 같은 문서와 관청의 인장[官印]을 꼼꼼하게 확인한다. 그 뒤 정해진 상경 횟수와 윤번, 물건을 많이 가지고 와서 정성을 보이는 자, 내조자의 중요성 등을 고려한 뒤 도절제사에게 보고한다.[58]

② 도절제사는 여진인의 신분과 상황을 검토한 뒤, 상경이 적절하다고 판단된 이들을 향통사(함경도 지역의 통역관)와 함께 한양으로 보냈다. 만일 위에서 언급한 조건에 맞지 않는 사례가 있으면 북병영이나 5진에서 적당히 접대하고, 면포나 염장, 혹은 미곡으로 여진인이 가져온 물건값을 계산해 주었다.[59]

③ 여진인 상경자는 향통사를 따라 조선의 역로를 이용하여 한양까지 간다. 대체로 조선 조정에서 정한 대우를 받았고, 이들을 감시하고 호위하는 일은 번갈아 근무하는 군사가 담당하여 3일마다 교대하며 호위하게 했다. 다만 다른 사람을 대신하여 번상한 군사는 일절 담당하지 않게 했다. 또한, 도의 경계에서 영접과 전별의 의식이 이루어졌다.[60]

④ 여진인은 역로를 따라 온 뒤 한양의 도성에 들어올 때는 동소문(혜화문)으로 들어온다.[61] 이곳에서 동대문 옆에 있는 북평관에 짐을 풀고 머문다. 이들이 이곳에서 머물 때 통사(통역관)들이 방문하여 국왕 알현 예절을 가르친다. 예를 들어, 통사는 섬돌 위·아래 앉는 위치, 절하는 위치, 좌목(자리에 앉는 순서) 등을 설명한다. 이 내용은 왜인 사례를 통해 확인된다.[62]

⑤ 예조는 국왕과 여진 사행단의 접견 일정을 조율한다. 여진인은 가지고 온 토산물을 바치고, 국왕에게 인사를 드리고 현안을 논의한다. 접견 후에는 궁궐에서 잔치를 베풀고, 의복과 갓, 신, 면포 등을 하사한다. 이러한 물품의 지급은 토산물을 가져온 것에 대한 답례품인 회사回賜의

형식으로, 내조자의 등급 및 가져온 물품 등을 고려하여 지급했다.[63]

⑥ 내조자들은 북평관에 돌아온 뒤에도 접대를 받았다. 즉, 예조에서 왕명으로 잔치를 베풀었던 것이다.[64] 이때의 모습은 성현이 기록한 《용재총화》에서 볼 수 있다. 성현은 1493년(성종 24) 8월부터 1496년(연산 2) 12월까지 3년 이상 예조판서로 재임했다.[65] 성현에 의하면 여진인에게 잔치를 베풀어 줄 때 당상관 세 명이 모두 무늬가 있는 예복을 입고, 예빈 시는 연회를 베풀며 악관들은 연주했다. 여진인과 왜인은 항상 연회가 끝나면 앞다투어 나와 꿇어앉아 각각 그 원하는 바를 진정했다고 한다.[66]

여진인 내조자들은 임금을 알현하는 것 외에도 자신들의 친족, 조선의 관료 등을 만날 수 있는 경로가 몇 가지 더 있었다. 동지나 정조 하례 또는 조회에 참여하는 것이 가장 일반적이다. 이때는 정해진 의례에 따라 좌석 배치까지 이루어졌는데, 주로 서쪽에 위치했다. 비정기적으로 만날 수 있는 사례도 있는데, 특히 여진인 내조자를 특별히 자주 만났던 국왕은 세조다. 세조는 궁궐 등에서 활쏘기를 자주 구경했는데, 이때 내조자에게도 활을 쏘게 하고, 표적을 맞추면 화려한 비단옷과 활·화살, 면포 등을 내려주기도 했다. 또한, 술자리에 참석하게 하여 술잔을 올리도록 명령하기도 했다.[67] 또한, 임금이 사냥을 떠날 때 참여시키기도 했다.[68] 그 밖에 북평관에 머물며 일가친척과 만나거나 무역을 통해 이득을 챙기기도 했다.

⑦ 여진인 내조자들은 짧게는 10일에서 길게는 40일 가까이 머물다가 고향으로 돌아갔다. 이들이 돌아갈 때 조정은 명·일본인 사신과 마찬가지로 전별연을 베풀어 주었다. 전별연에는 조선의 관원뿐만 아니라 조정에서 시위하는 여진인이 참석하기도 했다. 예를 들어, 세조 대

에 김파을대金波乙大와 같이 대추장이 돌아갈 때 동소문 밖에서 조정에 시위하는 여진인들에게 술과 고기를 가지고 가서 전별하게 한 것이다.[69] 이들은 돌아갈 때도 상경할 때 이용했던 역로를 따라가며 사행을 마쳤다.

상경한 여진인을 접대하는 장소는 북평관이었다. 조선은 명 사신을 위해 태평관을 가장 먼저 건립했고, 일본의 사신이 머물 수 있는 동평관을 건설한 후 마지막으로 북평관을 건립했다. 앞서 보았지만 1438년(세종 20) 2월에 야인관에 북평관 감호관을 두도록 한 것에서 북평관의 기록이 처음으로 나왔다. 하지만 1426년(세종 8)에 여진어에 능한 사람 3명을 뽑아 사역원에 입속하여 야인관 통사로 삼도록 하라는 기록이 있어 최소한 이때 독립된 야인관이 존재했을 가능성이 있다.[70]

북평관은 동대문 바깥 어느 지점에 있다가 1438년 3월에 동부학당으로 자리를 옮겨 왔다. 현재 이 자리는 동대문역사문화공원으로 이전에

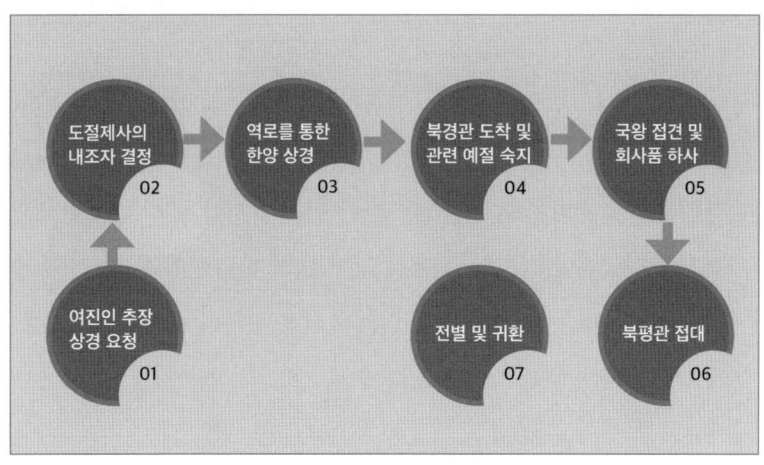

[그림 4] 두만강 유역 여진의 사행 절차

조선은 왜 여진인을 대접했을까 243

는 이화여대부속병원이 있던 곳이다.[71] 이곳은 약 70년간 중요한 여진인 사행자의 숙소이자 무역소, 접대소 역할을 수행하다가 1506년(연산 12) 5월에 경주·안동의 경저京邸로 옮겼다.[72] 이 장소가 어디인지 정확히 알 수는 없지만 한양 어딘가에서 북평관은 여전히 이전의 역할을 수행하고 있었다.[73]

북평관에는 당시 재직 중인 관료(시임)와 명예직 관료(산직) 가운데 3품 이하와 6품 이상의 감호관監護官이 근무했다. 감호관은 총 3인으로 구성되었고, 이 중 한 명은 의금부 소속 관원이 겸임하기도 했다. 또한 서무업무를 맡는 녹사도 2인을 배치했다.[74] 감호관 등은 관련 업무 외에도 여진인들과 함께 다니며 유람시켜 주고, 그들의 내부 정보를 파악하고, 내조자의 요구사항 혹은 의복과 갓, 신 등의 물품 및 기생 등을 제공하기도 했다. 또한, 여진인이 북평관에 들어오면 조선의 관원들은 그들이 지닌 병기를 거두었다가, 귀국할 때 돌려주는 방식으로 만일의 사태에 대비했다.[75]

조선은 여진인을 일본과 더불어 교린交隣 대상으로 인식했다. 《경국대전》에는 일본인 거추巨酋와 여진인을 동등하게 대우하고 있는 점들이 자주 보인다. 실제로 일본 사신을 위한 동평관이 북평관보다 먼저 설치되었고, 각종 물품과 접대 규정도 먼저 일본에 적용된 후 여진에게도 동일하게 적용되었다. 이는 여진보다 일본 사신이 훨씬 자주 방문했던 현실을 반영한 결과였다.[76] 예를 들어, 초기에는 여진인 내조자에게 이부자리와 베개를 제공하지 않았다. 하지만 일본의 사행인에게는 제공하면서 여진인에게 주지 않는 것은 교린의 도리에 어긋난다며 1418년(태종 18)부터 제공했다.[77]

여진 사신의 토산물 감정도 세련되어 갔다. 원래 여진 사신이 바친 토산물은 예조 낭청이 동평관이나 북평관에서 장인과 함께 앉아 품질을 감정했다. 그런데 1434년(세종 16), 그 방식이 상인의 흥정처럼 보일 수 있다는 우려가 제기되었다. 결국 내조자가 대궐 안으로 들어올 때, 예조 낭청이 직접 승정원으로 나가서 감정(간품)하는 방식으로 바꾸게 된다. 이는 외국 사절을 예우하는 의례적 측면을 강화하려는 조치였다.[78]

이후 내조자들은 국왕을 만나 간단한 대화를 나눈다. 사료 (11)은 임금과 내조자가 대화를 나누는 가장 전형적인 상황을 잘 보여 준다.

(11) 근정전에 나아가서 조회를 받았다. 동량북東良北에 거주하는 올량합 도지휘 유보아간劉甫兒看이 아들 소응가蘇應哥와 관하 10인을 거느리고 와서 토산물을 바치고, 홀라온올적합 지휘 가음한加音開도 사라합沙羅哈을 보내어 또한 토산물을 바치니, ㉠ 인견하고 말하기를 "험하고 먼길 오느라고 고생하였다" 하였다. 보아간이 대답하기를, "조회하려 오고 싶은 마음에 길이 험한 줄도 몰랐습니다" 하고 또 아뢰기를, "수하悉下 (지역의) 사롱합斜弄哈 등이 침범하려 한다는 소문입니다" 하니 임금이 말하기를, "벌써 알고 있다" 하였다. ㉡ 보아간이 아뢰기를, "우리들이 (각처에) 흩어져 살고 있으므로 환난을 서로 구원하지 못하고, 또 능히 한마음으로 힘을 합쳐서 북쪽 도적을 막지 못합니다. 지금 한 곳에 모여서 살고자 합니다" 하니, 임금이 말하기를, "알았도다" 하였다. ㉢ 드디어 서쪽 월랑月廊에서 잔치를 베풀어 주고, 아울러 의복·갓·신을 하사하고, 또 보아간과 그 아들에게는 안장 갖춘 말을 하사하였다. 도지휘첨사 도아온都兒溫·홀라온 우장

아독將阿·오영응합吾寧應哈 등이 하직하므로, 우장아·오영응합에게 마포·저포 각각 20필 및 종이·자리 등의 물품을 하사하였다. 또 추장 내요곤乃要昆·벌아합伐兒哈 등에게는 안장 갖춘 말을 하사하였다.……79)

사료 (11)은 1437년(세종 19) 10월 1일, 올량합 소속의 도지휘 유보아간이 조선을 방문해 세종과 접견한 기록이다. 그는 아들 및 수행 인원을 데리고 조선을 찾아와 토산물을 바쳤고, 세종은 먼 길 오느라 고생했다며 그들을 위로했다(㉠). 이에 유보아간은 "조회를 올 수 있어서 기뻤고, 여정도 괴롭지 않았다"는 식으로 대답했다. 여진 사절을 접견할 때에는 이와 비슷한 형식의 대화가 자주 등장한다.

이어서 유보아간은 자신들의 요구를 말했고(㉡), 세종은 즉석에서 판단하지 않고, 관련된 내용은 뒤에 도절제사나 관찰사에게 논의하여 처리하도록 했다. 접견이 끝나면 근정전 앞의 뜰이나 행랑, 빈청, 예조 청사, 홍례문 서랑 등지에서 연회가 열렸고(㉢), 의복, 갓, 신, 안장 갖춘 말, 면포, 종이 등 다양한 물품을 신분과 공헌도에 따라 차등 하사했다.

공식적으로는 여진 사신이 바친 토산물에 대한 답례로 물품이 내려졌고, 이를 회사回賜라고 불렀다. 한편 북평관에서는 여진인과의 사무역도 암암리에 이루어졌다. 1444년(세종 26) 1월에 북평관 감호관이었던 박거완은 여진인의 초피 값을 깎아서 매매하다가 발각되었다. 율법상 이 행위는 곤장 100대에 해당하는 중죄였지만, 그가 공신의 아들이었기 때문에 관직을 박탈하는 선에서 마무리되었다.80)

이러한 사례를 보면, 사무역이 사실상 공공연하게 이루어졌지만, 공식적으로는 금지되어 있었다는 점을 확인할 수 있다. 그러나 시간이 지나면서 이러한 규제는 점차 느슨해졌고, 일부 품목에 대해서는 암묵적으로 허용되었거나, 실제로 허가된 경우도 있었던 것으로 보인다.

> (12) 예조에서 아뢰기를, "구례舊例에 야인이 객관에 와 있으면, 의금부 낭관郎官 한 사람이 나장을 데리고 날마다 관에 이르러 그 비위를 금하고 매매할 때에 함부로 금물禁物을 가진 자를 일체 규찰하였습니다. 그런데도 모리배가 때를 틈타서 요행히 이익을 취하려고 하여 국가의 금령을 돌아보지 아니하고 역인譯人과 부동하여 몰래 금물을 가지고 서로 무역하는 자가 간혹 있습니다. 이 뒤로는 야인이 관에 이르거든, 의금부 낭관이 상시로 출사하여 고찰하고, 또 나장에게 번갈아 야직夜直하면서 사람의 출입을 엄금하여 외람한 일을 방지하게 하소서. 그리고 야인이 돌아갈 때에는, 북평관원이 역인과 같이 짐바리[駄載]의 무게를 조사한다고 칭탁하고 가지고 가는 물건을 살펴서, 만일 금물이 있거든 그 물건을 몰래 판 사람과 검거하지 못한 관리를 아울러 율에 의하여 과죄科罪하소서"라고 하였다. 그대로 따랐다.[81]

사료 (12)는 1475년(성종 6) 2월에 예조에서 성종에게 여진인의 사적 무역을 금지할 필요성을 보고한 내용이다. 이 기록을 보면, 이미 그 이전부터 조정은 의금부 낭관 한 명이 나장을 대동해 북평관을 매일 점검하며 여진인이 금지된 물품을 몰래 거래하는 일이 없는지 감시하고 있었다. 즉, 여진인의 매매 자체는 어느 정도 용인되었지만, 금지품목에 대해서는 철저히 단속했다는 뜻이다. 그러나 통사와 결탁해 몰래 무역하는 자들이 종종 나타나자 조정은 감시체계를 상시화하고, 여진인이 돌아갈 때 소지품을 검사해 처벌할 수 있는 조항까지 마련했다.

그럼에도 불구하고, 이미 북평관에서 사무역이 일상처럼 이루어지고 있던 현실을 뒤집기는 쉽지 않았다. 1485년(성종 16) 2월에 조정 신료들은 "한양의 객관에서는 무역을 엄격히 금지하고 있음에도, 실상은 불법 거래가 공공연히 이루어지고 있다"고 탄식하며 대책을 요구했다.[82] 이처럼 한양의 동평관과 북평관에서는 사신과의 사적인 무역이 공식적으로는 금지되어 있었지만, 실제로는 규제가 제대로 거의 작동하지 않았다.

그렇다면 조선에서 금지한 물품은 어떤 것들이었을까? 1525년(중종 20) 1월에 시강관 이환은 다음과 같은 보고를 하였다. "북평관의 여진인과 초피류를 무역하는 자가 전에는 전촉箭鏃 같은 금하는 물건을 몰래 품안에 숨겨 가져가서 팔았으나, 지금은 뿔로 만든 활·화살촉 등의 물건을 버젓이 파는데, 화살촉 4개로 초피貂皮 1령領을 산다고 합니다. 나라의 법을 이처럼 두려워하지 않으니 금하지 않으면 그 폐단이 클 것입니다."

화살촉과 뿔로 만든 활은 모두 무기류로, 외국에 유출되는 것을 엄격히 금지한 품목이었다. 그런데 당시 조선 사회에서 초피의 인기가 높아지면서, 화살촉 한 개의 가치도 덩달아 상승한 것이다. 이환은 이러한 사무역을 통제하기 위해, 북평관에서 정해진 날에만 공식적인 거래(개시開市)를 허용하고, 그 외의 날에는 출입을 제한하자고 제안했다. 불법적으로 이루어지던 음성거래를 양성화하고 통제하려는 시도였던 셈이다.[83]

여진인은 북평관에 머물면서 많은 대우를 받았지만 각종 문제를 일으키기도 했다. 여진 사행단끼리 싸우는 것[84]은 물론 임금에게 받은 관교와 하사품을 던지는 등 예의에 어긋나는 행동도 서슴지 않았다. 1513년(중종 8)에 내조한 유오을미劉吾乙未는 배사拜辭할 때에, 성을 내어 관교·삽대 및 하사한 물건을 내던지고 받지 않았다. 그리고 "내가 바란 것은 당상직인데, 이제 이러하니 무슨 면목으로 나의 휘하를 만나겠습니까? 차라리 목을 매어 죽을지언정 맹세코 본토로 돌아가지 않겠습니다"라고 말하며 분란을 일으킨 것이다.[85]

더 심각한 일은 조선 관리에 대한 폭력 행위였다. 예종 때에는 여진인이 술과 반찬이 부족하다는 이유로 예조정랑 신숙정의 갓을 벗기고 주먹과 발로 때리는 사건이 있었으며, 예조참의 김영유가 말리자 겨우 멈췄다.[86] 또 어떤 이는 술에 취해 임금에게 받은 물품이 마음에 들지 않는다며 길 가는 조선인을 폭행했고,[87] 여진인과 왜인이 말 문제로 다툼 끝에 싸움으로 번진 경우도 있었다.

> (13) 근정전에 나아가 조하를 받고 회례연을 베푸니, 왕세자가 영의정 신숙주·하동 부원군 정인지 등과 더불어 차례로 헌수獻壽를 드리었다. 정대업定大業과 보태평保太平의 춤을 추게 하고 술 다섯 순배를 돌린 뒤에 파하였는데, 왜인과 야인도 또한 참여하였다. 왜인과 야인이 말 문제로 다투어 서로 길에서 싸우다가, 야인이 쫓기어 말을 달려 광화문으로 뛰어들었으므로, 병조에 명하여 파문 군사를 국문하게 하였다.[88]

1466년(세조 12) 1월에 세조는 근정전에서 정조 하례를 마친 후 회례연을 베풀었다. 이 자리는 신숙주와 정인지 등 조선의 고위관료들이 참석한 외교 행사였다. 그런데 이 연회에 참석한 여진 사신과 왜인 사이에서 말 문제를 둘러싼 언쟁이 벌어졌고, 결국 길거리에서 몸싸움으로 번졌다鬪於道. 무엇이 원인이었는지는 정확히 알 수 없지만, 위협을 느낀 여진인이 말을 몰아 광화문 안으로 뛰어드는 사건으로까지 이어졌다. 이 사건이 어떻게 마무리되었는지 양측이 어떤 처벌을 받았는지는 기록에 남아 있지 않다. 다만 엉뚱하게도 광화문을 지키던 병사들만 국문(조사와 심문)을 받았다고 한다.

여진인의 행패가 거듭되자 조선 조정은 점점 이를 묵과할 수 없게 되었다. 1515년(중종 10)에 망합夯哈이라는 여진 추장이 벌인 사건은 그 중에서도 큰 파장을 일으킨 사례였다. 망합은 종성 일대에서 영향력이 큰 인물로, 회령의 산찰産察과 함께 두만강 유역의 대추장으로 인정받았다. 그는 포로로 잡혀간 조선인을 송환하고, 여진의 정세를 보고했으며, 조선의 정벌에도 협조하는 등 여러 공을 세웠다. 하지만 그가 내조를 거부하거나, 조선 변장의 명령을 무시하는 일이 잦아지는 등 점차 오만한 태도를 보이기 시작했다.

결국 동년 1월에 망합이 대궐 뜰에서 절하고 하직할 때 예방 승지禮房承旨 이자화가 전례에 따라 하사품을 전달했으나, 망합은 그 내용에 불만을 드러냈다. 특히 아들 아질두阿叱豆가 당상관에 승진하지 못한 사실에 크게 분노하며 광화문 밖에서 "함경도 백성들이 편안히 살며 생업을 즐기는 것이 누구의 공이기에 나를 이렇게 푸대접하는가?"라며 통사의 뺨을 때리면서 "관교를 승지에게 돌려주라"며 행패를 부렸다. 조정은 이를 심각하게 받아들였다. 망합이 이미 여러 차례 무례한 행동을 반복한 데다, 국왕이 머무는 궐 안에서까지 난동을 부린 행위는 조선의 국격을 훼손하는 중대한 사건이었기 때문이다.[89]

이 사건을 하나의 해프닝으로 덮고 가기에는 여파가 너무 컸다. 당시 북평관에 머물던 여진인까지 모두 알고 있는 상황이 되었기 때문이었다. 따라서 망합이 본거지로 돌아가면 처벌하기 어려우므로 즉시 처리하자는 주장이 나왔다.[90] 조정에서 치열하게 이 문제를 논의한 끝에 일족의 보복 가능성을 우려하면서도, 국가의 체면과 질서를 위해 처벌이 불가피하다는 결론을 내렸다. 결국 조정은 망합과 그의 아들 아질두를 절도絶島로 보내기로 결정했고, 그 장소는 진도로 정해졌다. 조선의 입장에서 이는 외교적 충돌을 감수하더라도, 더 이상의 무례를 묵인할 수는 없다는 정치적 판단이었다. 즉, 두만강 유역의 대추장을 처벌함으로써 여진에 대한 통제권과 권위를 다시금 확인하고자 한 것이다.[91]

물론 한양에서 무례를 범한 것은 여진인만이 아니었다. 조선의 관원들 또한 이들을 성의 있게 접대하지 않거나, 오히려 무시하고 불쾌감을 주는 사례도 적지 않았다. 앞서 살펴본 것처럼, 역로가 피폐하다는 이유로 여진 사절에 대한 접대가 제대로 이루어지지 않는 경우도 자주 있었고, 북평관의 음식이나 대우가 예전만 못해 사절단이 실망했다는 기록도 있다. 다시 말해, 문제의 책임은 일방적인 것이 아니라, 불안정한 국경 외교와 현실적인 여건 속에서 양측 모두가 갈등을 만들 수밖에 없었던 구조적 한계에서 비롯된 것이었다.[92]

조선의 관원들이 여진인을 제대로 접대하지 못한 사례 가운데, 오늘날 기준으로 보면 성희롱에 해당할 만한 문제도 있었다. 1444년(세종 26) 1월에 올량합의 유력 추장인 낭복아한浪卜兒罕이 조선에 내조했는데, 이례적으로 아내를 데려왔다. 그런데 이들을 맡은 감호관은 대접이 박했을 뿐 아니라, 외부 손님을 불러 잔치를 벌이면서 여진인에게는 음식을 제대로 내주지 않는 등 무시하는 태도를 보였다. 더욱 심각한 문제는 이후 발생했다. 감호관의 동생으로 알려진 인물이 낭복아한 부부가 머무는 방을 함부로 열어 보았고, 밤에는 통사였던 장인기가 조용히 다가와 그들이 자고 있는 처소 내부에서 낭복아한의 아내를 더듬었다고 한다. 이처럼 조선의 관원이나 통사에 의한 사적인 침해와 부적절한 행동은 단순한 접대 부족을 넘어선 심각한 문제로, 여진인의 자존심에 큰 상처를 남겼을 가능성이 크다.[93]

조선은 태종 대에 이르러 조회와 같은 국가 의례의 절차를 정비하며, 전례의 기준을 철저히 명나라의 제도에 맞추었다. 이는 단순한 형식의 모방이 아니라, 국제질서 속에서 문화적 권위와 위계를 드러내는 외교적 연출로서 기능했다.[94] 실제 새해 첫날 진행되는 정조 하례는 조선 건국 이듬해인 1393년 1월 1일부터 본격적으로 시행되었다. 이때 임금은 명 제도의 관복을 착용한 채 정전에 나아가고, 문무백관은 도열하여 절차에 따라 하례를 올렸다. 도평의사사에서는 전문箋文을 바쳤고, 각 도의 도절제사들도 방물을 준비했다. 심지어 여진인 사절단 중 알타리 부락은 살아 있는 호랑이를 헌납하는 등 이례적인 진상을 하기도 했다. 하례가 끝나면 태조는 여러 신하들에게 잔치를 베풀었는데, 좌시중 조준이 헌수獻酬를 맡았다. 신하들은 임금의 장수를 기원하며 세 번 "천세千歲"를 외쳤고, 임금은 술잔을 비운 뒤 자리를 하사해 신하들이 앉아 즐기게 했다. 밤이 되면 궁궐에서는 불놀이[火戲]나 불꽃 구조물[火棚]을 설치하여 구경하는 의례적 오락이 이어졌는데, 이는 조회 의식이 단순한 통치 의례를 넘어 '보여 주는 정치'로 기능했음을 보여 준다.[95]

이처럼 조선은 건국 직후부터 정조 하례를 시행했으며, 여기에 여진인도 참석했다. 실제로 여진인은 거의 매년 정조 하례에 참가하였고, 이 의례는 단순한 축하의 자리만이 아니라 왕권의 위엄과 국제질서를 과시하는 외교 무대로 기능했다. 행사 후에는 불꽃놀이에 해당하는 화붕과 같은 시각적 볼거리도 마련되었는데, 이는 단순한 오락을 넘어 외국 사신에게 조선의 위엄과 문화 수준을 보여 주는 일종의 연출이었다. 특히 여진인, 왜인, 류큐 사신 등이 참석한 자리에서 이러한 관람 행사가 자

주 열렸으며, 근정전 뜰과 같은 중심 공간에서 의도적으로 펼쳐졌다.[96]

서거정은 성종 대 궁궐 후원 동편에서 관화觀火 장면을 목격하고 이를 다음과 같이 시로 남겼다. "자리 가득한 오랑캐들이 모두 경악하리라[諸戎滿坐皆驚愕]."[97] 이 구절은 단순한 묘사를 넘어 조선이 외국 사신을 대상으로 펼친 정치적 연출의 성격을 보여 준다. 여기서 '자리 가득한 오랑캐'는 여진·왜·류큐 등 조선에 내조한 외국 사신들을 의미하며 그들이 불꽃이 터지는 순간 모두 경악했다는 묘사는 조선의 연출이 시각적·청각적으로 매우 인상 깊었다는 점을 강조한다.

서거정의 시는 당시 화붕의 웅장함을 구체적으로 묘사한다. 하늘은 맑게 개었으나 폭죽 소리는 땅을 흔들 만큼 요란했고, 불꽃은 우박처럼 하늘에서 쏟아졌으며, 공중에는 장대한 형상이 펼쳐졌다. 그 형상은 오색 무지개를 떠올리듯 하늘을 수놓았고, 포도송이, 철쭉꽃 모양의 불꽃이 차례로 터졌다. 그 연기와 불빛은 하늘을 감싼 오색구름과 어우러져 길상과 위엄이 함께 어우러진 장관을 연출했다. 이는 조선이 화약 기술과 불꽃 연출을 단순한 오락이 아닌 정치적 상징 자원으로 활용했음을 보여 주는 사례다.

이러한 화붕 행사는 단순한 축하의 자리가 아니라 외국 사신에게 조선의 문명성과 왕권의 위엄을 시각적으로 전달하는 기획이었다. 특히, 사신이 도열해 불꽃을 감상하는 구조는 근정전 앞뜰이나 후원 공간에서 이루어졌다. 즉, 공간 배치 자체가 중심과 주변, 위계와 질서의 구조를 드러내도록 설계된 것이다.

여진 사신에게 이러한 장면은 단순한 환대의 표시가 아니라, 조선이 가진 문화적 기술과 위계질서의 시각적 전달로 작용했을 가능성이 크다. 조선은 이러한 연출을 정조 하례, 회례연 등 주요 국가 의례에 반복적으로 활용했고, 이를 통해 외국 사신들에게 조선의 '중심국가' 이미지를 지속적으로 인식시키고자 했다.

지금까지 살펴본 것처럼, 서거정이 시로 남긴 한 줄은 단순한 미적 감상이 아니라, 조선 외교의 본질과 전략을 요약하는 문장이라고 생각한다. 즉, "자리 가득한 오랑캐들이 모두 경악하리라." 이 한 문장은 조선이 의례와 기술, 공간과 형식, 연회와 질서를 통해 외교적 위계와 질서를 연출했던 장면을 상징적으로 보여 주는 표현이라 할 수 있다.

조선의 질서로 편입된 여진: 사행과 접대의 전략

여진 사행과 접대는 200년 넘는 조선과 여진의 관계 속에서 단순한 외교 행위 그 이상이었다. 여진인의 내조는 단발적인 외교적 왕래가 아니라, 조선이 정교하게 설계한 통교질서의 일부였다. 이를 통해 조선은 스스로 중심이 되는 세계관을 구축하고 확인했다. 조선은 여진 사절이 내조할 때마다 그들을 정해진 공간으로 안내하고, 정해진 절차에 따라 접대했으며, 임금을 알현하는 형식을 통해 조선의 군주권이 이들에게 인정받는 장면을 연출했다. 동시에 조선은 이들을 마음대로 받아들이지도 않았고, 일정한 기준을 설정하고 제약을 가하며 질서 있는 외교 시스템 속에서 이들을 '관리'했다.

왕을 알현하고 토산물을 바친 여진인은 조선으로부터 의복과 면포, 음식, 술, 관직 등의 형태로 예우를 받았고, 이 과정에서 서로의 이해가 일치했기 때문에 수많은 사행이 반복되었다. 여진인은 이를 통해 조선으로부터 실질적인 이득을 얻을 수 있었고, 조선은 여진을 무력으로 제압하지 않고도 통제할 수 있는 방식을 만들어 낸 것이다. 특히, 조선은 정조 하례나 회례연, 화붕과 같은 국가 의례를 통해 조선의 위엄과 문명을 과시하고, 여진 사신을 비롯한 외국 사절들에게 깊은 인상을 남기려 했다. 관화를 통해 시각적으로 드러난 불꽃은 단순한 축하가 아니라, 국왕의 권위와 국가의 문화적 우월성을 보여 주는 상징적인 장면이었다.

　물론 갈등과 불협화음도 적지 않았다. 일부 여진인 내조자들은 대접이 마음에 들지 않는다고 하사품을 던지거나 관원을 때리기도 했다. 반대로 조선의 통사나 감호관이 여진인을 학대하거나 예우를 소홀히 한 사례도 존재한다. 이런 문제들은 내조의 제도화가 완전하지 않았다는 것을 보여 주며 양측 모두가 조선 중심의 외교질서에 완전히 수긍하거나 적응했던 것은 아니었음을 말해 준다. 그럼에도 불구하고 조선은 이 관계를 포기하지 않았다. 오히려 역로를 정비하고, 북평관을 운영하며 내조 인원과 횟수를 조절하고, 필요한 경우에는 여진인에게 관직을 주는 방식으로 유화책을 펼치면서 질서를 유지하고자 했다.

　여진 사행은 왕을 향한 충성의 형식이었고, 조선은 그 형식을 반복시키며 여진과의 관계를 제도화했다. 일정한 구조 속에서 왕을 알현하고 예물을 주고받으며 회유와 통제를 병행했던 이 방식은 결과적으로 조선의 외교 전략이 단순한 정벌이나 단절이 아니라, 지속적 관계 속에서 자신을 중심으로 하는 질서를 구축해 나가고자 했던 것임을 보여 준다. 여진인은 이러한 조선의 질서를 전략적으로 이용하기도 했다. 관직을 받고, 사무역을 시도하고, 접대 속에서 실익을 추구한 것이다. 하지만 조선은 그것을 무조건적으로 허용하지 않았고, 통사나 감호관을 통해 통제를 가하고자 했으며, 위법이나 무례가 심할 경우에는 처벌을 통해 조선의 권위를 다시 확인시켰다.

결국 여진 사행과 접대는 하나의 반복된 외교 행위처럼 보일 수 있지만, 그 안에는 당시 조선이 외교관계를 얼마나 정교하게 설계하고 운영했는지를 보여 주는 다양한 장치와 의도, 제도, 경험이 녹아 있다. 이것은 조선이 국경을 넘는 존재를 어떻게 수용할 것인가, 그리고 질서 바깥에 있는 존재를 어떻게 자신의 질서 안으로 끌어들일 것인가에 대한 고민의 결과였다. 조선은 여진을 다스리기보다 다룰 줄 알았고, 끊어내기보다 통제하며 관계 맺는 방식으로 외교를 실행했다.

여진 사행과 접대는 조선이 단지 강대국의 명령을 따르던 존재가 아니라, 스스로의 방식으로 주변과 관계를 맺고, 명 중심의 외교질서를 바꾸고자 했던 외교적 주체였음을 보여 주는 중요한 역사적 장면이다.

김경태

조선 시대의
대일 사행

- 교린과 갈등: 조선 시대 대일 사행의 역사
- 조선 전기의 대일 사행
- 임진왜란기의 대일 사행
- 조선 후기의 대일 사행
- 일본과의 관계 설정을 위한 조선의 오랜 고민

교린과 갈등: 조선 시대 대일 사행의 역사

통신사通信使는 조선 시대 대일 사행 중 가장 대표적인 외교 행사다. 통신사는 국왕의 명의로 무가정권 시대 일본의 집권자(막부의 쇼군)에게 보낸 공식적인 외교 사절로, 쇼군의 즉위 축하 및 조문, 혹은 두 나라의 긴급한 현안 문제를 해결하기 위해 파견되었다. 통신사의 파견은 조선 전 시기에 걸쳐 이루어졌다. 그 성격이나 형태는 양국 각자의 정치 양상과 동아시아의 국제적 양상을 반영하면서 매우 다양하기에 획일적으로 유형화하기에는 곤란한 면도 있다.[1]

조선이 일본에 보낸 사행은 파견 대상 정권을 기준으로 무로마치 막부, 도요토미 히데요시 정권, 에도 막부로 나뉜다. 한국 학계의 연구는 이와 연동하여 대체로 임진왜란을 기준으로 조선 전기와 조선 후기로 나누어 이루어지고 있다.[2] 또한 대일 사행 성격상 분야사와 전공 분야를 넘어 진행되고 있기에 연구의 범위와 분량도 상당히 방대하다. 게다가 관계사의 성격을 띠고 있어서 한일 양국에서 모두 연구가 진행되고 있다. 한국 학계에서는 선행적인 연구[3] 이후, 역사학계를 넘어 다양한 전공 분야에서 구체적인 연구가 이루어지고 있다.[4]

사행의 형태와 밀접한 관련이 있는 조선과 일본의 대외관계 양상에 대해 다음과 같은 구분법이 제기되어 있다.[5] 민덕기는 조선이 일본과의 관계를 책봉체제를 전제하지 않은 교린관계를 지향했다고 보면서 이러한 관점에서 대등관계를 지향하는 적례敵禮적 교린(중앙 정부를 대상)과 상하관계를 지향하는 기미권 교린(여러 다이묘, 쓰시마 등을 대상)으로 구분했다.[6)]

손승철은 조선과 일본이 명의 책봉을 받아 중국 중심의 동아시아 질서에 편입된 이후 비로소 대등관계에 놓이게 된 것으로 보았으며, 이를 중화적 교린관계로 칭했다. 임진왜란 이후 중화적 교린체제가 부활했으나, 명과 청이 교체되던 시기를 거치며 탈중화의 교린체제가 만들어졌고, 역지통신易地通信을 거치며 이 체제에도 균열이 생겼다가 메이지 정부의 왜관 점령으로 붕괴되었다는 견해다.[7)] 홍성덕은 조선 후기 조일관계를 대등과 기미로 나누지 않고, 쓰시마를 매개로 한 막부에 대한 '기미적 교린'의 형태였다고 보았다.[8)]

한편 이훈은 조선의 파견 목적에 주안점을 두어, 임진왜란 이후 두 차례(1607, 1617)의 사행 시기를 교린 외교 탐색기, 1624년부터 1655년 사행까지를 회복기, 1682년에서 1811년까지를 안정기, 1830년 이후 무산된 통신사 교섭 시기를 쇠퇴기로 구분했다.[9)]

조일 사행 연구는 임진왜란을 기점으로 나뉘는 전기와 후기를 아울러 파악하는 연구가 많지 않은 편이고, 대체로 후기에 방점을 두고 있어서 전기의 사행을 감안해야 한다는 지적이 따른다. 이 글에서는 이러한 선행 연구를 토대로 조선 전기, 임진왜란기와 전쟁 직후로 나누어 살펴보고, 각 사행의 특징을 검토한다.

조선 전기의 대일 사행

조선 전기 대일 사행 연구는 후기에 비해 다양하지 않다. 연구자와 연구 성과도 후기에 비해 적은 편이며 조선 전기 사행을 독자적으로 규정하려는 연구는 많지 않다. 조선 후기의 '전형적'인 사행(통신사)을 설명하기 위한 전사前史로서 다루어지는 사례가 많은데, 이는 조선 전기의 사행을 후기와 유사한 것으로 간주하는 원인이 된다.[10]

조선 전기 사행은 후기에 비해 파견 횟수도 적으며, 사행이 끊긴 기간도 길다. 따라서 사행 자체에 대한 사료가 부족하다는 한계도 있다. 그러나 이러한 제한적인 모습에는 양국 관계의 특징적인 양상이 미친 영향도 배제할 수 없다. 조선 후기의 사행과 비교할 때 무로마치 막부에 보낸 사절은 일본이 책봉을 받은 상태임을 전제한 교류였다는 점에 차이가 있다.[11] 에도 막부는 명이나 청의 책봉을 받지 않았기에 대등을 표현하는 상징을 마련하는 과정에서 어려움이 따르기도 했다. 또한 무로마치 막부 시기에는 막부 쇼군 외에도 다양한 세력들이 조선과 접촉하기를 원했고, 조선도 이들에게 사신을 보내기도 했다. 그러나 에도 막부 시기에는 쇼군의 외교권이 확고해졌고, 쇼군의 허가를 받아 조선과 접촉하던 쓰시마 외에 조선에 사절을 보내거나, 조선이 사절을 보내는 세력은 존재할 수 없었다.

한편 조선 전기 사행의 경우, 일본의 중앙 세력과 그 이하의 여러 세력을 구분해서 파악할 필요가 있다. 적례와 기미의 구분을 시도했던 연구도 이러한 필요성에서 비롯된다. 최근 일본 학계의 연구 경향 또한 각 층위를 세분화해서 각각의 의도를 파악하는 방식이며, 이런 시도를 통해 일본의 대조선 사행 내지 접촉을 이해하는 구도가 바뀌고 있다.

그러나 조선의 입장을 해석하기 위해서는 조선의 시각도 도외시해서는 안 될 것이다. 조선이 일본의 제 세력을 어떤 기준에서 어떻게 나누는지, 후술할 '위사'의 실상을 어디까지 파악하고 있었는지도 분석할 필요가 있으며, 이는 조선 전기 대일 사행을 이해하기 위한 방법 중 하나가 될 수 있다.

건국 초기의 대일 사행

조선이 일본에 보낸 사행을 가리키는 대표적인 명칭은 통신사다. 조선이 무로마치 막부 시기(1336~1573) 일본에 보낸 국왕의 사절은 61회였다. 그러나 국왕 사절의 명칭은 보빙사, 회례사, 회례관, 통신사, 통신관, 경차관 등 여러 가지다. 또 모두가 국왕의 국서나 예물을 지참한 것이 아니며, 파견 목적, 사절 구성 등도 일정하지 않았다. 이는 조선 전기 대일 사행의 특징 중 하나다. 통신사라는 명칭을 가진 사절은 고려 시대에도 파견되었다. 1375년(우왕 원년), 나흥유를 통신사로 삼아 일본에 보냈는데, 파견 목적은 왜구 금압이었다.[12] 왜구 금압을 목적으로 한 사절은 이전에도 있었다.

조선이 일본의 정권 담당자 앞으로 보낸 최초의 사절은 1392년 11월(태조 1)의 사절로 추정된다. 조선은 무로마치 막부의 쇼군("征夷大將軍府")에게 승려 각추覺鎚를 보내 왜구 금지를 요청했다.[13] 그러나 아직 국명을 조선으로 정하지 않은 때였으므로 발송자의 명의는 "고려국문하부(제상국)高麗國門下府(諸相國)"였던 것으로 보인다. 일본은 쇼코쿠지相國寺의 젯카이 추신絶海中津 명의로 답서를 보내 왔는데, 신하(=천황의 신하)가 외국과 통문한 일이 없다는 이유를 들었다.[14] 조선의 사행이 쇼군이 아닌 지방 호족에게 파견된 사례는 이러한 상황을 반영한 것이었다.[15] 그러나 쇼군 아시카가 요시미쓰足利義満는 권력을 강화하면서 대외교섭을 적극적으로 추진했다.[16] 1404년 명으로부터 책봉을 받은 후에는 '일본 국왕' 명의의 외교문서를 조선에 보내기도 했다.

조선이 파견한 박돈지는 1399년(정종 1) 기사에서 통신관通信官으로 등장한다.[17] 박돈지는 일본에서 대장군을 만나 조선 국왕의 왜구 금압 요청을 전했고, 대장군이 왜구 제어를 약속했다고 한다. 아울러 이 기사에서는 '일본국대장군日本國大將軍'이 회답하는 사신을 보내어 방물을 바치고 잡혀간 조선인 100여 인을 돌려보냈으며, 일본의 대상국大相國과 유력 다이묘인 오우치 요시히로大內義弘도 방물을 보냈다는 내용이 보인다. 조선 국왕과 당시 일본의 최고권력자 쇼군이 서로 사신을 보내 의례를 수행하는 모습이 나타나고 있었다.[18] 통신관의 용례는 1408년 귀국한 박화朴和의 사절에도 사용되었다. 이 사행은 조선인 피로인 남녀 100여 명을 데리고 돌아왔다.[19] 1413년 박초朴礎도 통신관에 임명되었다.[20] 이 사행은 지좌전志佐殿 관할 지역에 있는 피로인 쇄환을 목적으로 한 것으로 보이며, 파견부터 복명까지의 기간이 짧고 복명 기사에 회례관回禮官으로 칭하고 있어,[21] 중앙 정부에 보낸 사행으로 보기는 어렵다. 통신사라는 명칭은 박분朴賁의 사행에서 처음 확인된다. 다만 박분은 공조참의로서 1413년 12월 사신으로 임명되어 파견되었으나 이듬해 2월, 박분의 병과 국제정세 불안 등을 이유로 정지되었다.[22]

1428년 박서생 통신사:
1428년 12월 출발, 1429년 12월 귀환

아시카가 요시미쓰가 명으로부터 일본 국왕 책봉을 받은 후, 일본의 집권자는 외교 명의로 '일본 국왕'을 사용했다. 일본 국왕 명의의 접촉은 1405년경부터다. 실록에는 "일본 국왕 원도의源道義가 사신을 보내어 도적을 사로잡은 것을 보고하고, 예물을 바쳤다"는 기사가 보인다.[23]

조선 국왕이 일본의 집권자에게 파견한 사절로서 정형화된 형태, 즉 통신사라는 명칭, 계승에 관련한 의례적인 파견 목적 등을 갖추게 된 것은 박서생의 사행부터다.[24] 1428년(세종 10) 쇼군 아시카가 요시모치가 죽고 새로운 쇼군이 즉위했다는 소식이 일본으로부터 전해졌다. 조선은 1428년 12월, 정사에 대사성 박서생, 부사에 대호군 이예, 서장관에 전부교리 김극유로 구성된 통신사를 파견했다. 파견 목적은 새 군주의 즉위를 하례하고 전 군주의 죽음을 치제[賀新主嗣位 致祭前主]하기 위함이었다. 세종은 서계에서 새 군주의 즉위를 축하하고 예물을 갖춘다는 내용 아래에 "생각건대 귀국과 우리나라는 대대로 옛 호의好誼를 닦아 일찍이 조금도 변한 적이 없었는데, 이제 선대의 뜻을 잘 이어받아 더욱 신의를 돈독히 하여, 끝내 그 명예를 영구히 한다면 이 어찌 양국의 다행한 일이 아니리오"라며 우호의 의사를 분명히 했다. 아울러 제문도 보냈다.[25]

교토에 도착한 박서생 통신사 일행은 1429년 6월 쇼군, 즉 '일본 국왕'을 인견하고 세종의 서계와 예물을 전달했다. 그리고 쇼군의 답서 및 예물을 받은 후 귀로에 올라 12월 한성에 도착했다. 통신사는 의례적인 임무뿐 아니라 일본의 여러 정보를 수집해서 보고하는 역할을 수행했다.[26] 이러한 기록 및 보고 방식은 이후 신숙주에게 계승되어《해동제국기》로 이어졌다고 본다.[27] 일본 중앙 정부에서 국왕의 훙거와 새 국왕의 즉위를 알리는 사신을 보내지 않았음에도, 세종은 교린하는 예에 따라 사신을 보냈는데, 이에 회답하는 사신을 보내기는커녕 또 물건을 요청하는 데 대해 실망을 나타냈다. 그러나 앞서 사신을 보냈을 때는 무례할 때도 있었으나, 이번 통신사에 대한 대우가 좋았고, 서계 내용 또한 공손했다는 점은 높이 평가했다. 조선은 대등한 위치에서 의례적인 관계를 유지하기를 원했던 것이다. 한편, 새 쇼군 아시카가 요시노리는 통신사를 통해 조선에 이전과 같이 명의 책봉을 받기 위한 알선을 부탁했는데, 조정의 논의에서는 다만 사대가 옳다는 것만 권고할 뿐, 명에 전달하지는 않기로 했다.

 조선의 목적은 무엇일까. 일반적으로는 이웃 나라와의 우호 교린, 왜구 세력 금압 요청, 일본 정탐 등 세 가지로 정리한다. 그러나 '정탐'은 사행원이 수행할 당연한 임무일 것이다. 세 가지 임무가 어떤 비중을 갖는지 검토할 필요가 있는데, 큰 비중을 차지하는 임무가 주요한 목적일 것이기 때문이다. 의례가 주요 목적일 때도 있고, 왜구 금압이 주요 임무일 때도 있었을 것이다. 요컨대 조선이 사행에 부여했던 다양한 임무를 분석하여 정치적 의도를 세심히 살펴야 하겠지만, 다만 과도한 정치 환원론은 경계해야 한다.

1439년 고득종 통신사:
1439년 7월 출발, 1440년 5월 귀환

통신사 정사인 첨지중추원사 고득종의 임명 기사는 1439년(세종 21) 4

월 29일에 보인다.[28] 부사는 상호군 윤인보, 서장관은 부사직 김예몽이다.[29] 이 통신사는 일본 정권의 요청 없이 파견되었다. 세종은 일본에 보내는 서계에서, 이웃 나라로 우호가 돈독했으나 오랫동안 교빙을 하지 못하여 아쉬움이 깊기에 사신을 보낸다고 했다.[30] 이 통신사의 경우에는 사절단의 위법 행위에 대한 감찰을 듣고 본 일을 일기로 기록하여 보고할 것 등 종사관의 임무를 규정한 사목이 확인된다.[31]

통신사는 12월 교토에 도착하여 쇼군 아시카가 요시노리를 접견하고 서계와 예물을 전했다. 사신은 교토에 머물다가 이듬해 2월 다시 쇼군을 만난 후, 그의 서계와 예물을 받고 귀국했다.[32] 쇼군은 회답 서계에서, 일본이 대대로 인호隣好를 잊지 않았으나 나라의 사정이 어려워 안부를 묻지 못했는데, 이와 같이 사신을 보내 주어 매우 기쁘다고 했다. 통신사는 쇼군의 회답 외에도 오우치씨 등 유력자들의 답서도 함께 받아 왔다. 이처럼 막부의 쇼군 외에도 유력자들에게 별도의 서계와 예물을 보낸 것은 조선 후기에도 막부와의 교류와는 다른 점이다.[33] 귀국 후에는 세종이 사신을 인견하고 일본의 환경과 제도, 그리고 사신 접대가 성실했는지를 물어 보았다.[34]

1443년 변효문 통신사:
1443년 2월 출발, 1443년 10월 귀환

쇼군 아시카가 요시노리의 피살과 그의 뒤를 이은 쇼군 아시카가 요시카쓰足利義勝의 즉위 소식이 1441년 12월 조선 조정에 전해졌다. 그리고 변효문이 통신사 정사에 임명된 것은 1442년(세종 24) 12월이었다.[35] 조정에서는 부고를 전하는 일본의 사절을 기다리지 않고 파견하는 것에 대해 반론이 있었으나, 세종은 사절 파견에 적극적이었다.[36] 1443년 2월, 정사 첨지중추원사 변효문, 부사 상호군 윤인보가 세종을 인견하여 서계와 예물을 받은 후 사행에 나섰다. 서계는 대대로 인호隣好를 닦아 왔으나 소식이 제때 닿지 않아 늦게 사위嗣位를 축하한다는 내용이었다. 전임 쇼군에 대한 제문도 첨부했으며, 오우치, 쇼니씨 등의 영주에게도 서계와 예물을 보냈다.[37]

일본에 도착한 통신사는 오우치의 인도를 받아 교토로 향했지만, 교토 입경 직전 진입 허가 지시가 내려오지 않아 대기하게 되자 우선 역관 윤인시를 보내 상황을 전했다. 교토에서는 입경을 거부하자는 논의도 있었으나, 결국 받아들였다. 6월 19일, 변효문 통신사는 쇼군을 접견하여 서계를 전했고, 이후 쇼코쿠지에서 제례를 행했다. 변효문은 일본의 회례사 파견 여부에 대해 질문했으나, 일본 측은 전례가 없다면서 청경사請經使는 가능하다고 했고, 사절은 승려로 정해졌다.[38]

쇼군의 서계와 예물을 받고 귀환하는 길에,[39] 새로운 쇼군이 갑자기 사망했다는 소식이 전해졌다. 통신사는 귀환길에 조선인 피로인을 찾아 데려오기도 했다. 10월, 통신사의 보고를 받은 조선 조정은 쇼군 교체에 따른 통신사를 다시 파견하기 위한 논의에 들어갔다.

통신사의 단절

조선에서는 통신사를 다시 파견하는 문제를 둘러싸고 논의가 전개되었다. 일본의 요청 없이 통신사를 파견하면서 발생한 문제, 일본 내정이 혼란하여 사행길이 위험하다는 문제 등이 제기되었다. 물론 통신사를 보내자는 정론도 있었다. 세종은 이웃 나라에 축하거나 위로할 일이 생기면 국왕이 사신을 보내고, 상대국은 이에 회답하는 사신을 보내는 이상적인 사신 교류를 희망했다. 그러나 일본은 세종의 바람대로 움직여 주지 않았다. 조선이 보낸 통신사에 대해 같은 급의 사신을 보내 회례해야 마땅했으나 일본은 여러 이유를 들어 회례사 파견을 거절했고, 대신 불경을 요청하는 청경사로 승려를 보냈다. 이처럼 상호적인 의례로 보기 힘든 상황이 펼쳐지자 조선은 결국 통신사 파견을 잠시 중단하고, 치하와 치제 예물은 청경사 편에 보내기로 했다.[40] 이후 세종 대에 통신사는 파견되지 않았다.

　세조 즉위 후 1459년(세조 5), 16년만에 통신사 파견이 계획되었다. 첨지중추원사 송처검이 정사, 행호군 이종실이 부사, 종부시 주부 이근이 서장관에 임명되었다. 세조는 쇼군 요시마사에게 보내는 서계에서 여러 차례에 걸친 '일본 사신 파견'에 대한 회답의 의미로 사신을 보내며, 요청에 따라 대장경 등을 보낸다고 했다.[41] 통신사는 쇼군 외에 유력자들에게 보내는 서계와 예물도 지참하도록 했으며, 조선에 없는 서적 등의 물건을 사 오라는 임무도 맡겼다.[42] 통신사 일행 100여 명은 세 척의 배에 나누어 타고 10월 8일 출항했다. 일본 사신의 배 두 척, 쓰시마의 배 두 척도 함께였다. 그러나 이날 낮에 큰 풍랑을 만나, 송처검과 이근이 탄 배는 행방불명되었고, 이종실이 탄 배는 침몰했으며, 사신들은 실종되어 찾을 수 없었다.[43] 세조는 해로가 험난하다는 이유를 들어 사신을 보낼 수 없다는 뜻을 일본에서 온 이들에게 전했다.[44]

　세조 말, 성종 대에 이르러 일본에서는 내란이 격화되었다. 이 소식은 조선에도 전달되었다. 그럼에도 조선은 통신사 외교를 유지하고자 했지만 전제조건은 일본 내정의 안정이었다. 1475년(성종 6), 배맹후를 정사에 임명하여 통신사 파견을 준비했으나,[45] 실행되지 않았다. 2년 뒤에도 통신사 파견을 준비했고 〈일본국통신사사목日本國通信使事目〉도 마련했으나 재차 연기되었다.[46] 2년 뒤인 1479년, 통신사가 다시 준비되었다. 정사에 홍문관 직제학 이형원, 부사에 대호군 이계동, 서장관에 김흔金訢이 임명되었고, 통신사 사목도 마련되었다.[47] 사행의 표면적 목적은 양국의 우호였으나, 사신들에게는 일본의 환경과 제도, 정치 상황에 대한 조사 임무도 주어졌다. 그러나 쓰시마까지 나아갔던 통신사는 쓰시마 도주의 권고에 따라 귀국했다.[48] 이후에도 통신사 파견 논의가 있었고, '일본국왕사'의 방문도 이어졌으나, 통신사 파견은 이루어지지 않았다.[49]

조선 전기 대일 사행에는 양국 사이에 합의된 절차가 없었다. 따라서 통신사 파견이 거론될 때마다 조선에서는 그 적절성에 대한 논의가 분분했다. 그 배경에는 무로마치 막부가 공식적인 외교 통로를 통해 조선의 사절을 요청하거나 쇼군 계승 사실을 알리지 않았던 사실이 있다. 또한 일본의 사신은 대장경 등 물품을 사여받는 것을 주된 목적으로 한 경우가 많았다. 사신 호송 절차가 제대로 마련되지 않아 사행로에서 사신들의 안전이 보장되지 않는 경우도 많았다. 그럼에도 조선이 사절을 파견한 이유는 조선이 주변국과의 '교린관계'를 중시하는 대외정책의 기조를 견지하고 있었기 때문이며, 직접 막부와 통교하여 지방 세력의 통제를 요청하는 등 외교 현안을 해결하기 위해서였다.[50]

이처럼 조선 국왕과 일본 국왕이 대등한 지위에서 외교관계를 맺은 이래, 일반적으로 조선의 사행은 일본이 보낸 국왕사에 대한 회례(보빙)의 목적을 지니고 파견되었다. 그러나 대체로 15세기 중반 이후 일본이 보낸 국왕사는 그 파견 주체가 모호했다. 따라서 '일본국왕사'라고 해도 실제로는 조선의 대장경 등을 얻는 것이 주된 목적으로, 쇼군 권력

[표 1] 조선 전기의 대일 사행

순서	연대 / 국왕	명칭 / 사신	파견 대상	목적	비고
1	1392/태조 1	미상 / 각추	정이대장군부 征夷大將軍府	왜구 금압	
2	1397/태조 6	회례사, 통신관 / 박돈지	일본국대장군 오우치 요시히로	왜구 금압 화호	피로인 쇄환
3	1399/정종 1	보빙사? / 최운사	일본국대장군	보빙 왜구 금압 사례	해상 조난
4	1401/태종 1	미상 / 박돈지	미상	미상	일본지도 입수. 세종 20년 기사에 건문 3년에 다녀왔다고 함. * 1397년 사행을 가리키 는 것일 수 있음
5	1402/태종 2	미상 / 미상[朝官]	일본국대장군	왜구 금압 사례 화호 왜구 금압 및 피로인 쇄환 요청	1399년 실패했던 사행을 다시 보냄.
6	1404/태종 4	보빙사? / 여의손	일본 국왕	보빙	일본에서 명 사신에게 역관을 빼앗김. 명에서 일본에 명해 조선을 협공한다는 소문을 전하지 않아 유배.
7	1406/태종 6	보빙사? / 윤명	일본 국왕?	보빙	서생포에서 선박 손상. 수리해서 가게 함.
8	1406/태종 6	회례관 / 이예	미상	회례	피로인 쇄환.
9	1408/태종 8	통신관 / 박화	미상	피로인 쇄환	피로인 쇄환. 1409년 피로인 쇄환 위해 지좌전志佐殿 원추고源秋高에게 파견되었다가 구류. 1410년에 풀려남. 1408년 파견 대상이 일본 중앙 정부가 아니었을 가능성 있음.
10	1408/태종 8	회례관 / 김서	미상	회례 피로인 쇄환	피로인 쇄환
11	1410/태종 10	회례사 / 양수	일본 국왕	보빙, 조상弔喪 (아시카가 요시 미쓰의 사망)	사행 중 해적을 만나 약탈.

순서	연대 / 국왕	명칭 / 사신	파견 대상	목적	비고
12	1413/태종 13	통신관, 회례관 / 박초	아상	회례, 피로인 쇄환?	
13	1413/태종 13	통신관, 통신사 / 박분	일본 국왕	미상	경상도에서 중지.
14	1420/세종 2	회례사, 통신사 / 송희경	일본 국왕	회례, 대장경 사여	쇼군 요시모치가 책봉체제에서 이탈. 조선 국서의 명 연호에 불만. 사신 구류되었다가 교토에 도착. 송희경,《노송당일본행록》
15	1422/세종 4	회례사 / 박희중, 이예, 오경지	일본 국왕	회례, 대장경 사여	하카타博多에서 피로인 쇄환. 하카타의 승려가 선군船軍을 살해. 세종 6년에도 회례사 박희중, 이예에 대한 기사가 보임.
16	1424/세종 6	회례사 / 박안신, 이예, 공달	일본 국왕	회례, 대장경 등 사여	사행 중 구류되었다가 교토에 도착.
17	1428/세종 10	통신사 / 박서생, 이예, 김극유	일본 국왕	국왕 계승, 치제	일본 국왕 요청 없이 파견. 피로인 쇄환.
18	1432/세종 14	회례사 / 이예, 김구경	일본 국왕	회빙回聘, 대장경 하사 피로인 쇄환	귀국 도중 해적 만남.
19	1439/세종 21	통신사 / 고득종, 윤인보, 김예몽	일본 국왕	교빙, 수호	일본 국왕 요청 없이 파견. 통신사 사목 확인.
20	1443/세종 25	통신사 / 변효문, 윤인보, 신숙주	일본 국왕	국왕 계승, 치제	일본 국왕 요청 없이 파견. 피로인 쇄환. 신숙주,《해동제국기》
21	1460/세조 6	통신사 / 송처검, 이종실, 이근	일본 국왕	회례, 대장경 등 사여	사행 중 조난, 중지.
22	1475/성종 6	통신사 / 배맹후	일본 국왕	수호	파견 정지
23	1479/성종 10	통신사 / 이형원, 이계동, 김흔	일본 국왕	수호 국정 탐색	쓰시마에서 귀국

* [표 1]은 한문종,〈朝鮮前期 對日 外交政策 研究―對馬島와의 關係를 중심으로〉, 전북대 박사학위 논문, 1996과 《조선왕조실록》을 참고하여 작성한 장순순,〈조선 전기 통신사의 개념과 성격〉,《전북사학》37, 전북사학회, 2010, 48~49쪽의 표를 인용했고, 필자의 견해를 반영해 다소 수정했다.

과는 거리가 먼 사절이었다.[51] 이 때문에 '일본국왕사' 파견의 회례를 목적으로 파견된 조선의 사행은 고난을 겪기도 했다.

요컨대 조선 정부는 무로마치 막부를 교린 대상으로 설정하고, 통신사행의 정례화를 시도했으며, 막부 측의 소극적인 대응에도 불구하고 교린과 옛 우호의 회복을 내세우며 사행에 적극적인 자세를 보였다.[52] 그러나 일본 정권의 소극적인 태도, 통제력 약화로 조선은 사행 파견을 고민하기도 했다.

한편 조선 전기 조일관계를 논할 때 빼놓을 수 없는 개념이 바로 '위사僞使'다.[53] 위사는 일본의 통교자 명의를 위조 혹은 사칭한 이들을 가리킨다. 그러나 명의를 빌린 경우, 통교 허가증을 소지하지 않은 경우나 통교 허가자가 다른 이를 파견한 경우를 위사에 포함해야 할지에 대해서는 고민이 필요하다.[54]

대체로 15세기 중반을 전후하여 위사가 증가하기 시작한 것으로 보인다.[55] 위사의 파견 주체는 막부 쇼군의 측근이나 주요 호족이었는데, 1510년 삼포왜란 후에는 쓰시마로 바뀌었다. 이들은 많은 양의 무역량을 감당할 수 없어서 규슈 지역의 호족이나 상인과 결합해야 했다.[56] 조선은 이들을 박대할 수 없다는 명분과 왜구 발생 위험을 줄이기 위해 거부하지 않았다. 한편, 위사 창출 세력이 일본 내 정세를 숨기기 위해, 위험을 이유로 통신사를 막은 것으로 보는 견해도 있다.[57]

앞의 [표 1]은 조선 건국 이래 임진왜란 이전까지 조선이 일본의 중앙정권에 보낸 사행 목록이다. 이 표에는 파견 과정에서 도난을 당했거나 중지되어 돌아온 사행 및 사행단 구성까지만 진행되었던 것도 포함했다. 또한 파견 대상이 일본 국왕(무로마치 막부 쇼군)임이 명확하지 않더라고 임무의 성격이나 사절 명칭에서 일본의 최고권력자에게 보낸 것으로 추정되는 사행도 포함했다.

조선의 류큐 사행

임진왜란 이전 조선은 류큐琉球와도 외교관계를 맺고 있었다. 14세기 초반 류큐에 등장한 중산中山, 남산南山, 북산北山 세 왕조는 14세기 후반에 이르러 차례로 명으로부터 책봉을 받았다. 1429년 상씨尙氏가 류큐를 통일했고 명의 해금령을 기회로 삼아 해상 활동을 적극적으로 벌였다. 그러나 16세기 중반 명이 해금령을 해제하자 류큐의 중계무역은 타격을 입었고, 왜구들의 활동도 류큐 세력을 위협했다. 이후 국제 무대에서 류큐의 영향력은 약화되었다.[58]

류큐의 사절이 사료에 등장하는 것은 고려 말기인 1398년이다. 조선이 건국된 후, 임진왜란 이전까지 류큐에서 조선에 온 사절은 48회며, 조선에서 류큐에 보낸 사절은 두 차례에 불과하다. 첫 번째는 1416년 왜구에 잡혔다가 류큐로 팔려 간 이들을 데려오기 위해 이예를 파견한 일이고,[59] 두 번째는 1429년 표류한 류큐인을 송환할 때 일본의 배에 통사 김원진을 동행시킨 일이다.[60] 이예가 파견될 당시 호조판서 황희는 류큐로 가는 해로가 험하고 멀며, 비용도 많이 든다는 이유로 이에 반대했으나, 태종은 고향을 그리워하는 정은 귀천이 따로 없다며 파견을 지시했다. 이예는 통신관通信官이라는 명칭으로 파견되었으며, 44인을 데리고 돌아왔다. 다만 김원진이 동행한 경우를 정식 사절로 볼 수 있을지는 의문이 제기된다.[61]

조선에 처음으로 온 류큐 사신은 1492년 8월 중산 왕 찰도가 보냈다. 찰도는 스스로를 신하로 칭하는 등, 조선에 대해 저자세를 취했다. 세종 대에 들어 류큐가 명으로부터 책봉을 받은 사실과 류큐 내 여러 세력을 통일했다는 정보가 전해지자, '류큐국왕사'를 일본국왕사와 동격으로 대하기 시작했고, 1453년에는 〈류큐국왕사접대사목琉球國王使接待事目〉이 만들어졌다.[62] 그리고 《경국대전》에는 일본국왕사와 같은 대우를 한다는 내용이 실렸다. 조선의 류큐 사신에 대한 대우는 통제책이 쓰이지 않았다는 점에서 일본에 비해 우호적이었던 것으로 해석된다. 그러나 이러한 점을 위사 세력은 지나치지 않았고 '류큐국왕사'를 위장한 위사들이 증가하게 되었다.[63]

조선은 류큐에 대해 복합적인 인식을 가지고 있던 것으로 보이는데, 류큐를 명의 책봉국인 대등한 상대국으로 인식했다. 왜구에 의한 피로인과 표류민을 성의있게 송환해 주는 우호적인 나라라는 인상도 있었다. 그러나 조선의 이해에 큰 영향력이 없는 나라, 상대적으로 문화 수준이 낮고 장사를 일삼으며, 실질적으로 조공국에 가까운 나라라는 인상도 가지고 있었던 것 같다.[64] 조선이 류큐에 대해 가진 인상의 이중성은 명을 중심으로 한 책봉·조공 체제가 가지는 유동성, 그리고 그 유동적인 '체제'를 전제하여 형성된 조공국 사이 '교린'관계의 다양성이 드러나는 장면이다.[65]

독립국으로 존재하면서 외국과 관계를 맺고 있던 류큐를 대일 사행에서 다루는 것이 적절한지를 고민할 필요가 있다. 그러나 류큐와 일본의 지리적·문화적(언어적) 유사성 및 류큐와 일본과의 관계, 일본의 위사 세력들이 '류큐국왕사'를 위장했다는 사실 등을 감안하면, 대일 사행에서 함께 언급할 수도 있다고 생각한다.

임진왜란기의 대일 사행

조선은 임진왜란 직전과 전쟁 중, 일본에 두 차례 사행을 보냈다. 두 차례 모두 통신사를 보낸 대상은 도요토미 히데요시였다. 조선 국왕이 일본의 정권 담당자에게 사신을 보냈다는 사실은 무로마치 막부와 에도 막부에 보낸 사절과 다를 바 없으나, 파견 배경 및 사행 과정의 여러 사건은 이 두 사행의 특수성을 드러낸다. 기존 연구에서도 대체로 구분해서 보는 입장이다.[66]

1590년의 일본 국왕 즉위 축하 통신사[67] :
1590년 3월 출발, 1591년 3월 귀환

1443년 이래 조선 국왕의 사행(통신사)은 일본의 집권자에게 파견되지 못했다. 일본이 오랜 내전을 거쳐 통일에 이른 것은 도요토미 히데요시에 의해서였다. 도요토미 히데요시가 국내 통일 과정에서 규슈 지역을 공략하던 1586년 6월, 그는 쓰시마 측에 조선을 공격하고자 하는 의향을 밝혔다.[68] 1587년 4월, 쓰시마 측은 조선으로 하여금 공물을 바치게 하겠다고 제안했으나 히데요시는 이에 반대하고 조선 국왕이 직접 교토로 오도록 지시했고, 쓰시마 측의 약속을 듣고 조선 침략을 보류했다.[69]

1587년 이래 히데요시가 쓰시마 측에 내린 명령은 대륙 침략에 앞서 조선의 국왕 혹은 사절이 일본에 '내조來朝'하여 사례하도록 주선하라는 것이다.[70] 그러나 조선과의 교섭은 쉽지 않았다. 쓰시마가 히데요시의 내조 요구를 그대로 전하지 않았고, 조선은 사절 파견조차 동의해 주지 않았다. 조선이 히데요시를 "선왕先王을 모반하고 왕위에 오른

자"로 보는 것도 중요한 거부 이유 중 하나였다.[71] 조선이 무로마치 막부의 쇼군, 즉 '일본 국왕'과의 관계를 대일관계의 기본 형식으로 전제하고 인식하였음을 알려 준다. 그러나 정작 조선이 쓰시마에 전한 거절 이유는 해로에 익숙하지 않다는 것이었다.

교섭이 지체되자 1589년 3월, 히데요시는 쓰시마를 압박하면서 조금이라도 늦어지면 고니시 유키나가와 가토 기요마사의 군대를 조선에 보내겠다고 협박했다.[72] 그리고 결국 쓰시마로부터 "조선 국왕이 참락參洛할 것"이라는 약속을 받아 냈다.[73] 쓰시마와 고니시 유키나가가 가지고 있던 상인 인맥을 통해 조선과의 교섭에 활로를 만들고 통신사를 보내겠다는 약속을 받는 데까지는 성공했다.[74] 쓰시마 측은 히데요시의 요구를 통신사 요청으로 바꾸어 교섭했다. 따라서 조선은 히데요시의 침략 의사와 협박을 아직 알지 못했으며, 조선이 보내기로 한 것은 통신사이지 국왕이 아니었다. 그러나 통신사 영접 후 조선에 보낸 국서의 내용을 보면 히데요시는 이를 내조 혹은 사례謝禮 사절로 인식했던 것으로 보인다.[75]

조선은 쓰시마의 집요한 요구를 거절하지 못하고 사신 파견을 현실화하기 시작했다. 조선은 통신사 차출을 결정하는 과정에서 조선 출신으로 고토五島 지방에 체재하며 조선 해안에서 해적 행위를 일삼던 사화동沙火同의 인도 및 잡혀간 조선인의 송환을 일본 측에 요구했다.[76] 그러나 조선은 일본이 잡아 보내는 이가 가짜거나, 해적을 포박해 보내지 않고 잡혀간 조선인만을 보내 와도 통신사를 차출하자는 입장이었다.[77] 통신사 파견을 위한 명분이 필요했기에 진위는 중요하지 않았던 것이다.[78]

조선 조정은 1589년 11월, 황윤길을 통신사 상사, 김성일을 부사, 허성을 서장관에 임명했다.[79] 통신사는 1590년 3월 서울을 떠나 4월에 바다를 건넜다. 쓰시마의 도주 소 요시토시平義智도 함께였다.[80] 1443년 이래 처음으로 일본 본토로 파견된 통신사가 참고한 자료는 여전히 《해동제국기》였던 것으로 보인다. 이 책은 앞선 시기 사행의 경험이 축적된 중요한 문헌이었으나, 당시 시점에는 이미 상당 부분 '시효'가 지난 문헌이었다.[81]

조선 국왕 선조가 일본 국왕에게 보내는 국서는 일본 국왕의 즉위를 축하하며 앞으로 우호관계를 유지하자는 내용이었다. 조선은 전례에 따랐다.[82] 그러나 히데요시의 답서는 조선으로서는 상상하지 못한 내용이었다. 자신의 출생에 대한 설화적 묘사와 무용담으로 서두를 서술한 후, 조선의 '입조入朝'를 기정사실로 보면서 조선 국왕에 대해 합하閤下(혹은 閣下)라는 칭호를 붙였으며(조선은 '일본 국왕 전하殿下'를 사용), 조선에 대해 방물, 입조라는 표현을 사용했다.[83] 명백하게 조선을 하대한 것이었다. 또한 "한번 대명국大明國에 뛰어들어, 400여 주를 우리 풍속으로 바꾸어 놓겠다"며 명에 대한 침략 의도를 드러냈다.

조선은 히데요시의 회답서를 통해 그가 이전과 같은 양국의 의례적인 우호관계를 바라고 있지 않다는 사실을 분명히 알게 되었을 것이다. 그리고 국서 이전에 조선의 사행을 접대하는 과정에서 나타난 일본의 강압적인 분위기도 심상치 않았던 것으로 보인다. 그 과정에서 자존심을 유지하려는 김성일과 일본 측 수행원, 다른 조선 사행원들 사이에는 갈등도 있었다. 귀환하는 통신사와 함께 조선에 온 쓰시마의 소 요시토시, 겐소玄蘇는 히데요시의 명 침략 의도를 솔직히 전하며 조선이 길을 열어 주기를 요청했지만, 조선이 이를 들어줄 리는 없었다.[84]

1596년, 책봉사를 '근수'한 통신사:
1596년 8월 출발, 11월 도착

1593년(선조 26) 4월 이래 명과 일본 사이에서 강화교섭이 시작된다. 오랜 교섭 끝에 명에서는 도요토미 히데요시를 국왕에 책봉하기로 하고 책봉사를 파견했다. 이종성李宗城과 양방형楊方亨이 각각 정사와 부사로 구성된 책봉사는 1595년 1월 30일 북경을 출발하여 4월 3일 압록강을 건넜고 천천히 전진하다가 11월 모두 부산의 일본군 진영에 들어갔다. 정사 이종성이 1596년 4월 4일 새벽 일본군 진영을 탈출하는 사건이 발생했으나, 명은 사행을 취소하지 않고 양방형을 정사, 심유경을 부사로 변경했고, 이들은 6월 중순, 부산을 떠나 일본으로 향했다.[85]

한편 조선이 일본에 '제공'할 조건은 분명히 정해지지 않았는데, 명과 일본의 교섭 내용이 조선에 제대로 전해지지 않아서였다. 히데요시가 1595년 최종적으로 요구한 조건 중 조선에 대해서는 인질로 삼을 조선 왕자였다. 책봉사가 조선에 입국하여 한성으로 향하고 있을 때, 명에서 조선 사절을 책봉사에 딸려 보내겠다고 약속했다는 소문이 일본군 진영으로부터 전해졌다.[86]

고니시 유키나가 등 일본 측 협상자들은 히데요시가 제시한 왕자라는 조건을 조선이 들어 줄 가능성을 낮게 보고 있었다.[87] 그러나 1590년의 예와 같은 통신사 형태라면 이야기가 달라진다. 이미 조선은 히데요시에게 한 차례 보낸 전례가 있으니 같은 형식이라면 파견에 응할 수도 있다고 기대했던 것으로 보인다. 1595년 12월, 히데요시를 만나고 돌아온 야나가와 시게노부는, 히데요시가 책봉사의 일본군 진영 도착을 기뻐하면서 조선에 대해서는 사절 파견을 요구했다는 소식을 전했다.[88] 조선이 히데요시의 의사라는 형태로 사절 파견 요구를 접한 것은 이때가 처음이었다. 이후 일본군과 심유경은 집요하게 사절 파견을 요구했다.

심유경과 일본군에 더하여, 조선 사절 파견을 심유경의 일로 제쳐 두던 책봉 사신들도 조선을 재촉하기 시작했다.[89] 꼭 '통신'이라는 명칭을 붙일 필요 없이 다만 자신을 따라오면 된다거나, 명에서 두 명의 사신이 절節을 가지고 일본에 가는데, 조선 배신이 이를 따르는 것은 일본에 굽히는 것이 아니라며 조선을 설득하기도 했다.[90]

조선 조정은 책봉사를 수행하는 형태면 사절을 파견할 수 있다는 생각에 이른 것으로 보이며, 통신사라는 명목을 취하지 않아도 저들이 통신사로 꾸며서 받아들일 것도 이미 예상했다.[91] 조선은 이를 감안하여 명칭을 다만 책봉사를 따라간다는 의미만을 띠는 '근수跟隨'로 하는 방법을 고려했다.[92] 조선 조정 내에서 길게 이어진 논의는 파견 명분을 만들기 위한 과정이었다.

1596년 6월, 부산에서 대기하던 명의 책봉사가 조선의 사절 차출을 기다리지 않고 일본으로 떠나자 조선은 다급해졌다. 조선은 언관 등 반대 의견을 내는 이들을 설득하면서 신속하게 사절의 명칭 확정과 선발 작업을 완료했다.[93] 황신이 정사로, 대구부사 박홍장이 부사로 선정되었다. 이어 사절 파견에 대한 3사의 반대 의사가 계속되던 중, 선조와 비변사는 비밀리에 사절에 딸려 보낼 국서와 예물에 관한 일까지 결정해 버렸다.[94] 그리고 사절을 파견하기로 했다는 사실을 즉시 명 조정에 보고했다.[95]

급박한 정세 속에 서둘러 정해진 사절이었으나, 이로써 조선 사절은 사실상 통신사 형태를 갖추게 되었다. 조선은 일본에 서폐를 보낸다는 사실, 책봉사가 누차 근수할 배신을 요구하여 보내기로 했으나 책봉사가 이미 멀리 가버려서 근수라는 명칭을 사용하기 어려워졌기에 신사 信使로 칭하여 들여보냈다는 사실 등을 명 조정에 알려 후일의 문젯거리를 미연에 방지하고자 했다. 국서는 "조선 국왕 아무개 일본 국왕 전하에 봉서" 끝에는 "토산물을 가지고 책봉사를 뒤따라간다"는 형식이었다.[96] 조선이 사절 파견을 위해 분주히 움직이고 있을 때 내려온 명 병부의 자문에는, 조선이 일본과 감정을 풀고 수호하려면 사절 파견 여부는 스스로가 결정하라는 내용이 있었다. 조선은 이를 파견 명분의 하나로 사용할 수 있었다.[97]

일본 측은 보다 잘 갖추어진 형태의 사절을 원했던 듯하다. 겐소 등의 발언을 참고하면 그들이 원하던 이는 고위관원 중에서 사리를 잘 아는 자로서 전날의 황윤길과 같은 무리면 보낼 필요가 없고, 정몽주나 신숙주 같이 현명한 자로서 조선의 6조 중에서 양조兩曹의 판서나 총병급이 좋겠다는 것이었다.[98] 따라서 심유경을 수행하기 위해 이미 부산에 머물던 황신을 정사로 정했다는 소식을 들은 일본 측은 실망감을 드러냈다.

정사와 부사 차출에 앞서 먼저 이봉춘, 조덕수, 박의검 등 무관들이 책봉사를 따라갔다. 이어서 황신과 박홍장이 309명의 일행을 7척의 배에 태우고 8월 4일에 배에 올라 8월 8일 일본으로 떠났다. 1596년 1월에 일본에 들어갔던 심유경은 이종성의 도망 소식을 일본에서 듣고 조선으로 귀환하지 않은 채 곧바로 히데요시에게 향했고, 6월 27일 히데요시와 한 차례 만난 후 양방형 등을 기다렸다.[99] 양방형 일행은 8월 4일에 오사카 근처 사카이堺에 도착했다. 통신사는 8월 8일에 쓰시마에 도착했고, 10일에 쓰시마의 행정 중심지인 후추府中에 이르렀다. 명 황제의 고칙誥勅을 지닌 책봉사 일행 일부가 통신사를 기다리고 있었다.

책봉 정사였던 이종성이 부산의 일본 군영에서 탈출하면서 원래 지녔던 책봉문서가 손실되었고, 명은 이를 재발급했다. 따라서 고칙은 책봉사 정·부사 일행보다 뒤처져 있었던 것이다. 고칙은 이후 통신사 일행과 함께 이동했다. 통신사는 윤8월 18일에야 사카이에 도착하여 그들을 기다리고 있던 책봉사를 만났다. 8월 13일 교토 부근에 큰 지진이 일어난 이후였다.

윤8월 28일, 통신사는 히데요시가 이날 오사카로 왔으며 9월 1일에 책봉사와 만날 예정이라는 소식을 들었다. 다음 날인 윤8월 29일, 상황이 급변한다. 히데요시가 조선을 비난하면서 통신사를 만나지 않겠다고 선언한 것이다. 9월 1일, 책봉사 양방형과 심유경만이 히데요시를 만나기 위해 오사카성으로 갔다. 히데요시는 두 사람을 기쁘게 맞이했다. 9월 3일 히데요시가 책봉을 받았고 일본 측 장수 40인이 관대를 갖추고 명의 벼슬을 받았다는 소식이 전해졌다.[100] 심유경은 히데요시를 설득할 수 있으리라 생각했던 것으로 보인다. 그러나 9월 2일부터 줄곧 조선 왕자가 일본에 오도록 주선하겠다는 대답을 원한 히데요시와, 책봉을 받았으니 더 이상의 조건을 내세우지 말라는 심유경의 주장이 평행선을 달리고 있었다. 히데요시는 명과 화친하겠으나 조선은 원하는 조건을 주지 않으니 이를 얻기 위해 조선을 침략하겠다는

[표 2] 임진왜란기의 대일 사행

연도	사신	목적	비고
1590년/선조 23	황윤길, 김성일, 허성	조선 : 우호 일본 : 조선의 항복	김성일, 《해사록》
1596년/선조 29	황신, 박홍장	전쟁 종결	강화교섭 결렬 황신, 《일본왕환일기》 박홍장, 《동사록》

논리로 재침을 선언했다.[101]

히데요시와의 교섭은 더 이상 진척되지 못했다. 책봉사와 통신사는 귀환길에 올랐다. 통신사는 일본의 정권 담당자에게 조선 국왕의 국서를 전달하는 임무를 수행하지 못했다. 일본 측 강화교섭 담당자들은 책봉사·통신사의 귀로에 함께하면서 교섭의 끈을 유지하기 위해 궁리하고 있었다. 황신은 귀환 중 고니시 유키나가, 야나가와 시게노부 등 교섭 담당자들과 대화하여 히데요시의 의도, 재침 준비 상황 등 다양한 정보를 얻어 조정에 전달했다.[102]

1607년(선조 40) 사행[103]

1596년 파견되었던 통신사는 히데요시의 교섭 결렬 선언으로 국서 전달과 답서 수신이라는 임무를 완수하지 못한 채 귀국해야 했다. 이듬해 정유재란이 발발하며 전쟁이 재개되었으나, 1598년 8월 히데요시가 사망하고 일본군이 모두 철수하면서 7년에 걸친 길고 긴 전쟁은 끝이 났다. 조선와 일본의 국교는 끊긴 상태였다.

이러한 상황에서 일본의 새로운 권력자로 부상한 도쿠가와 이에야스는 1600년 9월 세키가하라 전투로 일본의 실권을 거의 장악한 이후 조선과의 관계 회복을 꾸준히 시도했다. 조선은 침략 당사자인 일본과의 국교 재개를 주저했다. 도쿠가와 이에야스의 진의가 무엇인지, 그가 일본의 실권자인지도 파악하기 어려웠다. 그러나 일본의 계속된 요청과 조선의 정보 파악 노력 끝에 1607년 조선 국왕이 파견한 사절 회답겸쇄환사回答兼刷還使[104]가 에도 막부의 쇼군에게 향했다. 조선은 파견조건으로 도쿠가와 이에야스의 국서와 범릉적犯陵賊의 압송을 요구했는데, 임진왜란 이후 통신사 파견에 조건을 제시한 것은 이때가 유일했다.[105] 이 사행으로 조선과 에도 막부는 대등한 우호관계를 맺게 되었다. 이후 이 사행을 포함하여 1811년까지 총 열두 차례의 사행이 일본에 파견되었다. 사행의 명칭은 '회답겸쇄환사'를 사용하다가 1636년 이후 일반적인 명칭인 '통신사'를 사용하기 시작했다.

사행단은 정사 여우길呂祐吉, 부사 경섬慶暹, 종사관 정호관丁好寬이 이끄는 500명 내외의 인원으로 구성되었다.[106] 통신사는 6월 에도성에서 히데타다를 접견해 국서와 예단을 올리는 예식을 행했다.[107] 그리고 다음 달 슨푸駿府에서 이에야스를 만났다. 사행 명칭에도 드러나듯이 통신사의 주요한 임무는 피로인 쇄환이었다. 통신사는 막부에 쇄환을 요청하였고 귀환길에 1,200~1,400명의 조선인을 데리고 돌아왔다.

한편 이 사행에서는 국서에 관한 문제가 발생했다. 선조가 보낸 국서에 쓰인 '봉복奉復'이 '봉서奉書'로 수정되는 등, 회서回書 양식이 내서來書 양식으로 바뀐 것이다.[108] 답서가 2대 쇼군인 도쿠가와 히데타다 명의였던 것도 문제였다. 조선이 생각한 수신자는 도쿠가와 이에야스였다. 그러나 그는 1603년 쇼군직을 아들 히데타다에게 양위한 이후여서 이에야스는 조선 사절로 하여금 새 쇼군을 먼저 만나게 했다. 조선 국왕의 국서에 대한 답서도 새 쇼군 히데타다가 작성했다. 여기서는 '일본국 원수충'으로 자칭하고, 연호 대신 간지[龍集]를 썼다. 귀국 이후 사신들은 격식에 어긋난 국서를 받아 왔다는 이유로 처벌을 받았다. 이후 조선은 국왕을 자칭한 쇼군의 국서를 요구했으나 막부는 이를 들어주지 않았고, 그 사이에 있던 쓰시마에 의해 한동안 개작이 이루어졌다.

·일본과의 관계 설정을 위한 조선의 오랜 고민:
교린관계의 추구와 그 변용

조선 전기 대일 사행의 저변에는 '교린'이라는 개념이 자리한다. 특히 세종 대의 사행은 이웃 나라와의 우호적인 교류, 즉 교린이라는 지향을 가장 선명하게 보여 준다. 조선은 명으로부터 책봉을 받은 국가로서 일본과 대등한 교류를 지향했으며, 경사나 조사에 사행을 파견하여 축하와 위문을 전하는 의례적 실천을 중시했다. 이는 일본의 정세를 살피는 '정탐'과 같은 정치적 목적보다, 예를 바탕으로 한 안정적 관계를 만드는 것을 이상으로 삼았음을 보여 준다. 그러나 교류에 소극적이었던 무로마치 막부의 태도와 '위사'의 횡행은 조선이 추구했던 의례적 교린의 정례화를 가로막는 주요한 장애물로 작용했다.

임진왜란 이후 교린의 성격은 급격한 변화를 맞게 되었다. 조선은 여전히 무로마치 막부와의 관계를 잇는다는 입장에서 접근했지만, 도요토미 히데요시는 조선과 상하관계를 설정하려 했다. 전쟁 중의 사행 역시 입장이 다르기는 마찬가지였다. 명은 책봉국이 된 두 나라의 화해를 바랐고, 조선은 마지못해 이에 따르는 입장이었으나, 도요토미 히데요시는 유·무형의 승전 증거로서 조선 사행을 대하고자 했다. 전쟁 뒤 성립된 에도 막부와의 교류는 이전과는 다른 성격을 띠었다. 강력한 중앙집권체제가 정립되면서 조선의 외교 상대가 안정되었고, 이는 대등하고 공식적인 외교관계가 장기간 유지될 수 있는 토대가 되었다. 이 과정에서 쓰시마는 양국 중앙 정권의 인정을 바탕으로 외교 교섭을 전담하는 중개자의 지위를 굳혔는데, 이는 막부 쇼군 외에도 다양한 세력과 접촉해야 했던 전기와 분명히 구분되는 지점이다. 곧 조일관계가 제도적 기반 위에서 한층 체계화되었음을 보여 준다.

조선 시대 대일 사행을 이해하기 위해 몇 가지 시각을 활용할 필요가 있다고 생각한다. 무엇보다 어느 한 시대를 단절적으로 바라보거나 정권 변화의 성격을 간과한 채 일괄적으로 해석하는 방식은 한계가 있다는 점이다. 아울러 통신사라는 정례화된 사절을 중심으로 조선 시대의 사행을 바라보는 관점에서 벗어나야 한다. 조선 시대에는 통신사 외에도 다양한 명칭의 사절이 활동했으며, 이들의 역할을 종합적으로 검토할 때 비로소 당시 외교의 실제 모습을 파악할 수 있다. 요컨대 조선과 일본이 외교 현안마다 과거의 '전례'를 소환해 관계를 규정했던 것처럼, 연구자들 역시 거시적 틀을 상정하는 동시에 각 시대의 특수성과 관계의 다층성을 꼼꼼히 분석할 필요가 있다.

또한 대일 사행을 대명 사행과 비교 분석하는 연구가 요구된다. 임진왜란 이전 조선의 사행 파견에는 명을 포함하는 동아시아라는 구도가 전제되어 있었다. 그러나 명과 일본의 관계가 조선과 일본의 관계에 영향을 미쳤던 사례는 찾기 어렵다. 조선은 일본과의 관계에서 명을 특별히 고려하지 않았다. 이는 임진왜란 직전 조선의 통신사 파견 및 일본의 명 침략 정보 보고를 둘러싼 조선 내의 논쟁에서도 드러난다. 이와 같은 실상은 중국을 중심으로 한 동아시아 국제질서라는 하나의 틀로 조선과 일본의 관계를 바라볼 때는 주의해야 한다는 사실을 알려 준다. 요컨대 대일 사행 파견 목적에서 정치 또는 경제적인 부분이 차지하는 비중에 대해서는 신중한 판단이 필요하다. 서로 다른 성격의 사행들을 '국제관계'라는 넓은 틀 속에서 조망할 때, 조선이 이른바 동아시아 질서 속에서 어떤 방식으로 각 국과의 관계를 설정하였고 때로는 바꾸었는지가 더욱 온전히 드러날 것이다. 또한 이는 '책봉-조공 체제'나 '중국 중심 국제질서'와 같은 거대 담론을 더욱 세밀하게 다듬는 계기가 될 것이다.

　마지막으로 연구의 시간적·공간적 범위를 확장해야 한다. 조선과 일본이라는 양자 관계를 넘어, 당시 일본과 지리적·문화적으로 가까웠던 류큐, 여진과의 관계까지 시야에 담아야 한다. 이를 종합적으로 살펴야만 조선의 대일 인식과 사행 절차가 어떤 과정을 거쳐 형성되고 변용되었는지를 보다 입체적으로 파악할 수 있을 것이다.

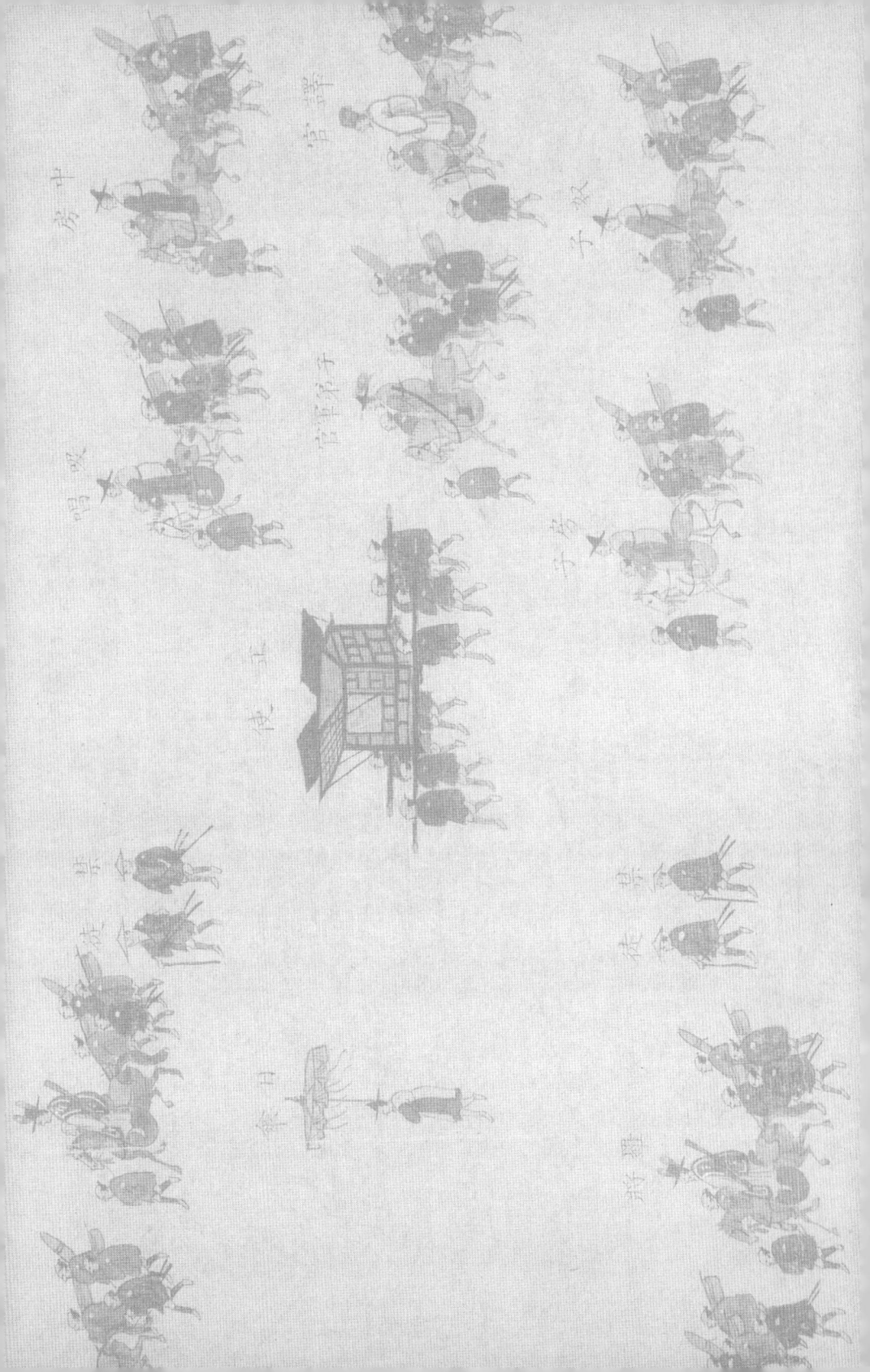

남민구

1575년 명–여송 교섭과 '공순'의 의미 :
모범 사례로서의 조명관계에 대한 검토

- 명의 대외관계 모범으로서의 조명관계
- 스페인 사절단의 복건 파견
- 교섭의 진행 과정
- 복건 당국의 답변
- '공순'한 '여송'의 탄생과 그 허상

명의 대외관계 모범으로서의 조명관계

조공朝貢과 책봉冊封은 명과 주변 국가와의 관계에서 핵심적인 요소였다. 이념상 조공은 명 황제의 덕이나 중국의 문명을 '흠모'한 외국이 황제에게 방물方物을 제공함으로써 그 권위를 인정하는 행위였다. 책봉은 외국의 군주가 명 황제로부터 자국 군주로의 재임과 군주로서 통치를 수행할 수 있는 권위를 인정받는 정치적 행위였다. 명과 공식적 관계를 맺은 주변 국가들은 대체로 명에 조공품을 제공하거나 필요한 경우 책봉을 요청하기도 했다. 그러나 조공과 책봉이 병행되는 관계는 명과 인접한 몇 국가에 불과했다. 대다수 국가는 비정기적으로 조공만을 수행하거나 특별한 경우에만 책봉 사절을 명에 파견하였다. 또한 명초 홍무와 영락 연간에 조공한 이후로 조공을 중지한 국가들도 있었다. 이러한 국가들이 명에 조공이나 책봉을 요청하는 행위는 그 나라의 정치, 외교, 무역, 군사 등의 방면에서 발생하는 이해관계에 따라 좌우되었다.

조공과 책봉의 질서에 순응하고 이에 수반되는 절차들을 수행하고자 한 조선은 오히려 이례적인 국가였다. 명은 그런 조선을 '공순恭順'이라는 용어로 칭하면서, 자신과 관계를 맺은 주변 국가 가운데 모범 국가로 내세우곤 했다. 조선은 명과 지리적으로 가깝고 한문학과 유학의 교양에 대한 이해도가 높았기에 조공과 책봉에 대한 인지와 수행 능력 역시 타국과는 달랐다. 이러한 조선조차 조공이나 책봉 요청을 충실히 수행한 것은 중국을 흠모하거나 존경하는 마음 때문만은 아니었으며, 조선과 명의 외교에는 교역 수행과 군사 협력이라는 실용적인 동기도 있었다. 조선뿐 아니라 다른 국가들 역시 명과의 관계 수립에는 이러한 목적이 수반되었다. 명 역시 주변 국가와의 분쟁을 피하고 현 상태를 유지하기 위한 목적으로 표면적인 조공관계를 유지했으며, 조공의 형식과 내용은 명과 해당 국가와의 이해관계나 역학관계의 변화에 따라 바뀌었다.[1]

'공순'이라는 용어는 명이 외국에게 요구한 이상적인 태도였다. 그 전형은 조선이 여실히 보여 주었다고 할 수 있다. 그렇다면 명은 다른 나라에 어떠한 방식으로 공순을 요구했을까? 혹은 공순이라는 용어는 어떠한 과정을 통해 만들어지게 되었을까? 이 과정을 잘 보여 주는 사례로서 16세기 명과 여송呂宋의 교섭 사례를 들 수 있다.

여송은 오늘날 필리핀의 주도主島 루손Luzón을 가리킨다. 명측 기록에 의하면 여송은 명초 몇 차례 조공했지만 이후 약 200년 동안 조공을 하지 않았다.[2] 그러다가 1575년(만력 3) 돌연 사절단을 명에 파견했다. 그런데 이때의 여송은 1571년 정식으로 수립된 식민 통치기구가 지배하는 스페인 식민지였다.[3] 1575년부터 루손에 주둔한 스페인 관료들은 중국 내 항구 할양과 통상을 요구했지만, 명은 이들의 요구를 들어주지 않았다. 오히려 명은 여송이 포로를 압송하고 '통공通貢'을 요구하는 공순을 보여 왔다고 기록했으며, 조선의 사례에 따라 포상품을 제공했다. 이 글에서는 1575년 명과 루손의 교섭 과정에서 여송의 '공순' 이미지가 형성되는 과정을 살펴보고, 공순의 모범으로서 조선의 사례가 다른 주변 국가에 어떻게 활용되었는지를 검토해 본다.

스페인 사절단의 복건 파견

1574년(만력 2) 광동과 복건 연안에서 활동하던 해적 임봉林鳳이 여송으로 도주했다.[4] 임봉 토벌을 주도한 복건순무 유요회劉堯誨는 여송과 협력하여 임봉을 협공하자는 홍천도[5] 교무경喬懋敬의 의견을 받아들이고, 1575년(만력 3) 음력 2월에 오서수채초관 왕망고王望高라는 인물을 여송에 파견했다.[6] 당시 왕망고는 루손섬 볼리나오Bolinao에 도착했는데, 이때 임봉은 스페인군에 포위된 상태였다.[7] 왕망고는 복건 출신 상인으로 '여송 국주呂宋國主', 즉 필리핀 총독과 친분이 있던 임필수林必秀[8]를 만나고,[9] 그의 소개로 야전장Maese de Campo[10] 후안 데 살세도Juan de Salcedo를 만났다.[11]

1575년 4월 8일(음력 2월 28일) 마닐라에 도착한 왕망고는[12] 총독 기도 데 라베자레스Guido de Lavezares를 만나 '군문軍門의 행문行文'과 함께 인신차부印信箚付와 군령패軍令牌를 제시했다.[13] 중국 측 기록은 왕망고가 이러한 문서를 제시하며 '번병番兵'의 모집을 독촉하였고, 그렇게 조직된 병사로 임봉을 격퇴했다고 기록하고 있다.[14] 그러나 이 기록은 왕망고가 볼리나오에 도착했을 때 스페인군이 임봉을 포위하고 있었다고 언급한 앞의 기록과 모순된다. 또 다른 스페인 측 기록에는 왕망고가 관복을 입고 무릎을 꿇고 머리를 땅에 대는 예법을 라베자레스에게 행했다고 기술하고 있어, 실제로는 스페인 측 기록대로 교섭 성사를 위해 왕망고가 공손한 태도를 취했을 가능성이 더 크다.[15] 임봉이 루손을 침공했을 때 이미 스페인군이 대응했을 가능성이 크다는 점에서, 왕망고가 자신의 공적을 내세우고자 본국에는 자신이 번병 모집을 주도했다고 보고했을 수도 있다.[16] 지금으로서는 양측 기록의 모순을 해결할 수 없지만, 중요한 것은 왕망고의 보고를 통해 여송이 협조적인 태도를 보인다는 소식이 명측에 전해졌고, 동시에 여송은 명에 사절단을 파견할 수 있는 명분을 얻었다는 점이다.

　라베자레스는 왕망고에게 명에 사절을 파견하겠다고 했고, 왕망고가 이에 동의하자[17] 아우구스티노회 수사 마르틴 데 라다Martín de Rada를 총지휘관으로 임명했다.[18] 그리고는 사절단에게 만력제, 유요회, 교무경에게 보내는 서신과 선물을 전달하고, 명과의 우호를 성사시켜 중국 본토에 스페인인이 정주할 수 있는 항구의 할양 및 선교와 교역의 허가를 받아 오라고 지시했다.[19] 1575년 6월 12일(음력 5월 5일), 라다 일행은 왕망고와 함께 마닐라에서 출발했고,[20] 6월 20일(음력 5월 13일) 왕망고는 교무경에게 문서를 작성해서 보냈다.[21] 6월 26일(음력 5월 19일) 루손섬에서 출발한 이들은[22] 7월 5일(음력 5월 28일) 복건 하문도에 위치한 중좌소中左所에 도착했다. 다음 날인 7월 6일(음력 5월 29일)에 오서수채협총 유란劉鸞을 접견했는데,[23] 유란은 사절단 일행의 어깨에 비단을 두르고 '은꽃'을 꽂는 의례를 행했다.[24]

　유란의 접견 과정에서 진행된 이러한 의례와 비슷한 의례는 이후로도 계속되었다. 7월 8일에는 중좌소 건너편에 있는 천주부 동안현의 지방관인 지현知縣과 접견했는데, 지현은 이들에게 비단을 두르게 했다.[25] 7월 9일(혹은 11일) 천주에서 교무경과 접견할 때도 이들은 비단과 은꽃을 받았다.[26] 7월 19일 유요회와의 만남에서도 사절단은 모두 무릎을 꿇고 인사하는 의례를 행하고, 그때마다 복건 관료들로부터 비단과 은꽃을 선물 받았다.[27] 유요회 역시 음력 6월 19일(양력 7월 19일)에 여송국 사절에게 견단絹段과 화홍花紅을 주었다고 기록하였다.[28] 화홍은 경사가 있을 때 이를 치하하는 의미에서 머리에 꽂는 은꽃을 뜻한다.[29] 스페인 측 기록에 의하면 사절단이 비단을 몸에 두르는 것을 싫어한다는 사실이 알려지면서, '홍천도Inzuanto' 교무경, '군문Combun' 복건순무 유요회, '제독Teutoc'과의 접견부터는 비단을 두르지 않는 것으로 바뀌었다고는 하지만, 사절단을 접견한 고위관료들은 대체로 견단과 화홍을 건네는 의례를 거의 동일하게 수행했다는 사실을 알 수 있다.[30] 견단과 화홍은 명을 방문한 외국 사절단에 대한 환영의 표시였다.

이와 유사한 사례는 조선 사절단의 행적에서도 확인할 수 있다. 1574년(만력 2) 성절사 서장관 허봉許篈과 질정관 조헌趙憲의 기록에 의하면, 요동성에 머물던 성절사의 지시에 따라 통사 송대춘宋大春과 이정민李廷敏이 산동순안어사 곽사극郭思極에게 포로로 붙잡혔던 중국인과 관련 문서를 인도하자, 곽사극이 두 통사에게 "어깨에 비단을 걸고 관모 정수리에 꽃을 꽂았다掛段肩上, 揷花帽頂"고 전한다.[31] 성절사가 "많은 피로인을 해송하였기"에 이러한 의례가 이루어진 것이었다.[32] 라다 사절단이 임봉의 부하들을 송환한 것도 이와 비슷한 사례라고 할 수 있다.[33] 견단과 화홍 의례는 외국인이 중국인을 송환한 데 대한 답례였던 것이다.

교섭의 진행 과정

사절단은 두 차례 만남에서 유요회에게 정주 항구 할양과 통상 허가 등의 요구사항을 제시했으나, 유요회는 관련 사안을 황제에게 보고할 예정이며 임봉이 생포된 후에야 수도승들이 중국에 체류할 수 있으니 귀국하라는 내용만 전달했다.[34] 반면 복건 당국자들은 사절단과의 만남을 통해 체류의 가능성을 내비쳤다. 유요회의 지시에 따라 8월 9일 교무경은 사절단과 몇몇 관료를 '감군도監軍道 아문'[35)]으로 소집했고, 8월 12일에 순안어사 손종孫綜이 사절단을 만났다.[36)] 감군도 아문에서 열린 회의에서 사절단은 명과의 '우호amistad'와 '평화paz'를 희망한다고 표명하며 신부들이 중국어를 배울 수 있도록 체류 허가를 요청하고, 동시에 교역 항구 할양과 교역 및 선교 허가도 요구했다. 《명실록》에 기록된 스페인 기록에 의하면, 이 자리에서 흥천도 교무경[insuanto quian], 감군도 부사 육상유陸相儒[canpunto dihoc], 순해도 도유학陶幼學[funayto to]은 임봉을 생포하게 되면 항구 할양이 가능하다고 약속했다.[37)] 항구 예정지로는 해징현 인근 태무산太武山이 지정되었다.[38)] 태무산은 당시 루손으로 가는 항로의 출발 지점이라서 선정된 것으로 보인다.[39)]

스페인 사료에는 등장하지 않지만 회의에는 천주부해방동지泉州府海防同知 육일봉陸一鳳도 참석했다. 그의 묘지명에는 이때의 회의 내용 일부가 수록되어 있다. 묘지명에 의하면 여송 사절단은 임봉의 부하들을 복건 당국에 양도한 후, 섬라暹羅 및 진랍眞臘과 비슷한 수준의 입공入貢을 복건 당국에 요청했다. 이에 대해 육일봉은 "소이小夷가 작은 공순恭順함을 보였다 하여 대홍려大鴻臚를 더럽힐 수 없다"는 이유로 거절하며 여송을 '기미羈縻'할 것을 주장했고, 복건 당국은 그의 의견을 최종적으로 채택했다.[40)]

실제로 복건 당국은 의결사항에 따라 여송 사절단의 방문 목적과 내용을 축소하여 보고했다. 유요회의 상주문에 의하면, 접견 이후 복주부 당국은 사절단에 연회를 베풀고, 이후 포로 임봉춘林逢春과 안우겸顔祐謙을 심문했다.[41)] 또한 '마력진馬力陳', 즉 마르틴 데 라다 등도 심문했는데, 유요회 상주문에는 라다 일행이 "도적을 잡아 명 조정에 공헌하려 했다"고 진술했을 뿐 항구나 통상 요구에 관한 내용은 전혀 언급되지 않았다.⁴²⁾ 이는 회의에서 육일봉의 주장이 실제로 채택되었고, 유요회가 관료들의 의견에 따라 북경에 여송의 입공 요청을 보고하지 않았음을 보여 준다. 이후 육상유는 유요회의 지시에 따라 복건포정사, 복건안찰사, 복건총병관 등과 회동하여 임봉춘 등을 심문하고, 유요회에게 문제가 없다고 보고했으며, 유요회는 다시 육상유에게 손종의 검토를 받으라고 지시했다.⁴³⁾

반면 복건 당국이 사절단 방문에 대한 답신으로 필리핀 총독에게 보낸 서신에는 '입공'에 관한 복건 당국의 의견이 기재되어 있다. 이 의견을 라베자레스의 후임으로 1575년 필리핀 총독으로 부임한 프란시스코 데 산데Francisco de Sande가 1576년 6월 7일 자로 펠리페 2세에게 보낸 서신에서 확인할 수 있다.⁴⁴⁾ 그는 서신에서 "중국에서 온 홍천도의 서신을 보면 저들은 야만인이고 우리에 대해 저들이 알고 있는 사실은 우리 인원이 많아야 200명이라는 것, 트리부토tributo가 무엇을 뜻하는 말인지 제가 모른다는 것, 그리고 작년(1575) 제가 (필리핀에) 오기 전에 (사절단이) 그들에게 가져간 선물이 관청에 보관되었다는 것을 말하고 있다"고 언급하고 있다.⁴⁵⁾ 산데는 "(산데 본인이) 트리부토가 어떤 건지 모른다"고 교무경이 말했다고 하지만, 사실 이는 전임 총독 라베자레스가 트리부토, 즉 명에 조공하는 것이 무엇인지 모른다고 교무경이 라베자레스를 질책한 것이다. 앞서 "소이가 작은 공순함을 보였다 해서 대홍려를 더럽힐 수 없다"라는 육일봉의 언급처럼, 라다 사절단의 파견이 명이 주변 국가에 요구하는 입공 절차에 어긋났음을 시사한다. 나아가 이는 라다 사절단의 파견 행위 자체를 복건 당국은 입공 시도 행위로 해석했다는 것인데, 이는 라베자레스 등 스페인인들이 '선물presente'이라고 표현한 것을 교무경은 '공물tributo'로 보았다는 점에서 잘 드러난다.⁴⁶⁾

또한 교무경이 라베자레스에게 보낸 서신에서도 교무경이 '공물'의 의미가 무엇인지를 라베자레스에게 전하였다는 것을 확인할 수 있다. 사절단 수행 신부 미겔 데 로아르카Miguel de Loarca의 기행문에는 '중국 복건성 아문에서 보낸 흥천도의 서신Carta del Inzanton de China de la provincia de Oquiam de la Casa real'(이하 '흥천도 서신')과 '복건성 아문에서 보낸 대명大明의 서신Carta de Jaybin en la provincia de Oquiam de la casa real'(이하 '대명 서신')이 수록되어 있다.[47] 우선 '흥천도 서신'은 교무경이 라베자레스에게 보낸 것으로 '만력 3년 음력 8월'에 작성되었다.[48] 라다 일행은 귀국을 위해 1575년 8월 31일(음력 7월 26일) 중좌소에 도착하고 9월 14일(음력 8월 11일)에 중좌소에서 출항한 점으로 보아, 교무경은 출항 전인 1575년 음력 8월 1~11일에 서신을 작성한 것으로 보인다.[49] 서신 가운데 입공에 관한 부분은 다음과 같다.

> 우리는 비록 서로 다르지만 같은 한 부모의 자식입니다. 이 때문에 우리는 친구나 형제처럼 귀하를 사랑합니다. 이와 같은 식으로 우리는 류큐Leuquios에서 오는 외국인과 우호amistad를 맺고 있으며 우리도 그들과의 우호를 바랍니다. 그들은 마치 친구처럼 이곳 복건성provincia de Oquiam에 3년에 한 번 옵니다. 그들은 우호의 표시로 이곳엔 없지만 자신들의 땅에서 나는 물건을 우리에게 가져오고, 우리는 그들이 사는 곳에 없는 물건을 줍니다. 그리고 귀하는 우리 땅에 올 외국인에게 우리가 호의를 베풀고 환영한다는 것을 잘 알 것입니다.[50]

교무경은 직접적으로 '트리부토'를 거론하지 않았지만, 류큐 조공 사절이 3년마다 복건에 와서 토산품과 중국 물품을 교환하는 것이 '우호'를 체결하는 방식이라고 설명함으로써, 입공이 무엇이고 명과의 관계 수립을 어떻게 해야 하는지를 라베자레스에게 알려 준 것이었다.[51] 또한 육일봉이 섬라나 진랍과 같은 입공을 여송이 요구한다고 언급한 점에서 교무경 역시 여송이 입공을 요구한다고 인지하고 류큐의 입공 사례를 언급했음을 알 수 있다.[52]

복건 당국이 여송의 입공 요구를 거절하고 조정에 해적 생포 사실만을 보고한 근본 원인은 '대홍려를 더럽힌다'는 것이었다. 대홍려는 외국 사절의 접객과 의례를 담당하던 직책이다.[53] 이는 여송의 입공을 허락하여 조정으로까지 사절단을 보낼 필요가 없다는 것을 말한다. 《대명회전大明會典》에서 여송은 정기적으로 입공하는 국가도 아니었으며, 조공 사절 파견도 100년 이상 없었다.[54] 때문에 복건 당국은 외교적으로 중요성이 없는 국가 여송의 입공을 받아들일 필요가 없었으며, 교류가 없다가 돌연 사절단을 파견한 점을 의심하기도 했을 것이다.

사절단이 복주에 있었을 때, 한 해적이 해안에 출몰했다는 소식이 전해지자 유요회는 왕망고와 임필수에게 라다 일행이 임봉의 첩자가 아니냐며 추궁하기도 했다.[55] 그도 그럴 것이 가정 연간 대규모 왜구 사태를 겪으면서 명은 중국인과 왜구, 그리고 '불랑기인佛郎機人(스페인인과 포르투갈인)'들의 결탁을 예의주시하였기 때문이다.[56] 포르투갈인이 말라카를 점령하는 등의 소동을 일으키자 명은 이들의 입공을 거부한 적도 있었다.[57] 한편, 유요회가 사절단 귀국 호송 임무에 소악邵岳을 총책임자로 선발한 것도 이러한 의심과 관련 있는 것으로 보인다.[58] 소악은 일본 고토五島를 점령한 해적 왕직王直의 양자 모렬毛烈의 통사였으나 호종헌胡宗憲 휘하에 투항한 인물이었다.[59] 즉 해상 사정에 밝은 소악을 통하여 미지의 국가 여송을 정탐하려는 의도를 추측케 한다.

이렇듯 복건 당국에서는 여송이 입공을 허락할 만한 국가인가를 둘러싸고 갖은 추측과 논의가 오고간 가운데, 정작 필리핀 총독 측은 '트리부토'를 제공하여 명과 '우호'를 맺겠다는 의지를 보이지 않았다. 스페인인들도 '트리부토' 혹은 그것의 중국어에 해당하는 '공貢' 모두에 복종의 함의가 있음을 잘 알고 있었다. 당시 스페인어에서도 '트리부토'는 속국이 종주국에게, 혹은 약소국이 강대국에게 권위를 인정하는 증표로 제공하는 물품을 뜻했다. 앞에서 언급한 산데 서신에서도 "브루나이borney 국왕은 무슬림으로 이들(시암 국왕과 파타니 국왕)과 교통하며, 만약 우리가 이곳(루손)에 없었다면 필리핀제도는 자진하여 [브루나이 국왕에게] 복종하고 트리부토를 제공했을 것"이라는 구절이 기재되어 있어, '트리부토'에 '복종obedecer'의 함의가 있음을 알 수 있다.[60]

또한 라다 사절단은 명 주변 국가들이 명에 공물을 제공하는 방식으로 명과 '우호'를 맺었다는 것을 경험을 통해 알 수 있었기에 이런 방식으로 우호를 체결하려 하지는 않았을 것이다. 실제로 이들은 1575년 7월 18일, 복주 교외에서 "중국 왕에게 보낼 공물"로 소목brasil을 가져온 류큐 사절단의 수장 중 한 명을 만났다.[61] 이러한 상황을 고려한다면, 스페인인들은 류큐의 사례처럼 명에 '공물'을 제공하여 우호를 결성하는 방식을 선호하지 않았을 것으로 보인다. 심지어 산데를 포함한 필리핀 내 일부 스페인인은 중국을 정복하자고 주장하는 상황이어서, 중국에 공물을 바치는 '복종'을 하면서까지 우호를 맺고자 할 리가 없었다.[62] 입공 요청이라는 언사는 필리핀 당국의 의사를 중국어로 번역한 통사 가운데 누군가가 '입공'이라는 단어를 선택하여 문서를 작성한 것이 아니었을까 한다.

복건 당국의 답변

1575년 음력 7월, 유요회는 필리핀 총독과 명 조정에 각각 문서를 보냈다. 유요회가 필리핀 총독에게 보낸 서신은 앞서 언급한 로아르카 신부가 자신의 기행문에 수록한 '대명 서신'이다. 이 서신은 말 그대로 서신의 발신자가 "대명Taybin"으로만 기재되어 있지만, 스페인의 한 문서보관소에 소장되어 있는 동일한 내용의 서신 전사문을 통해 확인할 수 있다.[63] 전사문에는 발신자가 '복건성과 복주의 군문 혹은 부왕Combun ó Viso-Rey de la Provincia de Hoquian y Ciudad de Hucheo'으로 기재되어 있다. 편의상 이 서신을 '군문 서신'이라 부르겠다. '군문 서신'의 작성 연도는 1580년으로 전해지지만, 내용은 1575년 로아르카 신부가 필사한 '대명 서신'의 그것과 같다.[64] 또한 '군문 서신'의 수신자 역시 '대명 서신'과 같이 "Baʃar", 즉 라베자레스로 기입되었다.[65] 이 점에서 '군문 서신'은 '대명 서신'과 동일한 원문을 필사한 것으로 확인된다.

그런데 '대명 서신'에는 빠졌지만 발신자의 정체를 알려 줄 중요한 정보가 '군문 서신'에는 포함되어 있다. '군문 서신' 첫머리에 "순해도 부사巡海道副使Cñhayto Usay 도유학Toyohuac, 군지휘관 혹은 재정담당자 (감)군도 부사Cunto Usay[66] 육상유Lioc Çiançu, 흥천도 참의Enchando chiamgui 교무경Quiau Bonqueng, 이 세 사람은 이 서신을 작성하여 루손 섬에 보내어 마닐라의 카피탄 바사르capitan Bafar에게 드린다"는 구절이다.[67] 즉 '대명 서신'은 명목상 유요회가 라베자레스에게 보낸 것이지만, 실제 서신 작성자는 교무경, 육상유, 도유학이었던 것이다. 앞서 살펴보았듯이, 이들은 사절단과 교섭을 수행한 복건 관료였다. 이 점에서 이들이 서신을 작성한 것도 당연한 일이었을 것이다.

또한 서신 내용을 통해 작성 시기도 추측해 볼 수 있다. '군문 서신'과 '대명 서신'(이하 '두 서신') 최하단에는 서신의 작성 일자가 '황제 성휘姓諱 만력 3년 음력 7월'로 적혀 있다.[68] 여기에는 날짜가 적혀 있지 않아 정확히 언제 이 서신이 작성되었는지는 모르지만, 두 서신에 복건 당국이 사절단에게 준 선물 목록이 있어 대략적으로 추정해 볼 수 있다. 서신에는, '군문'은 신부 2명에게 각각 비단 8필, 말 1필, 비단양산 1개, 로아르카 신부 등에게는 비단 4필, 말 1필, 비단양산 1개를 주었다고 기재되었다.[69] 로아르카는 1575년 8월 20일(음력 7월 15일) 감군도 Cagotoc 육상유의 관청에서 이러한 선물을 받았다고 기록했다.[70] 이를 통해 '대명 서신'은 1575년 음력 7월 15일부터 사절단이 복주를 출발한 음력 7월 18일[71] 사이에 작성된 것으로 추정할 수 있다.

필리핀 당국과 명 조정 양측에 유요회가 보낸 문서들을 서로 비교하면 내용은 대체로 비슷하다. '대명 서신'과 '군문 서신'에는 왕망고가 여송에 파견되었고 스페인군과 임봉을 협공했다는 사실, 유요회가 여송 사절단을 접견하면서 견단과 화홍을 선물했으며 라다 일행으로부터 선물을 받았다는 사실, 소악 등이 사절단을 여송까지 호송했다는 사실, 임봉을 생포할 경우 처리할 사안 등이 담겨 있다. 유요회가 조정에 보낸 상주문 〈유이초적첩음소諭夷剿賊捷音疏〉에도 이와 비슷한 내용이 담겨 있다.[72] 특히 라다 일행이 유요회에게 준 선물 내역이 두 서신은 물론 〈유이초적첩음소〉에도 기재되어 있는데, 각 내역을 비교하면 물품명, 물품 개수, 물품 배열 순서가 완전히 일치한다는 것을 알 수 있다. 7월 19일(음력 6월 12일) 접견 당시 사절단이 유요회에게 '선물 내역을 기록한 문서la memoria del presente'를 제출했다는 것으로 미뤄볼 때,[73] '대명 서신' 및 '군문 서신'과 〈유이초적첩음소〉 모두 사절단과 유요회가

만난 직후 거의 동시에 비슷한 내용으로 작성되었음을 알 수 있다.[74]

주목할 것은 임봉을 생포할 경우 복건 당국이 취할 대응에 관한 부분이다. 필리핀 당국에 보낸 문서에서 유요회는 "만약 귀하가 임봉을 생포하면 우리 군문이 국왕(황제)에게 전갈을 보내어 카스티야인이 항상 환영받을 것이고, (카스티야인이) 원하는 곳에 머물고 적당한 것들을 팔고 거래하고 구입할 수 있도록 하겠다"고 라베자레스에게 약속한다.[75] 반면 〈유이초적첩음소〉에는 '여송 국주國主가 바친 방물'을 포정사 창고에 보관했다가 여송이 임봉을 생포하거나 사살할 때, 조정이 '통공'을 허락하면 진상하겠다고 기재되어 있다.[76] 정리하면 필리핀 총독과 북경 조정에 보내는 문서 모두 임봉의 생포 혹은 사살이라는 조건이 충족되어야 스페인인의 요구사항을 수용할 수 있다고 동일하게 기록되어 있다. 다만 전자에서는 조건이 성립되면 상시적인 체류와 교역을 약속하지만, 후자에서는 1575년에 한해 일시적인 '통공'만을 허용하겠다고 언급한 점에서 차이가 있다. 이는 육일봉의 주장에 따라 여송에게는 섬라와 진랍에게 하는 것처럼 상시적인 '입공'을 허락하지 않고 '기미'에 그치겠다는 복건 당국의 결의가 상주문에 반영된 것으로 볼 수 있다.

필리핀 당국과 북경 조정에 다른 말을 전한 유요회의 의도는 과연 무엇이었을까? 이 궁금증을 해결할 단서로 필리핀 당국에 보낸 문서의 작성자를 주목해 볼 필요가 있다. 이 문서는 실질적으로 도유학, 육상유, 교무경 3인이 작성했다는 점에서 유요회의 의견이 정확하게 반영된 것은 아니라고 가정할 수 있다. 그렇다면 군문이 스페인인에게 원하는 곳에 머물며 팔고 거래하고 구입할 수 있도록 해 주겠다는 유요회의 약속은 사실 이 3인의 의견이었을 것이다. 태무산이 스페인인들의 정주지로 지정되었다는 언급 역시 이 3인과의 교섭 과정에서 등장한 것으로 보인다. 특히 로아르카는 중국과 '우호'를 맺게 되면 스페인인이 복건에 거주할 것을 대비하여 복건에 소재한 항구에 관한 정보를 기록했다는 점에서, 실제로 사절단과 이 3인 간에 항구 교섭이 진지하게 이루어졌다고 보인다.[77] 게다가 교무경은 사절단에게 다음과 같은 이야기를 전하고 있다.

> 저 땅(중국)의 부왕el Virrey 홍천도Inssuanto는 그들(사절단)을 (중국에) 남겨 두지 않았으며, 중국 왕el Rey은 위대한 주인이시며 사절단은 (스페인) 국왕 전하의 서신을 가져오지 않았기 때문에, 필리핀으로 귀환하여 노략과 전쟁을 하며 돌아다니는 해적 임봉을 데려오거나 국왕 전하의 확신이 담긴 서신이 있으면 (우호 결성을) 할 수 있다는 것, 그리고 중국인도 기꺼이 에스파뇰인을 형제로 생각하고 (에스파뇰인들에게) 중국어를 배우고 복음을 전파할 기회를 줄 것이라고 말하였습니다.[78]

여기에는 홍천도가 임봉의 생포 외에도 스페인 국왕의 서신을 가져오면 '우호'의 결성이 가능하다고 언급했음을 알 수 있다. 이는 임봉 생포라는 조건 외에도 '불랑기왕'의 '표문'을 지참해 황제에게 제시할 경우 관계 결성이 가능하다는 것을 말한다. "대홍려를 더럽힌다"는 말은 명측이 제시한 조건, 특히 표문 지참이 없었기에 섬라와 진랍 수준의 입공을 여송에게 허용하지 않았음을 시사한다.

그러므로 교무경 등은 명이 외국에 요구하는 의례와 문서가 갖춰진다면 복건 당국은 필리핀 당국 혹은 스페인 본국과 명과의 우호 결성을 돕겠다는 의도가 있었다는 것을 짐작할 수 있다. 결국 유요회는 조정에 교섭의 진행 과정과 현황 위주로 보고한 반면, 교무경 등은 양측의 관계 발전에 필요한 절차와 전망까지 필리핀 당국에 제시한 것이었다.

'공순'한 '여송'의 탄생과 그 허상

이후에 유요회는 다시 사절단의 귀환에 관한 내용을 조정에 보고했다. 이 상주문은 유요회의 문집 《독무소의》 가운데 '여적미진걸행전초병감공급소餘賊未殄乞行專剿并勘功級疏'라는 이름으로 수록되어 있다. 여기에서 유요회는 조정의 지시에 따라 여송 번인番人 마력진馬力陳 등을 후하게 대접한 후, 1575년 음력 8월 소악과 왕망고 등이 사절단을 호위하여 여송으로 귀환시켰다고 보고했다.[79] 또한 유요회는 "사절단이 진공한 방물은 따로 상주문을 작성하고 관원을 차출하여 대신 진공하겠다"고 언급했다.[80]

이 보고는 《명실록明實錄》 1576년(만력 4) 음력 정월 25일 자 기사에도 수록되어 있다. 주목할 점은 《명실록》 기사에는 유요회의 원 상주문에는 없는 내용이 추가되어 있다는 점이다. 기사에 의하면 "여송은 공국貢國이 아니지만 의를 흠모하여 황제를 알현[慕義來王]할 수 있으니 진헌한 방물은 대신 진상"하겠다고 작성되어 있다.[81] 즉 이 내용은 상주문이 황제에게 도달하기 전에 조정 관료들에 의하여 추가되었거나, 《명실록》을 작성한 이들에 의해 추가되었을 수 있음을 시사한다.

그렇다고 하여 '모의내왕慕義來王'이 아무런 근거 없이 《명실록》에 수록된 것은 아니었다. 소악 등이 복건으로 귀환한 이후, 유요회는 또 다른 상주문을 작성하여 이들의 귀환을 보고했다.[82] 상주문에서 유요회는 임봉은 도주했지만 그의 조직이 완전히 와해되었기에 천호千戶 소일우蕭一愚를 보내어 여송이 가져온 방물을 대신 진헌하겠다고 밝혔다.[83] 그런데 상주문에는 소악 등이 라다 일행을 필리핀에 데려다주고 포상하자 '번인'들이 '모의감격慕義感激'하여 수급과 포로를 전달하여 "목숨 바쳐 도적을 죽인 성의를 보였다"는 소악·왕망고·임필수 등의 진술도 기록되어 있다.[84] 사실 이러한 언급을 스페인인들이 실제로 했을 리는 없었으며, 실제로 스페인인들이 이런 언급을 했다는 것을 기록한 사료도 당연히 없다. 소악 등은 자신의 공적을 내세우고자 '모의감격'이라는 말을 지어 냈을 것이며, 유요회는 이를 그대로 조정에 올렸던 것이다.

그로부터 15일 후인 9월 22일, 예부가 여송을 포상할 것을 건의하였고 만력제는 재가했다.[85] 만력제가 내린 재가의 구체적인 내용은 "홍무연간례洪武年間例에 따라 여송을 포상하고, 추장酋長은 공이 있으니 가상加賞"하라는 것이었다.[86] 이에 따라 금 2단과 저사紵絲·사라紗羅·금견錦絹 28필단이 복건을 통해 여송에 전달될 예정이었다.[87] 같은 날 임봉 토벌에 관여한 관료들에게 조정은 승진 및 포상 조처를 수행하였다. 유요회는 첨도어사僉都御史에서 우부도어사右副都御史로 승진되었고, 복건 총병 호수인胡守仁, 교무경, 도유학 등에게도 포상 지시가 하달되었다.[88] 이날의 조처를 통해 임봉 토벌이 공식적으로 종결되었지만 포상품의 전달은 순조롭지 않았다.

예부의 자문을 받은 유요회는 포정사에 사안을 논의하고 내용을 보고하도록 지시했다.[89] 우포정사 유계문劉繼文은 교무경 등과 사안을 논의했다.[90] 그 과정에서 교무경은 "추장목슬酋長目瑟[91]이 본국 간세랍干

世蠟[92])으로 귀국하였고, 차추감보次酋鑒寶[93])는 전투와 무관한 일로 사망했으며 신립추장신요리자新立酋長新堯里仔[94])는 토벌과 무관하기에 은전恩典을 남발해서는 안 된다"고 주장했다.[95]) 즉 라베자레스는 카스티야로 복귀하였고, 살세도는 사망하였으며, 새로 온 '세뇨리아' 산데는 토벌과 무관하기에 상을 줄 필요가 없다는 말이었다. 이로써 유계문 등은 유요회에게 포상 중지를 건의했다.[96]) 유요회는 포정사에 포상품을 보관하게 하고 조정에 지시를 문의했다.[97]) 그러나 유요회는 "비록 소국의 번인임에도 임봉 공격에 병력을 제공한 공이 있어 충용忠勇함이 가상"하며 또한 이미 황명이 내려진 만큼 포상을 계속할 것을 피력했다.[98]) 당시 유요회는 혁직된 상태였기에,[99]) 그는 후임 순무 방상붕龐尙鵬을 통해 포상을 진행할 것을 요청했다.[100]) 실제로 유요회의 건의가 이행되었는지 여부는 불분명하다. 다만 만력 4년 여송국에 대해 정상正賞과 조선국송회인구례朝鮮國送回人口例에 근거한 가사加賜가 이뤄졌다는 만력《대명회전》의 기록으로 보았을 때, 유요회의 의견대로 포상은 그대로 진행된 것으로 보인다.[101])

　1570년대 명은 여송의 정체를 제대로 알지 못했다. 라다 사절단을 파견했던 여송은 200년 전의 여송이 아니었다. 이는 사절단을 실제로 접했던 복건 당국자들도 알고 있었을 것이다. 이 점은 필리핀 당국자들과 교섭이 순조롭게 이루어지지 못한 요인 중 하나였다.

　스페인인들은 중국과의 교역을 원했을 뿐 명측에 자신들의 '공순' 혹은 '충순'을 보여 주려는 의도는 애초에 없었다. 반면 명 당국자들은 여송이라는 실체 불명의 '소이'가 수백 년 만에 '모의'의 마음을 품고 다시 찾아와 입공한다는 것에 환호하였다. 그러나 이는 어디까지나 복건 당국이 만든 허상의 공순이 가져다 준 환호에 불과했다.

1575년 사례를 통하여 공순이란 한낱 문서상의 허상이라는 것이 폭로되면서, 향후에는 '공순'의 다양한 사례가 더 검토되어야 한다는 과제가 새로 주어지게 되었다. 아울러 '공순'의 모범으로 조선이 소환된 사례들의 맥락도 추적할 필요가 있다. 조선 초기에는 명이 조선의 무례함을 문죄하겠다는 험악한 상황이 전개된 것을 고려하면, 특정 국가에 대한 공순이라는 형용사도 상황에 따라 바뀔 수 있다는 것을 알 수 있다.[102] 중요한 것은 명이 제3국과의 관계에 있어 공순의 모범 조선을 소환한 맥락 자체를 봐야 한다는 것이다.

주

01 명사의 조선 사행

명의 조선 사행 인원 : '제국의 중개인'

1) 로이드 이스트만, 이승휘 옮김, 《중국사회의 지속과 변화, 1550~1949》, 돌베개, 1999, 제6장. 이 책의 원서는 1988년 출간되었으며 제목은 *Family, Fields, and Ancestors: Constancy and Change in China's Social and Economic History, 1550~1949*이다.

2) 조영헌, 《대운하와 중국 상인: 회·양 지역 휘주 상인 성장사, 1415~1784》, 민음사, 2011, 머리말과 맺음말 참조.

3) 볼프강 라인하르트, 〈서문〉, 이리에 아키라·위르겐 오스터함멜 총괄 편집, 볼프강 라인하르트 책임 편집, 이진모·공원국 옮김, 《하버드-C. H. 베크 세계사: 1350~1750, 세계 제국과 대양》, 민음사, 2020, 37~38쪽.

4) 조영헌·윤형진·송진·손성욱·류준형·김한신·고명수, 《중국사를 꿰뚫는 질문 25: 제국의 문화, 열림과 닫힘》, 아르테, 2025, 〈5. 당대 환관, 그들은 역사 속 악인에 불과한가?〉, 93~109쪽.

5) 조선에 파견된 명사明使 명단과 시기에 대한 정리는 정은주, 《조선시대 사행기록화: 옛 그림으로 읽는 한중관계사》, 사회평론, 2012, 582~589쪽을 참조.

6) 김송희, 〈조선 초기 대명외교에 대한 일 연구—대명사신과 대명사신 영접관의 성격을 중심으로〉, 《사학연구》 55·56합집, 1998.

7) 劉爲,《淸代中朝使者往來硏究》, 黑龍江敎育出版社, 2002, 47~48쪽.

8) 가령 명은 류큐의 상충尙忠(1440~1444)을 책봉하면서 육과六科의 급사중給事中을 정사正使로, 행인사行人司의 행인行人을 부사副使로 하는 것이 관례였는데, 육과급사중의 관품은 종7품이고, 행인의 관품은 정8품이었다. 청대가 되면 정사와 부사에 종5품의 한림원시강翰林院侍講과 종6품의 찬수修撰 혹은 정7품의 편수編修 등을 파견했다. 월남越南(베트남)에 책봉사冊封使를 파견할 때도 보통 종5품에서 정·종7품에 해당하는 낮은 관직의 관리를 파견했다. 이에 대해서는 赤嶺守·陳龍貴 主編,《册封使行列圖》, 臺北: 國立故宮博物院, 2016,〈解說〉참조.

9) 김경록,〈조선 초기 對明외교와 외교절차〉,《韓國史論》44, 2000, 47~50쪽. 영·정조 연간에는 청에서 파견한 청사淸使를 대청 외교 교섭의 창구로 활용했다. 청 사신과 우호를 다지면서 조선 사신으로 하여금 북경에서 이들을 방문하여 교섭을 진행하도록 한 것이다. 이에 대해서는 김창수,〈17~18세기 조선 사신의 외교 활동과 조선·청 관계 구조〉,《조선시대사학보》88, 2019, 94~103쪽 참조.

10) 구범진,《청나라, 키메라의 제국》, 민음사, 2012; 구범진,〈淸 乾隆 연간 外藩 宴禮의 변화와 乾隆의 '盛世'〉,《역사문화연구》68, 2018 등 참조.

11) 대표적으로 김구진,〈조선 전기 한·중관계사의 試論—조선과 명의 使行과 그 성격〉,《홍익사학》4, 1990, 16~27쪽. 이러한 착오는 후대에 정리된《통문관지通文館志》의 영향이 크다.《통문관지》는 숙종 시기에 간행된 것으로, 명이 아니라 청 시기의 결과물이기에 조명관계에 적용할 때는 주의가 필요하다.

12) 정은주,〈명청교체기 對明 海路使行기록화 연구〉,《명청사연구》27, 2007.

13) 김우진,〈명·청교체기 昭顯世子의 책봉 전개와 특징〉,《(2025년도 장서각 학술대회)외교 문헌을 통해 본 조선의 이상과 현실》(2025년 9월 12일) 발표문, 47~51쪽. 인조반정 후 1625년 왕세자 책봉을 받은 소현세자가 명으로부터 세자의 정식 승인을 받은 것은 9년 후인 1634년의 일이었는데, 당시 해로를 통해 한양에 입경한 환관 명사인 노유령은 고압적인 자세로 의례儀禮를 문제삼거나 탐욕적인 자세로 회례回禮를 강요했다. 이는 이후 본문에서 언급한 환관 칙사의 대표적인 행태가 명 말기까지 지속된 사례이다.

14) Sixiang Wang, "Korean eunuchs as imperial envoys: relations with Chosŏn through the Zhengde reign", Swope, Kenneth ed., The Ming World(Abingdon, Oxon; New York, NY:

Routledge, 2020), p. 467.

15) 《중종실록》 권76, 중종 28년 10월 9일.

16) 정구선, 〈鮮初 조선출신 明 使臣의 행적〉, 《경주사학》 23, 2004, 116쪽.

17) 정동훈, 《황제의 말과 글: 조선을 대하는 명나라 황제의 두 얼굴》, 푸른역사, 2023.

18) 정동훈, 〈洪武帝의 명령이 고려에 전달되는 경로―聖旨의 문서화 과정을 중심으로〉, 《東洋史學研究》 139, 2017a; 정동훈, 〈永樂帝의 말과 글―영락 연간 조선-명 관계의 두 층위〉, 《한국문화》 78, 2017b.

19) 조영록, 〈선초의 조선출신 明使考〉, 《國史館論叢》 14, 1990, 110쪽.

20) 馬志興, 〈明朝遣往朝鮮使者身份研究〉, 吉林大學碩士學位論文, 2011.

21) 전순동, 〈명초 宦官의 外交 활동 실태와 그 성격〉, 《中國史研究》 77, 2012; 조영헌, 〈15세기 한중관계: 禮制的-元的 책봉·조공의 확립〉, 동북아역사재단 북방사연구소 엮음, 《조선시대 한중관계사》, 동북아역사재단, 2018; 菊池俊彥·中村和之 編, 《中世の北東アジアとアイヌ: 奴兒干永寧寺碑文とアイヌの北方世界》, 東京: 高志書院, 2008.

22) Shih-shan Henry Tsai(蔡石山), *The Eunuchs in the Ming Dynasty*(State Univ. of New York Press, 1996), pp. 119~140.

23) 濱下武志, 〈鄭和의 大航海와 海域世界〉, 《아시아 해상 실크로드와 교역항》, 2010년 국립해양문화재연구소·국립목포대학 도서문화연구원 국제학술대회, 2010, 55쪽.

24) 영락제는 황후 1인과 비빈 19명을 두었는데, 황비皇妃 19명 가운데 6명(현비顯妃 권씨, 여비麗妃 한씨, 순비順妃 임씨, 소의昭儀 이씨, 첩여婕妤 여씨, 미인美人 최씨)이 조선인이었다. 이들 6명은 모두 영락제 즉위 후 조선에 파견했던 환관 황엄黃儼이 태종 시기에 선발한 공녀였다(서인범, 《자금성의 노을―중국 황제의 후궁이 된 조선 자매》, 역사인, 2019, 61~103쪽). 당시 영락제의 비윤리적인 조선 공녀(처녀) 차출과 관련하여 명조 측의 기록은 거의 없으며, 《조선왕조실록》에 남겨진 기록을 통해 실상을 확인할 수 있다. 후단胡丹은 영락제가 조선에 조선 출신 환관을 보내면서 문서가 아닌 구전口傳으로 전하는 성지를 자주 사용했던 것은 황제의 권위를 추락시키는 조선에서의 공녀 차출이 문자 기록으로 남는 것을 원치 않았기 때문이라고 해석한다(후단胡丹, 이성희 옮김, 《명나라 후궁 비사》, 홀리데이북스, 2019, 268쪽).

25) '환관 외교eunuch diplomacy'라는 표현은 왕궁우Gungwu Wang가 사용한 후 광범위하게 확산되었다(Gungwu Wang, "Early Ming Relations with Southeast Asia; A Background

Essay World Order"에서 Fairbank, J. K. ed., *The Chinese World Order: Traditional China's Foreign Relations*(Cambridge, Harvard University Press, 1968)).

26) Shih-shan Henry Tsai, *The Eunuchs in the Ming Dynasty*, p. 119.

27) 북경 천도를 통해 조선과 명의 관계가 실질적인 '순망치한脣亡齒寒'의 관계로 밀착하게 된 과정 및 결과에 대해서는 이 책(1권)에 함께 실린 필자의 〈북경 천도를 통해 재편된 조명관계와 '순망치한'〉을 참조하라.

28) 《태조실록》 권10, 태조 5년 11월 9일;《세종실록》 권41, 세종 10년 9월 23일.

29) 이상균, 〈조선 전기 외국 使臣들의 金剛山 遊覽과 그에 따른 弊害 고찰〉,《사학연구》 101, 2011, 134~136쪽.

30) 《세종실록》 46권, 세종 11년 12월 13일.

31) 정동훈, 〈宣德帝의 말과 글―서울과 북경에서 바라본 황제의 두 얼굴〉,《한국문화》 87, 2019, 66~78쪽.

32) 《성종실록》 119권, 성종 11년 7월 17일.

33) 《세조실록》 46권, 세조 14년 4월 13일.

34) 《성종실록》 129권, 성종 12년 5월 22일.

35) Sixiang Wang, "Korean eunuchs as imperial envoys: relations with Chosôn through the Zhengde reign", pp. 468~475.

36) 후마 스스무夫馬進, 신로사 외 옮김, 〈사유구록使琉球錄과 사조선록使朝鮮錄〉,《조선연행사와 조선통신사》, 성균관대학교출판부, 2019, 93~100쪽.

37) 최근 청 강건성세康乾盛世의 세 황제인 강희, 옹정, 건륭 시기에 각 황제가 태감太監들을 제도적으로 어떻게 통제하려 했으며 얼마나 제도와 실제 사이의 괴리가 심화되었는지를 연구한 결과에 따르면, 청 전성기에도 명 시대만큼은 아니었지만 황제들은 환관 세력을 여전히 중용하며 일정한 권한과 임무를 부여했다. 특히 강희제의 후반기 황위 계승 분쟁이 심화된 이후 환관들이 청 황실 안에서 권력을 발휘할 수 있는 틈새는 더욱 확대되었다. 또한 환관들이 자금성 내부에서는 신분이 미미했지만 궁성 외부에서는 상당한 위세를 누린 경우도 많았다. 柯啓玄(Norman A. Kutcher), 黃麗君 譯,《盛淸統治下的太監與皇帝*Eunuch and Emperor in the Great Age of Qing Rule*》, 社會科學文獻出版社, 2024 참조. 하지만 그럼에도 불구하고 청 환관들의 활동 반경이 명의 환관처럼 외교 분야까지 확산된 사례는 거의 찾아볼 수 없다.

38) 후마 스스무, 〈사유구록使琉球錄과 사조선록使朝鮮錄〉, 718쪽.
39) 倪謙·張寧, 殷夢霞·于浩 엮음, 김한규 옮김, 《사조선록 역주(明使의 조선 使行錄) 2》, 소명출판, 2012.
40) 심경호, 〈《황화집》 서문과 기자 관련 창수에 나타난 조선 문신의 자주적 문명의식〉, 《藏書閣》 47, 2022, 9~15쪽.
41) 김한규, 《사조선록 연구: 송·명·청 시대 조선 使行錄의 사료적 가치》, 서강대학교출판부, 2011, 122~125쪽.
42) 이타쿠라 마사아키板倉聖哲, 〈셋슈雪舟가 본 동아시아〉, 《명대 서화예술의 전개와 확산》 (경기도박물관, 《明淸丹靑: 그림 같은 그림》 연계 국제학술대회 자료집), 2025, 80~81쪽.
43) 張寧, 〈명의 차례를 정해 주기를 청하는 題本〉, 《寶顔堂訂正方洲先生奉使錄》卷上, 김한규 옮김, 《사조선록 역주(明使의 조선 使行錄) 2》, 361~362쪽.
44) 沈德符, 〈朝鮮國詩文〉, 《萬曆野獲編》 권30, 中華書局, 1997, 786쪽.
45) 구범진 역주, 《이문 역주》(중), 세창출판사, 2012, 100~105쪽.
46) 《세조실록》 41권, 세조 13년 3월 10일.
47) 《明憲宗實錄》卷61, 成化4年 12月 26日, "巡按遼東監察御史侯英奏, 遼東連年被建州虜寇侵擾, 去歲東征, 至今瘡痍未起, 民窮財盡. 今復禾穡不登, 米價踊貴, 軍士缺食. 太監鄭同等所領隨從下人, 沿途勞費百端. 臣查得先年曾遣翰林院編修陳鑑等素有學行聞望者, 出使其國, 今同與安, 俱朝鮮人, 祖宗墳墓父兄宗族皆在其地, 於其國王未免行跪拜之禮, 進囑托之辭, 殊輕中國之體. 且朝鮮雖稱外國, 其人多讀書知禮, 苟使臣非人, 必為所輕. 伏乞追寢成命, 於翰林院官或六科給事中推選一員及行人司官一員, 往使為便. 會山東分巡遼海按察司僉事俞環亦以為言, 禮部以聞, 上曰, 英所言良是, 今後齎賞遣內臣, 其冊封等禮仍選廷臣, 有學行者充正副使, 庶不使中國大體, 而亦可服遠人之心."
48) 계승범, 〈16세기 초중반 한중관계의 이념성과 중층성〉, 동북아역사재단 북방사연구소 엮음, 《조선시대 한중관계사》, 동북아역사재단, 2018, 72쪽.
49) 13~14세기 힘에 기반한 원 제국의 무리한 간섭과 요구에 대해 고려가 무조건 '수용'만 한 것은 아니다. '고려의 전통 제도에 제국의 방법론과 관행을 접목'하는 '활용'과 '저항'이 공존하고 있었다. 이에 대해서는 이강한, 《어떤 제국과의 조우: 13~14세기 고려와 몽골 원元》, 경인문화사, 2024, 4~139쪽 참조.

50) 권인용, 〈16세기 중국사신의 조선인식―龔用卿의 《使朝鮮錄》을 중심으로〉, 박원호 외, 《15~19세기 중국인의 조선인식》, 고구려연구재단, 2005; 龔用卿, 《使朝鮮錄》, 김한규 옮김, 《사조선록 역주 3》, 소명출판, 2012, 102쪽.

51) 姜曰廣, 《輶軒紀事》, 김한규 옮김, 《사조선록 역주(明使의 조선 使行錄) 4》, 소명출판, 2012, 362쪽.

52) 董越, 《朝鮮賦》, 김한규 옮김, 《사조선록 역주(明使의 조선 使行錄) 3》, 소명출판, 2012, 9쪽.

53) 《선조수정실록》 권6, 선조5년 11월 1일.

54) 구범진, 〈淸의 朝鮮使行 人選과 '大淸帝國體制'〉, 《인문논총》 59, 2008; 구범진, 《청나라, 키메라의 제국》 제5장.

55) 일찍이 청의 외교적 관계를 이번원理藩院이 관할하는 '서북 초승달' 지역과 예부가 관할하는 '동남 초승달' 지역이라는 '이원 구조'론으로 설명하는 방식은 마크 맨콜 Mark Mancall의 *China at the Center: 300 Years of Foreign Policy*(Free Press, 1984)에서 처음 제시되었다.

56) 정동훈, 〈명초 국제질서의 재편과 고려의 위상―홍무 연간 명의 사신 인선을 중심으로〉, 《역사와 현실》 89, 2013. 흥미로운 주장이지만, 아직은 신중하게 접근해야 할 관점이다. 몇 가지 공통적인 현상으로 명의 대외정책을 일반화하는 것은 성급한 태도일 수 있기 때문이다. 다만 원의 외교적 유산이 강하게 남은 지역에 현지 출신을 뽑아 사신으로 파견하는 방식은 향후 다양하게 해석할 여지가 많다.

57) 후마 스스무, 《조선연행사와 조선통신사》 제2장, 3장, 제5장, 보론 1 등 참조.

58) 계승범, 〈명청시대 조선의 중국 사상 수용〉, 박장배 엮음, 《주제로 보는 조선시대 한중관계사》, 동북아역사재단, 2020.

59) 차혜원, 〈명 질서와 청 질서〉, 박장배 엮음, 《주제로 보는 조선시대 한중관계사》; 홍성구, 〈청 질서의 성립과 조청관계의 안정화: 1644~1700〉, 동북아역사재단 북방사연구소 엮음, 《조선시대 한중관계사》, 동북아역사재단, 2018, 194~197쪽.

60) 이명제, 〈강희 연간 淸使의 사행 기록과 조선 인식의 양상―揆叙와 阿克敦을 중심으로〉, 《韓國文化》 88, 2019, 66~67쪽.

61) 정혜중, 〈18세기 만주족 청과 조선의 교류〉, 동북아역사재단 북방사연구소 엮음, 《조선시대 한중관계사》, 237~239쪽.

62) David M. Robinson, *Martial Spectacles of the Ming Court*(Cambridge: Harvard University Asia Center, 2013).

63) David M. Robinson, "The Ming Court and the Legacy of the Yuan Mongols", *Culture, Courtiers and Competition*; *The Ming Court(1368~1644)*(Harvard University Press, 2008); 조영헌, 〈1522년 북경 會同館의 對朝鮮 門禁 조치와 그 배경〉, 《中國學報》 91집, 중국학회, 2020, 195~206쪽.

64) 우경섭, 〈17세기 전반 만주로 歸附한 조선인들―《八旗滿洲氏族通譜》를 중심으로〉, 《朝鮮時代史學報》 48집, 2009; 김선민, 〈朝鮮通事 굴마훈, 淸譯 鄭命守〉, 《명청사연구》 41, 2014.

《사조선록》에 나타난 명 사신의 조선 인상

* 이 글은 필자의 〈《使朝鮮錄》에 나타난 明 使臣의 朝鮮 認識〉(《열상고전연구》 80, 2023)을 수정 보완한 것이다. 《사조선록使朝鮮錄》은 베이징도서관출판사北京圖書館出版社에서 출간한 총서의 표제標題이자 공용경龔用卿의 사행록 표제이다. 본문에서 《사조선록》 총서는 《사조선록》으로 약칭하겠다. 또한 《사조선록》 총서에서 사행록을 인용한 경우 각 사신별 사행록의 서명으로 제시하겠다.

1) 《禮記》, 〈郊特生〉 8. "爲人臣者無外交 不敢貳君也."

2) 이하 본문에서 인용하는 명의 사신은 명의 문신 출신 사신이며, "명사"로 약칭한다.

3) 尹載煥, 〈董越의 〈朝鮮賦〉를 통해 본 中國 使臣의 朝鮮 認識〉, 《동방한문학》 53, 2012, 4~5쪽; 신태영, 《明나라 사신은 朝鮮을 어떻게 보았는가》, 도서출판 다운샘, 2005, 13~14쪽; 宋美玲, 〈明使 姜曰廣의 朝鮮 使行〉, 《동국사학》 57, 2014, 389~390쪽; 王克平, 《明朝與朝鮮的 詩賦外交研究》, 香港亞洲出版社, 2011, 43쪽, 53쪽 참조.

4) 예겸倪謙(1415~1479)·애박艾璞(1451~1513)·고천준顧天埈(1561~?)·정룡程龍(?~?) 등의 《황화집》은 후대에 간행되기도 했다.

5) 신태영, 《明나라 사신은 朝鮮을 어떻게 보았는가》, 22~23쪽 참조. 학계에서는 조선과 명의 외교를 '시부 외교詩賦外交'라고 명명하기도 한다. 조선의 인사들과 명의 문신 사신이 활발히 시문을 수창했기 때문이다.

6) 《사조선록》 총서에는 1582년 조선에 출사했던 황홍헌黃洪憲(?~1600)의 《조선국기朝鮮國紀》가 누락되었다. 《조선국기》의 내용이 다소 소략한 편이라 총서 간행 과정에서 의도적으로 제외된 것인지는 불분명하다. 《조선국기》 사례를 봤을 때 총서에 수록되지 못한 사행록이 추가로 발견될 가능성은 상존한다.
7) 김한규, 《使朝鮮錄 譯註》 1, 소명출판, 2012, 2쪽 참조.
8) 명사의 조선 인상과 관련해서는 《황화집》의 연구 성과도 중요한데, 주로 조선 문인과 명사에 대한 비교 분석 연구를 중심으로 진행되었다. 반면 《사조선록》에 대한 연구는 명사의 인식 분석의 비중이 높은 편이다. 논의를 집중하기 위해 《황화집》의 연구 성과는 생략하고, 《사조선록》과 관련해서 대표적 연구 성과를 살펴보면 다음과 같다. 辛承云, 〈倪謙의 《奉使朝鮮唱和詩卷》에 對한 硏究〉, 《書誌學硏究》 28, 2004; 이남종, 〈장녕張寧 《봉사록奉使錄》 詩文硏究〉, 《中國學報》 73, 2015; 尹載煥, 〈董越의 〈朝鮮賦〉를 통해 본 中國 使臣의 朝鮮 認識〉, 《동방한문학》 53, 2012; 尹載煥, 〈董越과 龔用卿의 比較를 통해 본 中國 使臣의 朝鮮 認識〉, 《한민족어문학》 68, 2014; 김문식, 〈明使 龔用卿이 경험한 외교의례〉, 《조선시대사학보》 73, 2015; 이창숙, 〈姜曰廣使行文學攷〉, 《奎章閣》 47, 2015; 宋美玲, 〈明使 姜曰廣의 朝鮮 使行〉, 《동국사학》 57, 2014; 柳昌辰, 〈16~17세기 중국의 대對 조선 사행록使行錄에 투영된 한·중 상호인식의 변용과 기억〉, 《중국인문과학》 70, 2018; 장안영, 〈17세기 명명 사신의 해로사행 체험〉, 《리터러시 연구》 12(2), 2021; 한명기, 〈17세기초 明使의 서울 방문 연구〉, 《서울학연구》 8, 1997.
9) '자순咨詢'은 원래 임금의 명을 받든 사신이 사방을 다니면서 선도善道를 두루 자문하여 임금에게 복명한다는 뜻인데, 사신이 지나가는 지역의 풍속, 산천, 정치 등까지 두루 자문하여 복명한다는 의미로 쓰인다.
10) [표 1]의 세부 내용은 김한규의 《사조선록 역주使朝鮮錄 譯註》의 '일러두기'와 2~4권의 해제를 참조했다.
11) 김한규, 《사조선록 역주》 3, 소명출판, 2012, 9~12쪽 참조; 尹載煥, 〈董越의 〈朝鮮賦〉를 통해 본 中國 使臣의 朝鮮 認識〉, 1~12쪽 참조; 尹載煥, 〈董越과 龔用卿의 比較를 통해 본 中國 使臣의 朝鮮 認識〉.
12) 《세종실록世宗實錄》 권127, 세종 32년 윤1월 19일(갑자甲子).
13) 徐居正, 《筆苑雜記》 卷2, "今讀待講遼海全編 只是平平之詩文耳 未見有洞瀁發越奇偉橫絶之辭."

14) 김한규,《사조선록 역주》2, 소명출판, 2012, 9~14쪽 참조; 辛承云,〈倪謙의《奉使朝鮮唱和詩卷》에 對한 硏究〉.

15)《세종실록》권19, 세종 6년 2월 6일(계축癸丑).

16) 김한규,《사조선록 역주》2, 355~359쪽 참조; 이남종,〈장녕張寧《봉사록奉使錄》詩文 硏究〉,《中國學報》73, 2015.

17) 김한규,《使朝鮮錄 譯註》3, 소명출판, 2012, 99~103쪽 참조; 尹載煥,〈董越과 龔用卿의 比較를 통해 본 中國 使臣의 朝鮮 認識〉.

18)《중종실록中宗實錄》권91, 중종 34년 윤7월 27일(임술壬戌).

19)《중종실록》권84, 중종 32년 3월 15일(갑오甲午).

20)《중종실록》권90, 중종 34년 4월 1일(무술戊戌).

21) 김한규,《사조선록 역주》4, 소명출판, 2012, 9~11쪽 참조; 柳昌辰,〈16~17세기 중국의 對 조선 사행록使行錄에 투영된 한·중 상호인식의 변용과 기억〉.

22) 정생화丁生花,〈주지번의 문학 활동과 한중 문화 교류〉, 서울대학교 석사학위논문, 2010, 89쪽 참조.

23) 회문시回文詩는 시를 첫머리나 뒤에서부터 거꾸로 읽어도 의미가 통하고 시법에도 어긋나지 않게 지은 한시를 말한다.

24) 탁자시拆字詩는 탁자拆字의 방식으로 지은 한시로, 수수께끼와 유희의 성질을 갖는다. '탁자'란 한자의 필획을 가감하여 편偏이나 방旁, 관冠, 각脚 등을 분해하거나 자체의 구성을 흩뜨린 후 이에 부회하여 길흉을 점치는 일을 말한다. 신지체神智體, 동파체東坡體 등으로 불리기도 한다.

25) 김한규,《사조선록 역주》4, 소명출판, 2012, 361~363쪽 참조; 이창숙,〈姜日廣使行文學攷〉,《奎章閣》47, 2015.

26) 이성형,〈永湖 趙曮의 通信使 使行文學 硏究〉,《漢文古典硏究》제35집, 2017, 94쪽.

27)《明 世宗實錄》卷5, 正德 16年 8月(신사辛巳);《明 憲宗實錄》卷61, 成化 4年 12月(壬子).

28) 倪謙,《遼海編》卷3, '朝鮮紀事.'

29)《세종실록》권126, 세종 31년 10월 25일(임신壬申).

30) 龔用卿,《使朝鮮錄》, '宿新安館.'

31) 柳昌辰,〈16~17세기 중국의 對 조선 사행록使行錄에 투영된 한·중 상호인식의 변

용과 기억〉, 122~123쪽 참조.
32) 龔用卿, 《使朝鮮錄》, '至寶山 聞國王從子等言 迎詔于郊先行五拜三叩頭禮 前此未有也 作此以歡喜.'
33) 김문식, 〈明使 龔用卿이 경험한 외교의례〉, 224~225쪽 참조.
34) 姜日廣, 《輶軒紀事》.
35) 倪謙, 《遼海編》, 〈中朝贈言〉.
36) 倪謙, 《遼海編》, 〈中朝贈言〉.
37) 倪謙, 《遼海編》, 〈中朝贈言〉.
38) 司馬遷, 《史記》卷38, 〈微子世家〉.
39) 《태조실록太祖實錄》권3, 태조 1년 11월 29일(병오丙午);《태조실록》권3, 태조 2년 2월 15일(경인庚寅).
40) 張寧, 《寶顏堂訂正方洲先生奉使錄》下, '天順四年春 予以使事至朝鮮 道經平壤 謁箕子廟 瞻拜仰止 退書所見於大同館.'
41) 司馬遷, 《史記》卷38, 〈宋微子世家〉.
42) 倪謙, 《遼海編》卷1, '謁成均館宣聖廟似同行諸君子' "曉向成均謁廟堂 杏壇弘敞碧山陽 八條敎典懷箕子 萬世儒宗仰素王 濟濟衣冠忻在坐 靑靑衿佩喜成行 文風豈特覃東海 聖化于今遍八荒."
43) '내복內服'은 중국의 오복제五服制에서 '요복要服' 이내의 지역으로, 중국의 내지에 해당한다. 이에 대해 대표적인 설명을 제시하면 다음과 같다. 《書經集傳》卷3, 〈夏書〉, '禹貢' "今按 每服五百里 五服則二千五百里 南北東西相距五千里 故 益稷篇 言弼成五服 至于五千……周制 九畿曰侯甸男采衛蠻夷鎭藩 每畿亦五百里 而王畿 又不在其中 倂之則一方五千里 四方相距爲萬里 蓋倍禹服之數也 漢地志 亦言東西九千里 南北一萬三千里";《國語》上, '祭公諫穆王征犬戎' "夫先王之制 邦內甸服 邦外侯服 侯·衛賓服 蠻·夷要服 戎·翟荒服 甸服者 祭 侯服者 祀 賓服者 享 要服者 貢 荒服者 王 日祭·月祀·時享·歲貢·終王 先王之訓也.";《貞觀政要集論》2, '論封建' "天下五服之內 盡封諸侯 五服者 甸侯綏要荒也 虞夏制 王城之外 四面各五百里 曰甸服 甸服外又各五百里 曰侯服 侯服外又各五百里 曰綏服 綏服外又各五百里 曰要服 要服外又各五百里 曰荒服 周制乃分其五服爲九 見周禮."
44) 조선은 중국의 오복제五服制에 의한 지리 구분상 황복荒服에 해당된다. 하지만 외교

상 '1년年 3공貢'의 조공체계가 정례화된 점은 명明이 조선을 기내畿內 또는 내복內服의 자격으로 인정했음을 보여 주는 일례이다.

45) 龔用卿, 《使朝鮮錄》, '渡鴨綠江'; 朱之蕃, 《奉使朝鮮稿》, '頒詔禮成.'
46) 柳昌辰, 〈16~17세기 중국의 대對 조선 사행록使行錄에 투영된 한·중 상호인식의 변용과 기억〉, 122쪽 참조.
47) 한국고전종합 DB에서 이식李植(1584~1647)의 '교부원수정충신출장서敎副元帥鄭忠信出將書' 중 "何意遼寇之逞凶 復致漢營之構亂 跳梁島服 倚蛇豕以自強 推刃王人 肆梟獍而無忌" 1건이 검색된다(李植, 《澤堂集》 別集 卷1, 〈敎書〉). 부원수 정충신(1576~1636)이 장수로 나갈 때 내린 교서의 일부인데, '도복島服'은 '가도椵島'를 지칭하는 용어로 보인다. 경우에 따라 조선을 지칭한다고 해도 '도복'을 조선의 이칭으로 사용한 여타 사례는 검색이 되지 않기 때문에 일반적인 용례로 보기는 어렵다.
48) 유사한 사례로 조선 사신들이 명의 회동관에서 문금을 당했던 경우를 들 수 있다. 소세양蘇世讓(1486~1562)의 경우 문금에 대해 '무이어달자無異於㺚子', 즉 '내복內服'이며 '예의지방禮儀之邦'인 조선을 변발辮髮한 오랑캐와 동일하게 홀대하는 불편한 현실로 인식했다. 이는 결국 조선이 주변국에 비해 인정받았던 우월적 지위도 부정 또는 약화되는 것이었기 때문이다(이성형, 〈陽谷 蘇世讓의 燕行詩 硏究〉, 《漢文古典硏究》 26, 2013, 53쪽 참조).
49) 《通文館志》 卷3, 2쪽.
50) 김한규, 《使朝鮮錄 譯註》 2, 11쪽 참조.
51) 倪謙, 《遼海編》 卷1, '過鴨綠江.'
52) 倪謙, 《遼海編》 卷1, '至義州義順館'; '曉發義順.'
53) 倪謙, 《遼海編》 卷1, '謁成均館宣聖廟似同行諸君子.'
54) 龔用卿, 《使朝鮮錄》, '使朝鮮錄序.'
55) 董越, 《朝鮮賦》.
56) 董越, 《朝鮮賦》, "予未使其國時 皆傳其俗以孀婦供事舘驛 予甚惡其瀆 比至則見 凡來供事者 皆州縣官吏 婦人則執㸑於驛外之別室 相傳此俗自景泰中其國王變之 遼東韓副摠兵斌所談也 川浴事出舊志 今亦變."
57) 姜曰廣, 《輶軒紀事》.
58) 倪謙, 《遼海編》 卷1, '孝女四月詩.'

59) 倪謙,《遼海編》卷1, '孝女四月詩.'
60) 董越,《朝鮮賦》, "其最可道者 國有八十之老 則男女皆錫宴以覃其恩 子有三年之喪 雖奴僕亦許行以成其孝 王都設歸厚之署 儲棺槨以濟乎貧窮."
61) 董越,《朝鮮賦》, "國俗喪三年且尙廬墓 奴僕例許行百日之喪 有願行三年者亦聽."
62) 朱之蕃,《奉使朝鮮稿》, '金孝女故閭.'
63) 신태영,《명나라 사신은 朝鮮을 어떻게 보았는가》, 129~133쪽 참조.
64) 김은정,〈《皇華集》을 통해 본 明 사신의 조선 문물 형상화 양상〉,《藏書閣》, 2022, 143쪽 참조.
65) 龔用卿,《使朝鮮錄》.
66) 김은정,〈《皇華集》을 통해 본 明 사신의 조선 문물 형상화 양상〉, 147쪽 참조.
67) 김은정,〈《皇華集》을 통해 본 明 사신의 조선 문물 형상화 양상〉, 139쪽 참조.
68) 龔用卿,《使朝鮮錄》, '朝天石.'
69) 朱之蕃,《奉使朝鮮稿》, '朝天石.'

02 상호 인식과 이해

조선 전기 명 사신과의 만남과 조선 한시의 발견:
'배우는 시[學詩]'에서 '조선의 시[東詩]'로

1) 문관 출신 명 사신의 접반에 주목한 연구는 2000년대 이후로 다수 등장했다. 김한규,《동아시아의 창화 외교》, 소나무, 2019; 노경희,〈17세기 초 문관출신 명사접반과 한중문학교류〉,《한국한문학연구》42, 2008; 노경희,《17세기 전반기 한중 문학교류》, 태학사, 2015, 31~56쪽; 신태영,《황화집연구》, 다운샘, 2005 등이 있다.
2) 신태영,《황화집연구》, 25쪽. 괄호 안의 숫자는 작품 수이다.
3) 이에 대해서는 김한규,《동아시아의 창화 외교》, 134~156쪽에서도 자세히 다루고 있다.
4) 이하 '관각문학'의 개념에 대해서는 신복호,〈관각문학의 개념과 그 유형 및 특성〉,

5) 《한국한문학연구》 30, 2002; 이종묵, 〈조선 전기 관각문학의 성격과 문예미〉, 《국문학연구》 8, 2002, 42~50쪽을 참조하였다.

5) 사가독서제와 독서당에 대한 전반적인 논의는 이종묵, 〈사가독서제와 독서당에서의 문학활동〉, 《한국한시연구》 8, 1999; 남태우·김중권 공저, 《(개정증보) 한국의 독서문화사》, 태일사, 2012를 참조할 수 있다.

6) 송웅섭, 〈조선 전기 청요직의 위상과 인사이동 양상〉, 《한국사상사학》 55, 2017. 이하 청요직과 성종조 인사 관련한 내용은 이 논문을 참조했다.

7) 송웅섭, 〈조선 전기 청요직의 위상과 인사이동 양상〉, 17쪽.

8) 정용건, 〈중종대 관료 문인의 학적 지향과 문학의식〉, 고려대 박사학위논문, 2020, 18~48쪽.

9) 《중종실록》 권28, 1517년(중종 12) 7월 27일.

10) 중종 연간 관각 문인들의 정치적 흥쇠에 대해서는 노경희, 〈중종 연간 대명외교와 '황화집' 간행의 정치적 성격—관각문인의 문학과 외교 활동을 중심으로〉, 《장서각》 47, 2022, 105~114쪽을 참조할 수 있다. 이 글은 《황화집과 황화수창》(공저, 한국학중앙연구원출판부, 2022)에도 수록되었다.

11) 남곤의 생애와 문학에 대해서는 이종묵, 〈남곤의 삶과 문학〉, 《한국한시작가연구》 4, 1999에 자세하다.

12) 구슬아, 〈15세기 관각문학 글쓰기의 집단지성적 면모—1488년 '황화집서'를 중심으로〉, 《국문학연구》 44, 2021.

13) 김한규, 《동아시아의 창화 외교》, 82쪽.

14) 《세종실록》 권127, 1450년(세종 32) 윤정월 3일.

15) 김한규, 《동아시아의 창화 외교》, 86~87쪽.

16) 유몽인, 《어우야담》, "皇華集, 非傳後之書, 必不顯於中國. 天使之作, 不問美惡, 我國不敢揀斥, 受而刊之. 我國人稱天使能者, 必曰龔用卿, 而問之朱之蕃, 不曾聞姓名, 祈順·唐皐錚錚翹矯, 而亦非詩家哲匠. 張寧稍似清麗, 而軟脆無骨, 終歸於小家. 朱天使之詩, 駁雜無象, 反不如熊天使化之萎弱, 其他何足言? 我國文人, 每與酬唱, 多不及焉, 信乎大小正偏之不同也. 遠接使徐居正對祈順, 敢爲先倡, 若挑戰者. 然卒困於'百濟地形臨水盡, 五臺川脉自天來.' 之句, 栗谷譏之曰, 四佳有似角者, 觝者, 先交脚後仆地. 下邦人待天人, 宜奉接酬和而已, 何敢先唱. 此眞識者之言. 我國待華使, 鳩集一

時文人, 稍能詩者以酬應, 而擇焉不精, 貽笑天人何限. 鄭士龍雖稱騷將, 而其詩未免
傅會成篇. 獨李荇渾然成章, 而調格甚卑, 有類應科之文. 每作暫時仰屋, 應手沛然, 而
其對宛轉無疵, 非閑熟於平素, 能如是乎. 蘇世讓·李希輔, 雖見屈於當世詞宗, 不可
與. 今世讀東文習四韵, 如柳根者, 齒文章之漸下, 如流水之逝, 可歎也已."

17) 성현, 《용재총화》 권1.
18) 이하 공용경의 조선 방문에 대한 《황화집》 편찬 및 그 정치적 의미에 대해서는 노경희, 〈중종 연간 대명외교와 '황화집' 간행의 정치적 성격〉, 117~120쪽의 내용을 요약했다.
19) 김한규, 〈명사 공용경의 '사조선록'과 조명 창화 외교〉, 《동아연구》 30, 2011, 97~105쪽. 여기에는 공영경이 귀국 후 조선을 배려한 다양한 외교적 조치에 대해 자세히 설명되었다.
20) 1521년 접반에 대한 《황화집》과 《동사집》 편찬에 대해서는 정용건, 〈16~7세기 '동사집'의 편찬 양상과 그 의미〉, 《고전과 해석》 32, 2020, 154~158쪽 참조.
21) 이 자료는 현전하지 않으나 이행의 문집 《용재집》에 《동사집》의 일부 시문이 초록되어 있고, 서문(권8)이 실려 있어 그 자취를 살필 수 있다.
22) 고천준 접반 당시 조선 사절단의 문장에 대한 자부심은 노경희, 《17세기 전반기 한중 문학교류》, 38~44쪽에 자세하다.
23) 이하 16세기 해동강서시파 작시의 특징은 이종묵, 〈조선 중기 시풍의 변화 양상〉, 《한국 한시의 전통과 문예미》, 태학사, 2002, 468~471쪽을 요약 정리했다.
24) 허균, 《성소부부고》 권25, 〈성수시화〉, "我朝詩. 至中廟朝大成. 以容齋相倡始. 而朴訥齋祥. 申企齋光漢. 金冲庵淨. 鄭湖陰士龍. 竝生一世. 炳烺鏗鏘. 足稱千古也. 我朝詩. 至宣廟朝大備. 盧蘇齋得杜法. 而黃芝川代興. 崔, 白法唐而李益之闖其流. 吾亡兄歌行似太白. 姊氏詩恰入盛唐. 其後權汝章晚出. 力追前賢. 可與容齋相肩隨之. 猗歟盛哉."
25) 대표적으로 이종묵, 《해동강서시파연구》, 태학사, 1995를 들 수 있다.
26) 정용건, 〈중종대 관료 문인의 학적 지향과 문학의식〉, 161~183쪽.
27) 허균, 《성소부부고》 권25, 〈성수시화〉, "佔畢齋文. 竅透不高. 崔東皐最慢之. 其詩專出蘇, 黃. 宜銓古者之小看也. 仲兄嘗言鶴鳴淸露下. 月出大魚跳. 何減盛唐乎. 如細雨僧縫衲. 寒江客棹舟. 甚寒澹有味. 斯言蓋得之."
28) 허균, 《성소부부고》 권25, 〈성수시화〉, "我國詩. 當以李容齋爲第一. 沈厚和平. 澹雅純

熟. 其五言古詩. 入杜出陳. 高古簡切. 有非筆舌所可讚揚. 吾平生所喜詠一絕. 平生交舊盡凋零. 白髮相看影與形. 正是高樓明月夜. 笛聲凄斷不堪聽. 無限感慨. 讀之愴然."

29) 윤채근, 《황혼과 여명—16세기 문학사의 맥락》, 월인, 2002, 139~175쪽.

30) 윤채근, 위의 책, 52~138쪽.

31) 노경희, 〈중종 연간 대명외교와 '황화집' 간행의 정치적 성격—관각문인의 문학과 외교 활동을 중심으로〉, 114~120쪽.

32) 남방위의 《조선시선》에 대한 자세한 사항은 박현규, 《중국 명말청초인 조선시선집 연구》, 태학사, 1998과 이종묵, 〈버클리대학본 남방위의 '조선시선전집'에 대하여〉, 《문헌과 해석》 39, 2007을 참조할 수 있으며, 오명제의 《조선시선》은 祁慶富 校註, 《朝鮮詩選校註》, 遼寧民族出版社, 1999에 그 자료가 실려 있다.

33) 노경희, 《17세기 전반기 한중 문학교류》, 165~195쪽.

34) 《선조실록》 권202, 1606년(선조 39) 8월 6일.

35) 허균, 《성소부부고》 권18, 〈병오기행丙午紀行〉, "初六日. 留開城. 宴散. 上使招余評本國人詩曰. 孤雲詩似粗弱. 李仁老洪侃最好矣. 李崇仁嗚呼島. 金宗直金剛日出. 魚無跡流民歎最好. 李達詩諸體. 酷似大復. 而家數不大也. 盧守愼強力宏蓄. 比弇州稍固執. 而五律深得杜法. 李穡詩. 皆不逮浮碧樓作也. 吾達夜燃燭看之. 貴國詩大概響亮可貴矣. 因高詠李達漫浪歌. 擊節以賞."

36) 殷夢霞·于浩選 編, 《使朝鮮錄 下》, 北京圖書館出版社, 2003에 영인본이 수록되어 있다.

37) 《봉사조선고奉使朝鮮藁》에 대해서는 韓致奫, 《海東繹史》 권45, 〈藝文志〉 4의 〈經籍/中國書目/東國記事〉 항목에 간단한 정보가 실려 있다.

38) 허균, 《성소부부고》 권13, 〈사동방록발使東方錄跋〉, "黃門還朝. 編其奉使所作. 附以東人和章. 題曰使東方錄. 因節使回致于弊邑. 不佞亦得其一焉."

16세기 대명 사행 속 명 문인 교류와 중국 인식:
16세기 사행록을 중심으로

1) 김태준, 〈세계로 통하는 북경 길〉, 《여행과 체험의 문학—중국편》, 민족문화문고간행회, 1985. 조선 시대 일본을 다녀온 경우와는 차이가 있다.
2) 임기중은 중국을 대상으로 한 사행문학을 모으고 이를 '연행록 전집'이라 했다. 왜 '연행록'이라 했는지에 대해 그는 명을 다녀오면서 쓴 작품 수보다 청을 다녀온 작품 수가 훨씬 많고, 조선 전기에도 '연행록'이라고 쓴 기록이 있어 더 많은 수의 작품명으로 묶을 수 있는 것이 '연행록'이기 때문에 이렇게 명칭을 정했다고 했다(임기중 엮음, 《연행록 전집》, 동국대학교출판부, 2001). 다만 청을 다녀와서 쓴 작품 중에서도 정태화鄭太和의 《양파조천일록陽坡朝天日錄》(1649)과 장석준張錫駿의 《조천일기朝天日記》(1864) 등은 '조천'이라는 명칭을 사용했다. 명을 다녀와서 쓴 작품 중에서도 '연행'이라는 명칭을 쓴 것이 있다. 조위曺偉의 〈연행록〉(1498)과 소순蘇巡의 〈보진당연행일기葆眞堂燕行日記〉(1533), 임권任權의 〈연행일기〉(1539), 정홍익鄭弘翼의 〈연행록〉(1610), 이정귀李廷龜의 〈경신조천록庚申朝天錄〉(1620) 등이다. 따라서 '조천~'과 '연행~'을 일괄적으로 구분하기는 어렵다.
3) 이러한 의미 차이에 대해 갈조광葛兆光은 '조천朝天'은 정치적으로는 '신복臣服', 경제적으로는 '조공朝貢', 문화적으로는 '향심向心'의 의미를 가지고 있으며, '존명사대尊命事大'를 보여 주는 단어라고 보았다. 반면 '연행燕行'은 상대적으로 천자를 조관朝觀하거나 연경燕京에 업무를 보러 왔다는 의미가 강한 단어라 했다. 그렇기 때문에 중국 사행의 대상국이 명에서 청으로 바뀌면서 사행록에 대한 명칭도 '조천'에서 '연행'으로 바뀐 것으로 보았다. 葛兆光, 〈從"朝天"到"燕行"—17世紀中葉後東亞文化共同體的解體〉, 《中華文史論叢》 81집, 2005.
4) 김현미는 18세기 사행록의 특성에 대해 박지원이 '별단'이라는 이름을 붙여 임금에게 청의 실상과 그곳에 있는 유의할 것들을 간단하게 적는 보고문에서 잡지雜識라는 짧은 글이 연원되었을 것이라고 설명하면서, 18세기 전기 연행록에서 잡지체雜識體가 등장하고 유행했다고 말했다. 김현미, 〈18세기 연행록의 전개와 특성 연구〉, 이화여자대학교 박사학위논문, 2004, 142쪽. 그러나 별단은 이미 조선 전기부터 사용

하던 용어였음을 고려해야 한다.
5) 정두원의《조천기지도》는 문학적 양식으로는 일단 사행 노정과 관련한 지도가 그려져 있고 그 지도에 해당하는 인문지리가 자세하게 서술되어 있어, 별단이 아닌 지리지 양식의 저술로 봐야 한다. 다만 인문지리 관련 서술이 끝난 부분에 '신이 보건대[臣見]'라 적고 자신이 본 견문을 기술하고 있다는 점에서 공적 자료인 별단으로 분류할 수 있다. 이는 별단의 양식을 잡록雜錄으로 분류할 수 없다는 점을 시사한다. 게다가 정두원이 진위사 정사로서《조천기지도》를 작성한 사실을 보면, 별단을 작성했던 이가 서장관만은 아님을 짐작할 수 있다.
6) 황원구,〈연행록선집 해제〉,《연행록선집》, 1960.
7) 사행은 매해 정기적으로 보내는 절행節行과 특정 사안이 있을 때 파견하는 별행으로 구분된다. 절행에는 하정사賀正使·성절사聖節使·천추사千秋使·동지사冬至使가, 별행에는 진하사進賀使·사은사謝恩使·주청사奏請使·위문사慰問使·고급사告急使 등이 있다. 구도영,〈조선 전기 대명 육로사행의 형태와 실상〉,《진단학보》117집, 진단학회, 2013, 62~63쪽.
8) 현재 전해지는 사행록 속의 작품 수다. 앞으로 더 많은 수의 작품을 찾을 수도 있기 때문에 '대략'이라 적었다.
9) 15세기의 작품으로 현재 전하는 사행록은 대략 25종이 확인되는데, 모두 한시로 창작된 작품이다. 김지현,〈조선 시대 대명 사행문학연구〉, 한국학중앙연구원 한국학대학원 박사학위논문, 2014, Ⅲ장 참고.
10) '조천'이라는 용어는 조말생趙末生이 서장관으로 북경을 다녀온 후 남겼다는 〈조천일기〉에서 처음 보인다고 하나, 현재 조말생의 작품은 전하지 않는다. '조천'은 천자의 조정에 조회한다는 의미로, 당대 사행문학 중에서 가장 많이 쓴 단어였다. 16세기 들어 일록 사행문학이 창작되면서 "부경赴京~"이라는 용어가 쓰이기도 했으며, 1539년 동지사로 북경을 다녀온 임권의 〈연행일기〉에서 확인되는 것처럼 '연행'이라는 단어가 사용되기도 했다. 그러나 '연행'이라는 단어는 조선 전기 15, 16세기에는 거의 사용하지 않았다. 이런 이유로 일부 학자들은 '연행'이라는 용어를 후손들이 조선 후기에 문집을 만들면서 붙인 편명으로 보기도 한다.
11) 1518년 사은사 김안국의 경우 사행시는 대략 40제의 작품이다. 이러한 사행시는 그의 문집《모재집慕齋集》권2에 실린 188제의 작품 속에 수록되어 있다. 1518년 성절

사 김세필의 사행시도 문집《십청헌집十淸軒集》권1과 권2에 수록된 시 중에 시체詩體별로 나누어 실려 있다.

12) 1419년 10월 14일 조선에서 태종이 세종에게 양위한 것을 명 황제가 추인해 준 데 대해 사은하러 갔던 사은사 일행 중 장자충張子忠은《판서공조천일기》(1419)를 남겼다. '일기'라는 명칭을 사용했기에 일기체, 즉 일록의 형식이라 생각하기 쉽다. 하지만 이 사행록은 장자충이 사행하면서 지은 사행시를 묶은 작품이다. 시제에 일자, 노정 등이 자세하게 서술되어 있어 사행 당시의 상황을 재구하는 데 도움을 준다. 임준철, 〈조선 최초의 북경 사행시, 장자충의《판서공조천일기》연구〉,《한국시가연구》34권, 한국시가학회, 2013, 251~285쪽 참고.

13) 김성일,《학봉속집》권1.

14) 15세기 후반에 지어진 장편 사행시 두 편을 확인할 수 있다. 1480년 주청부사로 두 번째 사행을 다녀온 이승소李承召가 북경에서 쓴 오언고시 〈2월 12일 입경하여, 14일 아침에 봉천문에서 조알하다二月十二日入京 十四日朝, 講奉天門〉와 1500년 질정관으로 북경에 간 이행李荇이 북경에 체류하면서 지은 오언고시 〈무료한 중에 도로에서의 수고로움을 대략 적어 후일에 볼 것을 준비하니 시를 짓기 위함이 아니라無聊之餘 略敍道路之勤 以備後日之覽 非所以爲詩也〉가 장편 사행시이다.

15) 《서담유고》,〈황공행장黃公行狀〉에 황진이 '정해년(1587) 여름 성절사 서장관으로 북경에 갔다丁亥夏以聖節使書狀官赴北京'는 기록이 있지만,《조선왕조실록》에서는 확인되지 않는다. 1587년 봄에 진사사陳謝使로 사행했던 배삼익의 사행록과 황진이 쓴 사행시의 날짜를 맞춰 보면, 황진은 배삼익과 함께 사행을 갔던 것이 아님을 알 수 있다.

16) 고운기는 〈조천행록해제〉(《연행록해제》1)에서 시 형식을 띠고 있으면서도 '행록'이라 이름 붙였다는 점에서 시와 산문의 결합처럼 보인다고 말한다. 그러나 〈조천행록〉은 시와 산문의 결합이 아닌 5언고시로 이루어진 단 한 편이다. 다만 뒤에 부록으로 별단이 조금 첨부되어 있다.

17) 서거정의《사가집四佳集》권6,〈북정록〉,〈용소진사산해등루시운用蕭進士山海登樓詩韻〉시 주석에 "廣寧道中, 遇達東丘生, 信宿同行間, 以進士蕭顯秋日登樓詩見示, 又求余見和"라 적혀 있다. 사행 노정 중에 만난 명나라 문인들과 시문을 수창했음을 알 수 있다.

18) 김일손이 진하사 서장관이 되어 북경을 다녀온 후 장인 김수손金首孫이 1493년 정조

주 325

하례사가 되어 북경에 갈 때 자제군관으로 따라간 이목李穆(1471~1498)에게〈지난날 유람의 감회를 적어 이중옹에게 보내다感舊遊賦送李仲雍〉라는 장편 고시를 써 주면서 북경에서 자유로이 유람했던 것을 추억했다.

19) 이성형,〈양곡 소세양의 연행시연구〉,《한국고전연구》26집, 한국한문고전학회, 2013, 51쪽.

20) 어숙권은 문금을 시작한 이를 명나라 관인 손존인孫存仁으로 보았으나,《중종실록》에는 명나라 예부낭중 손존孫存이라 적고 있다. 여기서는《중종실록》의 기록을 따라 손존이라 한다.

21) 어숙권,《패관잡기》권1《대동야승》권4, 민족문화추진회 번역본 참고).

22) 《중종실록》중종 17년(1522) 12월 1일 조, "傳于政院曰:'昨日, 臺諫以爲:「詩文入送中朝, 不宜輕易」, 其於今日大臣會處, 議啓', 左相南袞, 右相李惟淸, 大提學李荇, 禮曹參判金安老啓曰:"臣等聞, 禮部郎中孫存, 以其所索《登科錄》不許之, 故頗有怒色, 至於關禁我國人, 臣等議以爲:「强拒不送, 則必疑我國有隱諱之事, 故以抄送無妨」, 啓之矣, 今觀所抄《登科錄》及詩文, 因冊封使行忙, 急遽抄選, 不爲精明, 而且近來儒士所述之詩文, 甚無光彩,《登科錄》則一時儒生, 無計較所述之詞, 尤不可播於中朝, 徒增其笑而已, 臣等初雖啓之如彼, 爲今之計, 不若不送之爲愈也, 孫存雖更發怒, 然非關於公事, 何能有所爲也? 宜以權辭對曰:「鄙邦淺陋之辭, 不可仰塵」, 則何如?'傳曰:"依啓, 勿送, 令禮曹, 更議所答辭以啓.""

23) 《중종실록》중종 18년(1523) 8월 13일 조, "且禮部郎中孫存性苛察, 待我國, 甚爲埋沒管執諸事, 尙書亦從存言."

24) 《중종실록》중종 17년(1522) 12월 3일 조, "下書于冊封使李思鈞曰: 今送《皇華集》二件, 傳給禮部主事作瑜孫存更言東人《登科錄》及詩文事, 當答云:'大人所言, 豈不欲從? 但我國科擧製述, 非如中朝撰集刊行, 試罷則散逸無留, 且遐邦陋儒, 述作荒蕪, 誠不足仰塵雅覽, 深以輒冒左右爲恐爾, 非有他, 幸須寬恕', 事, 其以卿意, 說道可也."

25) 1537년(중종 32) 서장관으로 북경을 다녀온 정환의 기록에 의하면, 옥하관 문금은 1522년 예부낭중 손존에 의해 시작되었으며, 예부상서 등이 조선 사신의 옥하관 출입을 허락하긴 했지만 결국 무역의 이익과 연관되면서 문금이 풀리지 않았음을 확인할 수 있다. 정환,《회산집》권2,〈조천록〉1537년 9월 6일 조, "今則門禁比前尤嚴, 無異豵子, 肆我陪臣將欲呈文于老爺, 申理其事, 且本國人皆知讀古書知大義, 而

況使臣逐日發放下人, 固不得恣橫, 今雖解禁, 豈至瀆亂乎, 望須老爹明正照舊施行, 尙書又顧易寬曰, 朝鮮之人須厚待, 如有遊觀處, 任他自行云, 寬雖朝選, 實與牙子分甘之人, 聞其言, 面有愧色, 唯唯而已, 尙書又以朝廷待之優厚如是, 我國亦當加勉之意, 說與通事, 傳諸我等, 余等趍就致謝訖, 退階下祇送, 復進揖提督主事及精膳司員外郞許勉仁, 卽還玉河舘."

26) 소순, 《보진당연행일기》 1534년 2월 6일《연행록전집》 3권); 정환, 〈조천록〉 1537년 9월 6일 14일;《중종실록》 중종 33년(1538) 11월 25일 조.

27) 소세양, 《양곡부경일기》 2월 25일《연행록전집》 3권); 소순, 《보진당연행일기》 2월 25일《연행록전집》 3권); 정환, 〈조천록〉 9월 20일《연행록》 3권); 허진동, 《동상집》 권7, 〈조천록〉 11월 16일; 허봉, 〈하곡조천기〉 8월 20일《연행록전집》 6권); 조헌, 《중봉집》 권11, 〈조천기〉 8월 20일 등.

28) 소세양, 《부경일기》 1533년 윤2월 24일.

29) 권벌, 《충재집》 권7, 〈조천록〉 1539년 10월 18일 조, "十八日, 晴. 早發至潞河邊, 河水既氷, 皆下馬步涉. 至城外, 借人家而宿, 主人姓名孟倬, 我國使臣, 自前皆借宿. 家甚豪侈, 任士鈞, 鄭耳齡, 姜顯之, 皆賦詩與之, 冬至使亦以詩贈之. 士鈞任樞, 耳齡鄭順朋, 顯之姜顯也."

30) 소순, 《보진당연행일기》 1534년 3월 4일 조.

31) 소세양, 《부경일기》 1534년 3월 11일 조.

32) 《중종실록》 중종 29년(1534) 4월 27일 조.

33) 소세양, 《양곡집》 권3, 〈예국자감알성詣國子監謁聖〉.

34) 소세양, 《양곡집》 권3, 〈상마연上馬宴〉.

35) 《중종실록》 중종 29년(1534) 4월 24일 조, "…… 越翌日, 乃三月初十日也, 臣等往禮部告辭, 郞中曾存仁曰: '尙書因提督之言, 聞幸相好作詩, 欲見之, 幸勿憚相示.' 臣强辭不示, 序班曰: '不在多, 雖二三首, 不可不示.' 臣不得已以律詩二首, 書送于郞中, 郞中卽齎進于尙書, 尙書方寢, 未卽見之. 臣等退還于館, 未幾, 尙書使書吏, 送所著詩三封于臣曰: '今見宰相所製, 詩律甚好, 吾所著, 亦可見也. 若如他使, 則不可許也, 早知如此, 則待之宜厚, 不可以凡例, 待之也.' 其間褒辭甚多矣. 曾郞中亦送《春秋》·《公羊》·《穀梁傳》·《朱子詩集》, 臣欲還送, 而臨行, 故未得還送, 意欲上達而持來矣."

36) 소세양, 《부경일기》 1534년 2월 30일 조;《중종실록》 중종 32년(1537) 3월 15일 조.

兩使曰: "其圖在家, 回還, 當付謝恩使以送也, 且昨所獻《郊祀奏儀》, 亦是夏閣老言之所贈也. 夏閣老以禮部尙書, 陞爲閣老焉." 上曰: "今之禮部尙書, 何人爲之乎?" 兩使曰: "今嚴嵩, 代夏尙書而爲之也."; 중종 32년(1537) 4월 30일 조. "天使又曰: '夏閣老以禮部尙書, 乃於前歲閏十二月, 陞爲閣老, 皇帝甚重之, 寵遇隆洽矣. 閣老善書, 甲於天下, 可與張汝弼之筆法, 麗美而齊名矣. 朝鮮若奏請其書, 則皇帝必喜閣老之名, 聞於天下而許之, 閣老亦喜其筆法, 見重於外國, 而別有殊眷於爾國也.'"

37) 《중종실록》 중종 32년(1537) 4월 30일 조, "臣聞天使之言, 上使與夏閣老【言】相善也, 上使言: '俺之來也, 夏閣老贈別詩, 盛稱朝鮮守禮之邦, 君等擎詔以歸, 豈不美乎?' 云. 但以其詩, 置諸遼東而來, 故不得示.'"

38) 《황화집》 권22, 〈청심당명淸心堂銘〉의 주석에 공용경은 다음과 같이 적었다. "戶曹判書蘇君世讓彦謙, 構堂曰淸心, 託其友人鄭刑曹來求詩, 予以聲律之詞, 不可以實諸座隅, 爲省察存養之助, 乃作銘以貽之. 蘇子雅重, 有器宇, 吾愛其人, 故爲之銘."

39) 《황화집》(권18~22)에 따르면, 공용경과 소세양은 한양에서 만났다. 공용경이 한양에 머문 기간은 7일(3월 10일 한양 도착~3월 17일 출발)이었다. 짧은 기간 머물렀음에도 불구하고 공용경은 다른 이보다 소세양을 호의적으로 평가하고 있다.

40) 《황화집》 권16, 〈청심당시淸心堂詩〉의 주석에 당고는 다음과 같이 적었다. "蘇廣文世讓, 以其所新堂, 求予名堂, 有松檜巖泉之美, 因以淸心堂名之, 而述之以詩."

41) 《황화집》 권16, 사도는 〈청심당시〉 주석에 다음과 같이 적었다. "蘇子謹厚人也, 有堂唐太史名之, 爲淸心堂, 玆復索子詩, 忽忽略成短句, 少致情耳, 不得盡意, 奈何奈何!"

42) 《중종실록》 중종 32년(1537) 3월 15일, "上曰: '史大人道安否?' 上使曰: '今爲大同巡撫御史.' 副使曰: '史先生, 俺之師也. 前以大理卿罷職矣, 頃者還敍, 爲巡撫御史. 來京師, 俺見之, 史先生曰: 朝鮮, 禮法文章, 擬於中國', 稱嘆不已, 今見殿下, 益信史先生之言, 爲不誣矣.'"

43) 이종묵, 〈17~18세기 중국에 전해진 조선의 한시〉, 《한국문화》 45집, 2009, 23쪽.

44) 주이존은 소세양 다음으로 바로 정사룡의 〈장홍長虹〉이라는 1수만 뽑았으며, 김안로의 경우는 2수, 윤인경 2수, 김인손 1수, 심언광 1수, 허흡 1수, 김근사 1수, 윤근보 1수, 김안국 1수 등 대체로 1~2수 정도만을 뽑았다.

45) 주이존, 《명시종》 권94에 수록된 소세양의 한시 8수는 다음과 같다. 〈箕子操〉, 〈東方五章答薛給事〉, 〈蔥秀山次唐先生韻〉, 〈漢江陪宴〉, 〈答鹿峰給事〉, 〈良策道中次韻〉,

〈太平館次韻〉, 〈初見杜鵑花次雲岡修撰韻〉. 《명시종》에 수록된 소세양의 한시는 그의 문집 《양곡집》에는 없고, 《황화집》에만 있다.

46) 여기에는 〈총수산차당선생운葱秀山次唐先生韻〉, 〈한강배연漢江陪宴〉, 〈답록봉급사答鹿峰給事〉, 〈양책도중차운良策道中次韻〉, 〈태평관차운太平館次韻〉이 수록되어 있다.

47) 《명시종》을 편찬한 주이존은 오명제의 《조선시선》에 실린 것을 참고했다고 말했다. 오명제의 《조선시선》을 참고한 전겸익의 《열조시집列朝詩集》에 수록된 조선 문인은 42인으로, 171수의 시가 담겨 있다. 반면 《명시종》에는 91인에 134수가 수록되어 있다. 주이존이 《명시종》을 편찬하면서 전겸익이 보지 않았던 《황화집》을 참고했음을 짐작할 수 있는 부분이다. 임형택, 〈한문세계의 중심과 주변─《열조시집列朝詩集》, 《명시종明詩綜》과 조선시부朝鮮詩部〉, 《대동문화연구》 90집, 성균관대학교 대동문화연구원, 2015, 313쪽.

48) 《황화집》 권14; 주이존, 《명시종》 권94, 〈총수산차당선생운葱秀山次唐先生韻〉; 《어선명시御選明詩》 권35, 〈葱秀山次唐先生韻〉.

49) 《황화집》 권21, "予有朝鮮之役, 刑曹鄭判書迎送往來, 已踰月矣. 追隨左右日益親厚, 行立登眺, 無不與俱. 且詩歌篇什, 有唱輒和, 不乏斯文, 氣味之雅. 渡江西還, 怱怱之時, 不勝悵惘, 聊作江之水, 以別之情, 浮於言不能道也."

50) 《황화집》 권22, 공용경, 〈題鄭判書朝天日錄題鄭判書朝天日錄〉.

51) 《중종실록》 중종 32(1537) 4월 30일, "……又曰: '《皇華集》, 何以傳於俺等乎?' 臣答曰: '唐天使【皐】來此曰: 〈俺之還也, 爾國人, 毋得問俺相通〉云, 故《皇華集》亦難於傳呈, 因提督主事, 僅得傳之, 今不知何以傳呈也', 天使曰: '皇帝重朝鮮, 視同一家, 有何間於內外, 而不得相通乎? 直傳於俺等之家可也', 又謂臣曰: '一別之後, 再見則難, 因人之來, 幸通書信,' 臣曰: '外國人, 何敢通問於大人乎?' 天使曰: '固無傷也,' 此天使所製甚多, 故纂錄時, 不得楷書, 雖分三卷, 張數甚多, 若至印出, 則分卷必多矣.……"

52) 《중종실록》 중종 32(1537) 4월 30일, "……臣曰: '我殿下於儒書, 無不好之, 頃聞中朝有書, 名曰《文苑英華》云, 而我國未嘗有, 故重購一本而來, 皆是誤字錯簡, 不得印行也', 天使曰: '此書果不多有, 前於雲南有一本, 朝廷以銀十三兩, 貿之而來, 爾國若爲奏請, 則可得矣.……"

53) 《중종실록》 중종 32(1537) 4월 30일, "……上使曰: '俺依董先生 越《朝鮮翔武》, 而作續

54) 어숙권,《패관잡기》권3, "董侍講作朝鮮賦數千言, 龔雲岡著使朝鮮錄二卷, 今北京書肆及廣寧等處, 有發賣此書者, 吾東風土及迎詔接賓之道, 始流布於中國矣."

55) 《중종실록》중종 34년(1539) 4월 5일 조, 4월 7일 조; 어숙권,《패관잡기》권3, "龔雲岡撰使朝鮮錄, 其記沿途諸官迎送之禮, 乃曰, 平安道觀察使候迎于義順館, 至大同館而別, 蓋雲岡一時誤記, 或心非其事, 而欲著定例也, 其後行人王鶴之來, 因言官之啓, 令平安道觀察使今後依使朝鮮錄例, 迎於義州, 沿途迎送之禮, 始歸于一矣."

56) 권벌,《충재집》권7,〈조천록〉1539년 10월 24일 조;《중종실록》중종 32년(1537) 11월 3일 조, 12월 8일 조, 33년(1538) 11월 25일 조.

57) 《중종실록》중종 32(1537) 4월 30일, "……又曰:《皇華集》, 何以傳於俺等乎?' 臣答曰: '唐天使【皋】來此曰:〈俺之還也, 爾國人, 毋得問俺相通〉云, 故《皇華集》亦難於傳呈, 因提督主事, 僅得傳之, 今不知何以傳呈也?' 天使曰: '皇帝重朝鮮, 視同一家, 有何間於內外, 而不得相通乎? 直傳於俺等之家可也,' 又謂曰: '一別之後, 再見則難, 因人之來, 幸通書信.' 臣曰: '外國人, 何敢通問於大人乎?' 天使曰: '固無傷也.' 此天使所製甚多, 故纂錄時, 不得楷書, 雖分三卷, 張數甚多, 若至印出, 則分卷必多矣. ……."

58) 정환,《회산집》권2,〈조천록〉1537년 9월 26일 조, 9월 28일 조. 정환이 북경에 도착해서 9월 26일 옥하관 주사에게 공용경, 오희맹의 집을 방문하고 싶다고 청하자 이틀 후 28일에 이를 허락한다. 하지만 28일이 되자 옥하관을 출입할 수 있는 표첩을 빼앗아 방문하지 못하도록 했다.

59) 정치 현안이었던 종계변무를 부탁하기 위해 찾아간 것도 있지만, 소세양과 정사룡 등의 편지와 선물을 전하기도 했던 점을 봤을 때 공용경, 오희맹, 화찰, 설정총 등은 조선 문인과 여전히 교류했던 것으로 보인다. 정환,《회산집》권2,〈조천록〉1537년 9월 1일 조, 9월 9일 조; 권벌,《충재집》권7,〈조천록〉1539년 10월 24일 조, 11월 4일 조; 임권,《정용재집》권1,〈연행일기〉1539년 10월 24일 조, 11월 4일 조.

60) 이혜순,〈여행자 문학론의 정립〉,《비교문학의 새로운 조명》, 태학사, 2002, 232~234쪽.

61) 유기룡은 기록문학의 조건으로 8가지를 들었다. ① 작품 소재의 사실성 factuality, ② 일상언어의 사용, ③ 작품적 양식의 혼효성 contamination, ④ 작품적 구성이 일회

적·실존적임, ⑤ 공리적 효용성utilitarity, ⑥ 창작 과정에서 실제 사실인 작품의 소재가 선행됨, ⑦ 체험이 선행된 뒤 작가적 관점이 이루어짐, ⑧ 작품의 총체적 지배 원리는 실증적 현실성actuality. 유기룡, 〈한국과 일본의 기록문학 형성에 관한 비교 연구〉, 《어문논총》 19집, 1985, 20~21쪽.

62) 조선 전기 정치사를 훈구파와 사림파의 대립으로 보는 통설적 이해에 대해 일찍부터 문제가 제기되었다. 김정신(〈16세기 전반 훈구勳舊·사림士林의 관료제 운영론 비교〉, 《조선시대사학보》 47집, 조선시대사학회, 2008)은 이 같은 연구사를 다음과 같이 정리한다. 가장 앞서 이태진이 훈구파와 사림파로 나누어 서술한 이후 이수건·이병휴 등이 훈구파와 사림파를 서로 다른 정치 세력으로 간주하고 연구를 진행해 왔다. 이와 달리 와그너·정두희·김범 등은 훈구파와 사림파를 구분하는 연구 경향에 대해 유보적 입장을 취했다. 특히 와그너는 사림파와 훈구파가 동일한 사회계층이라는 점에서 서로 다른 정치 세력이라고 할 수 없다고 강조한다. '사림' 개념에 대한 부정확성에서 시작된 이러한 비판은 훈구파와 사림파가 봉건사상인 성리학의 심화 정도에 차이가 있을 뿐 기본적으로는 동일한 사회계층이라고 강조했다. 특히 중종 대 이후의 사림파 중 훈구파의 후예가 많고 경제적 기반도 대지주 출신이 포함되어 있다는 논거를 제시했다. 하지만 수차례의 '사화士禍'가 보여 주듯, 훈구파와 사림파가 현실 지배질서에 대한 이해 및 정치 운영의 지향을 달리하여 갈등하고 대립했다는 것도 분명한 역사적 사실이다. 따라서 현재는 이병휴(〈조선왕조 16 세기 정국의 추이와 영남 사림파의 대응〉, 《역사교육논집》 25집, 역사교육학회, 1999)가 제시한 바대로, 훈구파와 사림파의 가계나 경제적 규모 등은 서로 연결되거나 비슷한 측면이 많으며, 양자를 구별하는 핵심적 논거는 두 집단의 현실 대응 의식 변화와 학문적 전환에서 찾아야 한다는 주장이 지배적이다.

63) 유근호, 〈명청교체기에 있어서 조선조 사림파의 중화적 세계관의 형성과 대륙관의 전환〉, 《조선조 대외사상의 흐름》, 성신여대출판부, 2004, 56쪽.

64) 티모시 브룩, 이정·강인황 옮김, 《쾌락의 혼돈—중국 명대의 상업과 문화》, 이산, 2005, 199쪽.

65) 우런수, 김의정 외 3인 옮김, 《사치의 제국—명말 사대부의 사치와 유행의 문화사》, 글항아리, 2019, 96~99쪽.

66) 《전요지》(1565년 중간본).

67) 등주에 이르기 전 묘도廟島가 대표적인 곳이다. 이에 대해서는 박현규, 〈1621년 조선·명 해로사행海路使行의 마조媽祖 사적과 기록 분석〉, 《역사민속학》 40호, 한국역사민속학회, 2012 참고.

68) 이승수, 〈연행로 중 '요양–안산–광녕 구간'에 대한 인문지리학적 검토〉, 《한국한문학연구》 47집, 한국한문학회, 2011, 577~580쪽.

69) 성현은 〈송조태허부경送曺太虛赴京〉(《허백당집》 권2)에서 순비舜妃의 사당이라 적고 〈송리검상과부경送李檢詳顆赴京〉(《허백당집》 권5)에서는 천비묘로 적었다.

70) 이주, 《망헌유고》, 〈삼차하도중三叉河途中〉, "廢壘殘城向夕曛, 塞邊愁思草連雲. 長墻一面分胡地, 河水三叉接海門. 蘆緋維舟開木道, 天妃留廟辱湘君. 風謠欲問邦音異, 倚馬行看古碣文."

71) 이승소, 《삼탄집》 권8, 〈이비묘二妃廟【원주: 在三叉河上】〉, "此去蒼梧里幾千, 何爲野廟在河堧, 英靈肯戀三叉水, 虛閣空熏一炷煙, 何物鬼神憑土偶, 枉敎行旅捨金錢, 誰知水府冥冥事, 獨立西風一悵然."

72) 삼차하의 천비묘는 명과 후금의 전투에서 파괴된 것으로 보인다. 18세기 연행록에는 삼차하의 천비묘에 대한 기록이 전혀 없다.

73) 《중종실록》 1537년 6월 10일 자(정사)에 '사은사 강현이 경사에 갔다'라는 기사가 나온다. 정환의 《조천록》은 《회산선생문집》 권2에 수록되어 있다. 일기는 7월 1일 압록강을 건넌 것으로 시작한다. 앞의 실록 기사와 함께 보면 정환은 사은사 강현의 서장관으로 명을 다녀왔던 것으로 판단된다. 기존 연구에서는 정환이 중종 37년 12월 성절사 조현범趙賢範의 서장관으로 다녀왔다고 했으나, 정환이 쓴 《조천록》의 내용과 맞지 않다(정은주, 《조선시대 사행기록화─그림으로 읽는 한중관계사》, 사회평론, 2014, 572쪽 표 참고). 정환의 《조천록》 7월 18일 일기에 진하사 남세웅南世雄이 7월 9일 산해관을 지났으며, 성절사 조현범과 서장관 이을규李乙奎는 7월 6일 광녕을 지났다고 적었다. 이 밖에도 정환은 10월 20일 자 일기에 천안역遷女驛 못 간 곳에서 동지사 류세린柳世璘과 서장관 현진玄璡과 만났다고 기록했다.

74) 정환, 《조천록》 7월 21일, "余等入中朝, 地境賣於事神, 搆廟祠立塑鑴石, 或關王·武安王廟, 或泰山行祠·觀音廟·娘娘廟·二妃廟, 名號不一, 八九里間, 或設四五處, 數椽白屋之民, 亦莫不立像以事."

75) 조헌, 《중봉집》 권10, 〈조천일기〉 상, 7월 14일 조, "時聞轟軋聲, 館傍有僧舍, 聞守驛

官以朔望, 焚香叩頭以邀福云, 所謂官員者如此, 蠢蠢愚民, 尚何說哉."

76) 티모시 브룩, 이정·강인황 옮김,《쾌락의 혼돈―중국 명대의 상업과 문화》, 201쪽의 인용문《하간부지河間府志》(1540) 9, 10b) 재인용.

77) 조헌,《중봉집》권10,〈조천일기〉상, 7월 24일 조, "過孤竹舊城……一如士夫家然, 而兒得小痢, 輒邀巫設紙錢, 以祈于神. 遼東西風俗, 大槪如此."

78) 조헌,〈조천일기〉상, 7월 24일 조, "過孤竹舊城……一如士夫家然, 而兒得小痢, 輒邀巫設紙錢, 以祈于神. 遼東西風俗, 大槪如此."; 황여일,〈은사일록銀槎日錄〉1599년 1월 13일 조, "國初有朴野勤儉之風, 自成化弘治年間, 昇平日久, 朴野變而巧文, 勤儉變而浮奢, 繁文支節, 日以益甚. 而養生極侈, 喪死極薄, 至於婚聘論財, 疾病用巫, 喪殯用浮屠數款, 我國亦不得免焉. 行人得於道路者如此, 如有善觀風俗者, 則必爲之長太息矣."

79) 홍익한,《화포조천항해록》1625년 1월 28일, "偕上副使往國子監, 行謁聖禮, 冬至使與書狀官, 亦尾來. 素王與十哲諸賢位次, 無異我邦, 第位板無檯露坐, 凝塵蒼然, 渾無欽敬之道, 而講堂齋舍. 寥闃空虛, 問于小甲等, 則週來尤甚云. 嗚呼! 象敎異端, 爲祟而然耶? 職自渡海以來, 絡登抵京二千里間, 梵宇僧舍, 還地相望, 金軀繡佛, 照耀城市, 至於帝里深嚴近密之處, 緇髡雜糅, 寺刹蟠聯. 人皆迷溺左道, 世爭謟事非鬼, 下及公卿輔相而無不盡然. 遂使聖路長堙, 廟兒虛設, 可勝嘆哉?"

80) 임권,《정용재집》권1,〈연행일기〉10월 8일, "冠帶將一行人入城, 分守兵部主事諸變·守備指揮趙仁等, 具太牢, 率官人及儒生, 往祭于關王廟, 使人問之, 此日乃關王生辰也. 祭畢還."

81) 권벌,《충재집》권7,〈조천록〉10월 8일, "冠帶將一行人入城門, 分守兵部主事諸變·守備指揮趙仁, 具太牢, 率官人及儒生, 往祭于關王廟, 問之則乃關王生日也, 祭畢還."

82) 유성룡,《서애선생문집西厓先生文集》권16,〈기관왕묘記關王廟〉, "余往年赴燕都, 自遼東至帝京數千里, 名城大邑及閭閻衆盛處, 無不立廟宇, 以祀漢將壽亭侯關公, 至於人家, 亦私設畫像掛壁, 置香火其前, 飮食必祭, 凡有事必祈禱, 官員新赴任者, 齊宿謁廟甚肅虔. 余怪之, 問於人, 不獨北方爲然, 在在如此, 遍於天下云."

83) 허봉,〈조천기〉1574년 6월 24일, "敎場卽閱武之地, 築臺建屋, 每試於農隙, 可容三十萬軍馬云, 東偏有義勇武安王廟, 卽關羽也, 塑土爲像, 貌極生獰, 曾謂雲長而有如是耶, 九原而有知, 夫孰歆其祀乎, 此乃太祖高皇帝託言陰兵以神之, 令天下莫不敬祭, 故余等所過路傍, 處處立廟, 人家皆懸畫像, 可見其崇奉之至也, 但雲長之精神氣魄, 死後不能

주 333

扶漢之亡, 而乃云佐佑太祖於數千載之下者, 寧有是理哉."《국역 연행록 선집》1권

84) 윤국형尹國馨,《갑진만록甲辰漫錄》, "中朝人尊敬關王 關羽, 國家建廟之外, 家家戶戶, 無不設像, 起居飮食必祭, 至於出兵馬, 尤致敬焉. 戊戌春夏間, 天兵大至, 就南大門外都祭庫峴, 立關王廟, 大小將官, 無不禮焉, 至請聖上行禮. 己亥臨罷師還, 稱爲奉聖旨, 建廟於東大門外, 留一官員董役, 中原雖日給價, 其數無幾, 功役浩大, 皆出我國財力, 動以萬計, 事完, 國家置官守之, 都祭庫則塑像, 東大門外則銅像, 關王雖是忠勇之將, 而身死人手, 非功存後世之人, 而中原尊敬如此, 未知其然, 或云高皇帝時, 出神兵以助云, 然未可知也"《국역 대동야승》14, 민족문화추진회, 1976, 76쪽 번역 참고); 유성룡,《서애선생문집西厓先生文集》권16,〈기관왕묘記關王廟〉, "萬曆壬辰, 我國爲倭賊所侵, 國幾亡, 天朝發兵救之, 連六七載未已, 丁酉冬, 天將合諸營兵, 進攻蔚山賊壘, 不利, 戊戌正月初四日退師, 有遊擊將軍陳寅力戰中賊丙, 載還漢都廟丙, 酒於所寓崇禮門外山麓, 創起廟堂一坐, 中設神像, 以奉關王, 諸將楊經理以下各出銀兩助其費, 我國亦以銀兩助之, 廟成, 上亦往觀之, 余與備邊司諸僚, 隨駕詣廟庭, 再拜."

85) 이항복,《백사별집》권5,〈차해월관왕묘운次海月關王廟韻〉, "平生自負出人奇, 赤免靑龍世事違, 壯節有如天地在, 深謀不許鬼神知, 三分政欲扶危主, 九錫何緣猷幼兒, 義烈祇令專享祀, 餘威猶得震華夷."

86) 김성일,《학봉집》권6,〈풍속고이風俗考異〉,〈사경삼년이장死經三年而葬〉, "我國喪禮, 一遵朱子家禮, 又參用周儀編. 酌古今之宜, 稱情文之節, 無有徑情而直行者, 實聖王之中制也.……爲人子者, 父母亡, 則去上衣, 吉服也, 被髮徒跣, 哭踊無數, 三日不食粥飮. 二日而括髮, 四日而成服, 居於中門之外, 寢苫枕塊, 不脫喪服, 不與人對坐, 不與婦人相見, 晨昏哭于靈座前, 上食時亦哭泣, 朝夕之間, 哀至則哭于靈座, 卒哭而疏食水飮.……蓋我國之俗, 凡民有喪, 莫不匍匐救之, 親戚朋友之喪, 則必以錢財衣服香燭等物來賻, 哭泣弔祭, 各盡情禮. 若於葬日, 爭取死者之物, 則是與禽獸盜賊無異也. 曾謂禮義之國, 而忍爲此乎."

87) 조헌,《중봉집》권10,〈조천일기〉6월 17일, "(歷細浦松鶻山) 一名海靑, (自是山上無墳, 田中或家後園, 多置棺材,) 露置土上, 上蓋以草, (未及湯站, 宿于金祖尙家,) 兄弟四人, 同居異爨, 方服父喪, 或見食肉爭博, 以草書題其父主, 而四人俱有美號, 可笑也."

88) 허봉은 6월 17일 일기(《조천기》)에 '宿湯站迤東金祖尙家, 兄弟四人皆服喪, 而飮酒食肉, 無異平日. 大有胡狄之風'라 적었다. 이에 대해 허봉은 '聞遼瀋地方皆如一云, 豈

334 조선과 명나라의 사행 외교사

88) 其久淪於契丹·女眞·蒙古之域, 而遂爲習俗也耶'라고 원인을 추측하고 있다. 명 전체의 모습이라 여기고 싶지 않았던 속내가 보인다.
89) 허진동,《동상집》권7,〈조천록〉10월 17일, "自前屯衛發行, 午餉于高嶺城外民家, 暮到中前所, 張世福家宿. 是日於前屯衛, 見捴兵官楊照母氏出葬, 專尙文華, 有同佛家事. 中國治喪, 不從朱文公禮, 從可知矣."
90) 정환,《조천록》8월 28일, "坐傍有一生, 於素巾上着儒冠, 怪問之, 乃南方士人遊學國子者, 聞父喪, 呈部出文字欲奔云, 詰之, 卽日, 典故大小員出入者, 率意經行, 永廢不復列士類云, 夫人始聞斬衰喪, 當分崩之際, 整冠襟對衆人, 言貌止, 暇無哀戚, 甚矣其失性也, 大抵中朝喪紀大壞, 經行不覩, 被衰戴絰, 啗魚肉啜酒醴, 談笑自若, 己肆不疑, 人亦爲常, 道之不行, 民散久矣, 何足怪哉."
91) 이수광,《지봉유설》권17,〈인간부〉〈상사喪事〉, "……余嘗赴京, 見一儒士其父死未葬, 而設椅於柩前, 與客踞坐, 進酒肉談笑自若, 中朝喪制之壞, 亦可知也."
92) 황진,《서담유고》,〈조천행록〉. 황진은 1587년 서장관으로 북경을 다녀왔다.
93) 이수광,《지봉유설》권17,〈인간부〉〈상사喪事〉, "……余嘗赴京, 見一儒士其父死未葬, 而設椅於柩前, 與客踞坐, 進酒肉談笑自若, 中朝喪制之壞, 亦可知也."
94) 김중청,《구전문집苟全文集》권1,〈탕참구점湯站口占〉.
95) 허균,《을병조천록》,〈도중유기관途中有棄棺〉.
96) 황여일,《해월집海月集》권10,〈은사일록銀槎日錄〉1599년 1월 13일 조, "大槩喪禮頓廢, 埋葬無法, 死而棺斂者不多, 棺而埋瘞者絶少, 窆而階砌者尤無. 其親其夫死, 則出置棺於野田中, 或僅盖苫薦, 或暫塗棺面而已. 是必北俗習染夷虜之致也. 聞北地人物稀罕, 國初有朴野勤儉之風, 自成化弘治年間, 昇平日久, 朴野變而巧文, 勤儉變而浮奢, 繁文支節, 日以益甚. 而養生極侈, 喪死極薄, 至於婚聘論財, 疾病用巫, 喪殯用浮屠數款, 我國亦不得免焉. 行人得於道路者如此, 如有善觀風俗者, 則必爲之長太息矣."
97) 이성형은 이러한 상례 모습을 임진왜란 이후 나타난, 요동을 점령한 호족의 풍습으로 보고, 문명과 반문명, 즉 화이관에 대한 새로운 인식이 표출되고 있다고 서술했다. 그러나 이러한 상례 모습은 16세기 사행록의 곳곳에서 확인할 수 있으며, 호족의 풍습이 아니다. 따라서 이성형의 주장은 다시 살펴볼 필요가 있다. 이성형,〈연행록燕行錄의 백이伯夷·숙제叔齊 관련 한시漢詩 연구硏究: 임란壬亂 수습기收拾期를 중심中心으로〉,《한문학논집》31권, 근역한문학회, 2010.

98) 이상균, 〈여말선초 상·제례 변동과 사회적 관계의 재편성〉, 《한국민족문화》 44집, 2012, 182~185쪽.
99) 박진훈, 〈고려 사람들의 죽음과 장례—관인 가족을 중심으로〉, 《한국사연구》 135집, 한국사연구회, 2006.
100) 이병휴, 《조선전기 기호사림파연구》, 일조각, 1987, 136~137.
101) 이숙인, 《《주자가례》와 조선 중기의 제례문화—결속과 배제의 정치학〉, 《정신문화연구》 제103호, 한국학중앙연구원, 2006, 35~65쪽.
102) 이는 조선 사대부들이 가지고 있던 문화적 자부심일 수도 있다.
103) 조선이 건국된 이후 상례에 대한 담론이 유교식으로 전환되자 17세기 조선은 상례 담론이 매우 활발히 진행되면서, 상례와 관련된 책들이 집필되었다. 대표적인 것으로 이언적李彦迪(1491~1553)의 《봉선잡의奉先雜儀》, 김인후金麟厚(1510~1560))의 《가례고오家禮考誤》, 이이李珥(1536~1584)의 《제의초祭儀鈔》, 김장생金長生(1548~1631)의 《가례집람家禮輯覽》 등이 있다. 또한 이황은 예학서를 남기지 않았으나, 문인과 주고받은 상·제례 관련 서신이 400여 건이 넘는다. 이처럼 17세기 상례 연구가 활발해지면서 명의 상례에 대해 비판적 시각을 가지게 되었음과 동시에 이러한 명의 상례를 통해 조선 유학자들이 상례 연구에 더 집중하게 되는 요인 중 하나가 되었을 것으로 짐작한다. 다만 이에 대해 추후 연구가 더 필요할 것이다.
104) 김희영·김민재·김용재, 〈조선 성리학자들의 양명학에 대한 비파적 인식 검토(1)—'윤근수'와 '육광조' 간의 《주륙논란》을 중심으로〉, 《동양철학연구》 98호, 동양철학연구회, 2019.
105) 유성룡이 이황이 살아 있을 당시 직접 사신으로 임명되어 중국을 다녀왔는지는 확인되지 않는다. 명종 17년(1562) 유성룡의 아버지 유중영柳仲郢이 관압사로 임명되어 북경을 다녀왔는데, 아마도 이때 아버지를 따라 명을 다녀온 듯하다. 1567년 서장관으로 명을 다녀왔다고 하는데 《실록》 등의 기록에서는 확인되지 않는다.
106) 김동진, 〈허봉의 대명사행과 양명학변척〉, 《연행록 연구총서》 6권, 학고방, 2006, 646쪽.
107) 허봉, 《조천기》 1574년 6월 26일, "由此觀之 則今之天下 不復知有朱子矣 邪說橫流 禽獸逼人 彝倫將至於滅絶 國家將至於淪亡 此非細故也 而爲儒者轉相眩惑 萬口一談 雖有闢邪崇正之論如石·趙兩公者 皆不獲施行 至以躋於從祀之列 其汙衊聖廟大矣."

108) 전덕홍錢德洪, 왕기王畿, 서계徐階 등이 왕양명의 시문을 모아 문록, 속편, 별록 등으로 편찬한 시문집으로 1558년(명종 13) 조선에 전해졌다.

109) 허봉의《조천기》 1574년 8월 2일 조 일기에 이 문답에 대한 기록이 남아 있다.

110) 왕부지와의 문답은 허봉의《조천기》 1574년 8월 3일 조 일기와 조헌의《조천일기》 1574년 8월 3일 조에도 자세하게 기록되어 있다.

111) 허진동, 《동상선생문집東湘先生文集》 권7, 〈조천록朝天錄〉 11월 16일, "彛倫堂, 在聖殿之西, 亦極宏敞, 但講堂塵鎖, 儒生闃茸, 不足與談論矣. 問其一代宗儒, 則以羅一峯・河鐔對, 一峯已逝, 河鐔退休云. 問其當代所崇, 則以王陽明對, 陽明則守仁也, 宗象山而背晦翁者也. 今代儒業之, 未得其正, 可知矣. 竟贈以扇子筆墨, 皆欲多得, 無謙讓之志, 中朝士習之偸微, 亦可知矣."

112) 국자감 관광은 중종 17년(1522) 사은사 강징姜澂이 3월 7일에 명의 임금이 국자감 문묘에서 알성謁聖한다는 소식을 듣고 옥하관 주사에게 참관하고 싶다는 뜻을 전하면서, 예부와 명 임금의 승인을 얻어 성사되었다(《중종실록》 중종 17년 6월 5일). 이후 국자감은 16세기 사행에서 빠지지 않고 꼭 다녀오는 필수 관광지가 되었다. 이는 옥하관 출입을 금지시켜 사신들의 행동이 제한되었을 때도 이루어졌다.《중종실록》 중종 17년 2월 3일 자 기사를 보면 통사 김이석金利錫이《대명일통지》를 구매한 것에 대해 예부낭중 손존孫存이 상인들을 논죄한다. 사행단의 옥하관 밖 출입 제한을 확인할 수 있는 대목이다. 3사신은 원래 출입이 제한적이었으나, 실무를 담당하는 통사 등은 자유롭게 출입할 수 있었다. 1522년 옥하관 출입이 제한되면서, 1534년 소세양은 옥하관 문금을 푸는 것을 사행 목적으로 삼기도 했다. 그러나 명 조정에서는 옥하관 출입 제한을 풀지 않고 5일에 한 번 중국 측 관리와 함께 나갈 수 있는 표첩을 발행하는 데 그쳤으며, 이마저도 사신들이 옥하관 출입을 허가해 달라고 청탁해야만 얻을 수 있었다.

113) 소순,《보진당연행일기》 윤 2월 25일 조. 최강현・임치균 공역,《보진당연행일기》(국학자료원, 1992)에서 인용.

114) 임권,《정용재집》 권1, 〈연행일기〉 11월 7일, "晚後入國子監, 謁聖仰觀, 廟中位版, 題先師至聖, 孔子之位. 廟之門內有石鼓, 皆以靑壁築壇, 置鼓于其上, 殿前皆以白石作欄干, 周回前面, 壯麗無比. 然彛倫堂及東西廡, 無一儒也."

115) 조헌,《중봉집》 권10, 〈조천일기〉 상 7월 21일 조, "袁鐸餉以西瓜. 前夕, 使見袁, 皆

是平房, 自寓于外門, 美叔與余不得已寓內. 朝來鐸來見余, 余勸以勤勤讀書, 以孝慈親, 而且與之筆以奬之. 鐸曰: "大人所爲, 皆禮義之風, 而吾中國還有夷狄之風 何以報德?" 卽取西瓜以侑之. 鐸字聖化."

116) 허봉의 〈조천일기〉 7월 20일 조에는 집주인의 이름을 '원탁元鐸'이라고 적고 있다. 조헌은 7월 20일 자 일기에 '원탁은 만학도로 품성이 좋다'라 적고 있다.

117) 굴원의 《초사楚辭》, 〈원유遠遊〉에 '어미려於微閭'가 나온다. 이 산이 바로 의무려산이다.

118) 《동악집東岳集》 권2, 〈조천록朝天錄〉, 〈六月二十日留廣寧出步城外北望醫無閭山而作〉 注, "此屈原遠遊賦所云於微閭, 而周禮東北曰幽州, 其山鎭曰醫無閭者, 是也.; 《疎齋集》 권1, 〈黃旗堡途中, 望醫巫閭山, 書懷〉 注, "周禮幽州之鎭曰醫巫閭. 屈原遠遊賦稱於微閭. 賀郎中欽, 以陳白沙高弟, 隱居此山下, 世稱醫巫閭先生."

119) 당 때는 의무려산의 산신을 '광녕공廣寧公'이라 칭했으며, 금나라 때는 '광녕왕廣寧王', 원 때는 '정덕광녕왕禎德廣寧王', 명 때와 청 때는 '의무려산지신醫巫閭山之神'으로 봉했다. 의무려산은 역대 조정에서 숭배하는 신령스런 성지였으며, 요의 여섯 임금이 선후로 40여 차례나 산제와 조상제를 지냈던 산으로 북방민족에게도 매우 상징성이 깊은 곳이었다. 요 태자 야율배耶律倍는 이곳에 은거하며 수만 권의 장서를 읽었고, 원나라의 야율초재耶律楚材도 어린 시절 이곳에 은거하며 글을 읽어 훗날 굴지의 명재상이 되었다. 조규익, 〈연행 길, 고통의 길, 그러나 깨달음의 길〉, 《국문 사행록의 미학》, 역락, 2004에서 재인용.

120) 이승소, 《삼탄선생집三灘先生集》 권8, 〈의무려산醫無閭山〉, "轇轕縱橫自北來, 上攙雲漢更崔嵬. 華夷分得朔南界, 流峙元從天地開. 怪石奇巖攢劍戟, 側峯橫嶺似樓臺. 登高能賦非吾事, 但覺風煙入壯懷."

121) 서거정, 《사가집四佳集》 권7, 〈광녕도중廣寧道中〉, "閭山萬古鬱蒼蒼, 廣寧九月飛淸霜. 邊馬摠肥秋草健, 邊人弓箭腰輝光. 由來此鎭號精强, 控禦東北何堂堂. 何物胡兒雙眼碧, 年年敢爾爲跳梁."

122) 김창업, 《연행일기燕行日記》 권9, 1713년(숙종 39) 3월, "賀欽字堯恭, 遼東廣寧人, 成化丙戌進士, 聞陳白沙講論, 卽日抗疏解官, 執弟子禮, 肖白沙像, 懸于別墅, 日瞻企之. 正德初, 鉋寇暴發, 戒勿犯先生家, 鄕人謝之請往撫之, 賊遂退. 潛心理學, 淸修篤行, 鄕人化之, 稱曰醫閭先生云."

123) 하흠은 1466년 과거에 급제하여 급사중을 제수받았다. 이 무렵 한림원에서 진헌장 陳獻章의 강론을 듣고 크게 깨우침을 얻어 백사를 스승으로 섬기고, 벼슬에서 물러나 요동 광녕위의 의무려산에 들어가 생을 마칠 때까지 살았다. 하흠을 의무려 선생이라고 칭한다(《明史》卷283, 〈賀欽列傳〉).

124) 명 철학사에서 진헌장의 학문은 심학으로 분류된다. 진헌장은 '성즉리性卽理'와 '경 敬'을 주창했기에 주자학자인 하흠과 담약수가 그를 스승으로 섬길 수 있었다(구스모토 마사쓰구, 김병화·이혜경 옮김, 《송명유학사》, 예문서원, 2005, 469~478쪽). 그러나 진헌장이 학문의 정수로 삼은 것은 육상산의 태극론이었다(장윤수 엮음, 《정주철학 원론》, 이론과실천, 1992, 389쪽). 왕양명과 진백사가 학문하는 방법으로 택한 정좌靜坐는 정주가 이미 주장한 바이다. 이 정좌에 대한 학습 방법은 선禪으로 빠질 수 있기에 매우 조심스럽게 이야기되었다. 그런데 왕양명은 《전습록》에서 단 한 번도 진백사에 관한 이야기를 한 적이 없다. 따라서 명대 철학을 연구하는 학자들은 이 부분에 대해 매우 조심스레 영향관계를 따지기도 한다.

125) 한국고전번역연구원 DB에서 '진헌장'을 검색하면, 퇴계가 변척한 글과 하흠의 스승이라는 중국 사행 관련 시문의 주석 몇 가지밖에 없다. 진헌장의 학문이 언제 조선에 유입되었는지에 대한 학계의 연구도 거의 없다. 1522년경 전래되었다는 이능화의 주장뿐이다. 양명학의 국내 유입에 대해서도 학계에서는 여러 견해가 제기되고 있다. 왕양명의 《전습록》은 초간본이 명에서 1518년 간행된 이후 1524년에 중권이 간행되고 1527년에 상·중·하로 통합 간행된다. 이 책이 언제 조선에 유입되었는지는 알 수 없다. 유명종은 《서애문집西厓文集》에 실린 〈양명집 뒤에 쓰다[書陽明集後]〉를 근거로 1558년경에 유입되었다고 보았다. 윤남한은 홍인우의 《치재일기恥齋日記》를 근거로 1553년에 유입되었다고 추정한다. 이능화는 1522년 육구연 계통의 진백사와 왕수인의 육왕학이 들어왔다고 말했으나, 구체적인 증거는 제시하지 못했다. 오종일은 16세기 전반기의 사회문화적인 동향과 학자들의 서신 등에서 나타나는 양명학 관련 언급을 근거로 1521년 이전 전래설을 제기했다. 그는 박상과 김세필 간 양명학에 관한 대화에 주목한다. 박상과 김세필 사이에 오고간 편지 가운데 《전습록》을 변척한 시가 발견되었는데, 이 시기는 박상이 1521년(중종 16) 충주목사로 재직하면서 김안국, 김세필과 교유하던 때다. 김세필은 1519년(중종 14) 사은사로 북경을 다녀왔는데, 1518년 《전습록》 초간본이 명에서 간행된 것을 감안

하면 이 기간 동안《전습록》을 봤을 개연성이 존재한다는 것이다. 오종일은 이를 바탕으로 양명학 전래를 1521년 이전 전래설을 주장했다. 다만 학계에서는 조선에서《전습록》이 간행된 것은 1593년이었다고 보고 있다(김경호,〈양명학의 전파와 조선 지식인 사회의 대응〉,《동양철학》24집, 2005). 왕양명의《전습록》이 언제 국내에 유입되었는지 정확히 알 수 없는 것과 달리 확실하게 알 수 있는 것은 육상산의 문집이 들어온 시기이다. 김안국이 동지사 허자로 하여금 명에서《상산집象山集》6책을 구입해 온 것이 1541년이다(《조선왕조실록》중종 36년(1541) 8월 경진일). 김안국은 이것을 간행하여 홍문관 성균관 등에 나누어 주었다(《모재집》권9,〈부경사행수매서책인반의赴京使行收買書册印頒議〉). 육상산의 저작이 공식적으로 간행 반포된 것을 보면, 1540년대에는 상산학에 대한 연구가 자유롭게 진행되었음을 짐작할 수 있다.

[126] 최연,《간재집》,〈의무려산醫巫閭山〉, 차채태상규운次蔡太常珪韻 재광녕성서오리在廣寧城西五里〉, "西嶽峻峭勢甚雄, 根盤太行聯山東. 山東州郡此其鎮, 中有寶閣煥青紅(山腰有觀音閣). 石門幽幽挺其樹, 桃洞杳杳開樵路(山中有桃花洞). 曾於方冊見山名, 此是虞帝分封處. 我來作客天一涯, 日行廣野困風沙. 得見名山眼忽明, 況值霽景秋正佳. 蠟屐開登此最樂, 攀磴採芝亦不惡. 吁嗟可望不可到, 仰羨天上盤空鶴."

[127]《퇴계집退溪集》권13,〈여홍응길與洪應吉〉, "所存只有先生手抄先儒之, 若先生著述則無矣, 可歎! 有《醫閭先生集》者, 僕新得見之, 其人師陳白沙, 而篤信此學, 似不全墮於白沙禪學, 殊可喜."

[128] 허봉,《조천기》6월 27일 자, "恭惟朱考亭先生, 纂孔孟周程之緒, 集聖賢之大成. 自是厥後, 有如眞西山·許魯齋·薛文淸·賀醫閭諸公, 莫不敬之如神明, 信之如父母, 未嘗有異議."

[129] 이정향,《지퇴당집知退堂集》2,〈사제사훈조경舍弟士薰朝京, 추상구유追想舊遊, 성십절成十絶〉, "隱居求志賀醫閭, 隔世聞風尙起子, 先覺立言開後學, 思人須更訪遺書, (成化間, 賀欽先生以給事中, 謝病退居于醫無閭山下, 講明斯學, 有醫閭集四卷, 子嘗觀省, 兵亂失之, 當念亟求以來.)."

[130] 명대 철학사에서 보면, 진헌장의 제자로는 담약수湛若水(자는 감천甘泉, 1466~1560)가 가장 중요하고 하흠은 그렇게 중요한 인물로 평가받지 않고 있다. 그럼에도 조선에서 하흠을 매우 중요시했던 것은 퇴계가 말했기 때문일 것이다.

[131] 최립,《간이집簡易集》권6,〈정축행록丁丑行錄〉,〈차운망의무려산次韻望醫巫閭山〉제2수.

132) 김현미, 〈최립의 사행시 연구〉, 이화여대 석사학위논문, 1997. 25~28쪽.
133) 김성일, 《학봉집》, 〈조천기행朝天紀行〉, "……廣寧雄藩鎭遼右, 城譙壯麗兵戎精. 西倚醫閭北沙漠, 傍城嶽廟雄瞻聆. 吳州忽憶賀夫子, 雲外高山餘典刑. 釣臺風月久無主, 道學誰復爲宗盟……."
134) 배삼익, 《임연재집》 권3, 〈장유무려이우미과차전운將遊無閭以雨未果次前韻〉, "彩翠浮空石逶橫, 攜君安得出西城 非關厭鬧尋山寺, 正要登高望玉京. 雲外夕霏猶未霽, 胸中泰華孰能平. 由來好事多魔障, 虛負淸遊此一生."
135) 이성형은 임란 수습기 전후부터 의무려산의 절경을 이학대가인 하흠과 관련하여 인식하려는 경향이 형성되었다고 보았다. 이성형, 〈연행록燕行錄의 백이伯夷·숙제叔齊 관련 한시漢詩 연구研究: 임란壬亂 수습기收拾期를 중심中心으로〉, 2010. 그러나 임란 전후보다 앞서 퇴계가 하흠을 긍정한 이후부터 의무려산은 하흠의 도학, 즉 주자학의 성지로 인식되었고, 이러한 관념으로 인해 유명한 곳이 되어 사신들이 한 번쯤 유람하고 싶은 곳으로 자리 잡았다. 이후 17세기로 가면 의무려산에 대한 공간 인식은 성리학적 틀에서 벗어나 더욱 다양하게 나타난다. 이정귀의 〈의무려산에 가는 도중에 짓다[往醫巫閭山途中口占]〉(《월사집》 권6, 〈병진조천록〉)을 보면 의무려산에 있는 사찰에서 만난 스님을 추억할 뿐 하흠을 떠올리지 않는다.

03 사행 의례와 물적 교류

명대 조선 사신의 외교 의례 절차의 재구성

* 이 글은 정은주, 〈明代 朝鮮使臣의 外交儀禮 節次〉, 《명청사연구》 62, 2004를 수정·보완한 것임.
1) 김구진, 〈조선 전기 韓中關係史의 試論: 조선과 명의 사행과 그 성격에 대하여〉, 《홍익사학》 4, 홍익사학회, 1990; 김송희, 〈조선 초기 대명외교에 대한 일연구―대명사신과 명사신 영접관의 성격을 중심으로〉, 《사학연구》 55·56, 한국사학교육연구소, 1998; 김경록, 〈조선 초기 대명외교와 외교절차〉, 《한국사론》 44, 서울대 국사학과,

2000; 권인용, 〈明中期 朝鮮의 入明使行—蘇世讓의 《赴京日記》를 통해〉, 《명청사연구》 19, 명청사학회, 2003; 김경록, 〈조선시대 조공체제와 대중국 사행〉, 《명청사연구》 30, 명청사학회, 2008; 김경록, 〈조선시대 사대문서의 생산과 전달체계〉, 《한국사연구》 134, 한국사연구회, 2006; 구도영, 〈조선 전기 對明 陸路使行의 형태와 실상〉, 《진단학보》 117, 진단학회, 2013.

2) 정동훈, 〈明代 前期 外國 使節의 身分證明 方式과 國家間 體系〉, 《명청사연구》 40, 명청사학회, 2013, 1~34쪽; 구도영, 〈명대 조선사행의 신분 증명에 대한 종합 분석: 감합부터 얼굴 인지까지〉, 《명청사연구》 52, 명청사학회, 2019a, 37~69쪽; 이재경, 〈조선 전기 부경사절에게 발급된 신분증명서와 명 국내 역로 이용 절차〉, 《한국문화》 101, 규장각한국학연구원, 2023, 167~212쪽.

3) 李云泉, 〈明淸朝貢制度硏究〉, 南開大學 博士學位論文, 2004a; 李云泉, 〈賓禮的演變與明淸朝貢禮儀〉, 《河北師範大學學報(哲學社會科學版)》, 2004b; 李云泉, 〈明代中央外事機構論考〉, 《東岳論叢》 27-5, 山東社會科學院, 2006; 朱歡勛, 〈明代外交管理機構述略〉, 雲南師範大學 碩士學位論文, 2005; 劉紀勇, 〈明代外事機構硏究〉, 山東師範大學 碩士學位論文, 2009; 李硏靜, 〈論明代賓禮制度下的禮樂〉, 南京師範大學 碩士學位論文, 2014; 張晴晴, 〈明代前期宮廷外交硏究〉, 山東師範大學 碩士學位論文, 2018.

4) 劉春麗, 〈明代朝鮮使臣與中國遼東〉, 吉林大學 博士學位論文, 2012.

5) 張士尊, 〈明淸朝鮮使團"下馬宴"和"上馬宴"考釋〉, 《鞍山師範大學院學報》 21-5, 鞍山師範大學, 2019.

6) 松浦章, 〈明淸時代北京の會同館〉, 《神田信夫先生古稀記念論集: 淸朝と東アジア》, 東京, 山川出版社, 1992; 王靜, 〈明朝會同館論考〉, 《中國邊疆史硏究》 12-3, 中國社會科學院 中國邊疆硏究所, 2002; 陳彝秋, 〈從朝鮮使臣的中國行紀看明代中後期的玉河館-以會同館提督爲中心〉, 《南京曉壯學院學報》, 南京曉壯學院, 2014; 王建峰, 〈明代會同館管理人員及其職掌考述〉, 《烟台大學學報》 18-2, 烟台大學, 2005; 王建峰, 〈明代會同館職能考述〉, 《蘭州大學學報》 34-5, 蘭州大學, 2006; 張雲飛, 〈明朝會同館硏究〉, 陝西師範大學 碩士學位論文, 2012.

7) 김경록, 〈조선시대 사대문서의 생산과 전달체계〉, 2006; 구도영, 〈16세기 대명 사무역의 정책 방향과 굴레—中宗代 明의 '조선사행단 출입제한 조치'를 중심으로〉, 《조

8) 선시대사학보》62, 조선시대사학회, 2012; 李善洪,〈明代會同館對朝鮮使臣"門禁"問題研究〉,《黑龍江社會科學》132, 黑龍江社會科學院, 2012; 劉晶,〈明代玉河館門禁及相關問題考述〉,《安徽史學》, 安徽省社會科學院, 2012; 조영헌,〈1522년 북경 회동관의 대조선 문금 조치와 그 배경〉,《중국학보》91, 한국중국학회, 2019.

8) 대명 사행의 절차는 김경록,〈조선 초기 대명외교와 외교절차〉, 2000, 34~42쪽 참조.

9) 《全遼志》卷1, 沿革(金毓黻 主編,《遼海總書》, 遼瀋書社, 1984, 531~533쪽).

10) 《全遼志》卷3, 職官(金毓黻 主編,《遼海總書》, 遼瀋書社, 1984, 589쪽).

11) 요동도사아문의 조직 구조와 외교 의례에 대해서는 劉春麗,〈明代朝鮮使臣與中國遼東〉, 2012, 39~43쪽 참조.

12) 《明宗實錄》권30, 명종 19년 7월 15일(을묘).

13) 《宣祖實錄》권23, 선조 22년 10월 5일(기묘).

14) 조선의 부경사행이 명에 입국하는 과정에서 요동도사에 제출하는 문서에 대해서는 이재경,〈조선 전기 부경사절에게 발급된 신분증명서와 명 국내 역로 이용 절차〉, 2023, 200쪽 [표 1] 참조.

15) 부험은 부경사행의 역참 이용과 밀접한 관련이 있으며, 1390년 명 황제가 고려에 부험 7부를 발급했고, 조선 인조 대에 분실한 3부를 더 발급했다. 김경록,〈명대 역전 제도와 한중관계에서 부험의 의미〉,《명청사연구》49, 명청사학회, 2018.

16) 구도영,〈명대 조선사행의 신분 증명에 대한 종합 분석: 감합부터 얼굴 인지까지〉, 2019, 56~59쪽; 이재경,〈조선 전기 부경사절에게 발급된 신분증명서와 명 국내 역로 이용 절차〉, 2023, 202~203쪽.

17) 구도영,〈명대 조선사행의 신분 증명에 대한 종합 분석: 감합부터 얼굴 인지까지〉, 2019, 42쪽.

18) 許震童,《東湘集》권7, 朝天錄,〈見官例〉(林基中 편,《燕行錄全集》3, 2001, 325~326쪽).

19) 《世宗實錄》권124, 세종 31년 4월 8일(정사).

20) 鄭士信,《梅窓先生朝天錄》1610년 9월 9일 조(林基中 편,《燕行錄全集》9, 2001, 258~259쪽).

21) 趙憲,《重峰集》권10,〈日記〉1574년 6월 23일 조(林基中 편,《燕行錄全集》5, 2001, 151~152쪽).

22) 작자미상,《朝天日錄》,〈遼東都司衙門見堂儀〉(林基中 편,《燕行錄全集》20, 2001, 75~76쪽).

23) 黃是,《檜山世稿》3,〈朝天錄〉1610년 6월 15일 조(林基中 편,《燕行錄全集》2, 2001,

478~480쪽).

24) 黃中允,《東溟集》권6,〈西征日錄〉1620년 5월 7일 조(林基中 편,《燕行錄全集》16, 2001, 25쪽).

25) 蘇世讓,《陽谷赴京日記》,〈事大紀行〉上, 1534년 2월 8일조(林基中 편,《燕行錄全集》2, 2001, 399쪽).

26) 金中清,《朝天錄》1614년 6월 11일 조(林基中 편,《燕行錄全集》11, 2001, 440쪽); 李弘胄,《李川相公使行日記》1619년 7월 7일 조(林基中 편,《燕行錄全集》10, 2001, 46쪽).

27)《明太宗實錄》卷24, 永樂元年 10月 4日(戊申).

28)《明憲宗實錄》卷160, 成化 12年 12月 20日(己丑).

29) 許震童,《東湘集》권7, 朝天錄,〈赴北京道理館站〉(林基中 편,《燕行錄全集》3, 2001, 325~326쪽).

30) 趙憲,《重峰集》권10,〈日記〉1574년 6월 27일 조(林基中 편,《燕行錄全集》5, 2001, 158쪽).

31)《明實錄》에서는 성세명의 한자를 成洗名으로 오기했다.《明武宗實錄》卷6, 弘治 18年 10月 3日(甲寅).

32)《大明會典》권114, 禮部 72, 筵宴,〈番夷人等領宴〉.

33) 蘇巡,《葆眞堂燕行日記》1533년 2월 1일 조(林基中 편,《燕行錄全集》3, 2001, 374~375쪽).

34) 裴三益,《臨淵齋集》권4,〈조천록〉1587년 4월 29일 조(林基中 편,《燕行錄全集》4, 2001, 22쪽).

35) 許震童,《東湘集》권7,〈朝天錄〉1572년 9월 27일 조(林基中 편,《燕行錄全集》3, 2001, 278쪽).

36) 許篈,《荷谷朝天記》上·下 1574년 6월 26일 조; 10월 2일 조.

37) 구도영,〈명대 조선사행의 신분 증명에 대한 종합 분석: 감합부터 얼굴 인지까지〉, 2019, 59~61쪽.

38) 작자미상,《朝天日錄》,〈入關儀〉(林基中 편,《燕行錄全集》20, 2001, 77~78쪽).

39) 許篈,《荷谷朝天記》中 1574년 7월 18일 조.

40) 許篈,《荷谷朝天記》中 1574년 7월 18일 조.

41) 명대 경사京師의 중앙 외교기구에 대해서는 朱歡勛,〈明代外交管理機構述略〉, 2005; 李云泉,〈明代中央外事機構論考〉, 2006 참조.

42) 토관土官은 일반적으로 토사土司를 가리킨다. 이들은 원·명·청대에 서북 및 서남 지

역에 설치된 관직으로, 소수민족의 추장이 임명되어 세습하였다.

43) 《大明會典》 卷105, 五禮部 63, 〈主客淸吏司〉.

44) 《大明會典》 卷109, 禮部 67, 〈會同館〉.

45) 고대 중국의 왕조는 외국 또는 주변 소수민족을 객인 또는 귀의 만이蠻夷로 여겼기에 중앙 구경九卿에서 전객典客을 관리했으며, 수·당 대 이후 예부에서 주관했다. 예부에 소속된 주객사主客司의 제도는 전국시대 제나라에서 비롯되었다. 동한에도 주객을 설치하여 광무제는 상서객조尙書客曹를 남주객조南主客曹와 북주객조北主客曹로 나누어 소수민족과 외국 빈객을 접대하는 일을 주관하게 했다. 당·송 대는 예부 소속 4사司 중 하나로 관수官守는 주객낭중主客郎中이었다. 원대에도 예부 소속 4사 중 하나로, 중앙 외교 객관의 관리는 예부상서에 귀속되었다.

46) 《明會要》 卷31, 職官 3, 〈禮部四司〉.

47) 《明史》 卷72, 志 48, 〈職官〉.

48) 《大明會典》 卷105, 禮部 63, 〈主客淸吏司〉; 《大明會典》 卷2, 吏部2, 官制 1, 〈京官〉.

49) 《明史》 卷69, 志 43, 〈職官〉.

50) 《大明會典》 卷109, 禮部 67, 賓客, 〈會同館〉.

51) 《大明會典》 卷115, 禮部 73, 下程, 〈欽賜下程〉. 광록시光祿寺에서 5일에 한 번 조선은 5인마다 유구국은 10인마다 거위와 닭 각 1마리, 술 10병, 쌀 5두, 소채, 두과痘科, 과자, 다식 각 4반般, 시탄柴炭 각 200근을 지급했다. 1576년부터는 하정 외에 매 3인에게 5일마다 거위 1마리, 닭 2마리, 술 4병, 쌀 1두, 과자 5근을 주었고 수종인隨從人에게는 지급하지 않았다.

52) 《大明會典》 卷111, 禮部, 給賜 2.

53) 명조 사신 기록 중 조공국의 풍토와 산물 등의 자료를 보관하는데, 이는 당나라에서 유래된 방식이다. 그 밖에 회동관 관원이 조공국의 정황을 질문한 기록도 있었다.

54) 《明太宗實錄》 卷233, 永樂 19年 正月 13日(丙子).

55) 《明史》 卷72, 職官志 1, 〈禮部〉.

56) 《大明會典》 卷145, 兵部 28, 驛傳 1, 〈會同館〉; 명대 회동관의 역할에 대해서는 張晴晴, 〈明代前期宮廷外交研究〉, 2018, 51~53쪽; 王建峰, 〈明代會同館職能考述〉, 《蘭州大學學報》 34-5, 2006, 蘭州大學, 100~105쪽.

57) 《明宣宗實錄》 卷82, 宣德 6年 8月 11日(癸卯).

주 345

58) 《大明會典》卷145, 兵部 28, 驛傳 1,〈會同館〉.
59) 《明史》卷72, 職官志 1,〈兵部〉.
60) 《大明會典》卷109, 禮部 67, 賓客,〈會同館〉.
61) 《外夷朝貢考》上卷, 職官 1.
62) 《大明會典》卷109, 禮部 67, 賓客,〈會同館〉.
63) 《大明會典》卷109, 禮部 67, 賓客,〈會同館〉.
64) 《大明會典》卷108, 禮部 66, 朝貢 4,〈朝貢通例〉.
65) 《大明會典》卷108, 禮部 66, 朝貢 4,〈朝貢通例〉.
66) 《大明會典》卷108, 禮部 66, 朝貢 4,〈朝貢通例〉.
67) 《大明會典》卷108, 禮部 66, 朝貢 4,〈朝貢通例〉; 俞汝楫(明) 編,《禮部志稿》卷36,〈朝貢通例〉.
68) 《明孝宗實錄》卷170, 弘治 14年 正月 23日 (壬申).
69) 《大明會典》卷108, 禮部 66, 朝貢 4,〈朝貢通例〉.
70) 《成宗實錄》권77, 성종 8년 윤2월 6일(갑진).
71) 《成宗實錄》권77, 성종 8년 윤2월 6일(갑진).
72) 《中宗實錄》권44, 중종 17년 2월 3일(경진); 조영헌은 당시 조선에 대한 명의 문금 이유가 가정제의 즉위로 서역과 포르투갈 사신 등에 대한 통제 및 회동관의 기강을 강화하려는 조치가 함께 맞물려 있었음을 조명했다. 조영헌,〈1522년 북경 회동관의 대조선 문금 조치와 그 배경〉, 2019, 185~209쪽.
73) 《中宗實錄》권56, 중종 21년 3월 19일(임인).
74) 李善洪,〈明代會同館對朝鮮使臣"門禁"問題研究〉, 2012, 144~145쪽; 조선 사신의 정보 수집과 관련한 문금은 김경록,〈조선시대 사대문서의 생산과 전달체계〉, 2006, 304~305쪽; 16세기 조선의 대명 사무역의 확대와 관련한 문금은 구도영,〈16세기 대명 사무역의 정책 방향과 굴레—中宗代 明의 '조선사행단 출입제한 조치'를 중심으로〉, 2012, 229~234쪽 참조.
75) 《大明會典》卷105, 禮部 63,〈主客淸吏司〉; 劉晶,〈明代玉河館門禁及相關問題考述〉, 2012, 26~27쪽; 조선 전기 북경 유관遊觀 사례는 구도영,〈조선 전기 대명사신의 북경 관광지와 관광 소회〉,《역사학보》244, 2019b 참조.
76) 《大明會典》卷219,〈鴻臚寺〉.

77) 《大明會典》卷109, 禮部 67, 賓客, 〈各國通事〉.
78) 《大明會典》卷219, 〈鴻臚寺〉.
79) 蘇巡, 《葆眞堂燕行日記》, 계사(1533) 2월 25일~3월 11일; 柳仲郢, 《燕京行錄》, 임술 (1562) 11월 6일~12월 24일; 許篈, 《荷谷朝天記》中·下, 갑술(1574) 8월 7일~9월 6일.
80) 그 밖에 안남, 류큐, 섬라 등은 1개월 20일, 사천과 섬서의 일부 번승蕃僧과 번족蕃族에게는 2개월로 회정 기한을 정했다. 《大明會典》卷108, 禮部 66, 朝貢 4, 〈朝貢通例〉; 1587년 사은사 배삼익은 37일, 1593년 사은사 정철은 40일을 체류하는 등 대체로 40일 기한을 지킨 정황이 보인다. 裵三益, 《朝天錄》; 鄭澈, 《燕行日記》.
81) 趙憲, 《重峰集》卷11, 〈朝天日記〉, 갑술년 8월 9일(경술): 8월 10일(신해).
82) 김창업은 《燕行日記》卷1, 〈表咨文呈納〉에서 허봉의 《荷谷朝天記》의 내용을 인용했다.
83) 작자미상, 《朝天日錄》, 〈提督分司見堂儀〉(林基中 편, 《燕行錄全集》20, 2001, 80쪽).
84) 《禮部志稿》卷60, 〈宴夷使班次〉.
85) 천계사는 원나라 문종이 남경에 있을 때 조천궁 동측에 번왕의 저택으로 처음 지었으나, 즉위 후 용상집경사龍翔集慶寺로 수건修建했다. 이후 1388년 화재로 인해 명 태조가 중화문 밖에 중건하여 천계선세사天界善世寺로 사명賜名했고, 1423년 다시 화재를 입어 1458년 승려 각의覺義가 중건했다.
86) 《太宗實錄》卷13, 태종 7년 3월 15일(기사); 1388년 천계사의 화재로 인해 승록사僧錄司를 천희사天禧寺로 옮겼다는 기록이 보인다. 《明太祖實錄》卷188, 洪武 21年 2月 29日(甲戌).
87) 《明太祖實錄》卷243, 洪武 28年 12月 30日(己未); 조천궁의 터는 과거 오치성吳治城으로 진나라 서주西州의 옛터였다. 남송 때 총명관總明觀을 설치했고, 당나라 때 자극궁紫極宮을 지었으며, 송 진종 때 상부궁祥符宮으로 개칭했고 다시 천경관天慶觀이라 했다. 원나라 원정 연간에는 현묘관玄妙觀이라 했고, 1328년에는 영수궁永壽宮이라 했다. 1395년 중건하여 조천궁이라 하고, 그곳에 도록사道錄司를 두어 도교의 일을 관장하게 했다. 《明太祖實錄》卷163, 洪武 17年 7月 2日(戊戌).
88) 《禮部志稿》卷59, 〈習儀所〉; 《禮部志稿》卷9, 〈歷朝事例〉.
89) 《皇明典禮志》卷20, 〈習儀〉.
90) 《帝京景物略》卷4, 〈朝天宮〉.
91) 金堉, 《潛谷遺稿》卷14, 〈朝京日錄〉, 숭정 병자년 11월 15일(을묘).

92) 趙克生,〈習儀與糾儀: 明代朝儀的秩序追求〉,《北京社會科學》, 2020年 第12期, 5~7쪽.
93) 《大明會典》권219,〈鴻臚寺〉; 崔德中,《燕行錄》,〈鴻臚寺演儀〉의 《象院題語》와 《荷谷朝天記》 인용.
94) 《太宗實錄》권15, 태종 8년 4월 2일(경진).
95) 이후 조선 세자의 면복을 8류면복으로 받아 냄으로써 명나라 친왕의 세자 면복과 동일한 품급으로 인정받게 되었다. 홍무 연간 친왕의 세자는 조복은 7류면복으로 정해졌으나, 영락제 때 8류면복으로 바뀌었다. 한형주,〈對明儀禮를 통해본 15세기 朝明관계〉,《역사민속학》 28, 역사민속학회, 2008, 39~75쪽.
96) 《世宗實錄》권31, 세종 8년 2월 26일(경인).
97) 鄭經世,《愚伏集》권14, 雜著,〈朝天記事〉.
98) 鄭經世,《愚伏集》권8,〈禮部稟帖[己酉]〉; 李廷龜,《月沙集》권23,〈咨禮部[庚戌八月]〉.
99) 《光海君日記[중초본]》권41, 광해 9년 8월 27일(기미).
100) 李廷龜,《月沙集》권40,〈送賀至書狀官洪澤遠序〉.
101) 《明太祖實錄》권45, 洪武 2년 9월 21일(壬子);《明史》卷56, 志 32, 禮 10, 嘉禮 4, 賓禮,〈蕃王朝貢禮〉.
102) 춘화전은《명실록》에는 기재되어 있지 않지만, 王俊華의《明洪武京城圖志》에 남경 황궁의 내전 동쪽에 춘화문과 춘화전이 동궁으로 등장한다. 楊新成,〈明代宮室的營建和形制布局簡述〉,《故宮學刊》 6, 紫禁城出版社, 2010, 121~122쪽.
103) 《明太祖實錄》권45, 洪武 2년 9월 21일(壬子);《皇明典禮志》卷2,〈蕃使人見禮〉.
104) 《明穆宗實錄》권61, 隆慶 5년 9월 2일(辛酉).
105) 李云泉,〈賓禮的演變與明淸朝貢禮儀〉, 2004b, 141~142쪽.
106) 《大明會典》卷58, 禮部 16, 蕃國禮,〈蕃王來朝儀[蕃國遣使進表朝貢儀附]〉;《禮部志稿》卷17,〈蕃使朝貢〉.
107) 許篈,《朝天記》中, 갑술년(1574) 8월 9일(경술).
108) 《明太祖實錄》卷122, 洪武 12년 2월 12일(己酉); 卷170, 洪武 18년 正月 21일.
109) 《皇明典禮志》권20,〈拜禮〉;《禮部志稿》권66,〈官員拜禮〉; 고두례叩頭禮는 원래 한나라에서 신불神佛과 직계 존비속에게 존경을 표시하는 의례였으나, 명대에는 신하가 황제에게 행하는 의례로 변화했다.
110) 당시 삼사에게 보낸 쇠복衰服의 제도가《朱子家禮》와 매우 상위되자 이정귀가 예부

에 정문을 보내 고치기도 했다. 李廷龜, 《月沙集》 권63, 庚申朝天紀事, 〈萬曆皇帝大行儀〉.

111) 李廷龜, 《月沙集》 권63, 庚申朝天紀事, 〈泰昌皇帝登極儀〉.

112) 《大明集禮》 卷31, 賓禮 2, 〈蕃使朝貢迎勞儀注〉; 한편 1369년 제정된 〈번왕내조의蕃王來朝儀〉에 의하면, 번왕이 응천부 위로연은 번왕이 명에 내조하여 용강역龍江驛에 이르면 역관은 응천부에 문서로 보고했다. 응천부에서 중서성과 예부에 알리면 시의侍儀, 통찬사인通贊舍人 2인을 보내 접반하고, 응천부지부應天府知府를 역까지 보내 예대禮待하게 했다. 다음 날 아침 접반관이 번왕을 반송伴送하여 회동관에 들어오면 예부상서가 명을 받들어 관에서 연회를 베풀었고, 다음 날 중서성에서 관원 1명을 보내 회동관에서 연회를 베풀었다. 《大明會典》 卷58, 禮部 16, 蕃國禮, 〈蕃王來朝儀【蕃國遣使進表朝貢儀附】〉.

113) 《明史》 卷57, 志 31, 禮 15, 〈賓禮〉; 李姸靜, 〈論明代賓禮制度下的禮樂〉, 2014, 21~22쪽.

114) 《明史》 卷56, 志32, 禮10, 嘉禮4, 賓禮, 〈蕃王朝貢禮〉.

115) 조헌의 《重峰集》에 의하면, 타국은 상마연을 정지하고 하마연을 한 번만 베풀었지만, 조선 사절에게는 2차례 연회를 베풀어 위로했다.

116) 명대 상마연과 하마연에 대한 연구는 張士尊, 〈明淸朝鮮使團"下馬宴"和"上馬宴"考釋〉, 2019, 33~36쪽 참조.

117) 《續文獻通考》 권122, 王禮考 122, 〈皇明朝儀〉 4; 1534년 진하사와 1539년 동지사, 1574년 성절사 등의 사례를 보면 상마연과 하마연의 날짜가 반드시 준행된 것은 아닌 듯하다.

118) 丁煥, 《檜山集》 권2, 〈조천록〉, 1537년 9월 6일 조(林基中 편, 《燕行錄全集》 3, 동국대학교출판부, 2001, 110-111쪽).

119) 丁煥, 《檜山集》 권2, 〈조천록〉, 1537년 9월 20일 조(林基中 편, 《燕行錄全集》 3, 동국대학교출판부, 2001, 122쪽).

120) 《禮部志稿》 卷35, 主客司職掌, 〈會同館〉.

121) 《大明會典》 卷114, 禮部 72, 筵宴【凡欽賜酒飯附】, 〈管待蕃夷土官筵宴〉.

122) 趙憲, 《重峰集》 권11, 〈日記〉 1574년 8월 16일 조; 許篈, 《荷谷朝天記》 〈中〉 1574년 8월 16일 조.

123) 趙憲, 《重峰集》 권11, 〈日記〉, 1574년 8월 26일 조.

124) 《續文獻通考》권122, 王禮考 122, 皇明朝儀 4.
125) 작자미상,《朝天日錄》,〈團練使護送事例〉.
126) 趙濈,《燕行錄》, 1623년 정월 23일 조.
127) 金埔,《朝天日錄》, 1637년 4월 16일 조.
128) 한편 청은 입관 전 1636년 하마연과 상마연을 제도화하여 개시했고, 조선 사신이 요양 동경성에 이르면 1회 연청을 하고, 성경에 이르면 예부 연청 1회, 조선관에서 연청 1회, 귀환 시에 요양에 이르면 연청을 1회 진행하여 총 4회에 걸쳐 접대했다. 1639년 정월 5일 내관 박황朴潢이 정조正朝 문안을 위해 사행 와서 동관東館에 머물렀다. 정월 6일 조선 사신을 위해 상마연을 베풀었다. 당시 심양에는 조선의 소현 세자와 인질들이 거주하는 조선관朝鮮館, 조선 사신들이 체류하는 동관東館, 조선 사신과 기타 인원이 묵는 북관北館이 있었다. 1639년 사절은 성경의 예부나 동관에서 하마연과 상마연을 봉행했던 것으로 보인다. 張士尊,〈明淸朝鮮使團 "下馬宴" 和 "上馬宴" 考釋〉, 2019, 33~36쪽 참조;《瀋陽日記》3, 1639년 정월 5~6일 조(林基中 편,《燕行錄全集》25, 동국대학교출판부, 2001, 252~253쪽).
129) 許筠,《荷谷朝天記》下, 9월 3일(갑술): 9월 4일(을해).
130) 許筠,《荷谷朝天記》下, 9월 23일(갑오).
131) 은 220냥과 비단 4단段, 저사 48필疋 중 국왕에게 은 100냥, 비단, 사단, 저사 12표리, 압해통사 등 12인에게는 각각 은 10냥, 저사 1표리씩 주었다. 許筠,《荷谷朝天記》下, 9월 5일(병자).

조선 전기 대명 무역의 유형, 절차, 공간

1) 小葉田淳,《中世日支交通貿易史の研究》, 刀江書院, 1969; 佐佐木銀彌,〈海外貿易と國內經濟〉,《講座日本史》3, 東京大出版會, 1970; 田中健夫,《中世對外關係史》, 東京大學出版社, 1975; 小葉田淳,《金銀貿易史の研究》, 法政大出版局, 1976; 鄭樑生,《明·日關係史の研究》, 雄山閣, 1985; 荒野泰典,《近世日本と東アジア》, 東京大學出版會, 1988; 浜下武志,《朝貢システムと近代アジア》, 岩波書店, 1997; 岸本美緒,《東アジアの〈近世〉》, 山川出版社, 1998; 村井章介,〈東南アヅアのなかの古琉球〉

《歷史評論》603, 歷史科學協議會, 2000; 高良倉吉, 원정식 옮김,《류큐왕국》, 도시출판 소화, 2008.

2) 이 글에서는 15세기부터 16세기 임진왜란 이전까지의 조선 대명 무역을 살펴보고자 한다. 임진왜란 시기 조선이 군량 조달에 어려움을 겪으면서 명과의 국경 지역에 교역장을 개설하는 등 새로운 무역 형태가 등장하였다. 이로 인해 조선 초기부터 견지해 온 대명 무역정책과 그 구조가 임진왜란 이후 재조정되었기에, 본 연구는 임진왜란 이전 시기로 범위를 한정하였다.

3) 명 조정은 이를 통해 크게 두 가지 효과를 기대했다. 첫째, 외국에게 조공무역 형태를 강제함으로써 명과 무역을 원하는 다수의 외국을 조공국으로 편입할 수 있었다. 대외무역이라는 도구를 통해 조공질서 확장을 의도했던 것이다. 둘째, 고수익이 따르는 대외무역을 국가 통제하에 둠으로써, 국내적으로는 황제권에 도전할 만한 거대 상업 세력의 출현과 성장을 방지하여 전제정치의 기반을 공고히 하고자 하였다 (田中健夫,《中世對外關係史》, 1975; 浜下武志,《朝貢システムと近代アジア》, 1997.

4) 명은 국초 전마戰馬가 필요하여, 북방 지역에 마시馬市를 설치하여 몽골이나 여진으로부터 호마胡馬를 사들였는데, 이것이 이후 정기 시장으로 발전하였다. 변경에서 이루어진 마시 역시 명과의 조공질서 틀 안에서 명 정부의 허가하에 운영되는 시장이었다.

5) Richard R. Wilk·Lisa C. Cliggett, 홍성흡·정문영 옮김,《경제 인류학을 생각한다》, 일조각, 2010.

6) 《中宗實錄》권22, 중종 10년 6월 17일(임신);《中宗實錄》권56, 중종 21년 3월 22일(을사).

7) 예컨대 성종 대에 조선의 수우각 수입이 명 관료에 의해 발각되자, 조선 신료는 향후 사태를 관망하여 이를 공무역이 아닌 통사 개인의 사무역으로 한정하고자 한 움직임이 보인다(《成宗實錄》권75, 8년 1월 25일(갑자). 그리고 조선 조정은 궁각弓角 공무역을 은밀히 수행하는 데 주의하지 못한 통사 예형창芮亨昌에게 태笞 40대를 수속收贖하게 하였다. 통사는 공무역품 수입이 의무사항이었으므로 발각에 대한 책임을 져야 했던 것이다(《成宗實錄》권76, 성종 8년 2월 3일(임신).

8) 초표피貂豹皮와 같이 명에 대한 조공품목이면서 희소한 물건을 외국에 반출하면 무거운 장형이 내려졌다. 또한 조정은 철물, 염초, 군기 등의 군수품과 명으로부터 세

공歲貢이 면제된 금은, 그리고 경제적으로 매우 쓰임새가 큰 우마 등의 물품을 수출하면 사형에 처할 정도로 이 물품의 해외 반출을 강력히 경계하였다. 이는 조선이 외국에 수출되어서는 안 될 중요 물품이라 판단한 것들이었다(《經國大典》권5, 刑典, 禁制).

9) 《經國大典》권5, 刑典, 禁制.
10) 《大明律》권15, 兵律 3, 關律, 私越冒度關津.
11) 張海英, 〈14~18세기 중국-조선의 민간무역과 商人〉, 《민족문화연구》 69, 고려대학교 민족문화연구원, 2015.
12) 구도영, 〈16세기 조선의 對明 불법무역의 확대와 그 의의〉, 《한국사연구》 170, 한국사연구회, 2015.
13) 전해종, 〈中世 韓中 貿易形態 小考―特히 公認貿易과 密貿易에 대하여〉, 《대구사학》 12-13, 대구사학회, 1977; 김종원, 〈조선 후기 對清貿易에 대한 일고찰―潛商의 무역활동을 중심으로〉, 《진단학보》 43, 진단학회, 1977; 유승주·이철성, 《조선 후기 중국과의 무역사》, 경인문화사, 2002; 張海英, 〈14~18세기 중국-조선의 민간무역과 商人〉, 2015; 백옥경, 〈조선 전기의 사행 밀무역 연구―부경사행을 중심으로〉, 《역사문화연구》 25, 한국외국어대 역사문화연구소, 2006.
14) 《大明會典》권111, 禮部 69, 給賜 2; 《大明會典》권113, 禮部 71, 給賜 4, 給賜蕃夷通例.
15) 《明英宗實錄》권31, 정통 2년 6월 26일(갑신).
16) 《明英宗實錄》권143, 정통 11년 7월 3일(기사).
17) 《明英宗實錄》권106, 정통 8년 7월 18일(신사).
18) 岡本弘道, 〈明朝における朝貢國琉球の位置付けとその變化〉, 《東洋史研究》 57-4, 東洋史研究會, 1999.
19) 《明憲宗實錄》권140, 성화 11년 4월 10일(무자).
20) 《明英宗實錄》권21, 정통 원년 8월 21일(갑신).
21) 鄭樑生, 《明日關係史の研究》, 1985, 38~40쪽.
22) 《明英宗實錄》권234, 경태 4년 10월 3일(병술).
23) 《明英宗實錄》권234, 경태 4년 10월 3일(병술).
24) 《明英宗實錄》권236, 경태 4년 12월 2일(갑신); 《明英宗實錄》권237, 경태 5년 정월 13일(을축); 《明英宗實錄》권238, 경태 5년 2월 24일(을사).

25) 《明憲宗實錄》 권140, 싱화 11년 4월 10일(무사).
26) 《明孝宗實錄》 권116, 홍치 9년 8월 6일(경진).
27) 李慶新, 《明代海外貿易制度》, 社會科學文獻出版社, 2007.
28) 《大明會典》 권113, 禮部 71, 給賜 4, 給賜番夷通例.
29) 《大明會典》 권113, 禮部 71, 給賜 4, 給賜番夷通例.
30) 이강한, 《고려와 원제국의 교역의 역사》, 창비, 2013.
31) 당시 양국의 물가 변동 추이를 신속하게 파악할 수 없어 가격 안정성을 확보하지 못할 경우 국가 간 관무역 분쟁이 발생할 수 있었다. 예컨대 1453년 일본 사신단과 명 조정 사이에서 벌어진 관무역 분쟁이 그것이다. 일본 사행단은 자신들이 가져온 물품이 명내에서 가치가 떨어지자, 명에게 해당 무역품 가치를 현 시가市價가 아닌 구가舊價(물가가 떨어지기 이전에 지급해주었던 가격)로 지급받기를 원하며 폭동을 일으킨 것이다(《明英宗實錄》 권236, 경태 4년 12월 2일(갑신); 《明英宗實錄》 권237, 경태 5년 정월 13일(을축); 《明英宗實錄》 권238, 경태 5년 2월 24일(을사)). 1459년(세조 5, 천순天順 3). 류큐도 영락永樂·선덕宣德 연간에 지급해 주었던 구가로 동전을 지급해 줄 것을 요구했지만 거절되었다(《明英宗實錄》 권301, 천순 3년 3월 2일(갑신)). 이와 유사한 사례는 조선과 일본 사행단과의 관계에서도 흔하게 일어났다. 일본 사행단은 조선에 와서 자신들이 가져온 물품 가격이 떨어지면, 역시 시가가 아닌 이전 일본 사행단에게 지급해 주었던 구가로 계산해 달라고 요구하여, 조선 조정과 무역 마찰을 종종 빚었다. 가령 1542년(중종 37) 일본이 은 8만 냥을 가져온 일이 있었는데, 당시 조선 내 은값이 떨어져 조선 조정은 당시 시가로 은값을 지급하고자 하였으나, 일본은 은값이 떨어지기 전의 값을 요구하였다(《中宗實錄》 권98, 중종 37년 7월 16일(갑자)).
32) 《大明會典》 권111, 禮部 69, 給賜 2, 外夷 上, 琉球國.
33) 《大明會典》 권111, 禮部 69, 給賜 2, 外夷 上, 浡泥國.
34) 《大明會典》 권111, 禮部 69, 給賜 2, 外夷 上, 蘇門答剌國.
35) 《大明會典》 권111, 禮部 69, 給賜 2, 外夷 上, 日本國.
36) 岩井茂樹, 〈十六世紀における中國交易の秩序模索-互市の現實とその認識〉, 《中國近世社會の秩序形成》, 京都大學人文科學研究所, 2004; 일본 무역품에 대한 가격 지불은 남경의 천재고天財庫와 광혜고廣惠庫에서 하는 것이 상례였다(鄭樑生, 《明日關係史の研究》, 1985, 205~215쪽).

37) 《大明會典》 권113, 禮部 71, 給賜 4, 給賜番夷通例.
38) 15세기 말 명에 군사적 긴장감이 고조되면서 외국 사행에 대한 문금이 한층 강화되고 있었는데, 조선은 여전히 문금에 구속받지 않았다(夏言,《南宮奏稿》 권5, 遵舊制以便出入疏).
39) 《嘉靖廣東通志》 권66, 外志 3, 蕃夷;《萬曆廣東通志》 권69, 外志 3, 蕃夷.
40) 《光海君日記[正草本]》 권25, 광해군 2년 2월 4일(경술). 조선 사행무역의 면세 문제는 17세기 일부 중국 관료들에게 불만 요소로 지적되었다. 이들은 조선이 중강 개시 폐지를 주장할 수 있었던 이유가 사행무역 면세 때문이라고 주장하였다. 명나라 국내 백성들도 상업 활동을 하면 그에 대한 세금을 납부하는데, 하물며 조선은 외국인인데도 세금을 내지 않는다는 것은 잘못되었다며 조선 사행무역의 면세 문제를 제기했던 것이다.
41) 《世祖實錄》 권36, 세조 11년 8월 15일(경인).
42) 《太宗實錄》 권14, 태종 7년 9월 25일(을해).
43) 《中宗實錄》 권20, 중종 9년 8월 10일(경자);《中宗實錄》 권36, 중종 14년 8월 11일(임신);《中宗實錄》 권67, 중종 25년 2월 19일(기묘);《中宗實錄》 권95, 중종 36년 7월 28일(임자);《明宗實錄》 권17, 명종 9년 7월 22일(경신);《明宗實錄》 권23, 명종 12년 7월 11일(임술);《宣祖實錄》 권4, 선조 3년 4월 25일(임술).
44) 구도영,《16세기 한중무역 연구》, 태학사, 2018 참조.
45) 《太宗實錄》 권27, 태종 14년 4월 24일(정묘);《眉巖日記草》 第2冊, 戊辰年 8月 17日;《大典後續錄》 권5, 刑典, 赴京 "凡貿易唐物數目 各該司前期報戶曹 將價物及唐物數酌定."
46) 《成宗實錄》 권54, 성종 6년 4월 14일(임진);《成宗實錄》 권75, 성종 8년 1월 8일(정미);《中宗實錄》 권22, 중종 10년 6월 17일(임신);《中宗實錄》 권56, 중종 21년 3월 22일(을사).
47) 《中宗實錄》 권74, 중종 28년 5월 3일(을사); 5월 7일(기유). 홍무제는 "주나라 종백宗伯의 직책은 비록 방례邦禮를 주관했으나, 사도司徒는 방교邦敎를 주관했다. 이른바 예라는 것은 제사뿐 아니라 전악전교典樂典敎를 합한 데 이르고, 안으로 종번宗蕃, 밖으로 제번諸蕃, 위로는 천관天官에서 아래로 의사醫師, 선부膳夫, 영인伶人 등을 모두 합친 것은 명에서부터 비롯되었다"고 강조했다.

48) 《太宗實錄》권26, 태종 13년 8월 12일(무오).

49) 《燕山君日記》권6, 연산군 1년 6월 26일(정축).

50) 《中宗實錄》권74, 중종 28년 5월 3일(을사); 권74, 중종 28년 5월 4일(병오); 권74, 중종 28년 5월 7일(기유).

51) 《大典後續錄》권5, 刑典, 雜令.

52) 《成宗實錄》권76, 성종 8년 2월 3일(임신). 1477년(성종 8) 조선의 수우각 공무역이 명에 발각되자, 무역을 은밀히 수행하는 데 주의하지 못하였다는 이유로 통사 예형창 芮亨昌에게 태 40대를 수속하게 하였다.

53) 《明宗實錄》권22, 명종 12년 1월 4일(무오).

54) 《世宗實錄》권48, 세종 12년 4월 23일(임진).

55) 《中宗實錄》권93, 중종 35년 9월 14일(임인);《中宗實錄》권95, 중종 36년 6월 5일(경신);《中宗實錄》권103, 중종 39년 5월 1일(무술);《明宗實錄》권21, 명종 11년 11월 2일(정사);《明宗實錄》권23, 명종 12년 6월 8일(기축);《明宗實錄》권25, 명종 14년 5월 2일(계유);《宣祖實錄》권20, 선조 19년 10월 5일(병인).

56) 《中宗實錄》권103, 중종 39년 5월 1일(무술);《荷谷集》朝天記 上, 萬曆 2年 甲戌 6月 12日.

57) 《中宗實錄》권90, 중종 34년 4월 21일(무오).

58) 《東湘集》권7, 朝天錄, 隆慶 6年 壬申 12月 26日.

59) 《通文館志》권3, 事大 上, 瀋陽交付分納;《檜山集》권2, 朝天錄, 嘉靖 16年 丁酉 7月 7日~14日;《冲齋集》권7, 朝天錄, 中宗大王 34年 9月 9日~19日;《荷谷集》朝天記 上, 萬曆 2年 甲戌 6月 22日~28日;《鶴峯逸稿》권3, 朝天日記, 丁丑年 2月 26日~3月 7日;《東湘集》권7, 朝天錄, 隆慶 6年 壬申, 9月 26日~30日.

60) 《燕京行錄》嘉靖 41年 壬戌 10月 8日; 11月 3日;《明宗實錄》권17, 명종 9년 7월 12일(경술);《重峯集》권10, 朝天日記, 萬曆 2年 甲戌 7月 6日; 7月 24日; 7月 25日; 9月 9日; 9月 10日.

61) 《大明會典》권109, 禮部 67, 賓客, 會同館, "各處貢夷到京 主客司員外郎主事輪赴會同館 點視方物 譏防出入 貢夷去復回部覆事."

62) 《大明會典》권145, 兵部 28, 驛傳 1, 會同館.

63) 《通文館志》권3, 事大 上, 入京;《荷谷集》朝天記 中, 萬曆 2年 甲戌 8月 4日.

64) 《冲齋集》권7, 朝天錄, 中宗大王 34年 10月 19日, 10月 20日;《通文館志》권3, 〈事大〉上, 〈入京〉. 보단報單이란 3사신三使臣의 직함職銜과 종인從人들의 인적사항 등을 상세히 적은 문서로, 말의 수는 물론 무슨 물건을 실은 역마인지, 역졸은 몇 명인지까지 자세하게 적어야 했다. 사행단의 정보가 담긴 보단을 명측에 제출하면 명은 이를 토대로 주과酒果, 식량 등을 내렸다(《通文館志》권3, 事大 上, 入冊報單).

65) 《大明會典》권217, 光祿寺.

66) 방물은 주객사낭중이 일일이 포장을 풀어서 방물의 상태와 수량을 검열하였다(《通文館志》권3, 事大 上, 方物歲幣呈納).

67) 《大明會典》권108, 禮部 66, 朝貢 4, 朝貢通例;《中宗實錄》권76, 중종 28년 12월 16일(갑신);《冲齋集》권7, 朝天錄, 中宗大王 34年 10月 23日, 10月 25日, 11月 3日, 11月 4日.

68) 《葆眞堂燕行日記》嘉靖 13年 甲午 閏2月 22日.

69) 《明孝宗實錄》권170, 홍치 14년 정월 23일(임신); 구도영,《16세기 한중무역 연구》, 2018, 136~155쪽.

70) 《冲齋集》권7, 朝天錄.

71) 《明宗實錄》권13, 명종 7년 4월 12일(갑자).

72) 《三灘集》권8, 詩, 二月十二日入京~三月初十日 發北京;《荷谷集》朝天記 中, 萬曆 2年 甲戌 8月 4日~9月 6日;《東湘集》권7, 朝天錄, 隆慶 6年 壬申 11月 2日~11月 27日.

73) 《虛白先生續集》권4, 辛丑朝天詩, 六月一日 發通州~七月十五日 發北京;《檜山集》권2, 朝天錄, 嘉靖 16年 丁酉 8月 23日~10月 10日;《冲齋集》권7, 朝天錄, 中宗大王 34年 10月 19日~12月 16日;《燕京行錄》嘉靖 41年 壬戌 11月 6日~12月 24日;《鶴峯逸稿》권3, 朝天日記, 丁丑年 4月 3日~5月 23日.

74) 《大明會典》권108, 禮部 66, 朝貢4, 朝貢通例.

75) 《冲齋集》권7, 朝天錄, 中宗大王 34年 9月 9日;《荷谷集》朝天記 上, 萬曆 2年 甲戌 6月 22日;《東湘集》권7, 朝天錄, 隆慶 6年 壬申 12月 19日;《明宗實錄》권30, 명종 19년 7월 15일(을묘);《臨淵齋集》권4, 朝天錄, 萬曆 15年 丁亥 5月 初1日.

76) 《荷谷集》朝天記 上, 萬曆 2年 甲戌 6月 22日.

77) 《全遼志》권1, 圖考, 遼陽城, 朝鮮館.

78) 《檜山集》권2, 朝天錄, 嘉靖 16年 丁酉 7月 7日.

79) 《全遼志》권1, 圖考, 遼陽城, 夷人館.
80) 《太宗實錄》권25, 태종 13년 3월 23일(임인);《太宗實錄》권33, 태종 17년 윤5월 11일(병인);《世宗實錄》권22, 세종 5년 11월 9일(병술);《成宗實錄》권270, 성종 23년 10월 21일(무오);《燕山君日記》권36, 연산군 6년 2월 12일(병신);《經國大典》권5, 刑典, 禁制.
81) 《檜山集》권2, 朝天錄, 嘉靖 16年 丁酉 7月 8日.
82) 《燕京行錄》嘉靖 41年 壬戌 9月 17日.
83) 《世宗實錄》권58, 세종 14년 10월 15일(경자);《文宗實錄》권2, 문종 즉위년 7월 7일(기유);《明宗實錄》권19, 명종 10년 8월 22일(갑신);《明宗實錄》권19, 명종 10년 8월 23일(을유).
84) 《中宗實錄》권95, 중종 36년 5월 15일(경자);《中宗實錄》권95, 중종 36년 6월 5일(경신);《中宗實錄》권95, 중종 36년 6월 14일(기사);《明宗實錄》권28, 명종 17년 3월 29일(계축).
85) 《臨淵齋集》권4, 朝天錄, 萬曆 15年 丁亥 5月 初1日.
86) 《中宗實錄》권41, 중종 16년 1월 28일(신사). 사은사 윤은보는 "의주인은 늘 호송군으로 요동을 왕래하여 형세를 잘 알고 사변에 대비할 줄 안다"고 언급하였다. 16세기에 신료들은 의주인이 요동의 사정을 잘 알아서 호송군으로서의 자질이 가장 적합하다고 여기고 있었다.
87) 《燕山君日記》권36, 연산군 6년 2월 12일(병신).
88) 《成宗實錄》권278, 성종 24년 윤5월 17일(경술).
89) 《燕山君日記》권10, 연산군 1년 11월 15일(갑오).
90) 《中宗實錄》권12, 중종 5년 8월 24일(정미).
91) 《中宗實錄》권12, 중종 5년 12월 9일(신묘).
92) 《中宗實錄》권15, 중종 7년 1월 22일(무진).
93) 《通文館志》권3, 事大 上, 中元進貢路程.
94) 《中宗實錄》권63, 중종 23년 9월 11일(경진).
95) 《中宗實錄》권52, 중종 20년 1월 9일(무진).
96) 《中宗實錄》권56, 중종 21년 1월 9일(임진).

97) 《成宗實錄》 권278, 성종 24년 윤5월 17일(경술); 《燕山君日記》 권28, 연산군 3년 10월 9일(정축); 《燕山君日記》 권36, 연산군 6년 2월 12일(병신); 《燕山君日記》 권37, 연산군 6년 3월 22일(병자).
98) 《明宗實錄》 권12, 명종 6년 8월 22일(정축).
99) 《中宗實錄》 권96, 중종 36년 9월 26일(기유); 《中宗實錄》 권102, 중종 39년 4월 19일(정해); 《明宗實錄》 권12, 명종 6년 8월 22일(정축); 《明宗實錄》 권17, 명종 9년 12월 29일(을미).
100) 《明神宗實錄》 권16, 만력 원년 8월 10일(정사); 徐浩修, 《燕行紀》 권1, 起燕京至鎭江城, 庚戌年 6月 26日(乙亥). 병부시랑 왕도곤은 "孤山堡를 張其哈剌佃에, 險山堡를 寬佃에, 沿江 및 新安 등 4堡를 長佃, 長嶺 등으로 옮기고, 孤山, 險山을 두 參將으로 지키게 하면, 땅이 700리나 개척되어 경작하고 목축하는 이익을 더 거둘 수 있을 것"이라고 주장하였고, 이것이 명 조정에 허가되었다.
101) 《荷谷集》 朝天記 上, 萬曆 2年 甲戌 6月 26日.
102) 《眉巖日記草》 第4冊, 甲戌年 4月 初3日; 《宣祖實錄》 권8, 선조 7년 4월 3일(정미).
103) 《宣祖實錄》 권19, 18년 4월 21일(임술).
104) 이 무렵 조선인이 탕참 지휘 관할 지역이 아닌, 장전보 비어備禦 관할 지역으로 월경했다가 발각되었다. 이는 조선인의 월경무역 범위가 확대되었다는 측면에서 시사하는 바가 크다《宣祖實錄》 권21, 선조 20년 10월 9일(갑자)).
105) 徐浩修, 《燕行紀》 권1, 起燕京至鎭江城, 庚戌年 6月 26日 乙亥.
106) 구도영, 〈16세기 조선의 '寧波의 亂' 관련자 표류인 송환―朝·明·日의 세 가지 시선〉, 《역사학보》 224, 역사학회, 2014, 217~218쪽.
107) 《明穆宗實錄》 권61, 융경 5년 9월 7일(병인).
108) 《中宗實錄》 권9, 중종 4년 9월 29일(무오); 《中宗實錄》 권9, 중종 4년 윤9월 1일(경신); 《中宗實錄》 권12, 중종 5년 8월 7일(경인); 《中宗實錄》 권12, 중종 5년 8월 8일(신묘).
109) 《中宗實錄》 권45, 중종 17년 8월 30일(계묘).
110) 《明宗實錄》 권4, 명종 1년 12월 15일(무술).
111) 《中宗實錄》 권46, 중종 17년 9월 28일(신미).
112) 《中宗實錄》 권73, 중종 28년 2월 6일(기묘).

04 조선과 명의 주변 지역

조선은 왜 여진인을 대접했을까

1) 한성주,《조선 시대 藩胡 연구》, 경인문화사, 2018.
2) 조선의 6진 가운데 회령, 종성, 온성, 경원, 경흥은 모두 두만강과 접한 국경 지역으로 실질적인 변방 관리의 핵심 거점이었다. 반면, 부령은 비교적 내륙에 위치하여 상대적으로 전략적 비중이 낮았고, 이로 인해《조선왕조실록》에서도 '6진'보다는 '5진'이라는 표현이 더 자주 등장한다.
3) 박정민,《조선 시대 여진인 내조 연구》, 경인문화사, 2015.
4)《태조실록》권13, 태종 7년 1월 24일(임신).
5) 한성주,《조선 시대 수직여진인 연구》, 경인문화사, 2011; 木村拓,《朝鮮王朝の侯国的立場と外交》, 汲古叢書, 2021.
6)《태종실록》권10, 태종 5년 10월 8일(경오): 11일(계유).
7) 명 사신은 개성의 태평관에 머물고 있었다. 여기에 대한 자세한 연구는 다음 연구를 참조할 수 있다(이현진,〈조선 시대 개성 太平館의 역할과 위상〉,《규장각》62, 규장각 한국학연구원, 2023).
8)《고려사》권46, 공양왕 4년 2월(정축).
9)《고려사》권46, 공양왕 4년 2월(무인): 3월(무자). 이성계의 세력 기반이 동북면이고, 이지란으로 대표되는 여진 세력이 주축이었던 만큼 여진인의 내조는 공양왕보다 이성계에게 집중되었던 것은 분명하다(유창규,〈이성계의 군사적 기반〉,《진단학보》58, 진단학회, 1984). 그렇기 때문에 올량합과 알타리가 서로 우위를 다투다가 이성계의 위복에 감탄한 이야기가 등장하는 것이다.
10)《세종실록》권80, 세종 20년 2월 19일(계유)(이현희,〈朝鮮王朝時代의 北平館 野人〉,《백산학보》11, 백산학회, 1971, 114~115쪽).
11)《세종실록》권66, 세종 16년 10월 22일(을축). 박정민,〈조선 전기 북평관의 설치와 기능〉,《서울과 역사》, 서울역사편찬원, 2023.
12)《태종실록》권17, 태종 9년 2월 26일(기해); 한문종,〈조선 전기 왜관의 설치와 기능〉,

《한일관계속의 왜관》, 경인문화사, 2012, 62쪽.

13) 《태종실록》 권13, 태종 7년 4월 8일(임진).

14) 하지만 일본의 내조자가 계속 증가하자 결국 1409년에 동평관을 건립한 것으로 보인다. 1409년 이전까지 조선에 내조한 자들은 142회에 이르렀던 반면, 여진인은 37회였다. 따라서 동평관을 건립하는 것은 조선 조정에 시급한 사항이었을 것이다.

15) 《태종실록》 권17, 태종 9년 2월 26일(기해).

16) 《세종실록》 권33, 세종 8년 9월 22일(임자).

17) 《세종실록》 권80, 세종 20년 3월 20일(갑진); 이현희(1971, 114~117).

18) 《세종실록》 권3, 세종 1년 4월 19일(계사).

19) 《세종실록》 권115, 세종 29년 1월 14일(정축).

20) 《세종실록》 권119, 세종 30년 1월 28일(을묘).

21) 《세조실록》 권28, 세조 8년 3월 30일(을축).

22) 《중종실록》 권63, 중종 23년 9월 21일(경인).

23) 《세종실록》 권23, 세종 6년 3월 25일(신축). 한편, 압록강 방면의 건주위, 온하위 등의 세력이 한양에 오는 방법은 약간 달랐다. 위치상 의주대로를 이용하는 것이 훨씬 효율적이었으나 건주좌위의 대추장 동창 등의 내조 등 예외적 사례를 제외하고 모두 함경도(영안도)를 돌아서 오도록 하였다. 다음의 사료가 대표적인 사례이다('평안도는 길이 험하고 멀기 때문에 근래에 귀순하는 자가 모두 영안도를 경유하니 너희 또한 마땅히 저 길을 따라서 입조해야 한다' 하게 하고, 만일 거우 등이 영안도를 거쳐 내조하기를 청하거든 그 도의 절도사로 하여금 머물러 두고 계문啓聞하여 명을 받게 하는 것이 어떠합니까?(《성종실록》 권84, 성종 8년 9월 11일(을해)).

24) 《경국대전》 예조, 대사객.

25) 《세종실록》 권23, 세종 6년 3월 25일(신축).

26) 《세종실록》 권21, 세종 5년 9월 24일(임인): 권44, 11년 4월 23일(무술): 권98, 24년 12월 23일(기유): 권110, 27년 11월 3일(임신): 권112, 28년 5월 10일(정축): 권117, 29년 7월 27일(정사): 권119, 30년 1월 28일(을묘): 《단종실록》 권12, 단종 2년 8월 10일(기축): 《성종실록》 권50, 성종 5년 12월 24일(을사): 권52, 6년 2월 2일(신사).

27) 《세조실록》 권18, 세조 5년 11월 20일(무술).

28) 《세종실록》 권99, 세종 25년 3월 24일(기묘).

29) 《세조실록》 권3, 세조 2년 1월 15일(을유).
30) 《세조실록》 권18, 세조 5년 11월 20일(무술).
31) 《명종실록》 권6, 명종 2년 8월 30일(무신).
32) 《문종실록》 권5, 문종 즉위년 12월 1일(신미).
33) 《세조실록》 권3, 세조 2년 1월 15일(을유).
34) 《세조실록》 권14, 세조 4년 12월 1일(을묘).
35) 《태종실록》 권25, 태종 13년 1월 16일(병신).
36) 박정민(2015, 37).
37) 《세종실록》 권78, 세종 19년 9월 9일(병신): 권85, 21년 4월 27일(갑진): 권86, 21년 9월 2일(정미): 권87, 21년 10월 8일(계미): 14일(기축): 권103, 26년 1월 4일(갑인): 2월 8일(무자).
38) 《세종실록》 권78, 세종 19년 8월 8일(을축).
39) 《세종실록》 권82, 세종 20년 9월 3일(갑술): 권83, 20년 10월 6일(정사).
40) 《세종실록》 권84, 세종 21년 1월 10일(기축).
41) 《경국대전》 예조, 대사객.
42) 《세종실록》 권66, 세종 16년 10월 22일(을축).
43) 한성주, 〈조선과 여진의 貂皮 교역 성행과 그 영향〉, 《만주연구》 25, 만주학회, 2018.
44) 《세종실록》 권78, 세종 19년 9월 17일(갑진): 권84, 21년 1월 10일(기축).
45) 조선은 두만강 안쪽뿐만 아니라 건너편에 거주하는 여진인 부락의 다소, 추장의 강약, 거리 등을 파악하고 있었다. 즉, 《단종실록》 3년의 기록과 선조 대 《제승방략》 등에 잘 나타나 있다(한성주, 〈조선 전기 두만강 유역 '여진 번호번리'의 형성과 성격〉, 《한국사학보》 41, 고려사학회, 2010).
46) 《세종실록》 권110, 27년 11월 1일(임신).
47) 건주위, 건주좌위, 건주우위의 분화 과정은 다음 연구를 참고할 수 있다(박정민, 〈건주좌위 추장 童倉의 조선 내조와 활동〉, 《서울과 역사》 93, 서울역사편찬원, 2016).
48) 김구진, 《13~17C 女眞 社會의 硏究》, 고려대학교 박사학위논문, 1989.
49) 물론 매년 올량합 10회, 골간올적합 7회, 알타리 7회, 홀라온올적합 5회, 임아차 등 각 2회를 수용한다면 조선은 최소 30회 이상이나 수용해야 한다. 실제 조선은 1440 ~1444년 사이를 제외하고는 이 정도의 대규모 인원을 수용한 적이 없다. 따라서 저

숫자는 실제를 표현하는 것이 아니라 매년 수용할 수 있는 최대치를 제시한 것으로 보인다.

50) 박정민(2015).

51) 《성종실록》 권47, 성종 5년 9월 27일(기묘).

52) 《연산군일기》 권44, 연산군 8년 5월 19일(경인).

53) 박정민(2015, 195).

54) 박정민, 〈15~16세기 조선의 대여진 외교〉, 《한국의 대외관계와 외교사(조선 편)》, 동북아역사재단, 2018, 237쪽, [표 1] 이용.

55) 물론 홀라온, 도골, 남눌 등 두만강에서 떨어져 헤이룽장성黑龍江省 일대에 거주하는 제종올적합도 100회를 조금 넘기기는 하지만 이들 역시 조선에 오려면 두만강 유역을 경유해야 했다. 그 이후 상경 과정은 다른 여진인과 동일하다.

56) 《중종실록》 권60, 중종 23년 2월 5일(정미).

57) 《태종실록》 권11, 태종 6년 1월 21일(임자).

58) 《세조실록》 권14, 세조 4년 9월 12일(병신): 《성종실록》 권186, 성종 16년 12월 21일(무술): 《경국대전》 예전, 대사객 왜야인상송.

59) 《세종실록》 권64, 세종 16년 5월 8일(갑자): 《경국대전》 예전, 대사객 일본국왕사.

60) 《경국대전》 예전, 잡령 왜야인방수: 대사객 일본국왕사.

61) 《중종실록》 권63, 중종 23년 9월 21일(경인).

62) 《중종실록》 권62, 중종 23년 8월 3일(임신).

63) 이 외에 이전의 전례대로 주는 예사例賜, 일정한 물품 외에 특별히 더 주는 가사加賜, 나이가 많지만 왔던 알타리 지휘 이호심파李好心波에게 준 특사特賜, 별도로 물품을 더 주는 별사別賜 등이 있다. 관련 내용은 다음의 연구에 체계적으로 정리되어 있다(河內良弘, 1983, 〈李朝時代女眞人の朝鮮入京について〉, 《天理大學學報》 138: 1999, 《明代の女眞史研究》, 同朋舍에 재수록).

64) 《경국대전》 예전, 대사객 일본국왕사.

65) 《성종실록》 권281, 성종 24년 8월 4일(병인).

66) 《용재총화》 권2.

67) 《세조실록》 세조 권19, 6년 1월 6일(갑신): 18일(병신): 25일(계묘).

68) 《세조실록》 세조 권13, 4년 8월 9일(갑자).

69) 《세조실록》세조 권19, 6년 2월 7일(갑인).

70) 《세종실록》세종 권33, 8년 9월 22일(임자).

71) 이현희(1971, 120)

72) 《연산군일기》권62, 연산군 12년 5월 19일(무술).

73) 이현희(1971, 125~126)

74) 《세종실록》권80, 세종 20년 2월 29일(계미).

75) 《세종실록》권87, 세종 21년 11월 15일(기미).

76) 이는 일본인 내조자가 여진인에 비해 훨씬 많이 왔기 때문에 빚어진 현상으로 보인다.

77) 《태종실록》권35, 태종 18년 1월 22일(계유).

78) 《세종실록》권65, 세종 16년 7월 11일(병술). 《경국대전》이 시행되는 시기에는 예조뿐만 아니라 호조의 당하관도 품질을 검토한 뒤에 시세에 맞추어 답례품을 지급하였다(《경국대전》예전, 대사객 왜야인상송).

79) 《세종실록》권79, 세종 19년 10월 1일(정사).

80) 《세종실록》권103, 세종 26년 1월 18일(무진).

81) 《성종실록》권52, 성종 6년 2월 17일(병신).

82) 《성종실록》권175, 성종 16년 2월 15일(정묘).

83) 《중종실록》권52, 중종 20년 1월 9일(무진).

84) 《세조실록》권2, 세저 1년 12월 14일(을묘).

85) 《중종실록》권17, 중종 8년 2월 13일(임자).

86) 《예종실록》권8, 예종 1년 11월 27일(정미).

87) 《중종실록》권21, 중종 9년 12월 2일(경인).

88) 《세조실록》권38, 세조 12년 1월 1일(갑진).

89) 《중종실록》권21, 중종 10년 1월 28일(병술): 2월 3일(신묘).

90) 《중종실록》권21, 중종 10년 2월 10일(무술).

91) 한성주, 〈조선 시대 이민족에 대한 죄와 벌—여진인 망합을 중심으로〉, 《전북사학》 59, 전북사학회, 2020.

92) 《중종실록》권1, 중종 1년 9월 17일(계사): 11년 1월 6일(무자): 12년 4월 25일(경오).

93) 이뿐만 아니라 박거완은 여진인과 초피를 매매할 때 값을 깎았다(《세종실록》권103, 세종 26년 1월 18일(무진)).

94) 강제훈, 〈조선 초기의 조회 의식〉, 《조선시대사학보》 28, 조선시대사학회, 2004.
95) 《태조실록》 권3, 세종 2년 1월 1일(정미).
96) 《세종실록》 권26, 세종 6년 12월 29일(경오): 권54, 13년 10월 15일(병오): 권95, 24년 1월 1일(계해): 권103, 26년 1월 1일(신해):《세조실록》 권27, 세조 8년 1월 2일(정유). 이외 1505년(연산 11) 1월 1일에도 옛 성균관에서 화붕을 구경했다고만 기재되었는데, 평소 왜인과 여진인이 화붕을 구경했으므로 이때도 구경했을 가능성이 크다고 보인다(《연산군일기》 권57, 연산군 11년 1월 1일(정해)).
97) 《동문선》 권20, 後苑觀火入待.

조선 시대의 대일 사행

1) 손승철, 〈조선 시대 통신사 연구의 회고와 전망〉, 《한일관계사연구》 16, 한일관계사학회, 2002; 장순순, 〈조선 시대 통신사 연구의 현황과 과제〉, 《통신사·왜관과 한일관계》, 경인문화사, 2005, 참조.

2) 조선 시대 통신사 연구의 연구사는 다음과 같다.
- 조선 시대: 손승철(2002); 손승철, 〈조선 시대 '통신사' 개념의 재검토〉, 《조선시대사학보》 27, 조선시대사학회, 2003; 하우봉, 〈통신사 연구의 현황과 과제〉, 《비교일본학》 43, 한양대학교 일본학국제비교연구소. 2018; 吉田光男 외, 〈朝鮮通信使(中世編)〉, 《제1기 한일역사공동연구보고서》, 2005.
- 조선 전기: 한문종, 〈조선 전기의 회고와 전망〉, 《한일관계사연구의 회고와 전망》, 국학자료원, 2002; 한문종, 〈조선 전기 한일관계사 연구의 현황과 과제—2000~2007년의 연구성과를 중심으로〉, 《중·근세 동아시아 해역세계와 한일관계》, 경인문화사, 2010; 장순순, 〈조선 전기 통신사행과 對日外交의 특징〉, 《한일관계사연구》 56, 한일관계사학회, 2017; 하우봉, 〈15~16세기 조선의 대일외교〉, 《한국의 대외관계와 외교사》, 동북아역사재단, 2018.
- 조선 후기: 민덕기, 〈조선 후기의 회고와 전망〉, 《한일관계사연구의 회고와 전망》, 국학자료원, 2002; 조광, 〈통신사에 관한 한국학계의 연구성과와 쟁점사항〉, 《통신사·왜관과 한일관계》, 경인문화사, 2005; 장순순, 〈조선 시대 통신사 연구의 현황

과 과제〉, 《통신사·왜관과 한일관계》, 경인문화사, 2005; 이훈, 〈한국에 있어서의 한일교류사 연구의 현상과 과제〉, 《일본학》 20, 동국대학교 일본학연구소, 2001; 김태훈, 〈17~18세기 한일관계사 연구의 학설사적 검토〉, 《중·근세 동아시아 해역세계와 한일관계》, 경인문화사, 2010; 심민정, 〈조선 후기 조·일사신 연구 현황과 전망〉, 《지역과 역사》 38, 부경역사연구소, 2016; 윤유숙, 〈조선 후기 조일 외교〉, 《한국의 대외관계와 외교사》, 동북아역사재단, 2018; 이와가타 히사히코, 〈조선통신사 연구에 대한 비판적 검토와 제안〉, 《지역과 역사》 38, 부경역사연구소, 2016.

3) 三宅英利, 《近世日朝關係史の研究》, 文獻出版, 1985(三宅英利 저, 손승철 역, 《근세 한일관계사 연구》, 이론과실천, 1991); 민덕기, 《전근대 동아시아 세계의 한·일관계》, 경인문화사, 2007(민덕기, 《前近代東アジアのなかの朝日關係》, 早稻田大學出版部, 1994를 개정·증보); 손승철, 《조선 시대 한일관계사 연구》, 경인문화사, 2006(손승철, 《朝鮮時代韓日關係史研究》, 지성의 샘, 1994을 개정·증보); 유재춘, 〈조선 후기 조·일 국서 연구〉, 《한일관계사연구》 창간호, 한일관계사학회, 1993; 이민호, 〈朝鮮後期의 通信使行研究〉, 단국대 석사학위논문, 1983; 이민호, 〈朝鮮中期 對日 外交硏究―國交 再開問題를 중심으로〉, 단국대 박사학위논문, 1988; 장순순, 〈조선 후기 통신사행의 제술관에 대한 일고찰〉, 《전북사학》 13, 전북사학회, 1990; 하우봉, 〈조선 후기 한일관계에 대한 재검토―사절왕래를 중심으로〉, 《동양학》 27-1, 단국대학교 동양학연구원, 1991; 한문종, 〈朝鮮前期 對日 外交政策 硏究―對馬島와의 關係를 중심으로〉, 전북대 박사학위논문, 1996; 홍성덕, 〈十七世紀 朝·日 外交使行 硏究〉, 전북대 박사학위논문, 1998.

4) 조선의 대일 사행에 대한 최근의 연구 경향은 다음과 같다.
 • 정치·외교: 장순순, 〈조선 후기 통신사행의 인적구성과 대일외교의 특질〉, 《중·근세 동아시아 해역세계와 한일관계》, 경인문화사, 2010; 이훈, 《외교문서로 본 조선과 일본의 의사소통》, 경인문화사, 2011; 한일관계사학회편, 《1590년 통신사행의 귀국보고 재조명》, 경인문화사, 2013; 김태훈, 〈17세기 對日政策 변화 연구〉, 서울대 박사학위논문, 2013; 유채연, 〈조선 후기 '問慰行'의 명칭과 성립과정에 대한 재고〉, 《한일관계사연구》 52, 한일관계사학회, 2015; 이상규, 〈17세기 중반 問慰行을 통해 본 대일외교의 내용과 성격〉, 《조선시대사학보》 75, 조선시대사학회, 2015; 허지은, 〈오후레가키御觸書를 통해 본 일본의 通信使 접대〉, 《서강인문논총》 44, 서강

대학교 인문과학연구소, 2015; 윤유숙, 〈조선 후기 문위행의 사행 활동 실태〉,《한일관계사연구》58, 한일관계사학회, 2017; 장준혁, 〈1443년(세종 25)(계해). 약조 체결의 의미〉,《한일관계사연구》70, 한일관계사연구, 2019; 이효원, 〈통신사 조공사론의 허구성에 대한 역사적 고찰〉,《역사와 현실》116, 한국역사연구회, 2020; 이훈,《조선의 통신사 외교와 동아시아》, 경인문화사, 2019; 방기철, 〈조선 시대 대일 사신의 傳命儀 연구〉,《조선시대사학보》93, 조선시대사학회, 2020; 장순순, 〈16세기 조일관계와 대일사행의 파견〉,《한일관계사연구》68, 한일관계사학회, 2020; 한문종, 〈조선 초기 尹仁甫의 대일 교섭 활동〉,《한일관계사연구》70, 한일관계사학회, 2020; 김문자,《임진전쟁과 도요토미 정권》, 경인문화사, 2021; 심민정,《조선 후기 일본 사신 왕래와 접대》, 경인문화사, 2022; 李晬鎭,《近世日朝關係と由緒─対馬藩の言説·歷史叙述を通じて》, 京都大 博士學位論文; 조인희, 〈임진왜란기 조선의 대외교섭과 조일 국교 회복에 대한 연구〉, 연세대 박사학위논문, 2022.

- 역지통신: 양흥숙·김동철·조강희·김경미, 〈對馬島 易地通信과 譯官, 그 '의례적' 관계와 '은밀한' 교류의 간극〉,《한일관계사연구》50, 한일관계사학회, 2015; 岩方久彦(이와가타 히사히코), 〈正祖代 대마도 易地通信 교섭과 '江戶通信' 연구〉,《한일관계사연구》52, 한일관계사학회, 2015; 松原孝俊·岸田文隆 外,《朝鮮通信使易地聘礼交渉の舞台裏》, 九州大學出版會, 2018; 酒井雅代,《近世日朝關係と對馬藩》, 吉川弘文館, 2021; 酒井雅代, 〈朝鮮信使大坂易地聘禮交渉と対馬藩〉,《조선통신사연구》31, 조선통신사학회, 2021.

- 사행록: 구지현, 〈1607년 일본 사행록《해동기海東記》저자에 관한 시론〉,《열상고전연구》75, 열상고전연구회, 2021; 구지현, 〈1636년 능서관能書官 전형全縈의《해사일기海槎日記》〉,《조선통신사연구》33, 조선통신사학회, 2022.

- 경제사: 김덕진·변광석·이훈, 〈외교와 경제: 조선 후기 통신사 외교와 경제 시스템〉,《한일관계사연구》26, 한일관계사학회, 2007; 이승민, 〈조선 후기 對馬島와의 말 교역과 그 의미〉,《사학연구》107, 한국사학회, 2012; 하여주, 〈조선 후기 대일관계 속의 皮物〉,《한일관계사연구》49, 한일관계사학회, 2014; 이승민, 〈조선 후기 求貿의 전개과정과 성격〉, 동국대 박사학위논문, 2019; 윤유숙, 〈조선 후기 조선·일본의 동남아시아 산물 교역〉,《한일관계사연구》70, 한일관계사학회, 2020; 장순순, 〈朝日 문화교류의 측면에서 본 조선 후기 倭館─일본산 담배 및 담뱃대를 중심으

로〉,《항도부산》39, 부산광역시사편찬위원회, 2020.

- 사상·문화사: 구지현, 〈1748년 조선의 통신사와 동아시아의 지식 유통 양상—일본 학파에 따른 교류 양상을 중심으로〉,《열상고전연구》53, 열상고전연구회, 2016; 이효원, 〈通信使와 徂徠學派의 교류 양상과 그 의미: 文明과 武威의 착종과 충돌, 그리고 소통의 가능성〉,《한국문화》77, 서울대학교 규장각한국학연구원, 2017; 하우봉, 〈통신사행 문화교류의 새 양상—1763년 계미통신사행을 중심으로〉,《한일관계사연구》59, 한일관계사학회, 2018; 김호, 〈화이관華夷觀의 충돌, 18세기 중엽 조선과 일본의 사상 간극〉,《기전문화연구》40, 경인교육대학교 기전문화연구소, 2019; 양흥숙, 〈1763년 계미통신사가 경험한 시공간의 변화와 생활상〉,《한국한문학연구》78, 한국한문학회, 2020; 방기철, 〈오윤겸의 일본사행과 대일인식〉,《통일인문학》81, 건국대학교 인문학연구원, 2020; 장순순, 〈통신사의 사행록을 통해서 본 조선 지식인의 대마도인식과 그 추이推移〉,《한일관계사연구》75, 한일관계사학회, 2022. 조선 시대 한일관계 연구사라는 면에서 "통신사"라는 주제가 한일 양국에서 오랫동안 지속되었고 방대한 연구를 배출했다는 점은 이례적이다. 그러나 문화사절로서의 연구가 차지하는 비중이 지나치게 크기에, 연구 공백과 혼란이 많다는 한계가 지적되기도 한다(이훈, 〈통신사, 어떻게 볼 것인가〉,《조선의 통신사 외교와 동아시아》, 경인문화사, 2019); 일본에서는 근래 "譯官使·通信使とその周邊" 연구회의 활동이 주목된다.

5) 사신은 존재만으로 외교적 특성을 지니게 되고 이러한 측면 때문에 통신사는 조선 후기 교린체제를 구분하는 대상이 되었다(심민정,《조선 후기 일본사신 왕래와 접대》, 경인문화사, 2022). 심민정은 조선에서 보내는 사신뿐 아니라 일본에서 보내는 사신도 고려한 시기구분이 필요하다는 견해이다.

6) 민덕기,《전근대 동아시아 세계의 한·일관계》, 경인문화사, 2007.

7) 손승철,《朝鮮時代 韓日關係史硏究》, 지성의 샘, 1994.

8) 홍성덕,〈17세기 조·일 외교사행 연구〉, 전북대 박사학위논문, 1997.

9) 이훈,《조선의 통신사외교와 동아시아》, 경인문화사, 2019.

10) 장순순, 〈조선 전기 통신사행과 對日外交의 특징〉,《한일관계사연구》56, 한일관계사학회, 2017, 57~58쪽.

11) 조선의 인식이 임진왜란 시기까지 변하지 않았다는 단정을 내리기는 어려울 수 있다. 조선에게 주어지는 일본의 정보는 정확하지 않을 때가 있었고 조선이 적극적으

로 일본의 내정 정보를 파악하는 노력을 기울이지도 않았으나, 일본의 중앙 정권이 불안정하다는 사실 정도는 알고 있었다. 당시 조선의 대외인식에는 엄밀하지 않은 부분들이 있다는 점도 감안해야 할 것이다.

12) 《高麗史節要》 권30, 우왕 원년 2월; 三宅英利 저, 손승철 역, 《근세 한일관계사 연구》, 이론과실천, 1991, 51쪽.

13) 《善鄰國寶記》上(田中健夫編, 《善隣國寶記·新訂續善隣國寶記》, 集英社, 1995, 103쪽).

14) 국사편찬위원회편, 《한국사》 22, 국사편찬위원회, 1995; 미야케 히데토시는 이 사행이 중앙관리도 아니고 서계 외에는 사절에 대한 내용도 불분명하기에 태조 이성계의 개인적인 사절로서의 성격이 강하다고 보았다(三宅英利 저, 손승철 역(1991), 55쪽).

15) 1397년 회례사回禮使 박순지朴淳之(朴敦之)가 오우치 요시히로大內義弘에게 파견되었다(《太祖實錄》 권12, 태조 6년, 12월 25일(계묘)).

16) 국사편찬위원회편, 《한국사》 22, 국사편찬위원회, 1995.

17) 《定宗實錄》 권1, 정종 1년 5월 16일(을유).

18) 미야케 히데토시는 이 사절이 편성 인원이 확실하지 않고, 오우치에 대한 회례사의 성격도 가지고 있기에 통신사로 규정하는 데 다소 문제가 있으나, 통신사의 선행적 형태로 칭할 수는 있다고 보았다(三宅英利 저, 손승철 역, 앞의 책, 52쪽).

19) 《太宗實錄》 권15, 태종 8년 3월 14일(계해).

20) 《太宗實錄》 권25, 태종 13년 6월 16일(계해).

21) 《太宗實錄》 권26, 태종 13년 11월 24일(경자).

22) 《太宗實錄》 권26, 태종 13년 12월 1일(병오), 《太宗實錄》 권27, 태종 14년 2월 1일(을사); 12월 1일 기사에는 통신관이라 하였으나, 2월 1일 기사에서는 통신사"日本通信使朴賁之行"라는 명칭으로 기재하고 있다.

23) 《太宗實錄》 권9, 태종 5년 6월 29일(계사).

24) 미야케 히데토시는 통신사로 규정할 수 있는 원칙을 다음과 같이 제시했다. ① 조선 국왕이 일본의 쇼군에게 보냄. ② 일본 쇼군에 대한 길흉경조, 또는 양국 간 긴급한 문제 해결을 목적(회례, 보빙의 의미는 없음). ③ 조선 국왕이 일본 쇼군에게 보내는 국서 및 예단. ④ 사절단은 중앙관리 3인 이하로 편성. ⑤ 통신사 또는 그에 준하는 국왕 사절의 호칭을 가진다는 것이다(三宅英利 저, 손승철 역(1991), 47쪽). 통신사는 조선 국왕이 일본의 집권자에게 보내는 사신만을 지칭하는 용어가 아니었다. 조선은 쓰

시마나 일본의 지방 세력, 여진족에 보내는 사절에도 통신사라는 명칭을 사용한 경우가 있었다. 그러나 조선 후기에 이르러 조선 국왕이 일본의 집권자(에도 막부의 쇼군)에게 보내는 사절에만 사용하였다. 조선 전기 사절을 '통신사'라는 명칭이나 특정한 기준에 맞추어 구분하기도 쉽지 않다. 따라서 여러 가지 명칭으로 불리던 조선 국왕의 사행이 통신사라는 명칭과 형식으로 통일되는 과정으로 보아야 할 것이다(장순순, 〈조선 전기 통신사의 개념과 성격〉, 《전북사학》 37, 전북사학회, 2010, 참조); 손승철은 통신사라는 명칭에 내포된 의미를 중시하는 편이다. 즉, 통신사는 조선 왕조의 대일 기본정책인 교린정책을 실현하기 위한 외교적인 목적을 가진 신의의 사절을 가리킨다고 하였다(손승철, 〈조선 시대 '통신사' 개념의 재검토〉, 《조선시대사학보》 27, 조선시대사학회, 2003).

25) 《世宗實錄》 권42, 세종 10년 12월 7일(갑신).
26) 《世宗實錄》 권46, 세종 11년 12월 3일(을해), 12월 9일(신사).
27) 三宅英利 저, 손승철 역, 앞의 책, 60쪽.
28) 《世宗實錄》 권85, 세종 21년 4월 29일(병오).
29) 《世宗實錄》 권89, 세종 22년 5월 19일(경신); 5월 25일(병인).
30) 《世宗實錄》 권86, 세종 21년 7월 11일(정사).
31) 《世宗實錄》 권86, 세종 21년 7월 3일(기유); 이 사목은 조선 후기 통신사 수행원에 대한 단속 규정과 거의 흡사하며, 종사관의 감찰 기능 및 사행 중 기록 작성 임무도 동일했다(장순순, 2010, 〈조선 전기 통신사의 개념과 성격〉, 《전북사학》 37, 전북사학회, 54쪽). 박서생의 사행 이래 세종 대 통신사의 정형화 과정으로 볼 수 있을 것이다.
32) 三宅英利 저, 손승철 역, 앞의 책, 63~64쪽.
33) 《世宗實錄》 권89, 세종 22년 5월 25일(병인); 조선 후기에도 예조와 에도 막부 집정 사이의 서계와 예물 교환은 존재했다. 그러나 이는 에도 막부에서 설정한 위계체제에 근간한 것이었으므로, 조선 전기의 관계와는 차이가 분명했다.
34) 《世宗實錄》 권89, 세종 22년 5월 19일(경신).
35) 《世宗實錄》 권98, 세종 24년 12월 24일(경술).
36) 《世宗實錄》 권99, 세종 25년 1월 13일(기사).
37) 《世宗實錄》 권99, 세종 25년 2월 21일(정미); 서장관은 신숙주가 임명되었다. 이인규는 변효문의 자제군관으로 함께했다(《成宗實錄》 권101, 성종 10년 2월 9일(병신)).

38) 《世宗實錄》권102, 세종 25년 10월 13일(갑오); 일본의 대응에 대해서는 三宅英利 저, 손승철 역(1991), 67~69쪽.
39) 회답 서계 내용은《世宗實錄》권102, 세종 25년 10월 19일(경자)에 보인다.
40) "姑停通信使, 以致賀致奠禮物, 就付光嚴爲便"《世宗實錄》권102, 세종 25년 12월 27일 (정미)).
41) 조선은 일본에서 "일본 국왕" 등의 명의로 보내는 많은 사절에 대해 회답을 해야 한다는 생각으로 통신사를 준비하고 있었으나, 당시 일본에서 보내는 사신의 다수는 명의를 빌리거나 도용한 "위사僞使"였다.
42) 《世祖實錄》권17, 세조 5년 8월 23일(임신).
43) 《世祖實錄》권19, 세조 6년 1월 3일(신사).
44) 《世祖實錄》권21, 세조 6년 9월 27일(경자).
45) 《成宗實錄》권57, 성종 6년 7월 16일(계해).
46) 《成宗實錄》권75, 성종 8년 1월 8일(정미);《中宗實錄》권79, 중종 30년 2월 20일(신해); 이 사목은 대일 사행이 점차 정형화됨에 따라 시행된 사례들이 전례가 되어 사목으로 정비된 것으로 본다. 그러나 일본 국왕부터 지방의 여러 세력까지 지급할 물품이 지정된 것으로 볼 때, 조선이 무로마치 막부의 지방 통제력을 신뢰하지 못했다는 사실을 엿볼 수 있다(장순순(2010a), 58쪽).
47) 《成宗實錄》권102, 성종 10년 3월 25일(신사);《成宗實錄》103권, 성종 10년 4월 1일 (정해).
48) 쓰시마가 통신사 파견에 소극적인 대응을 한 것은 그들이 주도한 위사 파견 시스템을 은폐하기 위함이었다는 견해가 있다(橋本雄,《中世日本の國際關係》, 吉川弘文館, 2005 ; 장순순(2017), 75쪽).
49) 1489년에는 새로운 쇼군 취임에 대해 국서와 예물을 일본국왕사에 위탁하는 데 그치고, 1535년과 1557년에는 논의에만 그쳤다. 사행 중 벌어지는 해상 조난과 내란 상황의 반복, 일본 집권층의 국제 감각 미비, 통신사 파견에 대한 쓰시마의 방해와 "위사"라는 존재가 주요한 원인이었다(장순순(2017), 83~86쪽).
50) 장순순(2010a), 65~69쪽; 장순순은 조선 전기 통신사 외교의 특징으로 첫째, 주변국과의 "교린관계"를 중시하는 조선의 대외정책과 안정적인 조일관계 유지 노력의 일환. 둘째, 막부 외에도 여러 세력과 우호 임무를 가짐. 셋째, 사행을 통해 얻은 정보

로 대일 외교체제 정비를 꾀한 점. 넷째, 정보를 통해 대일 정책에 관한 매뉴얼을 마련한 점을 들었다(장순순(2010a), 79~83쪽).

51) 橋本雄, 〈室町幕府の朝鮮觀〉, 《僞りの外交使節》, 吉川弘文館, 2012; 일본의 조선 사신 접대 절차 및 그에 내포된 인식에 대해서는 橋本雄(2012), 〈室町幕府の朝鮮觀〉을 참조.

52) 장순순(2017).

53) 위사 문제에 대해서는 한문종, 〈조선 전기 日本國王使의 朝鮮通交〉, 《한일관계사연구》 21, 한일관계사학회, 2004; 한일관계사연구논집편찬위원회편, 《왜구·위사문제와 한일관계》, 경인문화사, 2005; 橋本雄, 〈宗貞國의 博多出兵과 僞使問題〉, 《한일관계사연구》 20, 한일관계사학회, 2004; 橋本雄, 《中世日本の國際關係―東アジア通交圈と僞使問題》, 吉川弘文館, 2005; 橋本雄, 《僞りの外交使節》, 吉川弘文館, 2012 등을 참조.

54) 한문종, 〈조선 전기 왜인통제책과 통교 위반자의 처리〉, 《왜구·위사문제와 한일관계》, 경인문화사, 2005. 한문종은 "통교 위반자"라는 용어를 제안했다.

55) 한문종, 〈조선 전기 日本國王使의 朝鮮通交〉, 《한일관계사연구》 21, 한일관계사학회, 2004; 橋本雄, 《僞りの外交使節》, 吉川弘文館, 2012; 하시모토 유橋本雄는 조선에 파견하는 사행에 대한 막부의 간여가 상당히 소원한 상황에서 "일본국왕사"의 진사, 위사 여부를 엄밀히 구분하는 것은 어려우며, 따라서 "일본국왕사"를 막부에서 경영한 것으로 단정하는 것은 부적절할 수 있다는 견해이다(橋本雄(2012), 〈室町幕府の朝鮮外交〉). 또한 15세기 중반 이래 "국왕사" 이하 명의의 사절(이른바 王城大臣使)은 거의 대부분 위사의 성격을 지니고 있다고 보았다. 그러나 그는 사절의 진위를 확실히 구분하기 어려운 "그레이존"의 존재도 인정하고 있다(橋本雄(2005); 橋本雄(2012)).

56) 한문종(2004).

57) 장순순(2017).

58) 하우봉, 〈조선 전기 유구, 동남아시아 국가와의 교류〉, 《한국의 대외관계와 외교사》, 동북아역사재단, 2018, 203~204쪽; 무역에서 류큐의 우월한 지위에는 조공-책봉이라는 형식도 영향을 미쳤는데, 해금정책이 유명무실화되면서 그 효력이 약해졌다. 그러나 류큐는 이외에도 동남아 지역에 산재한 화인 네트워크를 이용했다(조영헌, 〈15~18세기 중국 동남 지역과 해양 질서의 모호성: 류큐琉球를 중심으로〉, 김병준 외, 《아

시아를 상상하다》, 진인진, 2023), 188~189쪽).

59) 《太宗實錄》 권31, 태종 16년 1월 27일(경신); 《太宗實錄》 권32, 태종 16년 7월 23일 (임자).

60) 《世宗實錄》 권50, 세종 12년 윤12월 26일(임술).

61) 하우봉, 〈조선 전기 유구, 동남아시아 국가와의 교류〉, 《한국의 대외관계와 외교사》, 동북아역사재단, 2018, 205~206쪽. 김원진은 金元珍, 原珍, 源珍 등의 이름으로 등장하는데, 일본 출신으로 조선에 귀화하여 일본어 통사이자 사신의 역할을 한 인물로 추정된다.

62) 《端宗實錄》 권5, 단종 1년 3월 11일(무진).

63) 하우봉(2018), 206~209; 이예는 일본에 여러 차례 파견되었을 뿐 아니라, 류큐에도 파견되었다. 이예의 졸기에는 여러 차례 사신으로 파견되었다는 기록이 보인다(《世宗實錄》 107권, 세종 27년 2월 23일 정묘 2번째 기사).

64) 하우봉(2018), 211~213쪽.

65) 도요토미 히데요시의 류큐에 대한 압박이 강화된 16세기 말 이후, 일본의 사쓰마薩摩번이 류큐를 침공하여 도쿠가와 막부의 간섭을 받게 되는 1609년 사이, 류큐는 책봉·조공 관계에 의지하여 명에 의지하려 했지만, 명은 이를 방임하였다. 그러나 그럼에도 조공국의 지위를 바꾸지는 않았다. 차혜원은 이를 두고 "책봉·조공 관계 위에 형성된 '중화 세계질서'가 고정값을 지닌 지배논리가 아니라 때로는 교역 네트워크의 바탕그림으로, 때로는 생생한 현실적 갈등과 역관계들을 완충시키는 상징적 질서로, 때로는 최소한도의 현상 유지의 장으로 모습을 바꾸고 있"는 모습의 예로 제시하였다(차혜원, 〈明朝와 琉球간 冊封 朝貢외교의 실체─萬曆年間(1573~1620), 명조의 류큐 정책을 중심으로〉, 《중국사연구》 59, 중국사학회, 2008). 조영헌은 15~18세기 동남 해역에서 류큐의 활동과 위상을 분석하면서, "해양질서의 모호성"이라는 개념을 사용하였다(조영헌(2023)).

66) 장순순은 이 두 차례 사행의 명칭은 '통신사'이지만 '신의' 및 '교린'을 전제로 한 통신사가 아닌 변칙적으로 시행된 시기로 보았다. 따라서 조선 전기 통신사와 일괄적으로 설명하거나, 조선 후기 통신사와 함께 파악하는 것은 부적절하다는 것이다(장순순, (2010a), (2017)).

67) 이하 임진왜란기 사절에 대한 내용은 김경태, 《임진전쟁기 강화교섭 연구》, 고려대

학교 박사학위논문, 2014을 참고하여 작성했다. 1590년 통신사에 대한 종합적인 고찰은 다음과 같은 연구에서 시도되었다. 한일관계사학회편, 《1590년 통신사행과 귀국보고 재조명》, 경인문화사, 2013.

68) 中野等, 《秀吉の軍令と大陸侵略》, 吉川弘文館, 2006, 12~13쪽.

69) 도요토미 히데요시는 규슈 지역을 공격하던 중 그에게 협조한 소 요시시게宗義調에게 지금까지와 같이 쓰시마에 대한 지배권을 부여했다[1587년 6월 15일 도요토미 히데요시가 소 요시시게 부자에게 보낸 문서(국사편찬위원회 소장 사진유리필름자료 사자 0371, GF 4121 (30-259-01)]; 武田勝藏, 〈伯爵宗家所藏豊公文書と朝鮮陣〉, 《史學》 4-3, 三田史學會, 1925, 86쪽). 요시시게는 곧 사망했고, 양자인 요시토시가 뒤를 이었다.

70) (1587년) 5월 28일 도요토미 히데요시가 도쿠가와 이에야스에게 보낸 문서 중 아홉 번째 항목(《佐賀縣立名護屋城博物館·韓國國立晉州博物館學術交流記念 特別企劃展》 秀吉と文祿·慶長の役》11번 자료); 5월 29일 기타노 만도코로北政所에게 보낸 문서[《妙滿寺文書》(峰岸純夫編, 《古文書の語る日本史5 戰國·織豊》, 筑摩書房, 1989, 405쪽에서 재인용)]; 6월 1일 혼간지本願寺에 보낸 문서[《本願寺文書》(峰岸純夫編, 《古文書の語る日本史5 戰國·織豊》, 406쪽에서 재인용)] 등.

71) 《宣祖實錄》 권22, 선조 21년 1월 3일(정해) 이명생, 홍인상의 발언; 권23, 선조 22년 8월 1일(병자), "上曰, 平時則通信何難, 但今竄賊難之耳"; 《宣祖修正實錄》 권21, 선조 20년 9월 1일(정해), 12월 1일(을묘); 金誠一, 《海槎錄》, 〈許書狀官答〉; 유성룡, 《西厓集》 권3, 〈奏文〉, 〈陳倭情奏文〉, "伊國舊酋源氏, 滅亡在數十年前, 諸酋交爭, 近又有平秀吉者奪而代之, 自稱關白"; 《重峯集》 권6, 〈疎〉〈請絶倭使疏〉; 이는 1582년 오다 노부나가織田信長에 대한 아케치 미쓰히데明智光秀의 모반, 혹은 1573년 오다 노부나가에 의한 쇼군 아시카가 요시아키足利義昭의 실각이 와전된 것으로 보인다. 도요토미 히데요시는 직접 아케치 미쓰히데를 '토벌'한 후 경쟁자들을 물리치는 과정을 통해 일본 전국을 실질적으로 지배하는 실권자의 자리에 올랐다. 명 조정에도 이 같은 오보가 전해졌는데[《全浙兵制考》, 〈近報彙警〉《四庫全書存目叢書》 子部31; (日本)國立公文書館內閣文庫, 史198-0014, 수록) 등] 이는 전쟁 중 일본군 장수들에 대해 "도요토미 히데요시를 배반하라"는 실현 가능성이 희박한 이간책을 펼치는 원인 중 하나가 되었다. 임진왜란 시기 조선의 도요토미 히데요시 정권 인식과 호칭 문제에 대해 최근 다음과 같은 논문이 발표되었다. 임현채, 〈壬辰倭亂期 조선과 일본의 豊臣氏 활용과

72) 그 인식〉,《한일관계사연구》71, 한일관계사학회, 2021.
72) 《宗家文書》국사편찬위원회 소장(中野等,《秀吉の軍令と大陸侵略》, 吉川弘文館, 2006, 16~17쪽에서 재인용).
73) (1589년) 3월 28일 히데요시가 소 요시토시에게 보낸 문서(武田勝藏(1925), 93쪽).
74) 田中建夫,〈第5章 文禄慶長の役と對馬〉,《中世對外關係史》, 東京大學出版會, 1975; 金文子,〈文禄·慶長期に於ける日明和議交渉と朝鮮〉, お茶の水女子大 博士學位論文, 1995.
75) 金誠一,《海槎錄》,〈倭人禮單志〉;《言經卿記》1590년 7월 19일;《晴豊記》1590년 7월 21일;《全浙兵制考》,〈近報倭警〉에 실린 여러 보고를 보아도, 일본에서는 통신사의 방문을 항복과 입조로 파악하고 있었다.
76) 《宣祖實錄》권23, 선조 22년 8월 4일(기묘), 9월 9일(계축);《宣祖實錄》권24, 선조 23년 2월 28일(경자);《宣祖修正實錄》권23, 선조 22년 7월 1일(병오).
77) 《宣祖實錄》권23, 선조 22년 9월 9일(계축).
78) 해적 인도를 둘러싼 조선과 일본 양국의 정치적 상황에 대해서는 米谷均,〈豊臣政權期における海賊の引き渡しと日朝關係〉,《日本歷史》650, 吉川弘文館, 2002을 참조.
79) 《宣祖實錄》권23, 선조 22년 11월 18일(임술).
80) 《宣祖實錄》권24, 선조 23년 3월 6일(정미);《宣祖修正實錄》24권, 선조 23년 3월 1일(임인).
81) 金誠一,《海槎錄》,〈與許書狀論禮書〉,〈答客難說上使書〉; 김성일 역시 자신의 사행을 '100년 만의 일'로 표현하고 있었다(《海槎錄》,〈答上使書〉,〈許書狀官答〉,〈與許書狀書〉).
82) 田中健夫編,《善隣國寶記·新訂續善隣國寶記》, 集英社, 1995.
83) 《宣祖修正實錄》권25, 선조 24년 3월 1일(정유).
84) 《宣祖修正實錄》권25, 선조 24년 윤3월 1일(병인).
85) 《宣祖實錄》권76, 선조 29년 6월 19일(을묘), 6월 20일(병진); 명 사절이 인솔하는 장관, 가정, 군병이 500명, 말이 500필, 그리고 관전병寬典兵이 300명이었다고 하며 [《宣祖實錄》권62, 선조 28년 4월 19일(신유)] 최종적으로 도해한 인원은 600여 명이었던 것으로 보인다(《宣祖實錄》권76, 선조 29년 6월 20일(병진)].
86) 《宣祖實錄》권62, 선조 28년 4월 25일(정묘).
87) 황신,《日本往還日記》1596년 12월 8일 고니시 유키나가의 발언.

88) 《宣祖實錄》 권70, 선조 28년 12월 29일(정묘) 심유경의 자문, 황신의 치계; 《宣祖實錄》 권71, 선조 29년 1월 25일(임진).
89) 《宣祖實錄》 권73, 선조 29년 3월 19일(병술); 유성룡, 《芹曝集》, 〈啓辭〉, 〈通信使差遣便否啓〉.
90) 《宣祖實錄》 권75, 선조 29년 5월 28일(갑오); 권76, 6월 14일(경술).
91) 《宣祖實錄》 권76, 선조 29년 6월 4일 (경자), 6월 22일(무오), 6월 25일(신유).
92) 《宣祖實錄》 권74, 선조 29년 4월 6일(임인); 권76, 6월 1일(정유), 6월 3일(기해).
93) 《宣祖實錄》 권76, 선조 29년 6월 25일(신유).
94) 《宣祖實錄》 권77, 선조 29년 7월 12일(정축); 선조는 언관들의 서폐 취소 요구에 응해 주는 듯한 모습을 보이다가 결국에는 들여보내고 말았다(《宣祖實錄》 권77, 선조 29년 7월 15일(경진), 7월 17일(임오)].
95) 《事大文軌》 권17, 만력 24년(1596) 7월 9일 조선의 주문; 조선이 통신사라는 명칭을 꺼린 것은 사실이나 결국은 이를 사용한 것으로 보인다. 8월 19일 명에 보낸 주문에는 이미 책봉사가 떠나서 근수라고 할 수 없기에, 신사信使라는 명칭으로 보냈다고 하였다(《事大文軌》 권17; 국역 《事大文軌》 4 28번 문서). 이호민, 《五峯集》 권12, 〈奏文〉에도 거의 동일한 내용의 문서가 있다. "就令黃愼等稱以信使"가 "玆令黃愼等賫執通信書幣"로 바뀐 등의 차이가 있다. 황신의 《일본왕환일록》이나 그가 귀환한 후 올린 서계에도 사행의 명칭은 통신사로 기재되어 있다.
96) 《宣祖實錄》 권77, 선조 29년 7월 19일(갑신).
97) 《事大文軌》 권17, 만력 24년 6월 26일 병부의 자문; 《宣祖實錄》 권78, 선조 29년 8월 2일(정유), 8월 17일(임자).
98) 《宣祖實錄》 권70, 선조 28년 12월 21일(기미); 권71, 선조 29년 1월 1일(무진) 황신의 치계 중 겐소의 발언, 1월 23일(경인) 야나가와 시게노부의 서신.
99) 《義演准后日記》(《史料纂集》義演准后日記》 1, 續群書類從完成會, 1976) 1596년 6월 19일~6월 27일까지의 기록.
100) 도요토미 히데요시는 이때 실제로 책봉을 받은 것으로 알려져 있다. 조선과 명의 사료 이외에도 쓰시마의 외교승 겐소玄蘇의 문집과 포루투갈 선교사로서 일본에 체재하던 루이스 프로이스의 보고서에서는 도요토미 히데요시가 책봉 의례를 기쁘게 받아들였다고 기록하고 있다(구와노 에이지桑野榮治, 〈동아시아 세계와 文祿·慶長의 役—

조선·琉球·일본에 있어서 대명외교의례의 관점에서〉,《제2기 한일역사공동연구보고서》제3권(제2분과 일본편), 한일역사공동연구위원회, 2010, 95~99쪽). 책봉문[誥命]은 오사카 역사박물관, 칙유勅諭는 일본 궁내성서릉부宮內廳書陵部, 관복은 교토의 묘호인妙法院에 소장되어 있다(김경태,〈임진전쟁기 강화교섭의 결렬 원인에 대한 연구〉,《대동문화연구》87, 성균관대학교 대동문화연구원, 2014, 327쪽).

101) 도요토미 히데요시는 심유경의 글을 전한 고니시 유키나가에게 노하여 심유경을 비난하면서 "일찍이 일본이 요구하는 것은 들어 주지 않고, 다만 조선을 위해서만 도모할 뿐이니 나는 다시 보지 않겠다(怒罵沈惟敬, 不曾圖遂日本所求, 但爲朝鮮耤謀耳, 我不可再見"라고 했다고 한다(宣祖實錄》권82, 선조 29년 11월 10일 (임인)).

102) 통신사가 얻은 정보의 내용에 대해서는 김경태,〈정유재란 직전 조선의 정보수집과 재침 대응책〉,《한일관계사연구》59, 한일관계사학회, 2018을 참조.

103) 국교 재개 과정에 대한 연구는 한일 양국에서 활발히 진행되었다. 최근 연구로는 李晙鎭,〈近世日朝関係と由緒―対馬藩の言説·歷史叙述を通じて〉, 京都大 博士學位論文, 2022; 이해진,〈宗義智 수신 德川家康 서장을 통해 본 조일 국교회복―朝鮮 물품의 獻上에 주목하여〉,《동아시아고대학》68, 동아시아고대학회, 2022; 이해진,〈조일 국교회복에 관한 에도시대의 역사서술―17세기의 성립과정을 중심으로〉,《한일관계사연구》78, 한일관계사학회, 2022 등이 있다.

104) 일본이 명칭에 관해 힐문할 경우 "일본이 먼저 서계를 보내 왔으니, 우리는 그것을 답하는 것이고 사신이 이미 들어갔으면 우리 백성을 쇄환해야 하기 때문에 회답겸쇄환사라 한 것이다. 두 나라가 이미 서로 통호하였으니 중한 바가 여기에 있는 것인데 어찌 명호를 가지고 의심한단 말인가"로 답하기로 했다(宣祖實錄》권207, 선조 40년 1월 5일(기사)).

105)《增正交隣志》에는 도쿠가와 이에야스가 자신은 임진왜란에 참여하지 않았으며, 이제 도요토미 히데요시의 잘못을 바로잡았으니 화친을 원한다는 메시지를 조선에 전하였기에 회답사回答使를 파견하게 되었다고 했다.

106) 세 번째 사신의 칭호는 서장관과 종사관 중에서 종사관으로 결정되었다. 사행의 명칭이 통신사일 경우 서장관(1590년은 서장관으로 파견)이었으나, 이번 사행은 회답겸쇄환사였기에 종사관이라는 이름을 선택하였다고 한다(宣祖實錄》206권, 선조 39년 12월 16일(경술)).

107) 이때 행해진 접견 의례는 이후 접견례의 전형이 되었다. 다만 쇼군이 직접 향응을 향한 예는 이후 폐지되었다(三宅英利(1991), 125~126쪽).
108) 국서 개작 행위의 주체는 쓰시마였다. 쓰시마는 이후로도 개작 행위를 한동안 이어 갔다. 임진왜란 이후 최초의 국서 개작은 조선이 요구했던 도쿠가와 이에야스 명의의 국서부터였다. 선조는 이전에는 "덕유린德有隣"이라는 도서를 찍었는데, 이번에는 일본 국왕이라는 도서를 쓰고 있고, 명의 연호를 사용하고 있는 이 국서가 위서일 가능성이 높다고 보았다(《宣祖實錄》 권206, 선조 39년 12월 24일(무오)). 근대 이후 학계에서는 도쿠가와 이에야스 국서의 진위 문제에 대해 다양한 논의가 전개되었다.

1575년 명-여송 교섭 사례와 '공순'의 의미:
모범으로서의 조명관계에 대한 검토

1) Cha Hyewon, 2011, "Was Joseon a Model or an Exception?" *Korea Journal* 51-4, pp. 33~58.
2) 《明太宗文皇帝實錄》 권47, 영락 3년 10월 5일(정묘);《明太宗文皇帝實錄》 권110, 영락 8년 11월 15일(정축).
3) 菅谷成子, 2001, 〈スペイン領フィリピンの成立〉, 池端雪浦 외 엮음,《岩波講座 東南アジア史3)東南アジア近世の成立―15~17世紀》, 岩波書店, 121~148쪽.
4) 임봉 혹은 임아봉林阿鳳은 광동 조주潮州 요평饒平 출신의 해적이었다(湯開建,〈明隆萬之際粵東巨盜林鳳事跡詳考―以劉堯誨《督撫疏議》中林鳳史料爲中心〉,《歷史研究》 2012(6), 中國社會科學院, 2012, 44~45쪽).
5) 복건 흥화부興化府와 천주부泉州府 일대 군무를 관할하였던 관료였다.
6) 劉堯誨,《督撫疏議》 권3, 飛報追剿海寇大捷疏.
7) 당시 1575년 스페인 사절단에 참여했던 미겔 데 로아르카Miguel de Loarca는 임봉의 침략, 왕망고의 루손 도착, 사절단의 복건 파견 과정을 '1575년 당시 필리핀제도 총독 기도 데 라베자레스의 지시와 동의에 따라 우리가 마닐라에서 중국으로 했던 사행에 관한 보고서Relacion del viaje que hezimos a la China desde la ciudad de Manila en las del poniente año de 1575 años, con mandado y acuerdo de Guido de Lavazaris

governador i Capitan General que a la sazon era en las Islas Philipinas'(이하 'Relación del viaje')라는 이름의 문서로 남겼다. 이 문서에 의하면, 스페인군은 1575년 3월 30일부터 임봉을 포위하고 있었으며 로아르카는 이 전투에 직접 참여하였다. 보고서는 13개의 장으로 이뤄진 제1부와 12개의 장으로 이뤄진 제2부로 구성되어 있다. 왕망고의 볼리나오 도착 내용은 1부 3장에 등장한다.

8) 임필수는 스페인인 사이에서는 'Sinsay'라고 불렸다. 'Sinsay' 혹은 'Sinzai'는 선생先生을 음역한 것으로 보인다(湯開建, 〈明隆萬之際粵東巨盜林鳳事跡詳考―以劉堯誨《督撫疏議》中林鳳史料爲中心〉, 54~56쪽).

9) 이러한 내용은 劉堯誨, 《督撫疏議》 권2, 諭夷剿賊捷音疏에 삽입된 1575년(만력 3) 6월 20일(음력 5월 13일) 자로 작성된 왕망고가 교무경에게 보낸 정문呈文(일종의 보고서) 내용에 근거한다.

10) 야전장에 해당하는 'Maese de Campo' 혹은 'Maestre de Campo'는 총독gobernador-general 다음가는 직책에 해당한다.

11) Miguel de Loarca, *Relación del viaje*, 1부 3장.

12) Miguel de Loarca, *Relación del viaje*, 1부 2장. 劉堯誨, 《督撫疏議》 권2, 諭夷剿賊捷音疏에 삽입된 1575년(만력 3) 6월 20일(음력 5월 13일) 자로 작성된 왕망고가 교무경에게 보낸 정문에 의하면, 왕망고는 같은 해 4월 22일(음력 3월 12일) 여송에 도착했다고 기술함으로써 두 기록 간 차이를 보인다.

13) 劉堯誨, 《督撫疏議》 권2, 諭夷剿賊捷音疏.

14) 劉堯誨, 《督撫疏議》 권2, 諭夷剿賊捷音疏. 후술하겠지만 당시 왕망고를 따라 복건에 건너갔던 신부 마르틴 데 라다 기록의 세비야Sevilla 판본인 'Relacion verdadera de la China'에서는 왕망고가 라베자레스에게 관복을 입고 무릎을 꿇고 머리를 땅에 대는 예법을 행하였다고 기술되어 있어, 실제로는 스페인 측 기록대로 교섭 성사를 위해 왕망고가 공손한 태도를 취했을 가능성이 더 크다.

15) 이 기록은 당시 왕망고를 따라 복건에 건너갔던 신부 마르틴 데 라다가 작성한 보고서의 여러 판본 중 하나인 'Relación verdadera de la China', 이른바 '세비야 판본'이다. 라다의 보고서는 후술하도록 하겠다. '세비야 판본'에 관한 내용은 中砂明德, 〈ラーダの中國行をめぐって―菲律賓諸島箚記(1)〉, 《京都大學文學部研究紀要》 54, 京都大學大學院文學研究科·文學部, 2015, 54~77쪽, 132~139쪽 참조.

16) 스페인 사료에서조차 왕망고가 스페인군을 지휘하였다는 쪽과 왕망고가 사실을 왜곡 하였다고 하는 쪽으로 나뉘어 있다(中砂明德, 〈ラーダの中國行をめぐって―菲律賓諸島箚 記(1)〉, 104~105쪽). 로아르카는 왕망고가 포상과 'Capitán' 직책을 얻기 위하여 스페인 군대의 공적을 가로챘다고 기록하였다(Miguel de Loarca, Relación del viaje, 1부 9장).
17) Miguel de Loarca, Relación del viaje, 1부 3장.
18) 사절단 구성은 마르틴 데 라다Martín de Rada, 헤로니모 마르틴Geronimo Martin, 페드로 사르미엔토Pedro Sarmiento, 미겔 데 로아르카Miguel de Loarca, 니콜라스 데 쿠엔카Nicolas de Cuenca, 후안 데 트리아나Juan de Triana, 통사 진휘연陳輝然 혹은 에르난도 데 탕Hernando de Tang, 기타 수종 인원 13명이었다. 劉堯誨, 《督撫疏議》 권2, 諭夷剿賊捷音疏에도 이들의 이름이 한자로 음차되어 기록되어 있다.
19) 라베자레스는 출항 전인 1575년 6월 2일, 사절단에게 9가지 사항을 지시하였다(中砂 明德, 〈ラーダの中國行をめぐって―菲律賓諸島箚記(1)〉, 101~102쪽).
20) Miguel de Loarca, Relación del viaje, 1부 3장.
21) 劉堯誨, 《督撫疏議》 권2, 諭夷剿賊捷音疏.
22) Miguel de Loarca, Relación del viaje, 1부 4장.
23) Miguel de Loarca, Relación del viaje, 1부 6장. 여기서 로아르카는 '40척 범선의 카피 탄un capitán de quarenta navios'이라고만 작성하였으나, 마르틴 데 라다가 남긴 보 고서에 의하면, 이 인물의 이름은 'Laulatia'이다(C. R. Boxer ed., Hakluyt Society, Second Series, Volume 106: South China in the Sixteenth Century (1550~1575): Being the narratives of Galeote Pereira, Fr. Gaspar da Cruz, O.P., Fr. Martin de Rada, O.E.S.A., (1550~1575), London: Hakluyt Society, p. 247). 이중 'latia'는 우리말 '나으리'에 해당하는 '노다老爹' 를 음차한 것으로, 로아르카와 라다의 보고서 곳곳에 등장한다. 또한 嘉慶丙寅年補 刊, 《漳州府誌》 권23, 兵紀上, 明, 營寨, 浯嶼寨 항목에는 1558년(가정 37) 이전 오서 수채浯嶼水寨가 중좌소中左所로 이전하였고, 선박 48척이 배속되었다고 기록하고 있 다. 따라서 선박 40척을 거느리고 있었던 'Laulatia'는 중좌소에 있었던 오서수채의 최고지휘관 오서수채협총浯嶼水寨協總 유란劉鸞으로 추정된다. 劉堯誨, 《督撫疏議》 권3, 飛報追勦海寇大捷疏와 查擧將材疏에는 오서수채협총 유란劉鸞이 등장한다.
24) Miguel de Loarca, Relación del viaje, 1부 6장.
25) C. R. Boxer, South China in the Sixteenth Century (1550~1575): Being the narratives

of Galeote Pereira, Fr. Gaspar da Cruz, O.P., Fr. Martin de Rada, O.E.S.A., (1550~1575), p. 249; Miguel de Loarca, *Relación del viaje*, 1부 7장.

26) Miguel de Loarca, *Relación del viaje*, 1부 8장.

27) Miguel de Loarca, *Relación del viaje*, 1부 9장.

28) 劉堯誨,《督撫疏議》권2, 諭夷剿賊捷音疏.

29) 전임 복건순무 도택민塗澤民은 '화홍花紅 1부副는 은화銀花 2개로 이뤄져 있다[各辦花紅五副, 每副銀花二枝, 共重一兩六錢]'고 기록했다(《皇明經世文編》권355 塗澤民,〈塗中丞軍務集錄〉중 行福州兵備道).

30) C. R. Boxer, *South China in the Sixteenth Century*(1550~1575): Being the narratives of Galeote Pereira, Fr. Gaspar da Cruz, O.P., Fr. Martin de Rada, O.E.S.A.,(1550~1575), pp. 249~250; Miguel de Loarca, *Relación del viaje*, 1부 6장.

31) 趙憲,《重峯先生文集》권10, 日記, 朝天日記上 만력 2년 6월 24(정묘); 許篈,《荷谷集》, 荷谷先生朝天記上, 朝天記上 만력 2년 6월 24일(정묘).

32) 許篈,《荷谷集》, 荷谷先生朝天記上, 朝天記上 만력 2년 6월 24일(정묘), "今舉此例者, 以其解送之多也."

33) Miguel de Loarca, *Relación del viaje*, 1부 3장.

34) Miguel de Loarca, *Relación del viaje*, 1부 9장.

35) 로아르카는 '카피탄의 관청a la casa del capitán'이라고 하였다(Miguel de Loarca, *Relación del viaje*, 1부 10장). 반면 라다 보고서 세비야 판본에는 '감군도監軍道의 관청a la casa del Cagonto'이라고 기록되었다. 유요회 상주문과 비교하면 실제로 감군도 아문에서 회의가 열렸다.

36) 로아르카는 사절단이 복주에 머문 지 25일째에 손종이 도착하였다고 했는데, 이는 1575년 8월 12일에 해당한다. 또한 순안어사 도착 3일 전에 교무경이 회의를 소집했다는 기록에 따라 1575년 8월 9일에 해당한다(Miguel de Loarca, *Relación del viaje*, 1부 10장). 라다 보고서 세비야 판본은 손종의 도착 일자는 마찬가지로 복주에 머문 지 25일째이며 이날은 교무경과의 회의가 있은 지 10일 후라고 기록되어 있어, 교무경과의 회의 일자를 1575년 8월 2일로 보고 있다.

37) 이 내용은 이른바 '라다 보고서 마드리드 판본'에 해당한다. 관련 내용은 中砂明德,〈ラーダの中國行をめぐって—菲律賓諸島箚記(1)〉, 119쪽, 주석 181 내용을 재인용

했다. 육상유의 이름과 감군도부사라는 직책은 劉堯誨,《督撫疏議》권2, 諭夷剿賊捷音疏에 기재되어 있다.

38) Miguel de Loarca, Relación del viaje, 1부 12장.

39) 張燮,《東西洋考》권9, 舟師考에는 이 항로가 '東洋針路'로 지칭되어 있다. 로아르카는 중국과의 우호가 결성되면 복건에서 스페인인이 정주할 것으로 보고 몇몇 항구 후보지를 기록해 두기도 했다(Miguel de Loarca, Relación del viaje, 1부 12장).

40) 王世貞,《弇州續稿》권87, 奉政大夫同知泉州府事三泉陸公曁配陳宜人墓志銘.

41) 劉堯誨,《督撫疏議》권2, 諭夷剿賊捷音疏.

42) 劉堯誨,《督撫疏議》권2, 諭夷剿賊捷音疏.

43) 劉堯誨,《督撫疏議》권2, 諭夷剿賊捷音疏.

44) 라베자레스는 사절단이 중국에 있었던 1575년 8월 25일까지 총독직에 있었다. 서신 제목은 '필리핀 총독 산데 박사가 펠리페 2세에게 보내는 서신. 그의 도착과 그의 여정에서 발생한 사고들, 그곳에 있었던 모든 문제점에 관하여 설명하고, 종교인, 광산, 중국, 민다나오, 보르네오 등에 대하여 이야기함Carta a Felipe II del Gobernador de Filipinas, doctor Sande. Da cuenta de su llegada y accidentes de su viaje; de la falta que hay allí de todo, y habla de Religiosos, minas, de la China, Mindanao, Borneo, etc.'(이하 'Carta a Felipe II del Gobernador de Filipinas')이다. 서신 전사문은 스페인 바르셀로나 소재 폼페우 파브라 대학교Universitat Pompeu Fabra 동아시아대학원 Escola d'Estudis de l'Àsia Oriental의 'La China en España' 사이트에서 다음의 주소를 통해 확인할 수 있다(https://arxiu-web.upf.edu/asia/projectes/che/s16/sande1576.htm)(2023년 9월 10일 확인).

45) Francisco de Sande, Carta a Felipe II del Gobernador de Filipinas, "En vna carta que vino de china del ynçuanton, como ellos son bárbaros y la notiçia verdadera que de nosotros tienen es que somos hasta duzientos hombres, dize no sé qué palabras que quieren dezir tributo, y que se metió en la caxa del Rey vn presente que les llenaron el año pasado antes que yo viniese."

46) 다만 현재 로아르카 일기에 남아 있는 교무경의 서신에는 트리부토tributo라는 단어가 발견되지 않고 있다. 산데가 언급한 교무경 서신은 현재 남아 있지 않은 서신 중 하나인 것으로 보인다.

47) Miguel de Loarca, *Relación del viaje*, 1부 13장.
48) '홍천도 서신' 하단에는 스페인어로 양력 8월을 뜻하는 'otctobre'로 표기하지 않고 '만력 3년의 8번째 달(el 3º año de el Rey Gonhui banlic, en el 8º mes)'로 표기하였다.
49) Miguel de Loarca, *Relación del viaje*, 1부 11·12장.
50) Miguel de Loarca, *Relación del viaje*, 1부 13장.
51) 萬曆《大明會典》권105, 禮部63, 朝貢1, 琉球國 기사에 의하면, 실제로 류큐는 2년 1공貢이었다.
52) 萬曆《大明會典》권105, 禮部63, 朝貢1, 暹羅國; 萬曆《大明會典》권105, 禮部63, 朝貢1, 眞臘國. 처음에는 진랍국眞臘國의 조공 기한은 6년이었으나 이후에는 '불시 조공[朝貢不常]'으로 바뀌었다.
53) 司馬貞,《史記索隱》권11, 孝景本紀11, "索隱: 韋昭云, 大行, 官名, 秦時云典客, 景帝初改云大行, 後更名大鴻臚,……以言其掌四夷賓客, 若皮臚之在外附於身也."
54) 萬曆《大明會典》권106, 禮部64, 東南夷下, 朝貢3, 呂宋國에는 홍무 5년, 영락 3년 조공 기사 이후 만력 4년 조공 기사가 기재되어 있다.
55) Miguel de Loarca, *Relación del viaje*, 1부 9장.
56) 일례로 주환朱紈은 복건 연안의 사대부와 민중이 왜구倭寇, 번이番夷, 불랑기佛郎機 등과 결탁이 쉽게 이뤄지는 것을 적발하고 이를 근절하려 했으나 실패하였다. 山崎岳,〈巡撫朱紈の見た海: 明代嘉靖年間の沿海衛所と〈大倭寇〉前夜の人々〉,《東洋史研究》62-1, 東洋史研究會, 2003, 1~38쪽 참조. 불랑기에 관해서는《明史》권325, 列傳213, 外國6, 佛郎機; 張燮,《東西洋考》권5, 東洋列國考, 呂宋; 徐昌治,《明朝破邪集》, 권3, 驅夷直言 등을 참조.
57) 불랑기에 대한 부정적인 인식을 다룬 연구로는 신주현,〈明代 佛郎機 인식과 南京敎案(1616~1617)〉,《명청사연구》34, 명청사학회, 2010, 59~88쪽; 李存朴,〈明淸時期對外認識中的"佛郎機現象"〉,《江西社會科學》2001(4), 江西省社會科學院, 2001, 64~66쪽 등이 있다.
58) 劉堯誨,《督撫疏議》권2, 諭夷剿賊捷音疏.
59) 中砂明德,〈ラーダの中國行をめぐって—菲律賓諸島箚記(1)〉, 128~130쪽. 왕직王直에 관해서는 山崎岳,〈舶主王直功罪考(前編)—〈海寇議〉とその周邊〉,《東方學報》85, 京都大學人文科學研究所, 2010, 443~477쪽; 山崎岳,〈舶主王直功罪考(後篇)—胡宗

憲の日本招諭を中心に〉,《東方學報》90, 京都大學人文科學硏究所, 2015, 91~143쪽 참조.

60) Francisco de Sande, Carta a Felipe II del Gobernador de Filipinas, "otro Rey de borney, moro, que se comunica con ellos, y a quien todo este arçipiélago obedesçiera y diera tributo de buena gana, sino estoviéremos aquí nosotros."

61) Miguel de Loarca, Relación del viaje, 1부 9장.

62) 산데는 중국에 대해 강경한 입장을 보였으며 중국 정복을 주장하기도 했다. 예수회 Jesuit 소속 신부였던 알론소 산체스Alonso Sánchez 역시 천주교도를 탄압하고 외국인을 핍박하는 중국과 전쟁을 벌일 것을 주장하였다(L. A. Newson, *Conquest and Pestilence in the Early Spanish Philippines*, Honolulu: University of Hawai'i Press, 2009, pp. 7~9).

63) 전사문은 상기한 폼페우 파브라 대학교 동아시아학대학원 홈페이지에 수록되어 있다(https://arxiu-web.upf.edu/asia/projectes/che/s16/combun.htm, 2023년 9월 10일 검색). 원본은 스페인 해군박물관문서보관소Archivo del Museo Naval에 소장되어 있다. 서신 제목은 "군문 혹은 복건성 및 복주성 부왕이 루손 총독에게 보내는 서신, 왕망고의 지시에 따라 해적 임봉을 공격한 함대의 사건에 대하여, 그리고 이후 임봉과 함께 임봉을 어느 한 강에서 저지한 스페인인에게 일어난 일에 대하여, 국왕 전하 명의로 마닐라 스페인인을 지키고 임봉을 상대하기 위하여 거대한 함대를 파견할 것을 신청함. 1580(Carta Escrita al Governador de Luzon por el Combun ó Viso-Rey dela Provincia de Hoquian y Ciudad de Hucheo, sobre el suceso dela Armada suya al mando de Omonco contra el Cosario Limahon, y lo que ocurrio posteriormente con el mismo Cosario á los Españoles que le tubieron bloqueado en un Rio; ofreciendose de parte de su Rey á despachar una gruesa Armada enfavor delos Españoles en Manila y contra el Cosario. 1580(이하 'Carta Escrita al Governador de Luzon por el Combun')"이다.

64) 전사문에는 '외견상 1880년경의 사본으로 보임……1793년 11월 5일에 대조함. R.M. (Hallase una copia al parecer delos años en1880,……Confrontose en 5 de Novve de 1793. R. M.)'이라고 기록되어 있다. 이는 1793년 문서 정리 과정에서 잘못 추산된 것으로 보인다. 이에 따라 1880을 1580의 오기로 보고 서신 작성 연도가 1580년으로 추산되었을 것이다.

65) 로아르카 보고서에는 왕망고가 라베자레스에게 보낸 서신이 수록되어 있는데, 여기

주 383

서 왕망고는 라베자레스를 '카피탄 바사르Capitan Vaçar'라고 칭하였다. 유요회의 문집 《독무소의》 권3에 수록된 상주문 〈停止欽賞呂宋酋長幣物疏〉에는 라베자레스가 '目虱maksat'로 표기했는데, 이는 '바사르'를 민남어閩南語로 음차한 것이다.

66) 감군도는 '문으로 무를 제어한다'는 취지에 설치된 관직으로, 전시에 전투를 총괄하는 직책이었다. 임시직과 상설직이 있었지만 가정 연간에 복건과 광동에는 왜구 방어를 위한 상설 감군도가 설치되었다. 이들은 전시에는 군기 및 작전 감독과 군수업무를 담당하였고 평시에도 군량과 무기 감독을 맡는 등 군사는 물론 재정을 담당하는 직책이었다(杜志明, 〈明代監軍道初探〉, 《蘭臺世界》 2011(19), 遼寧省檔案局, 2011, 62~63쪽).

67) 원문은 "Cń hay to Vray Foyohuac, Capitan ó tesororero_Cicuro Vray hoc_ Cian cuen chando chiamgui quiau Bonqueng _ Escrivimos esta carta todos tres á la Esta de Luzon, para que se dé al capitan Bafar que está en Manila.="이다. 중국식 인명과 관직명은 모두 민남어閩南語로 발음한 것을 다시 스페인어로 음사한 것으로 보이지만, 필체가 조악한 탓인지 잘못 전사된 부분이 많다. 'Vray'는 'Usay', 'Foyohuac'은 'Toyohuac', 'Cicuro Vray'는 'Cunto Usay', 'hoc_ Cian cuen chando'는 'lioc Çianço enchando', 'Esta'는 'Estado', 'Bafar'는 'Baʃar'로 바로잡을 수 있다. 베예린Laureano Ramírez Bellerín 역시 'Cicuro Vray'가 '감군도 부사jinjundao fushi'의 발음이 전사 과정에서 변형된 것이며 이것이 육상유의 관직이라는 것은 지적했으나, 'Cicuro Vray'가 어떠한 철자에서 잘못 전사되었을지는 언급하지 않았다. L. Ramírez Bellerín, Onomástica china de la 'Historia de las cosas más notables, ritos y costumbres del gran Reyno de la China', de Juan González de Mendoza, dipòsit digital de documents de la UAB(스페인 Universitat Autònoma de Barcelona 온라인 플랫폼), 2023, p. 103(출처: https://ddd.uab.cat/record/276670?ln=en, 2023년 9월 10일 검색)를 참조.

68) '군문 서신'에는 "국왕 Lion Huy 만력Bandic 3년 일곱 번째 달Fecha en el año 3º del Rey Lion Huy Bandic en el 7º mes", '대명 서신'에는 비슷하게 "우리 국왕 Siomhuic 만력banhic 3년 일곱 번째 달Fecha el año 3º de nuestro rey Siomhuic banhic en el septimo mes"이라고 기재되어 있다. 전사상에서의 글자 출입이 있었지만 같은 내용이다. 이중 문제가 되는 곳은 Lion Huy 혹은 Siomhuic이다. 中砂는 다른 판본에 등장하는 Lion Huic, gong hui 등의 표기가 만력 3년의 간지干支인 '을해乙亥'를 옮겨 쓴 것이라고

보았다(中砂明德,〈ラーダの中國行をめぐって―菲律賓諸島箚記(1)〉, 105쪽, 주석 109). 그러나 '국왕의 세 번째 해el año 3으 del el Rey'와 '만력Bandic' 사이에 '을해'가 갑자기 나온다는 것은 부자연스럽다. '대명 서신'에는 'Siomhuic'이라고 쓴 것으로 볼 때, 'Lion Huy'는 전사 과정에서 'Sion Huy'가 잘못 옮겨진 것으로 보인다. '姓諱'는 명대 공문서에서 인명을 피휘하기 위하여 사용되었다. 이는 스페인어 공문서 마지막 부분에 작성일자와 '가톨릭 전하C. R. Majestad' 등의 표현을 기입하는 양식을 모방한 것으로 보인다.

69) Miguel de Loarca, Relación del viaje, 1부 13장. "Mando el Combun que hiziesemos mucha honrra i combidasemos a los estrangeros porque avian traydo nuevas de Limahon, lo qual se hizo ansi, y otra vez dimos a los padres 8 pieças de seda y un cavallo y un quitasol de seda a cada uno, y a los tres castillas a cada uno 4 pieças de seda y un cavallo y un quitasol de seda, y al mayordomo de los padres y al interprete un tirasol negro i dos pieças de seda y 4 mantas negras a cada uno y todo esto se les dio por hazerles bien y honrra." 이하 '두 서신'의 내용을 인용할 때는 '대명 서신'의 전사문을 기준으로 한다.

70) Miguel de Loarca, *Relación del viaje*, 1부 10장.

71) Miguel de Loarca, *Relación del viaje*, 1부 11장.

72) 劉堯誨, 《督撫疏議》 권2, 論夷剿賊捷音疏.

73) Miguel de Loarca, *Relación del viaje*, 1부 9장.

74) '대명 서신' 및 '군문 서신'에는 '홍색 나사羅紗 2장dos paños colorados, 대형 거울 2개 dos espejos grandes, 황금 사슬 2개dos cadenas de oro, 은항아리 2개dos picheles de plata, 금잔·은잔·큰 은접시 각 1개una taça de oro y otra de plata y un plato grande de plata' 순서대로 공물 목록이 적혀 있는데, 〈論夷剿賊捷音疏〉에도 '多羅氈二條, 番鏡二面, 黃金串二條, 銀壺二座, 金鍾·銀盤·銀器各一件' 순서로 적혀 있다. 이 외에 劉堯誨, 《督撫疏議》 권3, 論夷剿賊捷音並貢番物疏에도 공물 목록이 기재되어 있지만 이와는 순서가 다르다.

75) Miguel de Loarca, Relación del viaje, 1부 13장. "Y si tomais este Limahon nuestro Combun embiara por recados al rey para que los castillas sean siempre favorecidos i puedan venir y estar adonde quisieren y vender tratar y comprar como les pareciere."

76) 劉堯誨, 《督撫疏議》 권2, 論夷剿賊捷音疏.
77) Miguel de Loarca, *Relación del viaje*, 2부 12장.
78) 문서는 산아구스틴San Agustín회 소속 신부 후안 곤잘레스 데 멘도사Juan Gonzáez de Mendoza가 중국에서 선교 활동한다는 의지를 보인 것에 대해, 신대륙과 필리핀에 관한 업무를 담당하는 서인도자문회의Consejo de Indias에서 1580년 3월 5일 자로 작성한 것이다. 제목은 '서인도자문회의 의견서Consulta del Consejo de Indias'이다. 원문은 다음과 같다. "Y que el Inssuanto, que es el Virrey de aquella tierra, no los dejó, diciendo que el Rey era muy gran Señor y ellos no llevaban cartas de Vuestra Majestad, que cuando volviesen allí y llevasen un cosario llamado Limahon que andaba en aquellas partes robando y haciendoles guerra, o con cartas de creencia de Vuestra Majestad, se podría hacer, y ellos se holgarían de tenerlos por hermanos y darles lugar a que aprendiesen su lengua y predicasen la doctrina Evangélica."
79) 劉堯誨, 《督撫疏議》 권3, 餘賊未殄乞行專剿并勘功級疏.
80) 劉堯誨, 《督撫疏議》 권3, 餘賊未殄乞行專剿并勘功級疏.
81) 《明神宗顯皇帝實錄》 권46, 만력 4년 정월 25일(기미).
82) 상주문은 '논이초적첩음병공번물소論夷勦賊捷音並貢番物疏'라는 이름으로 《독무소의》에 수록되어 있다. 또한 《명실록》 1576년(만력 4) 음력 9월 7일 자 기사에도 수록되었다. 劉堯誨, 《督撫疏議》 권3, 論夷勦賊捷音並貢番物疏: 《明神宗顯皇帝實錄》 권54, 만력 4년 9월 7일(병신).
83) 劉堯誨, 《督撫疏議》 권3, 論夷勦賊捷音並貢番物疏.
84) 劉堯誨, 《督撫疏議》 권3, 論夷勦賊捷音並貢番物疏.
85) 《明神宗顯皇帝實錄》 권54, 만력 4년 9월 22일(신해).
86) 劉堯誨, 《督撫疏議》 권3, 停止欽賞呂宋酋長幣物疏.
87) 劉堯誨, 《督撫疏議》 권3, 停止欽賞呂宋酋長幣物疏.
88) 《明神宗顯皇帝實錄》 권54, 만력 4년 9월 22일(신해).
89) 劉堯誨, 《督撫疏議》 권3, 停止欽賞呂宋酋長幣物疏.
90) 劉堯誨, 《督撫疏議》 권3, 停止欽賞呂宋酋長幣物疏.
91) '目虱'은 민남어로 'bak·sat'으로 발음된다. 'Lavezares'의 가운데 음절 'veza'의 음차이다. 왕망고 등은 라베자레스를 'Vaçar'로 칭하였다.

92) 干世蠟은 민남어로 'gan·se·lap'로 발음된다. 'Castilla'를 음차한 것이다. 원문은 '千世蠟'으로 표기되어 있지만, 이는 '干'을 '千'으로 오기한 것이다.
93) '鑒寶'는 민남어로 'gam·bou'로 발음된다. 야전장을 뜻하는 'Maese de Campo'의 'Campo'를 음차한 것이다.
94) '新堯里仔'는 민남어로 'sin·ngiao·li·a'로 발음된다. 총독 각하를 뜻하는 'señoria'를 음차한 것이다.
95) 劉堯誨,《督撫疏議》권3, 論夷勦賊捷音並貢番物疏.
96) 劉堯誨,《督撫疏議》권3, 停止欽賞呂宋酋長幣物疏.
97) 劉堯誨,《督撫疏議》권3, 停止欽賞呂宋酋長幣物疏.
98) 劉堯誨,《督撫疏議》권3, 停止欽賞呂宋酋長幣物疏.
99) 유요회는 '貪聲大著'라는 이유로 탄핵되어 혁직되었다(《明神宗顯皇帝實錄》권55, 만력 4년 10월 16일(을해)).
100) 劉堯誨,《督撫疏議》권3, 停止欽賞呂宋酋長幣物疏.
101) 萬曆《大明會典》권111, 禮部69, 給賜2, 外夷上, 呂宋國.
102) 명초 고려 및 조선에 대한 홍무제의 위협에 관해서는 夫馬進,〈明淸中國の對朝鮮外交における〈禮〉と〈問罪〉〉, 夫馬進 엮음,《中國東アジア外交交流史の研究》, 京都大學學術出版會, 2007, 311~353쪽; 구범진·정동훈,〈홍무 5년(1372) 명 태조의 고려에 대한 의심과 '힐난 성지'〉,《명청사연구》55, 명청사학회, 2021, 1~41쪽 참조.

찾아보기

[ㄱ~ㄹ]

가토 기요마사加藤淸正 276
각추覺鎚 262, 270
감합勘合 144
강왈광姜曰廣 46
개경 40, 218, 220, 223
개시 197, 198, 202
건주우위 232
건주위 232
건주좌위 232
겐소玄蘇 277, 280
《경국대전經國大典》 274
경섬慶暹 283
경원 221, 228, 232, 234
고니시 유키나가小西行長 276, 278, 282
고득종高得宗 265, 266, 271
고칙誥勅 280, 281
공무역 180~182, 185, 186, 192~194
공용경龔用卿 46, 78, 85, 86
공자 59
곽사극郭思極 293

관무역 180, 181, 186~191
관세 189~191
관왕묘關王廟 122~125
광동 291
광록시 171, 172, 175
교린交鄰 244, 259, 260, 265, 272, 274, 284
교무경喬懋敬 291, 297, 301, 304
교방사敎坊司 153, 172
교빙交聘 266, 271
《교사주의郊祀奏議》 115
교토京都 264, 266, 267, 275, 281
구작칠미九酌七味 174
국서國書 262, 271, 277, 279, 280, 282, 283
국왕사國王使 269
궤배례跪拜禮 144
근수跟隨 279, 280
기도 데 라베자레스Guido de Lavezares 291, 295~297, 299, 301, 305
기복祈福 121, 124, 135
기순祁順 78, 85, 86

기인 38, 40, 41
기자묘箕子廟 47
기자조선 60
김극유金克柔 264, 271
김사월金四月 47
김성일金誠一 276, 277, 281
김종직 84, 85
나흥유羅興儒 262
나희儺戱 148
남곤 83, 84
남관南館 154, 155
내복內服 63
내서來書 283
내조來朝 12, 216~218, 221, 224, 226~240, 248, 250, 251, 253,~255, 275, 276
〈노송당일본행록老松堂日本行錄〉 271
달자무韃子舞 149
대명국大明國 277
《대명일통지大明一統志》 48, 100, 158
《대명집례大明集禮》 141, 163, 164, 170
대상국大相國 263
대장경大藏經 268, 269, 271
대장군大將軍 263
도요토미 히데요시豊臣秀吉 259, 275, 276, 277, 278, 280, 281, 282, 284
도유학[funayto to] 294, 299, 301, 304
도지휘동지都指揮同知 143
도지휘사 143
도지휘첨사都指揮僉事 143
도쿠가와 이에야스德川家康 282, 283
도쿠가와 히데타다德川秀忠 283
동북면 218
〈동사록〉 281
동월董越 46, 78, 86

동평관 220, 221, 244, 245, 248
등록謄錄 105, 106
루손Luzón 290, 291, 292, 294, 299
류큐琉球 273, 274, 286
류큐국왕사琉球國王使 274
〈류큐국왕사접대사목琉球國王使接待事目〉 274

[ㅁ~ㅅ]

마르틴 데 라다Martín de Rada 292~298, 300, 304, 305
망궐례 147, 176
면연免宴 173
《명시종明詩綜》 115, 117
《명회전》 151
모련위 232, 237
무로마치 막부室町幕府 259, 261, 262, 269, 272, 275, 276, 284
문교 59
문금門禁 90, 110~113, 142, 154, 158, 169, 177, 191, 198~200
문묘文廟 47
문신 외교 31
《문원영화文苑英華》 118
미겔 데 로아르카Miguel de Loarca 296
밀무역 182, 185, 186
박돈지朴惇智 263, 270
박분朴賁 263, 271
박서생朴瑞生 264, 271
박홍장朴弘長 279, 280, 281
배읍례拜揖禮 150
배현례의拜見禮儀 146
〈번사조공영로의주蕃使朝貢迎勞儀注〉 170
〈번사조공의〉 163

번사조현례蕃使朝見禮 164
번호부락 215, 216
범릉적犯陵賊 282
변효문卞孝文 266, 267, 271
별단別單 105~107
병부 거가사 156
보빙報聘 269, 270
보빙사報聘使 262, 270
《보안당정정방주선생봉사록寶顔堂訂正方洲先生奉使錄》 49
복건 291~305
볼리나오Bolinao 291
《봉사록奉使錄》 51
《봉사조선고奉使朝鮮稿》 49
《봉사조선창화집奉使朝鮮倡和集》 49
《봉사조천고》 79
부사副使 264, 266, 267, 268, 269, 276, 278, 279, 283
부상대고 192, 206
북관北館 154, 155
북평관 220, 221, 223, 230, 241, 242, 243, 244, 245, 246, 247, 248, 250, 251, 255
북평부(북경) 154
불랑기인佛郞機人 297
비사행무역 180, 181, 184, 186, 202
빈례賓禮 141
사대事大 265
사무역 180~185, 192, 194
사연 171
사이관四夷館 152
《사조선록使朝鮮錄》 10, 46, 47, 48, 49, 52, 54, 59, 64, 71, 72, 79, 87, 118
사카이堺 280, 281
사행록使行錄 11, 46, 47, 48, 49, 64, 72,

105~107, 113, 119, 120, 124, 125, 127~130, 133, 135, 136, 142, 192
사행무역 180~182, 184, 186, 187, 189~192, 205
사화동沙火同 276
산해관 142, 149, 150, 151, 176
삼포왜란三浦倭亂 272
상마연 142, 171, 174
상사上使 276
상씨尙氏 273
서거정 81, 84
서계書契 264, 265, 266, 267, 268
서장관書狀官 264, 266, 268, 269, 271, 277
선덕제 23, 26, 28, 42
선래통사先來通事 175
선조 277, 279, 281, 282
섬라暹羅 294
성저야인 215, 216, 221
성현 83
세악細樂 170
세조 268, 271
세종 264, 265, 266, 267, 268, 270, 271, 274, 284
소 요시토시平義智 277
소세양蘇世讓 84, 87, 88, 91, 96, 107, 108, 112, 113, 114, 115, 117, 118, 119, 146
소중화小中華 63
손종孫悰 294, 295
송희경宋希璟 271
쇄환刷還 263, 270, 271, 282, 283
쇼군將軍 259, 261, 263, 264, 266, 267, 268, 269, 271, 272, 276, 282, 283, 284, 287
쇼니씨少弍氏 267
쇼코쿠지相國寺 262, 267

수우각 182, 185, 186
슨푸駿府 283
습의 176
시부 외교 63
시서지역詩書之域 60
시의사侍儀司 159
신광한 84
신사信使 280
신숙주申叔舟 81, 83, 265, 271, 280
신용개 83, 84
심유경沈惟敬 278, 279, 280, 281

[ㅇ]

아시카가 요시노리足利義教 264, 265, 266, 271
아시카가 요시미쓰足利義満 263, 264, 270
아시카가 요시카쓰足利義勝 266
야나가와 시게노부柳川調信 278, 282
야인관 220, 221, 243
양명학陽明學 128, 129, 130, 131
양방형楊方亨 278, 280, 281
양배일읍兩拜一揖 145, 148, 161, 176
양유년梁有年 78
어마감御馬監 157
《어선명시御選明詩》 115, 117,
어세겸 84
어연御宴 174
엄숭嚴嵩 118, 171
에도 막부江戶幕府 259, 261, 266, 275, 282, 284
여송呂宋 290, 292, 294, 297, 298, 300~305
여우길呂祐吉 283
여진 정벌 29, 228, 239
여진인 201, 215~218, 220, 221, 222, 223, 224, 226~244, 246~252, 254, 255, 286
역관譯官 267
역지통신易地通信 260
연호年號 283
영제궁靈濟宮 162
영조례迎詔禮 47, 54
예겸 46
예부 9, 34, 36, 37, 39, 112, 113, 127, 141, 148, 151~153, 155, 156, 158, 160~164, 166, 169, 170~173, 175, 176, 196, 197, 304
예의지방禮義之邦 54
《예장총서豫章叢書》 49
오도리 229, 231, 232, 235, 236, 240
오랑캐 12, 125~127, 136, 172, 215, 216, 232, 253, 254
오배삼고두례五拜三叩頭禮 56, 148, 168, 169, 174, 175
오사카성大坂城 281
오우치 요시히로大內義弘 263, 266, 267, 270
5진 216, 223, 228, 230, 233, 234, 240
오희맹吳希孟 78
《옥간재총서玉簡齋叢書》 49
옥하관玉河館 110~113, 155, 197, 198, 200
왕망고王望高 291, 292, 297, 300, 303, 304
왕직王直 297
왕창王敞 78
왜관倭館 260
왜구倭寇 262, 265, 270, 272, 273
외이통사外夷通事 159
요동 200, 203, 205, 207, 209
요동 연천 147
요동도사遼東都司 142~145, 147~149
요동총병遼東總兵 143

요양 196
《요해편遼海編》 49
《용재총화》 242
원도의源道義 264
월경무역 180, 184, 204~207
위사僞使 262, 272, 274, 284
유란劉鸞 292
유요회劉堯誨 291~295, 297, 299~301, 303~305
《유헌기사輶軒紀事》 49
육상유[canpunto dihoc] 294, 295, 299, 300
육일봉陸一鳳 294, 295, 297, 301
윤인보尹仁甫 266, 267, 271
의례 141, 142, 144, 145, 147, 150, 151, 153, 154, 157~161, 164, 166~169, 173
의무려산醫巫閭山 128, 132, 133, 134, 135
의제사儀制司 160, 176
의제청리사儀制淸吏司 154
의주 204~207
이만주 232
이번원 39
이예李藝 264, 270, 271, 273
이종성李宗城 278, 280, 281
이행 84
일배삼고두례 168, 170, 171, 174, 175
일본 국왕日本國王 263, 264, 270, 271, 272, 276, 277, 280
일본국대장군日本國大將軍 263, 270
일본국왕사日本國王使 269, 272, 274
〈일본국통신사사목日本國通信使事目〉 269
〈일본왕환일기日本往還日記〉 281
임봉林鳳 291, 293~295, 297, 300, 301, 303~305
임진왜란 259, 260, 272, 273, 275, 284, 285
임필수林必秀 291, 297, 304

[ㅈ~ㅎ]

자순咨詢 63
자제군관 192, 193
장근張瑾 78
장녕張寧 46
재조지은再造之恩 57
전목소典牧所 157
전부청典簿廳 173
전정의례사殿庭儀禮司 159
절연은折宴銀 173
정광필 83
정덕제 24, 26, 31, 42, 148, 156
정몽주鄭夢周 280
정사룡鄭士龍 83, 84, 87, 108, 112, 113, 117, 118, 119
정사正使 264, 265, 267, 268, 269, 278, 279, 280, 283, 287
정선사精膳司 152, 154
정유재란丁酉再亂 282
정이대장군부征夷大將軍府 262, 270
정조 하례 239, 240, 249, 252, 253, 255,
정화 26
제독분사아문提督分司衙門 161
제독회동관 152, 155
제종올적합 232, 235, 236
조공국朝貢國 274
조공의朝貢儀 164
조공朝貢 141, 274
조광조 83
조근례 176
조근朝覲 164
조선 왕자 278, 281
《조선기사朝鮮紀事》 49

392 조선과 명나라의 사행 외교사

《조선부朝鮮賦》 48, 49, 52, 79, 87, 118
《조선왕조실록》 128, 192, 240, 271
조참朝參 164, 166
조천궁朝天宮 162
조천기朝天記 105, 106, 108
조천록朝天錄 105~109, 202
조천석朝天石 70
조헌趙憲 105, 107, 108, 123, 126, 131, 132, 145, 148, 172, 173, 293
주객사主客司 152, 155, 175, 176
주객사례主客司禮 160
주객청리사主客淸吏司 151
《주자가례朱子家禮》 125, 128
주지번朱之蕃 46, 78, 85, 86
중개인 158
중산 왕中山王 273, 274
중좌소中左所 292, 296
진랍眞臘 294
창화 11, 32, 36, 85, 101, 117
책봉 고명誥命 154
책봉사冊封使 278, 279, 280, 281, 282
책봉冊封 260, 261, 264, 265, 273, 274, 278, 281, 284
천계사天界寺 162
천관습의千官習儀 162
천비天妃 121, 122
천하동례 54
천희사天禧寺 162
청경사請經使 267, 268
총수산蔥秀山 69
출국 검사 194, 195
취병산翠屛山 69
태감 23, 30, 31, 35, 43, 158, 171
태종 270, 271, 273

태평관 30, 218, 220, 221, 243
통사通事 192~194, 200, 273
통신관通信官 262, 263, 270, 271, 273
통신사通信使 259, 260, 261, 262, 263, 264, 265, 266, 267, 268, 269, 271, 272, 275, 276, 278, 279, 280, 281, 282, 283, 285, 287
〈평양승적平壤勝蹟〉 70
프란시스코 데 산데Francisco de Sande 295
피로인被虜人 263, 267, 270, 271, 274, 283
필리핀 290, 291, 295, 298, 299~305
《하곡조천록》 174
하마연 142, 171, 174, 177
하언夏言 112, 113, 114, 115
하정下程 150, 153
하가타博多 271
하흠賀欽 132~135
합해閣下 277
해금령海禁令 273
〈해동제국기海東諸國記〉 265, 271, 277
〈해사록海槎錄〉 281
해상무역 180, 184, 206, 207, 209
허봉許篈 93, 95, 107, 108, 124, 126, 129, 130, 131, 133, 150, 160, 167, 174, 293
허성許筬 276, 277, 281
현당의 161
《현람당총서玄覽堂叢書》 49
호송관 203
호시互市 157
호종헌胡宗憲 297
홍려시鴻臚寺 159, 161, 171
홍려시 습의 161, 162
화성랑和聲郎 166
화찰 86

환관 10, 19~31, 34~43, 45, 78, 112, 155, 171, 174
환관 외교 21, 27, 31, 36, 39, 41, 42
황신黃愼 279, 280, 281, 282
황윤길黃允吉 276, 280, 281
《황화집皇華集》 32, 46, 48, 49, 72, 78, 79, 84~87, 89, 90, 92, 98, 99, 100, 102, 103, 115
회답겸쇄환사回答兼刷還使 282, 283
회동관 152, 154, 155, 171, 172, 196~198, 200, 201

회례관回禮官 262, 263, 270, 271
회례사回禮使 262, 267, 270, 271
회례回禮 268, 269, 270, 271
회빙回聘 271
회서回書 283
회원관 202
후안 데 살세도Juan de Salcedo 291, 305
후추府中 280

조선과 명나라의 사행 외교사 ②

② 의례, 인식, 교류, 주변

2025년 11월 12일 1판 1쇄 인쇄
2025년 11월 19일 1판 1쇄 발행

지은이	조영헌 외
기획	권내현
펴낸이	박혜숙
디자인	이보용 김진
펴낸곳	도서출판 푸른역사
	우) 03044 서울시 종로구 자하문로8길 13
	전화: 02)720-8921(편집부) 02)720-8920(영업부)
	팩스: 02)720-9887
	전자우편: 2013history@naver.com
	등록: 1997년 2월 14일 제13-483호

ⓒ 조영헌 외, 2025

ISBN 979-11-5612-310-1 94900
      979-11-5612-308-8 94900 (세트)

• 잘못 만들어진 책은 교환해드립니다.